KB203108

통일을 위한 기독교 신학
― 통일 이후의 통일신학의 모색

[개정증보판]

한국기독교학회
제3회 소망학술상 수상 저서

통일을 위한 기독교 신학

통일 이후의
통일신학의 모색

개정증보판

허호익 지음

동연

■ 개 정 증 보 판 머 리 말

　노태우 정부는 '민족공동체통일 방안'(1989)을 통해 '남북교류 → 남
북연합 → 완전통일'의 3단계 통일 방안을 대한민국 정부의 공식적인
통일정책으로 선언하였다. 이러한 3단계 통일 방안은 김영삼 정부를
통해 계승되었다. 김대중 대통령은 제1차 남북정상회담(2000.6.15)을
통해 독일식 흡수통일을 하지 않겠다고 했으며, 3단계 통일정책을 제시
했다. 1단계로 적대관계 청산하고 종전을 선언한 후, 2단계로 평화선언
을 통해 화해협력과 삼통(三通), 즉 통행, 통상, 통신을 확대하고, 3단계
로 2체제 1국가로 통일을 하자는 것이다. 종전선언과 평화선언 이후
삼통을 확대하다 보면 미국이 52개의 주정부와 1개의 연방정부를 구성
하였듯이, '남한 정부'와 '북한 정부'가 합의하여 '중앙 연방정부'를 구성
해서 2체제 1국가로 통일할 날이 올 것이다.

　물론 북한 정부와 남한 정부가 어떻게 구체적으로 중앙 연방정부를
구성하느냐 하는 것은 오랜 세월이 걸릴 수 있는 어려운 난제일 것이다.
남·북 정상이 그동안 합의한 것은 흡수통일이 아니라, 3단계 통일, 2체
제 1국가의 낮은 단계의 연방제 통일이라는 것을 알지 못하는 이들이
많은 것 같다.

　노무현 대통령 역시 제2차 남북정상회담(2007.10.4)을 통해 우선은
적대관계를 종식하는 종전선언을 하고, 화해와 협력을 위한 평화선언
을 한 후 공동 번영을 위한 통합적 통일의 길로 나아가야 한다. 남북통일은

단순한 제도적 통합(統合)이 아니라 남북이 하나로 소통(疏通)하는 일이라는 뜻에서 '통일'(通一)이 되어야 한다. 남북이 이념·사상·체제의 장벽을 극복하고 통일을 이루기 위해서는 우선적으로 남북 간의 다방면의 실제적인 '소통'이 이루어질 수 있도록 구체적인 실천 과제로써 '3통(三通) 확산'을 통한 '사회통합운동'을 전개해야 할 것이다. 금강산, 백두산 등 북한지역 어디라도 자유롭게 여행을 하고(通行), 개성공단을 재개하고 남북한 상품을 서로 구매하고(通商), 이산가족도 상시 만나고 북한 주민과 편지와 전화도 주고받는 철도도 연결되는(通信) 시대만 도래해도 반쯤은 통일이 되었다고 보아야 한다.

이명박·박근혜 정부 9년 동안은 이전 정부인 김대중·노무현 정부의 통일정책을 남북 관계가 경색되었다. 노태우 정부 이후 공식적으로 선언 된 '3단계 통일 방안'과 6.15 선언 및 10.4 선언은 부정되고 북한 붕괴에 따르는 흡수통일론이 이명박 정부의 "비핵 개방 3000" 정책과 박근혜 정부의 북한의 비핵화를 전제로 하는 "신뢰 프로세스" 정책으로 추진되었고 금강산 관광도 중지(2008.7.11)되고 개성공단도 폐쇄(2016.2.10)되어 결국 삼통은 불통이 되고, 통일 대박은 쪽박을 차게 되었다.

박근혜 대통령의 탄핵으로 2017년 5월 10일 문재인 정부가 들어서자 남북 관계는 새로운 전기를 마련하였다. 그리하여 최근 세 차례 남북정상회담과 두 차례의 북미정상 회담을 통해 남북이 적대관계를 청산하고, 한반도를 다시는 전쟁이 없는 평화의 터전으로 만들기로 여러 차례 확약했다. 이명박, 박근혜 정부는 북한 붕괴를 통한 독일식 흡수 통일정책을 제시하였기 때문에 남북 관계가 경색되었다. 그 여파로 흡수통일만 통일이라고 생각하는 사람들은 문재인 정부가 남북정상회담에 힘을 쏟으니까 불안해하고 있다. 결국엔 문재인 좌파 정부가 나라를 통째로 북한에 넘겨주려는 것이 아닌가, 북한의 기획에 속아 남한이 북한에 흡수통일 되는 것이 아닌가, 우려하는 이들도 없지 않다.

남북 대화와 북미 대화의 결실로 종전선언과 평화 협정이 체결되고, 삼통이 확대되어 연방제 통일이 이루어지면 통일 한국은 어떤 나라가 되어야 할까? 이제부터라도 이에 대한 논의가 이루어져야 할 것이다. 70여 년간의 분단으로 생겨난 남·북한의 이질적인 체제로 인해 남·북이 지향하여야 할 통일한국의 이상에 대한 그림이 막연한 것으로 보인다. 그러나 앞길을 잃었거나 앞길이 막막할 때에는 원점으로 돌아가 다시 출발하는 것이 최선이다. 분단 이전인 1940년대에 독립운동에 헌신 한 지도자들이 좌우 합작으로 마련한 대한민국임시정부의 강령에 나타난 삼균제도는 남북이 통합적 통일로 나아가기 위한 통일 이후의 통일신학 의 지침이 될 수 있을 것이다.

3.1 독립운동 이후 출발한 대한민국 임시정부는 세 가지 시대적 과제에 봉착하였다. 첫째는 조선왕조의 봉건주의 극복이며, 둘째는 일제 식민지 제국주의의 극복이고, 셋째는 1940년대 전후하여 소련과 모택동의 지원을 받은 좌파 독립운동 세력과 장개석의 지원을 받은 우파 독립운동 세력들을 아우르는 좌우합작의 과제이었다. 이런 배경에서 1941년 10월 28일 대한민국 임시정부는 김구와 조소앙이 주도하여 좌우합작의 이념적 통합을 실질적으로 보여주는 삼균주의(三均主義)에 입각한 '대한민국건국강령'을 제정 공포했다. 새로운 대한민국의 건국의 이상으로 채택된 삼균주의 이념은 '정치의 균등'(참정권), '경제의 균등'(수익권), '교육의 균등'(수학권)으로 구성되어 있는데, "삼균제도라는 것은 정치적으로 인민이 균등히 참정권을 가지는 일이며, 경제적으로는 인

민이 균등히 수익권을 가지는 일이며, 교육적으로는 인민이 균등히 수학권을 가지는 일"이라고 하였다.

이러한 삼균제도는 이집트에서 탈출한 초기 이스라엘 계약 공동체가 새로운 대안 국가를 세우기 위해서 세운 종교, 정치, 경제제도와 놀랄 정도로 일맥상통한다. 초기 이스라엘 계약공동체가 사사 중심의 지방 자치의 느슨한 부족동맹을 맺은 것은 정치적 권력을 균등하려는 것이었다. 가나안 정착 이후 확대가족 별로 토지 분배를 시행한 것은 균부와 일치한다. 다만 하나님만 섬기고 그의 계명을 가르치고 지키겠다는 것은 교육적인 학습권의 균등과 차이는 있으나 보편적 종교교육을 강조했다는 점에서 상응하는 것으로 여겨진다. 따라서 대한민국 임시정부의 건국이념과 초기 이스라엘 계약공동체의 건국 이상을 통해 통일 이후의 통일신학의 과제를 살펴보려고 한다.

2019년 10월

허호익

■ 머 리 말

이 책의 원고를 출판사에 넘겨 교정을 보는 동안에 천안함 사태에 대한 이명박 대통령의 대국민 담화가 발표되었다. 해군 초계함 천안함이 3월 26일 저녁 9시 45분쯤 백령도 인근에서 침몰하여 장병 46명이 사망한 사건이 발생하였다. 2개월간의 조사 끝에 이명박 대통령은 5월 24일 "천안함은 북한의 기습적인 어뢰 공격에 의해 침몰되었다고 공식 발표하였다. 그리고 후속조치로 '남북해운합의서'에 의해 허용된 북한 선박의 우리 해역의 어떠한 해상교통로도 이용할 수 없으며, 남북 간 교역과 교류도 중단될 것이며, 다만 영유아에 대한 지원은 계속하고 개성공단 문제는 그 특수성도 감안하여 검토해 나가겠다고 하였다. 이에 대해 이종석 전 통일부 장관은 "정부가 중단하겠다고 한 남북 합의의 대부분은 남북 간 군사적 긴장완화와 한국 기업의 대북 진출을 위해 북이 아니라 남쪽 정부가 북한을 설득해 만든 것"이라며 "결국 우리가 필요해서 한 것을 우리가 깨겠다고 하는 셈"이라고 말했다.[1]

북한의 대남기구인 조국평화통일위원회(조평통)는 25일 "이명박패당의 임기기간 일체 당국사이의 대화와 접촉을 하지 않는다"는 내용이 포함된 8개항의 1단계 조치를 발표하였다.[2]

---

1 "이종석, '천안함 사태, MB 대북전략 탓', 「한겨레」 2010. 5. 25.
2 "북한, '이명박 임기동안 모든 관계 단절', 「뷰수앤뉴스」 2010. 5. 25. 1) 괴뢰당국과의 모든

따라서 천안함 사태로 이명박 대통령의 잔여 임기 동안에는 대북 관계의 회복이 어려울 것으로 보이며 조국의 통일을 위해 지난 10여 년 동안 구축해 온 남북 관계가 하루아침에 무너지는 참담함을 억누를 수 없게 되었다. 그러나 남북 관계는 언젠가는 다시 복원되리라 믿는다.

일제 말기에는 많은 지도층들이 '일제로부터 독립은 환상'이라고 보고 서슴지 않고 친일을 하였으나, 선각자들은 독립은 반드시 온다는 믿음으로 독립운동에 앞장섰다고 한다. 우리의 선조들이 모든 것을 희생하며 독립운동을 하였듯이 한국 교회도 통일운동에 앞장서야 할 것이다. 시간이 갈수록 통일은 멀어지는 것이 아니라 가까이 오는 것이며, 통일이 이루어져야 '진정한 독립과 해방'이 완수되는 것이다. 통일이야말로 하나님이 부여하신 시대적 사명이요 역사적 과업이다.

신학을 공부하면서 논문형식을 갖추어 최초로 쓴 글이 "민족통일에 대한 신학적 이해"[3]라고 기억된다. 분단으로부터 야기된 냉전체제로 인한 민주화의 지연과 정치 발전의 저해, 군비 경쟁이 빚은 막대한 경제력 소모와 자립적 민족경제 형성의 장애, 민족의 연대성 상실과 이념적 소외 그리고 개인의 불안 의식과 이산가족의 한으로 부터의 해방을 이루는 것이 통일신학의 과제라고 주장한 바 있다.

2008년 여름 한국기독교학회의 의뢰로 "한국기독교의 통일논의의

관계를 단절한다. 2) 리명박패당의 임기기간 일체 당국사이의 대화와 접촉을 하지 않는다. 3) 판문점적십자련락대표들의 사업을 완전중지한다. 4) 북남사이의 모든 통신련계를 단절한다. 5) 개성공업지구에 있는 북남경제협력협의사무소를 동결, 철폐하고 남측 관계자들을 즉시 전원 추방한다. 6) 괴뢰패당의 《대북심리전》에 대한 우리의 전면적인 반격을 개시한다. 7) 남조선선박, 항공기들의 우리측 령해, 령공통과를 전면금지한다. 8) 북남관계에서 제기되는 모든 문제들은 전시법에 따라 처리한다.

3 허호익, "민족통일에 대한 신학적 이해", 「연세신학회지」제1집(1984. 4), 70-90.

역사와 통일의 실천적 과제"[4]라는 논문을 발표하는 계기로 한국기독교
학회의 제3회 소망학술상과 아울러 연구지원비를 받게 되어 이 책을 저
술하게 되었다.

그런데 이명박 정부가 들어서면서 통일부를 폐지하겠다는 행정부서
개편 방침이 여론에 밀려 취소되고, 통일부 폐지론자가 통일부 장관이
되었다. 김대중·노무현 정부 10년 동안의 대북 포괄정책(햇볕정책)의
기조가 크게 흔들리고 있어 고 김대중 전 대통령은 "전직 대통령 두
사람이 함께 밝혀 놓은 6.15, 10.4선언을 이명박 대통령은 반드시 지키
십시오"라고 촉구할 정도였다.[5] 이명박 정부 들어서 대북 관계가 경색일
로를 걷고 있으며 북한 붕괴를 전제로 한 흡수통일론과 선제타격론까지
주장하는 상황이라 이 책의 범위를 통일신학에 국한하지 않고 통일정책
전반에 관한 연구로 확대하였다.

그러므로 이 책은 다음과 같은 몇 가지 문제의식에서 출발한다.

첫째, '우리의 소원은 통일'이라고 노래하지만 실제로 통일은 원치
않는 주변 국가와 국내 정치세력의 영향력이 더 컸기 때문에 광복 후
분단이 이루어졌고 60여 년간 지속되고 있는 것이다. 그런데 최근의
여론 조사는 10년 전보다도 통일의식이 오히려 낮아진 것으로 나타나
더욱 충격적이다. 통일연구원의 1994년 국민여론조사와 2007년 서울
대 통일연구소의 통일의식조사 자료를 비교한 결과 통일이 필요하다는
의견이 1994년 91.6%에서 올해 63.8%로 감소했으며 필요 없다는 의

4 허호익, "한국기독교의 통일논의의 역사와 통일의 실천적 과제", 「한국기독교신학논총」
  61집(2009. 1), 85-106.
5 김대중, "21세기 우리 정부의 바람직한 대북정책", 「오마이뉴스」 2009. 6. 19.

견이 8.4%에서 15.1%로 늘어난 것으로 나타난 것이다. 따라서 다시금 통일의 필요성에 대한 새로운 논의와 통일과 관련된 여러 쟁점들의 바른 교육이 절실히 필요한 상황이라고 생각되었다.

둘째, 그동안 한국 교회는 분단 상황에서 벗어나기 위해 선도적인 통일운동과 담론을 제시하여 왔음에도 불구하고 최근에는 보수적인 교회 지도자들의 반공적 발언으로 인해 기독교가 반통일적인 세력으로 비판받고 있기 때문이다. '좌파가 망친 나라를 바로 세우겠다'는 뉴라이트 운동의 등장 이후 한국기독교교회협의회(KNCC) 등의 진보적인 시각과 한국기독교총연합회 등의 보수적인 시각의 통일 논의의 양극화와 갈등이 더욱 심화되고 있다. 그러므로 기독교는 좌파도 아니고 우파도 아니며, 기독교의 복음은 좌파와 우파를 넘어서는 그 무엇이라는 제3의 새로운 대안을 제시할 필요가 있다고 생각되었다.

셋째, 한국 교회가 여전히 극복하지 못하고 있는 반공 이념과 반북 의식의 문제이다. 공산주의의 무신론과 종교비판이 그 시대의 종교적인 산물이었으나 1990년 이후 공산국가들의 종교정책도 크게 변하였다. 따라서 냉전시대의 원칙적 반공주의는 공산주의 자체보다 나쁠 수 있다는 칼 바르트의 지적을 유념해야 할 것이다. 북한 공산정권으로부터 직접적인 박해를 받은 기독교인들의 체험이 아무리 고통스러웠다 하더라도, 이제 전쟁이 끝난 지도 60년이 가까웠으니 전쟁으로 인한 부정적인 개인의 체험적 반공주의의 민족적 정신의 외상(trauma)에서 벗어나 치유와 화해를 위한 열린 마음을 가져야 할 과제가 절실하여진 것이다.

넷째, 통일과 관련된 남북 간의 갈등과 남남 갈등의 요인으로 작용해온 미군 철수, 국가보안법, 북한인권법, 대북경제지원과 통일 비용, 북핵 위기와 한반도 비핵화 과제의 쟁점이 무엇인지 그리고 그동안 역대 정부가 추진해 온 대북정책의 핵심과 쟁점이 무엇인지 그리고 그 쟁점에 대한 기독교적 대안을 어떻게 모색할 수 있는지 스스로 공부하고 정리할 필요가 있다고 생각하였다.

다섯째, 통일한국의 이상을 대한민국 임시정부의 강령에 나타난 삼균주의에서 새롭게 발견하였다. 대한민국 임시정부의 지도자들이 새로운 조국을 건설함에 있어 좌우 대립을 넘어 제3의 길을 모색한 삼균주의는 성서에 나타나는 초기 이스라엘 계약공동체의 건국이념과 예수의 가르침과도 상응한다는 사실을 밝히려고 하였다. 따라서 이러한 정치적 균등, 경제적 균등, 교육적 균등이라는 삼균주의의 관점에서 남한과 북한이 통일 이전뿐 아니라 통일 이후에도 계속 추진해야 할 구체적 과제를 제시하고, 통상과 통행과 통신의 3통 소통으로 통합적 통일의 실천을 촉구하고 싶었다.

그리고 부록에는 그동안 남북한 정부가 합의한 주요 문서와 기독교계의 통일 관련 주요 선언서를 수록해 두었다. 통일에 관한 기본 원칙과 방법과 목표에 대해 남북한이 여러 차례 합의하였음에도 불구하고 그 합의 정신이 부정되고 무시되거나 구체적으로 실천되지 못하고 있다는 점이 안타까울 뿐이다.

마지막으로 이 책을 편집하고 교정을 보고 아름답게 도안하여 이렇게 잘 출판해 준 동연의 김영호 사장님과 직원 여러분께 깊이 감사드린다.

2010년 여름

허호익

■ 차 례

부록

제 1 장

반공 이데올로기와
한국 기독교

1

남북 분단의 외적·내적 요인

1945년 이전에 이미 미국은 한반도의 지정학적인 위치의 중요성을 감안하여 소련의 태평양 진출 및 일본의 대륙 진출의 통로를 막는 것을, 한반도 정책의 최우선 과제로 보았다. 미국의 대한 정책의 목표는 "한반도가 적대적인 사회주의권의 영향 하로 들어가지 않도록 한다"는 것이었다.[1] 1945년 5월 초 스팀슨 육군장관이 국무성에 제출한 한반도에 대한 정책연구안에 의하면, 소련에서 훈련받은 독립운동단체가 2차 세계대전 종전 후 한반도를 지배할 것이며, 한반도는 경제사정의 악화로 공산 이데올로기가 더욱 호의적으로 수용될 것이고, 또 소련이 후원하는 사회주의 정권이 "손쉽게 대중의 지지를 받을 것"이라고 하였다.[2]

히로시마에 원자 폭탄이 투하되기 전까지만 해도 소련은 대일 참전에 소극적인 입장을 견지하고 있었다. 미군이 1945년 8월 6일 히로시마에 원폭을 투하하자, 이틀 뒤인 8월 8일 소련은 대일 선전 포고를 하였다. 1945년 8월 9일 ~ 1945년 8월 20일까지 수행된 소련과 일본의 전투에서 일본이 폐하여 만주, 내몽골, 한반도 북부의 소련 군정에 그리고 사할

---

[1] 박태균, "8.15직후 미군정의 관리충원과 친일파", 「역사와 현실」 10(1993), 46.
[2] 같은 글, 48.

린, 쿠릴 열도 전역의 소련 영토 각각 귀속되었다. 소련은 참전 병력 150만여 명이었고, 일본은 71만 여명이었다. 전차, 항공기, 대포 등 전력에도 소련이 일본에 비해 5배나 앞서 있었다.

소련군이 참전한 지 겨우 6일 뒤인 8월 15일, 일본 지도부는 무조건 항복을 선언하였다. 이것으로 2차 대전은 끝났지만 그 뒤에는 새로운 전쟁이 시작되고 있었다. 바로 미-소의 냉전이었다. 한반도는 38선을 경계로 둘로 나뉘었고 만주와 북한에는 소련군으로 넘쳐났다.[3]

최근 연구는 일본이 항복한 것은 미국의 원폭 투하 때문이 아니라, 소련의 참전 때문이라는 분석이 나올 정도이다.[4]

1945년 8월 15일 일본의 항복과 이어 제2차 세계 대전이 종식하게 전승국인 미국과 소련은 한반도 내에서 일본의 항복을 접수하고, 일본의 무장 해제와 치안 유지를 위해 남북한을 각기 분할 점령하였다.

연합군 사령관 맥아더 장군이 1945년 8월 17일에 발표한 '일반명령 제1호'에 따라 한반도는 북위 38도선에서 양분되었다.[5] 미군은 소련이 북한을 완전히 점령한 지 보름도 더 지난 9월 8일에야 하지 중장의 미

---

3 욱이, "소련의 대일참전과 한반도 분단. 과연 미국은 막을 수 없었나",
　http://blog.naver.com/PostList.nhn?blogId=atena02(2019.09.26)

4 "日 항복, 원자탄 아니라 소련의 참전 때문", 「중앙일보」 2015. 8. 10.

5 '일반명령 제1호'의 공식 제목 역시 '연합국 사령관의 명령 하에서 일본제국 대본영에 발표된 일반 명령 제1호'이다. ▽중국 동북지역(만주), 북위 38도선 이북의 한반도, 사할린, 쿠릴열도에 있는 일본국의 선임지휘관과 모든 육해공군 및 보조부대는 소련 극동사령관에게 항복하고, ▽일본과 일본 본토에 인접한 여러 소국, 북위 38도선 이남의 한반도, 류큐제도 및 필리핀제도에 있는 일본국의 선임지휘관과 모든 육해공군 및 보조부대는 미합중국 태평양 육군부대 최고사령관에게 항복하도록 한다는 내용이다.

제7사단이 인천을 통하여 상륙하였다.

소련은 8월 19일에는 김일성을 귀국시켜 북한 지역 공산당 조직을 결성하고 10월 14일 소련군 환영대회를 열었다. 그해 12월에 김일성이 조선공산당 북조선 분국의 책임비서로 선출됨으로서 북한에는 실질적으로 친소 공산 정권이 들어서게 되었다. 미국이 예상한 것처럼 북한의 공산화는 순식간에 이루어졌다.

조선에서 공산주의는 그 출발점이 세계 어느 다른 곳보다 좋은 조건이었다고 볼 수 있다. 일본인들은 철도, 동력 및 전기를 포함한 공공시설 뿐 아니라 주요 산업과 천연자원까지 소유하였다. 따라서 이 모든 것이 어느 날 갑자기 인민위원회(공산당)의 소유가 된다면, 어떠한 종류의 투쟁이나 노력도 필요 없이 이들을 인민위원회에서 장악하게 될 것이다.6

조순승은 '일반명령 제1호' 전후의 미국의 대한(對韓) 정책 결정 과정을 분석하고 한국 분단의 기원을 외세의 결정이라는 외적 요인에서 찾았다.7 그러나 분단 요인을 외세에만 전가시킬 수 없을 것이다. 국내 정치적 맥락에서 볼 때 분단의 내적 요인이 분명히 드러나기 때문이었다.8 이러

---

6 강정구, "해방후 친일파 청산 좌절의 원인과 민족사적 교훈", 민족문제연구소편, 『한국 근현대사와 친일파 문제』(서울: 아세아문화사, 2001), 116.

7 조순승, "한국분단의 기원 – 미국의 정책 결정과정 분석", 양호민 외 공편, 『민주 통일론의 전개』(서울: 형성사), 177-223. 이 글의 결론에서 이렇게 말한다. "하위 정책 기구에서 이루어진 결정은 예기치 못한 국제상황에 대처하기 위한 어떠한 사전 계획도 없었으므로 이로 인해 비상시에 쉽게 받아들여졌을 것이다. 이 결정의 승인은 이 결정이 잠정적이라는 가정 하에 촉진되어졌다. 그러나 일단 결정이 승인되고 실천에 옮겨지게 되자 애초의 결정을 변경한다거나 파기한다는 것은 실질적으로 불가능하게 되었다."

8 김학준, "분단의 배경과 고정화 과정", 송건호 외 공편, 『해방 전후사의 인식』(서울: 한길사,

한 내적 요인은 더 먼 과거로까지 소급할 수도 있겠으나, 해방 직후의 정치적 공백기가 빚어낸 국내의 정치적 혼란의 와중에서, 정치권력을 선점하려는 남북한의 정치 지도자들이 각기 외세와 결탁함으로써 분할정권을 수립하더라도 기득권은 잃지 않으려는 권력욕이 분단의 결정적 요인이 되었다.[9]

외세에 의한 분단을 해소하기 위한 "남북협상"[10]이 시도되었으나, 이는 애초부터 성공할 수 없는 것이었다. 북한의 참석자들은 정치적 실권을 장악했으나 협상은 정치적으로 이용할 생각뿐이었고 내심으론 통일정부를 원치 않았으며, 남한의 참석자들은 통일을 원했으나 정치적 실권을 장악치 못한 민족주의자들이었기 때문이었다. 당시의 상황으로 미·소의 합의 없이 남북한만의 협상으로 통일정부 수립이 불가능한 상황이었다.

이처럼 정치권력을 획득하려는 국내 정치배들과 자국의 군사 편익을 극대화하려는 외세에 의해 남북이 분단된 것으로 분석할 수 있다. 물론 이러한 내적·외적 권력투쟁의 배경에는 공산주의의 종주국인 소련과 자본주의의 종주국 미국 사이의 적대적 이데올로기 대립이 실제로 전제되어 있었다.

1980), 97. "그러나 모든 책임을 국제정세에만 전가시킬 수 없을 것이다. 남북의 한국인도 고정화된 분단에 부분적 책임을 나눠야 할 것이다. 이것은 특히 해방 직후 기간에 더욱 타당성을 갖는다. 이 시기에는 미소의 반목과 평화가 아직 냉천체제화하지 않았기 때문에, 또한 한반도에 있어서 쌍방의 기득권이 아직 형성되어 있지 않았기 때문에 한국인이 단결했더라면 그만큼 자주적인 행동의 폭이 넓었을 것이며, 따라서 최소한 이론적으로 분단의 고정화를 막을 수 있었을 것이다."

9 김학준, "이승만과 김구 및 김규식의 독립통일 노선", 송건호 외 공편, 『해방 전후사의 인식』, 13-27.

10 같은 책, 28-58.

분단 원인이 된 이데올로기 대립과 관련하여 민족 분단의 과정에서 한국 교회는 어떤 작용을 하였는가에 대해 살펴볼 필요가 있다. 우리나라에서 기독교와 공산주의가 유난히 적대 관계에 놓이게 된 것은 역사적인 원인이 있지만 처음부터 그러했던 것은 아니다. 해방 직후만 해도 한국 교회는 자본주의나 사회주의 양(兩)이데올로기에 대해 탄력적이고 포용적이었으며, 당시 북한 교회가 중심이 되어 기독교사회민주당 운동을 활발히 전개할 정도였다.

1945년 9월 신의주 지역에서 한경직, 윤하영 목사가 중심이 된 기독교사회민주당은 지방마다 교회를 중심으로 지부를 조직할 정도였다.[11] 공산주의의 독재와 자본주의의 빈익빈부익부 문제점들을 극복하기 위하여 '민주주의 정부의 수립과 기독교 정신에 의한 사회개량'이라는 정강을 가진 좌우합작의 정당이었다. 1945년 11월 16일 용암포(龍巖浦)의 지부당 조직대회 때 공산단원들일 대회장을 습격하여 전체 간부를 구타 또는 살해하였다. 이에 반발하여 11월 23일 신의주 반공학생사건이 발생하자, 소련군과 공산당은 신의주 학생들에 대하여 기관총을 난사하는 등 수 많은 사상자를 내며 진압하였다. 공산당은 이를 계기로 북한 전역에 계엄령을 선포하였고, 기독교사회당의 간부를 체포하며 조직을 말살하였다. 이후 기독교인과 지주에 대한 공산당의 탄압이 강해지자 다수의 기독교인들이 월남하였다.[12]

이북에 진주한 소련군과 북한 공산당들이 종교에 대한 부정적 편견 때문에 기독교를 탄압하였고 반면에 일제 통치의 악영향으로 종말론적

---

11 김양선, 『한국기독교 해방 십년사』(서울: 대한예수교장로회 종교교육부, 1956), 62-64.
12 "기독교사회민주당", https://ko.wikipedia.org/wiki(2019.09.26)

이고 전투적이 되어 버린 교회는 이러한 무신론적 이데올로기에 대한 융통성을 잃어버렸기 때문에 양자 사이의 대화가 불가능하여졌다.[13]

일본의 폐전으로 해방을 맞이했으나 불행하게도 남북은 미소에 의해 분할되었다. 1947년 11월 남북한 동시 선거를 통해 분단을 해소하려는 유엔의 노력도 소련의 거부로 무산되자, 남한 단독정부 수립을 주장한 이승만과 한국민주당은 "남한만이라도 단독선거를 실시하여 정부를 수립한 뒤에 점진적으로 통일을 성취하자"고 주장하였다. 이에 김구는 김규식과 함께 남한 단독정부 수립을 반대하였다. 이들은 "남북정치요 인회담을 통하여 통일정부 수립을 해야 한다"고 주장하였고 국론은 양분되었다.

통일 국가를 위한 남북지도자 연석회의가 1948년 4월 19~23일 평양에서 열렸으나 합의가 실현되지 못했다. 4월 26일 연석회의의 공식일정이 끝난 다음 27일부터 30일까지 김구·김규식·조소앙·조완구·홍명희·김붕준·이극로·엄항섭·김일성·김두봉·허헌·박헌영·최용건(崔鏞健)·주영하(朱寧河)·백남운 등 15명으로 구성된 남북요인회담이 개최되어, 김규식이 제시한 바 있는 5개 항의 조건을 중심으로 토의가 이루어졌으나 이 역시 무산되었다.[14]

김구, 여운형, 조봉암 등 민족진영에서는 "민족국가를 형성하려면 좌우합작과 민족통일전선 형성이 중요"하다고 보았다.[15] 이들의 이상은 북한의 냉담한 반응과 친미반공노선을 추종한 남한의 친일파의 격렬

---

13 박형규, "화해의 복음과 남북대화", 「제3일」 1971년 9월호, 25.

14 "남북협상", 「한국민족문화대백과사전」(http://encykorea.aks.ac.kr)

15 서중석, "좌우합작과 남북협상", 『한국사 시민강좌 12』(서울: 일조각, 1993), 65-86.

한 반대로 인해 무산되고 말았다. 결국 북한에는 소련이 해방군으로 점령하고 김일성 중심의 친소 공산 정권이 들어서게 되었다. 남한에는 미군정청이 지원한 이승만 정권이 들어서게 되었다.

2
미군정의 친일파 중용과
반소·반공과 친기독교 정책

1945년 8월 15일 조선이 해방되고 일본이 항복했을 당시 조선총독부 소속 친일파 관리들은 자기들의 임지에서 도망갔다. 이 날 아침 여운형은 총독부의 정무총감 엔도 류사쿠(遠購柳作)를 만나 다음 5가지를 요구하였다.

> 1) 전조선의 정치범 경제범을 석방할 것.
>
> 2) 서울의 3개월분 식량을 확보할 것.
>
> 3) 치안 유지와 건설 사업에 아무런 구속과 간섭을 하지 말 것.
>
> 4) 학생의 훈련과 청년의 조직화를 간섭 말 것.
>
> 5) 조선 내의 각 사업장에 있는 일본 노무자는 우리 건설 사업에 협력할 것.16

같은 날 오후 여운형을 중심으로 남한의 건국준비위원회(건준)를 구성하고, 8월 말경에는 전국적으로 145개의 지방 지부를 결성한 후 치안과 식량 문제에 큰 성과를 거두었다. 8월 17일에는 조만식이 북한에서

---

16 조한성, 『해방 후 3년』(서울: 생각정원, 2015). 15.

건국준비위원회를 구성하였다. 9월 6일 남북의 건국준비위원회를 해체하고 조선인민위원회를 중심으로 조선인민공화국(인공)을 결성하였다. 지방인민위원회는 전국의 90% 이상의 지역에서 자발적으로 조직되었으며, 일본인들의 재산을 몰수하고 3·7제 소작료 투쟁을 벌이는 등 사회개혁을 위한 활동을 추진하였다. 건국준비위원회의 뒤를 이은 인공은 사회주의자와 민족주의자 등 좌우를 망라하고 있었지만, 상해 임시정부 지도자들이 미처 귀국하기 전이었기 때문에 국내에서 민족해방운동을 활발하게 전개하였던 좌익세력들이 주도권을 쥐고 있었다. 이들은 대중적 지지를 받고 있었고, 조직적인 측면에서도 여타의 정치세력을 앞지르고 있었다.[17]

　　미국은 지방인민위원회의 광범위한 분포와 각 지방에 대한 자치가 미국의 대한(對韓) 정책에 결코 유리하지 않다는 점을 인식하고 있었다. 미국은 소련이 진주한 38선 이북에서의 상황이 동구권과 비슷하게 공산화가 이루어 질 것이라고 예상하였다. 남한 역시 자신들이 깊숙이 개입하지 않는다면 38선 이남은 공산주의 국가가 수립될 것이고, 결국 소련의 영향권 내로 흡수될 것이라고 생각했다.[18]

　　8월 15일 일본의 항복을 받아 낸 맥아더 사령관은 일본에 주둔해 있었으므로 조선에 대한 즉각 적인 조치를 취하지 못했다. 권력의 공백기 동안 초기에는 친일파들은 자기들 임지에서 도망갔고, 각 지방에는 건국준비위원회 지부가 치안과 질서를 유지하던 상황이었다.

　　일본이 항복한 지 13일이 지난 8월 28일자 일반명령 1호를 통해 "나

17 박태균, "8·15 직후 미군정의 관리충원과 친일파", 48.
18 같은 글, 52.

의 군대가 임무를 맡게 될 때까지 조선의 38도선 이남의 행정기구를 그대로 보존하며 명령을 준수하도록 명한다."고 공포하였다. 일본총독부를 통해 발표한 이 명령으로 "조선총독부 밑에서 일했던 친일파 조선인들은 다 임지로 다시 돌아왔다."[19] 조선총독부가 건국준비위원회에게 이양했던 권한까지 축소시켰다.

해방 후 23일이나 지난 9월 8일에 일본에 주둔하고 있던 하지(John Reed Hodge) 중장을 주한 미군 사령관과 1945년부터 1948년까지 38선 이남 지역에 대한 미군정청의 사령관을 임명하였다. 당일 하지 사령관은 휘하의 미국 제24군단 소속 미군 제7보병사단을 인천에 상륙시키고 일본 총독부 및 38선 이남의 조선 주둔군의 항복을 받았다. "일본군의 삼엄한 경계 속에서 상륙한 미군은 왠지 해방군이라기보다 점령군에 가까운 모습"[20]이었다고 한다.

하지 중장은 9월 9일 미군정청 설치를 공포하였는데, 미군들로 구성된 미군정청은 조선총독부의 관리들의 도움 없이 남한을 효율적으로 관할할 행정적인 준비가 되어 있지 못했다. 하지 군정청 사령관은 "안보적 요인이 허용할 경우"라는 단서를 붙여 엔도 정무총감 뿐 아니라 총독부의 각 국장은 해임과 동시에 행정고문으로 그대로 남도록 하였다.[21] 조선 주둔 일본군사령부는 건준의 경찰력까지 빼앗아 무력화시키고, 친일파 군인 3천명을 정규 경찰로 바꿔서 국내 치안을 강화하였다.[22] 치안을 유지하기 위해 일제시대의 조선인 경찰들을 활용하고, 행정의 공백

19 민족문제연구소, 『한국 근현대사와 친일파 문제』(서울: 아세아문화사, 2000), 121
20 조한성, 『해방 후 3년』, 29.
21 같은 글, 50.
22 민족문제연구소, 『한국 근현대사와 친일파 문제』, 120.

을 메우기 위해서는 일제시대의 조선인 관리를 채용하였던 것이다.[23] 사회 각 영역은 사실상 친일파들의 손아귀에 들어갔다.

미군정청은 자주독립을 쟁취하려는 한국인들의 열망에는 아랑곳하지 않고 단지 행정상의 편익을 위해 일제 식민지 시절의 한국인 경찰 약 5천 명을 재기용하였다. 경찰 간부직만을 본다면 약 80%가 일본 경찰 또는 군대 출신으로서 일본 식민지의 첨병으로서 민족반역행위, 친일행위 및 범죄행위를 자행한 인물들이었다.

1947년 미군정 고위 관료가운데 115명을 임의 추출 표본조사를 한 결과 70명이 일제 치하에서 관직을 가졌고, 23명은 일제 강점기 공기업이나 사기업 소유주들, 지배인, 혹은 관리직 등이었다. 표본조사에서 경찰관 10명 가운데 북에서 복무하였던 3명과 만주에서 복무했던 1명을 포함하여 7명이 일본 군대에 복무했다. 법무부 관료 4명 가운데 3명은 식민지 시대 경찰이나 사법 기관에서 일했다. 도지사 9명 가운데 8명은 식민지 시대 지사나 군 고위 관리로 일했다. 단 11명의 관리만 망명, 투옥, 반일운동을 약간 한 기미가 보인다. 우파들과 일제 식민통치에 협력했던 조선인들이 지속적으로 권력을 장악할 수 있었던 것은 우연 한 일이 아니다. 미국 정책의 필연적 결과이다.[24]

미군정 초기에 남조선과도입법의원에서 '민족반역자·부일협력자·전범·간상배에 대한 특별법'을 제정하였으나 친일경찰, 친일관료, 친일정치인의 도움이 절실했던 미군정은 이 법안의 인준을 거부하였다.[25] 그

---

23 같은 글, 43-64.
24 민족문제연구소, 『한국 근현대사와 친일파 문제』, 126.
25 허 종, 『반민특위의 조직과 활동』, 142.

결과 미군정 3년 동안 민족반역자 부일협력자들은 친미 반소의 자신들의 입지를 더욱 굳혀 갈 수 있게 되었다. 미군정은 노골적으로 자기들의 정책목표인 반공 반소 반탁 반혁명을 구현하기 위하여 이들을 십분 활용하였다.[26] 미군정은 38선을 두고 소련 공산주의자와 대립하고 있는 냉전시대의 논리대로 반탁, 반소, 반공노선에 철저했고, 자연스럽게 친일인사들은 미군정의 이러한 정책을 적극 실천하는 주체로 등장하게 되었다.[27]

1945년 9월 10일에는 남북의 조선인민위원회가 자체적으로 건국 준비를 위해 구성한 '조선인민공화국'(인공)을 부인하는 성명을 발표하였다. 이에 반발하여 인공은 14일에는 미처 귀국도 하지 않은 이승만을 주석으로 하는 조선인민공화국의 정부 조직을 발표함으로서 자주 독립 의지를 만천하에 공포하였다. 미군정청은 인공(조선인민공화국)의 좌익적 성향을 과대평가해 인공을 인정하는 것이 곧 남한의 공산화를 의미하는 것이라 판단했고, 시종일관 적대적으로 몰아붙이는 오류를 범하고 말았다. 미군정청은 38선을 두고 소련 공산주의자와 대립하고 있는 냉전시대의 논리대로 반탁, 반소, 반공노선에 철저했고 자연스럽게 친일인사들은 미군정의 이러한 정책을 적극 실천하는 주체로 등장하게 된 것이다. 미군정청을 비롯한 "연합국 중에 그 누구도 우리 민족의 자치 능력"을 인정하지 않은 것은 이미 신탁통치를 계획하고 있었기 때문이다.[28]

---

26 같은 책, 125.
27 허호익, "화해와 통일을 위한 신학교육", 39.
28 같은 책, 19.

미국은 자신들의 정책기조를 충족시키기 위하여서는 식민지의 기존 통치 구조를 변혁시키는 것보다 그것을 유지 및 강화시키고, 친일파를 제거하기보다는 보호 육성하는 데에 힘을 쏟았다. 결과적으로 친일파들은 미국이라는 외세를 배경으로 또 다시 지배세력으로 등장하였다. 이들은 "한민당을 중심으로 결집하여 미군정청 정책에 적극적으로 협조하면서 재생의 기반을 마련해갔다. 그들은 새로운 '숙주'로서 패망한 일본 대신 승리한 미국을 선택했던 셈이다."[29] 미군정청의 정책에 동조하여 격렬한 반탁운동을 전개하면서 세력을 형성한 친일파들은 자신들을 새로운 조국 건설에 헌신하는 애국자요, 진정한 자유민주주의를 이루려는 민족주의자라는 거짓된 프레임을 구축하였다.

이러한 허울을 쓰고 해방 후 민족의 최대 과제였던 자주적 국가 수립운동을 '반공'의 미명으로 탄압하고 민중을 또다시 억압하였다. 나아가 단독정부 수립과 분단체제를 형성하는데 중요한 역할을 하였다.[30]

해방이 되었지만 일제 말기에 추방된 선교사들은 1946년 초까지도 입국할 수 없었다. 미군정 측의 군인 혹은 민간 고용인 자격으로만 입국이 가능하였기 때문에, 언더우드(Horace H. Underwood)를 비롯한 선교사들 중에는 한국 관련 정보 제공자로 미군정에서 일하게 된 인사들이 상당수 되었다.[31] 언더우드는 미군정청의 '관방 재산관리과'에서 활

---

29 박태균, "8·15 직후 미군정의 관리충원과 친일파" 54.
30 허 종, 『반민특위의 조직과 활동』, 16.
31 안종철, "미군정 참여 미국선교사 관련 인사들의 활동과 대한민국 정부수립", 「한국기독교
   와 역사」 제30호(2009.3), 10. 존 비거(John D. Bigger), 텍스터 루츠(Dexter N.

동하면서 직접 하지 사령관과 협의하는 중책을 맡기도 하였다.

미군정의 관리충원 과정에도 한국에서 활동했던 미국인 선교사가 깊숙이 개입하였다. 특히 미국에서 공부한 적이 있어 영어에 능통한 인재들이 선교사들에 의해 천거되고 등용되었다. 숭실전문(오정수, 조병옥, 이훈구 등), 연회전문(유억겸, 조병옥, 정일형 등), 세브란스 의학전문(이용설) 등 기독교 계통 학교를 나왔거나, 교수 또는 강사로 재직하였던 기독교 신자들이 우선적으로 등용되었다.[32] 이들은 미국의 대한정책에 충실할 수 있는 반공주의의 원칙에 충실한 인물이었기 때문이다.[33]

친미적인 성향과 반공주의에 철저한 인물에 합당한 기준이라고 할 수 있다. 미군정은 사회주의나 공산주의에 대해서 강한 거부감을 가지고 있었던 기독교 신자들을 반공주의 원칙에 입각하여 관리에 임명했다. 또한 일제시기 이래로 한국의 기독교계 학교들은 미국인 선교사들에 의해 설립되었기 때문에 미국에 대해 우호적인 교육이 시행되었고, 이들 학교 출신들 중 선교사들이 추천한 인사들은 안심하고 임용할 수 있었다.[34]

미군정청은 이처럼 반공주의로 무장한 친미 기독교 신자들을 우선적으로 관리로 임명하였다. 이승만을 비롯한 친미 반공 기독교 인사들이

Lutz), 윌리엄 커어(William Kerr), 로버트 윌슨(Robert M. Wilson), 프랭크 윌리암스(Frank E. C. Williams), 헨리 D. 아펜젤러(HenryD. Appenzeller), 피셔(J. Ernest Fisher).

32 박태균, "8·15 직후 미군정의 관리충원과 친일파", 61. 1930년대 이후 일본의 황국신민화 정책에 참여했던 친일파 인사들이 포함되어 있었다.

33 같은 글, 52.

34 같은 글, 62.

미군정청에 의해 우선적으로 대거 발탁된 것이다.

결국 남한은 3년 동안 미군정(美軍政)의 통치를 받게 되었다. 미국의 관점에서 볼 때 조선을 소련의 지배로부터 벗어나게 하는 것이 조선의 완전독립보다 더 중요하게 여겼으므로 한반도에 소련의 지배를 받지 않는 독립적이고 민주적이며 안정된 정부를 세우는 것이 제1차 목표이 었다. 조선의 독립은 제2차적 목표이기 때문에 "미국은 한반도를 자본 주의권 안에 묶어둠으로써 미국의 경제적 군사적 이익을 도모하면서 사회주의권에 대한 방벽을 쌓는다는 것이 대한 정책의 기본적인 핵심이 었다."[35]

---

35 박태균, "8·15 직후 미군정의 관리 충원과 친일파", 47.

3
이승만 정부의 친미·반공 노선과 친기독교 정책

1945년 10월 16일 미국의 주선으로 귀국한 이승만은 미군정청의 지원으로 남한 단독의 대한민국 정부 수립의 주도권을 장악하였다. 김구를 비롯한 대한민국 임시정부 인사들을 한 달 열흘이 늦게 11월 23일에야 겨우 귀국하도록 주선하였기 때문이다. 권력 쟁탈을 우선시하였던 이승만은 미군정의 관리하에서 단독 정부를 구성하는 과정에서 집권이라는 목표를 실현하기 위해서 택한 전략이, 친미·반소·반공 노선이었다. 그가 대한민국의 초대 대통령이 될 수 있었던 결정적인 이유이었다. 미군정기 동안 복직한 친일경찰, 친일관료, 친일정치인들은 남한만의 단독 정부 수립 후, 이승만 정권에 의해 그대로 중용되었다. 노덕술과 같은 일제강점기 수많은 독립운동가를 체포하고 고문하는 반민족행위에 앞장섰던 자가 해방 후 이승만 정권에 등용되어 좌익 검거와 정권장악에 이용되었다.

기독교인이며 철저한 반공주의자를 표방했던 이승만은 공산주의에 대한 공격이 곧 기독교에 대한 방어라고 확신하였다.

한국은 정치적으로도 나뉘어 있습니다. 소련의 훈련을 받은 붉은 군대 (Red Army)는 남한을 공산화시키려고 위협합니다. 교육적으로 종교적으로 한국은 공격을 받고 있습니다. 공산주의자들은 우리의 기독교를 멸절시키려

하고 있고 영적 지적인 각성을 파괴하려고 하고 있습니다.[36]

이승만에게는 신생 대한민국의 공산화의 위기는 국가적 위기이면서 동시에 개신교의 위기로 여겨졌다. 이처럼 "미군정의 유산을 대부분 상속했던 이승만 정부가 인적 구성으로 보나 정책으로 보나 처음부터 친(親)기독교적이었음은 분명하다."[37] 무엇보다도 이승만 정부가 내세운 다양한 정책들은 친개신교적 성격이 강하였다.

이승만은 대통령이 되기 이전과 이후에 기독교를 나라의 기초로 삼아야 한다는 확신을 거듭 표명해왔다. 이승만 대통령은 미군정기에 도입된 형목(刑牧) 제도, 성탄절 공휴일제도, 국영방송을 통한 선교 활동을 유지함으로써 개신교에 큰 혜택을 제공했다. 국회의원 취임선서, 국회개원식, 대통령 취임식, 국가적인 장례식 등의 주요한 국가의례들이 기독교식으로 제정되거나 거행되었다. 이밖에도, 개신교 교회의 요청에 의해 국기에 대한 경례 방식을 주목례로 바꾼 점, 군종제도를 도입한 점, 교회가 한국 최초의 민영방송국을 설립하고 이후 운영자금을 조달할 수 있도록 도와주었던 점, 이른바 '주일성수'를 가능하게 해준 점, 첩을 둔 자가 공무원이 될 수 없도록 한 조치, 미신타파 운동이나 사이비종교 추방운동 등도 이승만 정부가 교회에 제공한 특권들에 포함된다.[38]

---

36 Herold H. Henderson(Acting. Secretary) to the Korea Mission, "President Syngman Rhee's Message to the Korean Missions Conference", 1948년 12월 1일. *RG* 140-2-29, PCUSA; 안종철, "미군정 참여 미국선교사 관련 인사들의 활동과 대한민국 적부수립", 24.
37 강인철·박명수, "대한민국 초대 정부의 기독교적 성격", 「한국기독교와역사」 제30호 (2009), 92.

미군정과 이승만 정권 초기에 정치권력의 중심부에 진입한 개신교 지도자들이 반공 노선의 선봉에 서게 된 논리는 다음과 같다.

> 공산주의는 하나님의 존재를 부인하는 무신론이다. 공산주의는 유물론을 내세우면서 인간의 존엄을 무시하고 있다. 공산주의는 종교를 인정하지 아니하는 고로 여하한 종교도 말살당한다. 공산주의가 한국을 지배하는 날에는 소련의 지배를 받게 될 것이다.[39]

이런 상황에서 남한과 북한에서는 개신교와 공산주의 사이의 대립이 첨예화되었다. 개신교가 앞장선 반공노선은 친일파 청산의 장애물로 등장하게 되었다. 남한 단독정부가 수립된 후 1948년 8월 5일 헌법 제101조에 의거하여 국회에 반민족행위처벌 특별범위위원회가 구성되고, 이어 9월 7일 반민족행위처벌법(반민법)이 국회에서 통과되었다.[40] 그러나 이승만의 반공노선을 지지한 독촉국민회는 "반민법 제정은 공산당이 정부파괴공작을 획책하는 상황에서 민심을 동요시키는 이적행위"라 비난하였고, '민족처단을 주장하는 놈은 공산당의 주구(走狗)'라는 전단을 뿌리기도 하였다.[41]

　1948년 9월 23일에는 한국반공단이 주도하는 '반공구국총궐기대회·

38　같은 글, 120.
39　김광수, 『한국기독교 재건사』(서울: 한국교회사연구원, 1981), 189.
40　허 종, 『반민특위의 조직과 활동 - 친일파 청산 그 좌절의 역사』(서울: 선인, 2003), 142. 이 법에 의하면 국권피탈에 적극 협력한 자는 사형 또는 무기징역, 일제로부터 작위를 받거나 제국의회의원이 된 자, 독립운동가 및 그 가족을 살상박해한 자는 최고 무기징역 최하 5년 이상의 징역에 처하도록 하였다.
41　강인철·박명수, "대한민국 초대 정부의 기독교적 성격", 「한국기독교와역사」 제30호 (2009), 참조

정권이양대축하 국민대회'를 열어 "반민법을 만든 사람은 공상당이고 김일성의 주구"라고 선동하였다.[42] "이런 민족분열을 만든 것은 국회 안에 있는 공산당 프락치의 소행이다"라는 구호도 등장하였다.[43] 반민 족행위처벌법 심의 중에 국회에 살포된 전단 내용은 이 법에 대한 반감 을 잘 보여준다.[44]

1. 대통령은 민족의 신성이다. 절대로 순응하라.
1. 민족처단을 주장하는 놈은 공산당의 주구이다.
1. 의회는 여기에 속지 말고 가면의원을 타도하라.
1. 민의를 위반하는 의원은 자멸이다.
1. 한인은 지금에 뭉쳐야 한다.

1949년 5월 소장파 의원들이 제출한 '남북화평통일에 관한 결의안' 이 국회에서 2차례 부결되자, 직접 평화통일메시지를 한국유엔위원단 에 제출한 것을 소위 국회프락치 사건으로 비화되었다. 5월 18일 법원 은 남로당 평화통일 7원칙에 따라 활동하였다고 소장파 국회의원 3명 을 구속하였다.[45]

6월 6일에는 반민특위 사무실을 경찰이 피습하여 위원들을 구타하였 고, 심지어 반민특위 위원들에 대한 암살음모사건이 있었으나 이승만은

---

42 히 종, 『반민특위의 조직과 활동』, 335. 이승만 대통령이 참석하여 축사를 하려고 했으나 여의치 않아 축사가 대독되었으며 이범석 국무총리가 참석하여 직접 축사하였다.
43 강경구. "해방 후 친일파 청산 좌절의 원인과 민족사적 교훈", 133
44 같은 책. 129.
45 서중석.『이승만과 제1공화국』(서울: 역사비평사, 2012), 68-72. 국회 프락치 사건으로 총 15명이 구속되었다.

이를 방관하였다.[46] 반민특위는 우선 반민족행위자 688명을 명단을 작성하였다. 이 중 특별 검찰에 송치한 599명 중 293건을 기소하였으나 판결을 받은 자는 78명이었다. 징역 1년 이상의 실형을 받은 이는 고작 10명에 그쳤는데 이들마저 반민특위가 1년도 못 되어 해체되면서 모두 풀려났다.[47] 결국 "반민특위가 해체된 1949년 8월까지 정부의 자가 숙청은 1건도 없었다."[48] 반민특위의 무산은 친일청산의 실패로 이어져 오늘날까지 그 여운이 이어지고 있다.

특히 반민특위 피의자 중 개신교계 인사들이 다른 종교에 비해 월등하게 많았다. "이승만에 의한 반민족행위특별조사위원회 무력화 조치는 교회가 공신력에 치명적 상처를 입을 수 있는 상황을 모면하도록 도와주었다."[49] 민족문제연구소의 『친일인명사전』(2009)에 수록된 친일파 4,776명 중 종교계로 분류된 친일파는 개신교 56명, 천주교 7명, 불교 54명, 천도교 30명, 유림 53명으로 총 202명이다. 타 종교에 비해 기독교인들의 수가 가장 많은 것을 확인할 수 있다.[50]

해방된 지 3년이 지난 오늘에 이르기까지 친일파들 가운데 단 한사람도 비난이나 처벌받지 않았다. 이들 친일파들이 지금은 행정부, 금융계, 교육계, 산업계에서 권력을 장악하고 있다. 사회 각 영역은 사실상 친일파들의 손아귀

---

46 허 종, 『반민특위의 조직과 활동』, 345-350.

47 같은 글, 235-299.

48 이강수, 『반민특위 연구』(서울: 나남출판, 2003), 204.

49 강인철·박명수, "대한민국 초대 정부의 기독교적 성격", 121.

50 매국 21명, 수작/습작 137명, 중추원 337명, 제국의회 11명, 관료 1,207명, 출판 44명, 경제 55명, 지역유력자 69명, 해외 908명 등의 친일파들의 종교를 따로 조사해보면 기독교인들의 숫자가 적지 않은 것이다. 그 구체적 사례에 대해서는 최덕성의 저서 『한국교회 친일파 전통』(서울: 본문과 현장사이, 2000)를 참고할 것.

에 들어왔다.[51]

1947년 4월 20일자 「민중신문」은 "공산당의 간계에 넘어가 민족진영에까지 동족상잔의 큰 화근이 될 친일파 숙청 운운하는 정당·정객이 대다수"라고 매도하면서 친일파·민족반역자의 숙청 문제를 반공과 결부시켜 금기시하려 하였다.[52] 친일파 숙청을 반대하는 이유로 제시된 것은 반공주의, 효율성, 국민총화, 인재 부족, 민족분열주의 경계, 시기상조론, 안보제일주의 등의 왜곡된 명분이었다. 이런 논리는 미점령군에서부터 이승만 정권에까지 지속되어 결과적으로 친일파·민족반역자 처리라는 민족적 과제는 우리의 남한 역사에서 완전히 실종되었다.

이즈음 이종형의 주도로 열린 '반공구국총궐기 및 정권이양 축하 국민대회'에서 "이런 민족분열을 만든 것은 국회안에 있는 공산당 프락치의 소행이다"라는 구호를 내세웠다. 이 대회에서 결의한 반공·반민법에 관한 2원칙 7조항 중 제1원칙은 "현재 대한민국을 지지보위하는 자는 애국자로 규정하고, 따라서 8·15 이전 행동에 구애하지 말고 포섭할 것"[53]을 명시하였다. 일제 강점기의 친일행위에 대한 면죄부를 주자는 것이었다. 이승만 정권 13년 동안 신생 대한민국이 해결해야 할 당면 과제는 친일파 청산, 토지 개혁 및 경제 발전 그리고 조국의 통일이었다. 토지 개혁은 초대 농림부 장관이었던 조선공산당 출신 조봉암이 삼균주의에 입각하여 유상몰수와 유상분배의 방식을 채택하여 상당한 성과를

---

51 강정구, "해방후 친일파 청산 좌절의 원인과 민족사적 교훈", 121.
52 같은 책, 128.
53 같은 책, 133.

거두었다. 그러나 친일파 청산은 무산되었고, 북진통일을 앞세워 남북 관계를 악화시켰다. 결국 6.25 전쟁으로 남북은 엄청나 피해를 입었고 남한에서는 체험적 반공주의와 원리적 반공주의가 더욱 강화되고 확대 재생산되어 오늘에 이르게 되었다.

반면 북한에서는 친일파를 인민재판식으로 숙청된 것으로 알려져 있다. 북한에는 상대적으로 거물급 친일 반민족 행위자가 적었고 상당수가 월남의 길을 택했다. 북에서는 개개인을 처벌하는 인적 청산보다는 제도적 청산 방식을 중시했다. 그리하여 북한의 김일성 정권은 친일파 575명에 대해 선거권과 피선거권을 박탈했으며, 토지개혁을 통해 이들의 토지를 몰수하는 등, 친일 반민족 행위자들의 권력과 경제 기반을 해체하는데 주안점을 두었다.[54]

일제의 침략을 15년간 받았던 중국의 경우 국민당 정부는 일제 침략기의 민족반역자인 '한간'(漢奸) 처단 13원칙을 수립하고, 친일반민족세력 3만 8000여 명을 기소하여 사형 포함 1만 5000여 명을 처벌하였다. 중국 공산당 역시 1951년 〈전범·한간·자본가와 반혁명 분자의 재산 몰수에 관한 지시〉 등을 발표, 주로 1930년대 동북항일연군의 활동 근거지이던 만주국이 포함된 동북지방의 한간을 집중적으로 숙청하였다.[55]

유럽에서도 예외 없이 친 나치 인사들을 엄격하게 사법처리했다.[56]

---

54 김성보, 이종석, 『북한의 역사』(서울: 역사비평사, 2011), 98-100.
55 김삼웅, 『리영희 평전』(서울: 책으로 보는 세상, 2010), 51.
56 주섭일, 『프랑스의 나치협력자 청산』(서울: 사회와 연대, 2004), 393. 미국학자 피터 노빅스의 연구에 의하면 "프랑스는 인구 10만 명당 94명이 교도소에 갔으나 덴마크는 374명. 네덜란드는 419명, 벨기에 596명. 노르웨이 633명이 징역을 살았는데. 10만 명당 인구 비율로는 노르웨이의 나치협력자 숙청강도가 가장 높았다고 평가했습니다."

특히 프랑스 경우 5년 간 나치 통치를 받았지만 해방된 후 나치 협력자 처벌과 청산은 철저하였다.

나치협력 혐의 조사대상이 200만 명, 체포된 협력자 99만 명, 수십만 명의 공직자와 군부의 장교들이 파면, 해임, 직위해제, 조기퇴직 등의 인사상 처벌을 받았다고 합니다. 최고재판소와 지방숙청재판소에 회부된 14만 건 가운데 5만 7천 건을 재판해 6천 781명이 사형선고(이중 4천 397명이 궐석 재판, 782명이 즉각 처형), 종신강제노동형 2천 792명, 유기강제노동형 1만 434명, 유기징역형 2만 6천 529명, 공민권박탈 3천 692명이었습니다. 시민재판소는 11만 5천 건을 재판한 결과 9만 5천여 명에게 부역죄 형을 선고했습니다.[57]

프랑스는 드골 대통령이 페탱 원수 중심의 나치협력세력을 숙청하고 나치 독일에 저항한 좌파 단체와 공산당과 연합하여 새 프랑스를 건설하였다. 그러나 36년간 일제의 지배를 받은 대한민국은 그와 정반대 노선을 걸었다. 이승만 정권은 김구가 주도한 임시정부의 독립운동세력이나 여운형의 중도좌파 및 박헌영의 공산당 세력을 모두 제거하고 친일세력과 합작해 해방 후 정국을 요리해 한국정부를 세웠다. 그리하여 대한민국은 그 많은 친일 인사를 단 한 사람도 제대로 사법처리 하지 못했다.

송남헌은 친일파 청산 좌절의 결정적 요인은 반공·반소·반탁을 기치로 과거의 민족반역자나 친일파가 애국자로 둔갑되는 세상이었기 때문이라고 주장한다.[58] 해방이 되면서 친일파들은 미소의 냉전 체제에 편승

---

57 같은 책. 391-393.

하여 자신들을 친미 반공주의자로 차처하면서 독립운동을 한 민족 세력을 좌파로 매도하기 시작하였다. 대한민국 임시정부는 독립운동을 하는 사람들도 좌우로 나눠져 있었기 때문에 독립된 대한민국에서는 '좌우합작'이 이루어져야 한다는 강령을 수립한 것이다. 그런데 해방공간에서 친일파들은 친미반공 노선을 앞세워 '좌우합작과 민족통일'을 주장하는 민족주의자들을 모두 빨갱이로 몰아붙인 것이다. 그리고 자신들을 건국의 주역으로 자리매김하려고 하였다.

허종에 의하면 "반민족세력은 일제 식민지하에서는 '친일파'였으나, 해방정국과 분단체제하에서는 '친미반공세력'이었다."[59] 그리하여 8.15 광복 전에는 "친일파냐 독립군이냐"라는 전선이 형성되어 있었는데, 해방공간에서는 "좌파통일세력이냐 친미반공세력이냐"는 새로운 프레임을 가능하게 한 것이 바로 미군정의 반소 반공 정책과 이승만 정부의 친미 반공 노선 때문이었다.

1947년 7월 19일에는 국내에서 독립운동에 힘썼고 해방이 되자마자 건국준비위원회를 결성하여 치안과 질서를 유지한 여운영을 좌파라는 이유로 암살하고, 1949년 6월 26일에는 남한 단독정부를 반대하고 좌우합작의 통일 정부를 수립하려 했던 독립민족진영의 김구를 암살하였다. 그리고 부통령을 지내면서 좌우합작과 삼민주의에 입각하여 토지개혁을 성공시킨 조봉암 역시 공산주의자라는 누명을 씌워 사형에 처하였으나 52년만에 무죄 복권되기도 하였다. 이처럼 친일파가 민족 독립운동에 이어 민족 통일운동을 전개해 온 민족 지도자들을 '역청산'하는 비

---

58 민족문제연구소편, 『한국 근현대사와 친일파 문제』, 119.
59 같은 책, 11.

44 통일을 위한 기독교 신학

극과 오욕의 역사를 남긴 것이다.

이러한 반공 노선에 힘을 실어준 세력이 불행하게도 친일인사들과 기독교인들이라고 할 수 있다. 그들이 한 친미 반공노선이 지금도 우리 대부분의 기독교인들의 기본적인 정서로 자리 잡고 있다. 이러한 친미 반공노선은 여전히 통일의 가장 큰 장애 세력으로 자리매김하고 있는 현실이다. 이로 인해 해방 후 사회 전반에서 지도층에 진입한 친일 기독교 세력들이 청산되지 않고 반공 반통일 세력으로 뿌리내리게 한 빌미가 되었다.

4
6.25전쟁과 체험적 반공주의의 확산

　　우리나라에서 기독교와 공산주의가 유난히 적대적인 관계에 놓이게 된 것은 역사적인 원인이 있지만 처음부터 그러했던 것은 아니다. 해방 직후만 해도 한국 교회는 자본주의나 사회주의 양 이데올로기에 대해 보다 탄력적이고 포용적이었다. 당시 북한의 한경직, 윤하영 목사가 중심이 된 기독교 사회민주당은 지방마다 교회를 중심으로 지부를 조직할 정도였다고 한다.[60]

　　그러나 이북에 진주한 소련군과 북한 공산당들이 종교에 대한 부정적 편견 때문에 기독교를 탄압하였고, 반면에 일제 통치의 악영향으로 종말론적이고 전투적이 되어 버린 교회는 이러한 무신론적 이데올로기에 대한 융통성을 잃어버렸기 때문에 양자 사이의 대화가 불가능하여졌다.[61] 이처럼 "북한의 김일성 공산 독재 체제가 저지른 비인간적인 기독교 박해 정책 아래서 한국 기독교인이 겪은 체험과 6.25사변을 통해 무신론적이며 유물론적인 공산주의 이데올로기가 기독교에 가한 적대의식의 체험"[62]들로 인해 한국 교회는 반공산주의 반사회주의 일변도로 경직

---

60 김양선, 『한국기독교 해방십년사』(서울: 대한예수교장로회 종교교육부. 1956), 62, 64.
61 박형규, "화해의 복음과 남북대화", 「제3일」 1971년 9월호. 25.

46　통일을 위한 기독교 신학

하였고 자본주의 자유민주주의 이데올로기에 자신을 매몰시키고 만 것이다.

> 해방 후 한반도는 민주주의와 공산주의의 실험장이요 각축장이 되어 왔다. 그 실험은 아직도 계속되고 있다. … 한반도 남쪽에서 살고 있는 우리들에게만은 공산주의에 대한 이해가 특이하다. 이 특별한 체험을 가지지 못한 사람들은 절대로 이해할 수 없는 일들이 이 땅에서 일어나고 있다. 그것은 북한 공산주의자들의 무식함과 잔학함과 비인간적인 만행을 직접 겪어서 알고 있기 때문이다.[63]

동·서독은 전쟁을 겪은 것이 아니기에 상대에 대한 피해의식과 적대감이 상대적으로 적다고 보아야 한다. 그러나 한국교회는 6.25 전쟁 전후로 북한 공산당이 기독교에 가한 '적대의식의 체험'[64]들로 인해 '체험적 반공주의' 일변도로 경직하여 버렸다.

전쟁 당시 포로수용소에서 좌익분자가 우익수용소에 침투하기 위해 이용했던 방법은 독실한 기독교인 행세를 하는 것이며, 북진 당시 "국군이 기독교 신자라면 무조건 관대히 봐 주었기 때문에 평양 거리에는 십자가가 그려진 완장을 차고 다니는 사람들이 아주 많았다"는 증언은 전쟁 동안의 기독교인과 반공주의의 적대적 상관관계를 보여주는 사례

---

62 김경재, "분단시대 기독교와 민족운동", 강만길 외 공저, 『민족주의와 기독교』(서울: 민중사, 1981), 103.
63 "교회와 이데올로기 - 좌경사상침투에 대한 경계", 「기독공보」 1987. 12. 12.
64 김경재, "분단시대 기독교와 민족운동", 강만길 외 공저, 『민족주의와 기독교』(서울: 민중사, 1981), 103.

라고 할 수 있다.[65]

전쟁을 겪으면서 동양의 예루살렘이라고 일컬어지던 평양을 비롯한 북한의 전 지역에서 기독교가 초토화되었으며, 소위 인민재판의 방식으로 가족을 잃은 기독교인들이 세월이 흘렀다고 해서 북한을 향한 적대감을 풀기는 쉽지 않을 것이다.

해방 후 분단과 그리고 6.25전쟁은 남북 쌍방에게 엄청난 상처와 적개심을 안겨 준 '민족적 트라우마'[66]이다. 따라서 1989년의 한 통계에 의하면 6.25에 의한 개인적인 피해 유무를 질문한 결과, 전체의 53.1%가 개인적 피해를 느끼고 있었다. 그리고 피해의 내용으로는 '경제적 파탄' 38.3%, '가족의 사망/부상' 21.2%, '이산가족/실향' 16.5%, '배울 기회의 상실' 12.3%의 순으로 나타났다.[67]

한국전쟁에서 남한과 북한 가운데 누가 승자이고 누가 가장 큰 피해자인가라는 극히 상식적인 질문조차 던지지 않고 있다. 실제로 모든 전쟁은 쌍방이 피해를 입기 마련이며 6.25전쟁의 경우 북한이 선제공격을 하였지만 결국 북한이 더 많은 피해를 입었다는 사실을 상기하여야 한다. 그러나 1989년의 한 통계에 의하면 남한 주민들의 피해의식이 실제보다 과장되어 있는 것을 살펴볼 수 있다. '6.25전쟁으로 남북한 어느쪽이 더 커다란 피해를 입었는가'라는 질문에 남한 민간인의 피해가 컸다는 응답이 72.2%인 반면, 북한 쪽 민간인의 피해가 컸다는 응답은 5.8%에 불과했다. 남북한 군인 희생에 대한 비교 인식을 보면 남한 군인

---

65 강인철, 『한국의 개신교와 반공주의』(서울: 중심, 2006), 75.
66 김성민, "통일을 위한 인문학의 역할", 건대인문학연구원 통일인문학연구단 편, 『소통, 치유, 통합의 통일 인문학』(서울: 선인, 2009), 16.
67 정수복, "한국전쟁이 남북한 사회에 미친 이데올로기적 영향", 「통일문제연구」, 129-130

의 희생이 더 많았다는 응답이 55.8%, 북한쪽이 15.0%, '비슷하다'가 28.8%로 나타났다. 포괄적인 의미에서 남북한 가운데 "어느 쪽의 피해가 더 컸다고 생각하십니까?"라는 질문에 대해 74.4%가 남한의 피해가 더 컸다고 대답했고 3.4%만이 북한의 피해가 더 컸다고 응답했다. 21.9%는 남북의 피해가 비슷하다고 대답했다.[68]

그러나 유엔의 통계[69]에 따르면 실제로는 남한보다 북한의 인명 및 재산 피해가 더 극심하였다. 통계적으로 사상자 수를 단순 비교해 보아도 북측의 인명 피해가 남측보다 2배 가까이 많았다.[70] 북한 인구가 남한의 절반 정도였다는 점을 감안하면 그 피해는 실제로 네 배 가까이 된다고 보아야 한다.

▶ 남한 측 인명 피해

한국군: 998,341명(사망 237,686명, 부상 717,083명, 행방불명 43,572)

남한 민간인: 1,161,343명(학살 129,936명, 사망 244,663명, 납치 4,532명, 행방불명 303,212명, 의용군 400,000명)

미군: 136,992명(사망 33,629명, 부상 103,284명, 행방불명 9명)

유엔군: 15,200명(사망 3,143명, 부상 11,532명, 행방불명 525명)

---

68 같은 책, 131-132.
69 와다 하루키, 『한국전쟁』(서울: 창조와 비판사, 2001), 325-334.
70 이덕주·조이제, 『한국그리스도인들의 신앙고백』(서울: 한들, 2000), 400. 브리태니커 백과사전 1970년판 통계자료에 의하면 군인 22만 명, 민간인 50만 명이 희생되었으나, 북한은 군인 60여만 명, 민간인 300만 명이 희생되었다. 남한을 지원한 미군 14만 명과 유엔군 1만 6천 명이 희생되었으나, 북한을 지원한 중공군은 100만 명이 희생되었다: 김동춘, 『전쟁과 사회』(서울: 돌베개, 2006), 292. 남한에서는 약 130만 명의 군인과 민간인이 죽었으며 북한에서는 250만 명의 군인과 민간인이 죽었다. 전쟁 과정에서 월남자가 65만 명 정도라고 한다.

▶ 북한 측 인명 피해

조선 인민군: 사상자 520,000명

북한 민간인: 사상자 2,728,000명

중국 인민군: 사상자 900,000명

경제적 피해도 막심하였다. 3년 동안의 전쟁 비용으로 유엔군 측은 300억 달러, 공산 측은 150억 달러를 투입했다. 남한의 전쟁 피해액은 4,123억 원으로 일반 공업 시설의 40%, 주택의 16%가 파괴되었다. 북한의 재산 피해액은 4,200억 원이었으며 공업 생산은 50%로 줄었으며 농업 부분의 피해가 훨씬 컸다.[71] 이처럼 산업 시설과 공공 시설과 교통 시설 및 가옥의 피해도 북한이 훨씬 많았다는 사실도 냉정하게 수용해야 할 것이다.

6.25전쟁 동안 전투 과정에서 남북한 쌍방 간의 양민 학살이 자행된 것이다. 북한군이 6월 28일 서울 지역을 점령하면서 2만 4천 명의 치안 부대를 점령지역에 분산 배치하고 6월 30일에는 「정치범은 자수하라」는 포고문을 발표하는 등 우익 '반동분자'로 분류되는 자들을 색출하는 일에 혈안이 되었다. 북한은 5호 단위로 5인조를 만들어 '반동분자를 재우거나 반동분자에게 식량을 제공하거나 도와주는 자를 내무기관에 연락하도록 하였다. 북한은 7월 22일 무차별적인 보복을 방지한다는 취지에서 전시 형사 법령을 따로 제정하기도 하였다. 그러나 인민위원회 위원과 치안대원이 함께 가택 수색과 은신처 수색을 통해 반동분자

---

71 임희모, "한국전쟁과 남북화해의 선교", 「한국기독교신학논총」 26권(2002. 10), 322-323.

를 체포 구금하였다. 때로는 친일, 친미, 반공 활동을 한 자들을 체포하여 당의 지시에 따라 즉결 인민재판에 회부되기도 하였다. 즉결 인민재판에서 자의적인 권력 행사로 이루어졌다.[72]

재판 현장에서 생과 사의 결정은 주민들 목소리의 크기에 의해 결정되기도 했다. 즉 죽이자고 외치는 사람이 많으면 죽게 되었던 것이다. 생과 사의 결정이 단순히 이념적인 기준에서가 아니라 평소의 인간관계, 인격, 타인과의 원한 여부 등 상당히 사적이고 우연한 요소에 의해 좌우되는 상황이 연출되었다.[73]

서울을 수복한 후에는 소위 부역자 처리 과정과 '보도연맹' 사건으로 무수한 남한 주민들이 무고하게 희생되었다. 1950년 9월 28일 서울을 수복한 후 이승만 정권은 피난을 간 자와 피난을 가지 못했더라도 전쟁과정에서 북한에 부역하지 않은 자는 충성스러운 백성으로 여겼다. 국민을 버리고 자신과 가족의 생명을 도모하기 위해 피난을 간 '도강파'들이 서울이 수복되자 마치 '정복자'처럼 미처 피난을 가지 못한 '잔류파'를 적과 내통한 자로 의심하였다. 서울 수복 직후 아직 부역자 처벌법이 제정되지 않았기 때문에 서울에 남아 있었던 자들은 모두 부역자로 간주하는 분위기가 조성되었다. 경찰, 형사, 특무대(SIS), 헌병대, 우익단체들이 마구잡이로 부역자를 색출하고 처벌하였다. 당시 우익 인사의 피신에 협력하지 않았던 자는 물론 원한 관계에 있던 이웃의 신고만으로도 덕망

---

72 같은 책, 155-160.
73 같은 책, 161.

있고 인심 좋은 사람들까지 부역자로 몰리기도 하였다.[74]

군·경과 청년단원들 및 권력을 가진 사람들이 사사로운 감정으로 권력을 남용하여 무고한 사람들을 처벌하는 일이 비일비재하였다. … 만약 재수 없으면 부역자로 일괄처리되어 총살당할 수도 있는 상황이었다.[75]

이승만 정부는 1949년부터 좌익 인사의 전향과 교화를 목적으로 30만 명 규모의 보도연맹을 조직하고 반공 관변단체로 운영했다. 그러나 전쟁 발발 후 후퇴할 상황에 놓이자 보도연맹원들이 장차 북한에 동조하여 정부에 위협이 될 것을 우려해 이들 부역자들을 학살하기 시작했다. 6.25전쟁 당시 대한민국 국군·헌병·반공 극우단체 등이 주도한 '국민보도연맹 사건'으로 최소 5000명가량의 민간인이 대량 학살된 사실이 '진실·화해를위한과거사정리위원회'(진실화해위)에 의해 밝혀졌다. 그러나 보도연맹 사건으로 학살된 민간인은 최소 20만 명에 달할 것으로 추정돼 추가 조사가 필요하다는 지적이다.[76]

74 같은 책, 165-166.
75 같은 책, 167.
76 "보도연맹 학살 '20만 억울한 영혼'은 어쩌나", 「경향신문」 2009. 11. 27.

5
제주 4.3 사건과 서북청년회의 반공 활동

제주 4.3 사건은 1947년 3월 1일을 기점으로 하여 1948년 4월 3일 발생한 소요사태 및 1954년 9월 21일까지 발생한 무력충돌과 진압과정에서 주민들이 희생당한, 한국현대사에서 한국전쟁 다음으로 인명 피해가 극심했던 비극적인 사건이었다.[77]

사건의 발단은 1947년 제주 북초등학교 3.1절 기념식에서 기마경관의 말발굽에 어린아이가 치이는 일이 벌어졌고, 이를 본 시위군중들은 기마경관에게 돌을 던지고 야유를 보내며 경찰서까지 쫓아갔다. 그런데 경찰이 이를 경찰서 습격으로 오인하여 시위대에게 발포해 6명이 사망하고 6명이 중상을 입었다. 경무부에서는 3만여 명의 시위군중이 경찰서를 포위 습격하려고 했기에 불가피하게 발포했다고 해명하면서 민심이 들끓었다. 3월 10일부터 제주도청을 시작으로 제주 경찰 20%를 포함 민관 총파업이 발생하여, 경찰은 4월 10일까지 500명 가량을 검거하였다. 검거자 중 66명의 경찰이 파면되었고, 그 자리는 서북청년단 소속으로 충원됨으로써 제주도민들과 군정경찰 및 서북청년단 사이에서는

---

77 제주4.3평화재단, 『제주 4.3 바로 알기』(제주: 제주4.3평화재단, 2018); 〈제주4.3사건 진상조사보고서〉

대립과 갈등이 더욱 커져 갔다.[78]

제주도민의 민·관 총파업에 미국은 제주도를 '붉은 섬'으로 지목했다. 본토에서 응원경찰이 대거 파견됐고, 극우청년단체인 서북청년회(서청) 단원들이 속속 제주에 들어와 경찰, 행정기관, 교육기관 등을 장악하기 시작했다. 그들은 '빨갱이 사냥'을 한다는 구실로 약탈과 테러를 일삼아 민심을 자극시켰고, 이는 4.3사건 발발의 한 요인이 되기도 했다.[79]

당시 한반도는 분단의 위기에 직면해 있었다. 유엔의 결의에 1948년 3월 4일 주한미군사령관 하지는 5월 9일(이 날이 일요일이라서 후에 5월 10일로 바뀜)에 총선실시, 유엔한국임시위원단의 감시 하에 실시할 것이며, 추후 한국인대표 및 유엔위원단의 요구에 따라 선거법을 제정할 것 등에 관한 특별 성명을 발표하였다.

제주도는 당시 단독정부에 대한 반대 여론이 가장 높은 지역이었다. 남로당 제주도당은 경찰과 서북청년단의 탄압으로 인해 이반된 제주도민의 민심과 5.10 단독선거 반대투쟁을 결합하여 남한 만의 단독선거·단독정부 반대를 기치로 무장봉기를 일으키게 된다. 1948년 4월 3일 새벽 2시, 남로당 제주도당 골수당원 김달삼 등 350여 명이 무장을 하고 제주도 내 24개 경찰지서 가운데 12개 지서를 일제히 급습하면서 시작되었다. 여기에 우익단체의 척결에 대한 제주도민들의 반감, 공포가 합해져 양측의 대립은 급속도로 제주도 전역으로 번져나갔다.[80]

---

78 "제주 4.3항쟁", https://ko.wikipedia.org.
79 "제주4.3이란", 「제주4.3평화재단」(https://jeju43peace.or.kr)
80 "제주 4.3항쟁", https://ko.wikipedia.org.

무장대는 5.10 남한 단독 선거를 무산시키기 위해 주민들을 산으로 보냈고, 제주도 2개 선거구만이 투표수 과반수 미달로 선거가 무효 처리되었다. 6.23 재선거를 시도했으나, 그마저도 실패하자, 미군정은 이를 남한만의 단독정부 수립을 저해하는 불순세력의 음모로 판단했다.

1948년 8월 15일 대한민국이 수립된 뒤 정부는 제주도 사태를 진압하기 위해 군 병력을 증파하여 강력한 진압작전을 펼치고, 대대적인 강경토벌작전이 제주 전역을 휩쓸게 된다.

10월 11일 제주도에 경비사령부를 설치하고 해안에서 5Km 이상 들어간 중산간지대를 통행하는 자는 폭도대로 간주해 총살하겠다는 포고문이 발표됐다. 이때부터 군경토벌대는 중산간마을에 불을 지르고 주민들을 집단으로 살생하기 시작했다.

1948년 10월 17일 제주도 전역에 계엄령이 선포되고, 해안선으로부터 5km 이상 들어간 중산간 지대를 통행하는 자는 공비로 간주해 총살하겠다는 포고문을 발표했다. 4개월 동안 진행된 토벌대의 초토화 작전으로 중산간 마을 95% 이상이 방화되었고, 이른바 '잃어버린 마을'이 수십 개에 이르게 된다.

제주도에 주둔한 제9연대의 박진경 연대장이 독립을 방해하는 폭동을 일으킨 제주도민 30만 명을 모두 희생시킬 수 있다고 초토화 작전을 지시하자, 그의 부하였던 문상길 중위는 도민들에 대한 대량 학살을 막기 위해 손선호 하사와 배경용 하사, 양회천 이등상사, 이정우 하사, 신상우 하사, 강승규 하사, 황주복 하사, 김정도 하사 등과 함께 1948년 6월 18일 새벽 숙소를 급습해 박 대령을 암살했다.[81]

81 고경호. "4.3 당시 도민 학살 막아낸 문상길 중위 조명 절실", 「제주일보」 2018.12.10.

주동자인 문상길 중위와 암살에 직접 가담한 손선호 하사는 총살형을 당했다. 둘 다 독실한 기독교인이었다. 나머지는 무기형 및 징역형을 선고받았다. 23살의 문상길 중위는 군법회의에서 정의는 하나님 법정에서 판단될 것이라고 당당하게 외치고 처형되었다.

이 법정은 미군정의 법정이며 미군정장관 딘장군의 총애를 받은 박진경 대령의 살해범을 재판하는 인간들로 구성된 법정이다. 우리가 군인으로서 자기 직속상관을 살해하고 살 수 있으리라고 생각하지는 않았다. 죽음을 결심하고 행동한 것이다. 재판장 이하 전 법관도 모두 우리 민족이기에 우리가 민족반역자를 처형한 것에 대하여서는 공감을 가질 줄 안다. 우리 3인에게 총살형의 선고를 내리는데 대하여 민족적인 양심으로 대단히 고민할 것이다. 그러나 그런 고민을 할 필요는 없다. 이 법정의 성격상 당연히 총살형이 선고될 것이며 우리는 그 선고에 마음으로 복종하며 법정에 대하여
조금도 원한을 가지지 않는다. 안심하기 바란다. 박진경 연대장은 먼저 저 세상으로 갔고 수일 후에는 우리가 간다. 그리고 재판장 이하 전원과 김 연대장도 장차 노령하여지면 저 세상에 갈 것이다. 그러면 우리와 박진경 연대장과 이 자리에 참석한 모든 사람들이 저 세상 하나님 앞에서 만나게 될 것이다. 이 인간의 법정은 공평하지 못하여도 하나님의 법정은 절대적으로 공평하다. 그러니 재판장은 장차 하나님의 법정에서 다시 재판을 하여주기를 부탁한다.[82]

재판을 지켜본 옛 상관 김익렬 중령은 회고록에서 "(이들이) 하나님께

---

82 「金益烈장군 실록유고」

'우리들의 영혼을 받아들이시고 우리들이 뿌리는 피와 정신이 조국 대한민국의 독립을 위해 밑거름이 되게 하소서' 하고 기도드렸다"고 전했다.[83] 이 제주 4.3 사건은 한국전쟁이 휴전될 때까지 계속되었으며, 〈제주4.3특별법〉에 의한 조사결과 공식적으로 확인된 사망자만 14,032명에 달한다.

그런데 4.3항쟁 진압에 투입된 서북청년회[84]가 영락교회의 청년들이 주축을 이루었다는 것이 알려졌다. 한경직 목사는 다음과 같이 진술한 바 있다.

그때 공산당이 많아서 지방도 혼란하지 않았갔시오. 그때 '서북청년회'라고 우리 영락교회청년들이 중심이 되어 조직했시오. 그 청년들이 그 청년들이 제주도 반란 사건을 평정하기도 하고 그랬시오. 그러니까 우리 영락교회 청년들이 미움도 많이 사게 되었지요.[85]

한경직 목사는 서북청년회가 영락교회 청년들을 중심으로 조직되었다는 점을 인정하였다. 그는 공산당을 박멸하는 것이 교회와 나라를 살리는 길이라고 하였다. 서북청년회원 가운데 일부는 대한민국 국군과 대한민국 경찰의 창설에 참여하였고, 일부는 1948년 남한 단독정부

83 박요셉, "[4.3이 드러낸 신앙①] 두 군인- 9연대 중대장 문상길 중위와 소대장 채명신 소위", 「뉴스앤조이」 2018.06.01
84 "서북청년회", https://ko.wikipedia.org. 1946년 3월 5일 생성된 월남자 단체가 그해 11월 30일에 통합해 발족하였다. 이 단체는 1948년 12월 19일에 조직한 대한청년단으로 통합했으며, 남은 일부는 1949년 10월 18일에 단체 등록이 취소되어 소멸했다.
85 최태육, "서북청년단과 기독교, 제주4.3과 기독교인이 돌아봐야 할 것", 「에큐메니안」 2018.03.19

반대사건인 제주도 4.3 사건에 남로당이 개입하면서, 남로당 토벌이라는 명분으로 4.3사건 진압과 학살에 가담하였다.

이러한 학살의 가해 현장과 기독교가 연결되어 있다는 것은 상상하고 싶지 않을 것이다. 그러나 반공퇴치운동에 앞장선 서북청년회를 비롯한 극우청년 조직의 적지 않은 이들이 기독교인이었다. 공산주의를 '사탄'과 '악마'라고 표현하는 등 '죽여도 괜찮은' 짐승 등으로 묘사하면서(오늘날도 마찬가지다) 살인의 정당성을 부여하는 설교를 했던 목회자들도 있었다.[86] 그러나 한국 교회는 공산당에 의해 목숨을 잃은 교인들을 '순교자'로 기념하지만, 그 당시의 쌍방에 의한 학살에 대해서는 관심을 기울이지 않고 있다.[87]

한국전쟁 당시의 학살 역시 '극도의 반공주의'에 입각하여 국가권력이 적어도 '빨갱이 사냥'을 묵인·조장할 수 있는 조건과 명분을 만들었다는 점에서 "의도성을 가진 유대인 대학살과 유사한 측면"이 있다.

그것은 바로 우익 또는 자유주의 세력 주도의 국가 건설이 위협을 받는 상황에서는 적에 대한 어떠한 고문이나 폭력, 학살까지도 정당화될 수 있다는 극도의 반공주의 때문이다. 또 지금까지도 그러한 논리가 살아 있는 남한 사회와 정치는 여전히 전쟁 상황을 벗어나지 못했다고 볼 수 있다.[88]

이러한 '반공만능주의'는 기독교 장로였던 이승만 정권과 연결해서

---

86 이범진, "6.25 대량 학살 명분은 반공만능주의", 「뉴스파워」 2009. 6. 24.
87 정종훈, "한국전쟁 전후 민간인 학살과 과거 청산 운동". 『기독교사회운동 어떻게 할 것인가』(서울: 한국장로교출판사, 2006), 76-94.
88 김동춘, 『전쟁과 사회』, 343.

보아야 한다. 반공을 국시로 삼아 온 이승만은 "빨갱이는 포살해야 한다"면서 학살의 명분을 줌은 물론, 반공을 명분으로 학살을 저지른 이들을 특사로 석방해 주는 경우도 있었다. 또한 김두한, 김창룡, 김종원 등 학살을 주도했던 이들은 일반적으로 민족 중심주의, 종교적 확신, 인종주의 등을 내세우지만, 깊이 들여다보면 그들의 행동에는 증오의 폭발, 권력의 안정화라는 동기가 진짜 목적이었다고 분석한다.

> 북한의 점령을 전후로 한 군·경의 좌익 관계자 학살, 후퇴 국면에서 인민군의 우익 인사 학살, 점령과 수복 과정에서의 '보복적 학살'에도 아무런 이념적 동기가 없었다. … 우익 측의 '반공', 좌익 측의 '조국해방'이라는 각각의 담론은 '결과적으로는' 하나의 허울에 불과하였다.[89]

한국전쟁은 남북 간의 적대적 국가를 탄생시켜 영토적 분단을 고착시켰고, 남한의 반공과 북한의 반미 분단 이데올로기를 심화시켰으며, 남북 간의 이질화가 가속되었고 그리고 전쟁의 사회적 영향으로 폭력과 학살이 일상화되었다.[90] 무엇보다도 북한에서 공산주의를 피해 월남한 100만 내외에 달하는 사람들과 전쟁 초기 남한에서 공산주의 치하를 겪은 사람들의 생생한 체험은 반공주의를 내면화시키는 데 결정적인 영향을 끼쳤다.[91]

---

89 같은 책, 376.
90 임희모, "한국전쟁과 남북화해의 선교", 323-324.
91 홍석률, 『통일문제와 정치 사회적 갈등: 1953-1961』(서울: 서울대학교출판부, 2003), 21, 주 13 참조. 월남민의 숫자는 1955년 국세청 통계로는 45만 명이고 유엔 통계로는 72만 명으로 추산된다. 대부분의 기존 연구는 120만 명에서 140만 명으로 추산하고 있다.

현대 한국에서 남한의 사람들이 공산주의의 통치를 경험한 시기는 1950년 6월 28일부터 9월 28일까지 3개월이 전부였다. 그럼에도 불구하고 강한 반공주의가 남한에 남아 있는 이유는 이때의 경험과 충격이 얼마나 컸는지를 반증한다.[92]

1950년 6월 28일 인민군이 서울을 점령하기 전에 서울을 떠난 피난민은 10만 명에 불과하지만, 1951년 1·4후퇴 시에는 그 수가 100만 명이 넘었다는 것은 남한에서의 공산주의 체험이 얼마나 큰 충격이었는지를 알려준다.[93]

전쟁의 최대 피해자인 피학살 민간인과 불의의 죽음을 당한 말단 병사들, 전쟁의 와중에서 다치고 상처받고 재산을 잃어버리고 고향을 잃어버린 사람들이다.[94] 더군다나 미군과 한국군이 저지른 민간인 학살과 인민군이 후퇴하면서 저지른 민간인 학살이 전쟁의 최대 비극이었다. 한국전쟁 전후의 대부분의 학살은 미군과 한국군 등 공권력에 의해 주도된 것이었고, 전쟁 중에 일어난 사적 보복의 양상을 지니는 학살의 경우도 전쟁이라는 정치적 환경과 정치권력, 경찰과 군의 실질적인 묵인하에 이루어졌다.[95]

1988년 한국기독교교회협의회(KNCC)가 중심이 되어 작성한 "민족의 통일과 평화를 위한 한국기독교의 선언"(88선언)에서 전쟁으로 인한 한 민족의 고난과 갈등과 적개심을 다음과 같이 서술하였다.

92 박명림, 『한국 1950: 전쟁과 평화』(서울: 나남, 2002), 196.
93 허명섭, "한국전쟁과 한국 교회 구조의 변화", 「한국기독교신학논총」 35(2004/10), 163.
94 김동춘, 『전쟁과 사회』, 290.
95 같은 책, 294.

6.25를 전후하여 북한 공산정권과 대립했던 북한의 그리스도인들은 수난과 죽음을 겪어야 했으며, 수십만의 북한 그리스도인들이 납치되었고, 참혹하게 처형되기도 했다. 한편 공산주의 동조자들은 이념전쟁의 제물이 되었고, '부역자'라는 명목으로 사회에서 매장을 당하지 않으면 안 되었다. 전쟁으로 초토화된 한반도는 계속해서 동서 냉전체제의 국제정치적 갈등과 반목에 휘말렸으며, 이에 따라 남북한 간의 군비경쟁과 상호불신, 상호비방과 적대감정도 점차로 증가되어왔다. 한반도의 평화는 파괴되었고, 민족의 화해도 불가능한 것으로 여겨지게 되었다. …

남북한의 교육과 선전은 상호비방 일색이며, 상대방을 상호체제경쟁을 통하여 약화시키고 없애야 할 철천지원수로 인식하게 하고 있다. 따라서 남북한 국민들은 동족의 생활과 문화에 대하여 서로 무지할 뿐 아니라 서로 알아서는 안 되는 관계로까지 길들어져 왔다. 양체제는 같은 피를 나눈 동족을 가장 무서운 원수로 인식하게 하고 있는 것이다.

6
한국 교회의 WCC 용공 시비와 뉴라이트 운동

　한국전쟁을 거치면서 남한의 개신교는 이북의 공산정권을 피해 월남한 기독교인들이 대거 가세하면서 매우 공격적인 반공주의자들의 집결지로 변모하였다. 반공주의 개신교 지도자들은 공산주의자들을 소련의 제국주의의 하수인으로 규정하고 '반민족세력'으로 낙인찍고, 반면에 자신들은 '민족진영 혹은 자유진영'으로 자처하면서 냉전체제를 정당화하였다. 그리하여 김양선과 같은 교회사가는 해방전후의 한국교회가 국가에 대해 행한 봉사 중 가장 중요한 것을 '반공사상의 보급과 확립'이라고 평가하였다.[96] 이처럼 반공주의를 기독교에 의해 확대재생산 되어 오늘에 이르게 되었다.

　6.25 전쟁 후에도 중소 냉전의 구조 속에 완전히 편입된 한국 교회 역시 반공이념의 틀에서 벗어나지 못했다. 세계기독교교회협의회 (WCC) 제4차 총회(1968. 7. 4-20, 웁살라)가 중공의 유엔 가입을 찬성하고 미국의 월남 전쟁 개입을 반대한 것이 알려지자 WCC가 용공적이라는 주장과 함께 "한국 교회의 반공적인 의사를 대내외에 선포하고 세계 교회에 한국 교회의 결의를 재천명할 필요가 있다"[97]는 주장이 제기될

---

96 강인철, 『한국의 개신교와 반공주의』, 63-65.

정도였다.[98] 이러한 용공 시비는 1970년대의 '도시산업선교'에 관한 논쟁에서도 재현되어 용공적인 도시산업선교 때문에 회사가 '도산'한다는 소문이 떠돌아 산업선교 활동에 찬물을 끼얹었던 것이다.

7.4공동선언(1972)이 명시적으로 '사상·이념·제도를 초월한 민족적 대단결'을 통일을 위한 3대 원칙으로 제시하여 한국 교회에 큰 충격을 주었으나 한국 교회의 반공 이데올로기의 뿌리는 그리 쉽게 제거될 성질의 것이 아니었다. 1970년대에는 정권 안보 이데올로기 차원에서 한국 교회의 민주화 운동이 용공으로 매도당하기도 하였다.

1980년대에는 해방신학의 용공 시비와 관련하여 신앙과 이데올로기에 관한 논쟁이 활발하게 진행되기도 하였다.[99] 실제로 한국기독교교회협의회(KNCC)가 주최한 '기독교와 공산주의에 관한 심포지엄'(1981. 7. 9)에서 이러한 문제들이 제기되었다.[100]

1980년의 광주민주화운동 이후 전두환 신군부의 학살 만행의 책임을 따지기 위해 저지른 '부산 미문화원 방화사건'(1982. 3. 18)은 반미가 한국 교회의 민주화와 통일운동의 하나의 중요한 축이라는 인식으로 대두되었다. 한국 교회의 통일운동은 반미적·반정부적 성격을 띠게 되었다. 그러나 이에 대한 보수적인 교회의 태도는 단호하였다. 반미는

97 "근시안적 평화론을 배격한다 - WCC의 중공가입 지지 결의를 보고", 「크리스챤신문」 1968. 8. 3.
98 정성한, 『한국기독교통일운동사』(서울: 그리심. 2003), 194, 195.
99 고재식, "이데올로기와 신앙", 「기독교사상」 1983년 6월호; 강원석, "신앙과 이데올로기 비판", 「기독교사상」 1983년 9월호; 고범서 편, 『이데올로기와 신학』(서울: 범우사, 1983); 이삼열, "현대기독교와 이데올로기", 「기독교사상」 1983년 11월호; 심일섭, "이데올로기와 종교신앙", 「기독교사상」 1984년 2월호.
100 같은 책, 262, 263.

그 자체가 용공이거나 좌경으로 매도되었다.

한국기독교교회 협의회(KNCC)는 1988년 1월부터 다섯 차례에 걸쳐 '한반도 통일문제협의회'를 열고 그해 2월 "민족의 통일과 평화에 대한 한국기독교선언"(88선언)을 채택하였다. 이 선언을 통해 "남한 그리스도인들은 1980년대 초반까지만 해도 북한에 그리스도인들과 교회가 있는지 없는지조차 확인할 수 없었고, 분단이 고착화되는 과정에서 북한 공산정권에 대하여 깊고 오랜 불신과 뼈에 사무치는 적개심을 그대로 지닌 채 반공 이데올로기에 맹목적으로 집착해 왔다"고 지적하였다. 그리고 "분단체제 안에서 상대방에 대하여 깊고 오랜 증오와 적개심을 품고 왔던 일이 우리의 죄임을 하나님과 민족 앞에서 고백한다"고 하였다. 이어서 '분단과 증오에 대한 죄책 고백'을 통해 적대적 반공주의와의 결별을 공식적으로 선언한 것이다.

> 특히 남한의 그리스도인들은 반공 이데올로기를 종교적인 신념처럼 우상화하여 북한 공산정권을 적개시한 나머지 북한 동포들과 우리와 이념을 달리하는 동포들을 저주하기까지 하는 죄(요 13:14-15, 4:20-21)를 범했음을 고백한다. 이것은 계명을 어긴 죄이며, 분단에 의하여 고통 받았고 또 아직도 고통 받고 있는 이웃에 대하여 무관심한 죄이며, 그들의 아픔을 그리스도의 사랑으로 치유하지 못한 죄(요 13:17)이다.[101]

반공주의에 대한 이러한 결별 선언이 보수적인 기독교인들의 눈에는

---

[101] 이 책 부록의 "2. 민족의 통일과 평화에 대한 한국기독교회선언(88선언)" 전문을 참조할 것.

좌파세력이 한국 교회의 핵심부를 장악한 것으로 보였을 것이다. 그리하여 보수적인 기독교 지도자들이 총 단결하여 1989년에 한국기독교총연합회를 출범시켰고 한국 교회의 보수와 진보의 갈등은 더욱 첨예화되었다.[102] 한편으로 "적어도 한국 개신교의 한 축에서 반공주의가 무너져 내렸다. 개신교 반공주의는 이제 보수 그룹의 '전유물'이 되었다"는 것이 88선언에 대한 평가이다.[103]

2001년 7~8월에 걸쳐 「월간조선」은 개신교의 대표적인 지도자 58명을 대상으로 설문조사를 하였다. "김정일을 성경적으로 어떻게 보십니까"라는 질문에 대해 50.9%(29명)가 "사탄의 제자이다"는 항목에 동의하였고, '김정일 정권'에 대해서는 "기독교의 적이다"는 항목에 67.9%(36명)가 동의하였다. 그리고 한국 교회가 해방 후 "지나친 반공 기독교의 입장에서 북한을 기독교의 적으로 간주하는 등 남북분단과 갈등의 심화에 한몫했다"고 지적한 이유로 한국기독교교회협의회의 '한국기독교신학선언'(2000. 11)에 동의하지 않는다는 답변이 79.8%(42명)에 달했다.[104] 북한의 지도자는 사탄이고 북한은 여전이 기독교의 적이라는 생각을 가지고 있으면서도 이러한 반공적 기독교가 남북 갈등에 영향을 끼치지 않았다는 기독교 지도자가 이렇게 많다는 것이 놀라울 따름이다.

특히 노무현 정부 출현 이후 2003년 1월부터 친미 반공주의로 무장한 개신교 보수세력들은 '반북 친미를 표방한 대규모 정치적 집회'를 10차

---

102 "한국기독교총연합 정관 전문", http://www.cck.or.kr. 2008년 현재 "62개 교단과 22개 단체의 적극적인 협력으로 명실상부하게 한국 교회의 대표적인 연합기구"가 되었다고 주장한다.
103 강인철, 『한국의 개신교와 반공주의』, 89.
104 같은 책, 24에서 재인용.

례나 열어 자신들의 주장을 행동으로 표출시켜 남한 기독교 내의 이념 갈등을 더욱 부추기고 있는 실정이다. 1970년부터 1980년대까지 개신교 진보세력들이 민주화를 위한 목요기도회로 모인 것을 '기도회 정치'(prayer meeting politics)라고 비판하던 기독교 보수세력들이 본격적인 '친미 반북 정치집회'를 주도하고 나선 것이다.[105]

북핵 문제가 전면에 부각된 2003년 이후 한국 교회는 통일 문제에서 오히려 뒷걸음치는 모습을 보여주었다. 대형 교회 목회자들 중의 일부는 툭하면 반(反)핵, 반(反)김정일, 반북을 이슈로 서울 시청 앞에서 정치 색깔이 짙은 대중 집회를 때로는 기독교 단독으로, 때로는 극우 보수단체와 어울려서 개최했다. 이런 사태로 인해 그동안 보수와 진보세력의 갈등은 더욱 심화되었다. 이러한 현실에 대해 강인철은 지난 약 15년간 한국 개신교의 가장 중요한 변화는 "보수와 진보의 수렴이 아니라, 보수세력의 헤게모니 확장"이라고 분석하였다.[106]

그 여파로 우익세력들이 결집한 뉴라이트 전국연합이 2005년 6월 30일 김진홍 목사가 중심이 되어 발족하였다. 이들은 한국이 좌파에 의해 총체적 위기에 처한 이유를 다음과 같이 설명한다.

과거 좌파 사상에 경도되었던 이들이 자유민주주의와 시장경제를 기본 가치로 하는 대한민국의 국정을 책임지게 되었는데도, 反시장, 反기업, 부에 대한 혐오와 결과적 평등, 反美, 親北 등 시대착오적인 좌파 가치와 완전히 결별하지 못한 채 대한민국을 편향된 방향으로 이끌고 있기 때문이다.[107]

105 같은 책, 26-27.
106 강인철, 『한국의 개신교와 반공주의』, 621.
107 "왜 뉴(New)라이트인가? - 뉴라이트 운동의 출현 배경", http://www.newright.net.

2006년 6월 말에는 뉴라이트전국엽합 내 '기독교뉴라이트'까지 결성되어 개신교 보수세력의 정치세력화를 도모하고 있다. 뉴라이트의 등장으로 한국기독교총연합회를 비롯한 보수적인 목사들은 더욱 큰 목소리를 내고 그들의 주장을 행동으로 표출하기도 하였으며, 노무현 대통령과 김정일 국방위원장의 제2차 남북정상회담(2007. 10. 4)을 실제로 반대하는 선언을 하기도 하였다.

한국기독교총연합회는 2007년 9월 21일 개최한 세미나에서는 '북한과의 평화는 환상'이라는 주장이 제기되었다. "북한 주민을 흉악의 결박에서 풀어주고 핵무기를 폐기한다는 신뢰 가능하고 검증 가능한 보장이 없는 상태에서 추상적 평화선언을 하면 오히려 돌이킬 수 없는 화를 자초하게 될 것이다"[108]고 경고했다.

2007년 9월 27일부터 9월 28일까지 서울 영락교회에서 열린 '북한 인권과 자유평화를 위한 목회자 70인 회의'를 통해 '남북 정상회담을 향한 70인 목회자 양심선언서'를 발표하였다. 이들은 "적화통일과 인권 말살의 공산 통치를 조금도 바꾸지 않은 북쪽의 지도자와 통일 협상을 추진하는 것은 대한민국의 헌정 질서를 파괴하고, 민족의 운명을 해치는 중대사"라고 규정하고, 북한 동족의 인권 회복과 핵 폐기가 반드시 정상회담의 의제가 되어야 하며, 대한민국의 안보와 통일 문제는 김정일 정권과의 협상 대상이 아니며, 북한에 있는 지하 교회에 대한 탄압은 반드시 중단되어야 한다고 주장했다. 만약 이러한 원칙을 외면하고, 평

이 단체에는 2010년 4월 현재 뉴라이트교사연합, 뉴라이트학부모연합, 뉴라이트안보연합, 국민생활안보협회, 뉴라이트의사연합, 선한봉사센터, 선진통일교육센터, 반인도범죄조사위원회, 뉴라이트기업인연합회가 가입되어 있다.
108 "국내외 목회자 70인 회의서, 북한과의 평화는 '환상', 「뉴스앤조이」 2007. 9. 27.

화선언이나 평화협정을 추진하는 것은 불법·무효라고 했다.[109] 북한 정권은 협상의 대상이 아니라면서 남북정상회담을 사실상 '반대'하였다. 그러나 6.25전쟁 도발의 배후가 된 소련과도 수교(1990. 9)하였고 전쟁에 직접 참여한 중국과의 수교(1992. 8)를 맺은 마당에 유독 유엔에 동시 가입한 북한과의 정상 간의 평화회담을 반대하는 것은 북진 통일의 망령이 되살아난 시대착오적인 자기모순이 아닐 수 없다.

2014년 6월 문창극 총리 후보자의 청문회 과정에서 온누리교회의 장로였던 그가 2011년 교회에서 행한 특강에서 "일제 식민지배와 남북 분단은 하나님의 뜻"이라는 등 친일·반공적 발언을 했다는 것이 알려져 후보를 사퇴하는 일이 벌어졌다. 그는 수 백명의 기독교 신자들 앞에서 "일본의 식민지 지배를 받게 된 것은 우리나라가 이조시대부터 게을렀기 때문"이라며, "이를 고치기 위해 일본의 식민지 지배를 하나님이 받게 한 것"이라 하였다. 이어 "남북 분단도 하나님의 뜻"이며, "그 당시 우리의 체질을 봤을 때 한국에 온전한 독립을 주셨으면 우리는 공산화될 수밖에 없었다"고 말했다. 2012년 또 다른 교회 강연에서는 제주 4.3사건에 대해 "공산주의자들이 거기(제주도)서 반란을 일으켰다"고 주장했다. 2011년 다른 교회 강연에서는 "조선 민족의 상징은 게으름이다. 자부심이 부족하고 신세 지는 게 우리 민족의 DNA로 남아 있다"는 언급도 하였다. 아울러 "일본이 패배했기 때문에 우리에게 거저 해방을 갖다준 것"이라며 우리의 독립운동을 부인했고, "일본으로부터 기술을 받아와 가지고 경제개발을 이룰 수 있었던 것"이라며 일본의 식민지 지배를 두둔하기도 하였다. 교회 장로인 그의 이러한 발언이 교회의

---

109 "목사 70명, 남북정상회담 사실상 '반대', 「뉴스앤조이」 2007. 9. 28.

특강에서 이루어졌다는 것은 한국교회의 교인들이 여전히 친일·반공 이념에 젖어 있다는 사실을 증명하는 사례라고 볼 수 있다.

이인호 KBS 이사장은 "친일파 청산, 소련의 지령"[110]이라고 했으며, 2014년 국정 감사에서 1945년 광복보다 1948년 건국을 주장하면서 김구는 건국에 이바지한 것이 전혀 없다고 답변하였다.[111] 1919년 상해 임시정부 수립을 건국으로 보고 있는 헌법과 달리, 뉴라이트 진영에서는 2000년대 이후 1948년 8월15일 대한민국 정부 수립 시점을 대한민국 건국 시점으로 못 박으려는 시도를 끊임없이 해왔다. 실제로 "1945년 광복 후부터 1948년까지 신탁통치를 반대하거나 대한민국을 건국하기 위하여 활동한 건국 유공자와 그 유족에 대하여 국가가 적정한 서훈과 응분의 예우를 한다"는 내용을 담은 '건국 유공자 예우에 관한 법률안'이 한나라당 의원들을 중심으로 2003년, 2006년, 2008년에 걸쳐 3번이나 국회에 제출됐다.

건국절 주장 세력은 1945년 8월까지를 독립운동기, 해방 후 건국까지 3년은 건국운동기로 분리한다"며 "건국절 주장은 두 가지 효과를 노리고 있는데, 대한민국임시정부가 독립과는 연관이 있지만 현재의 대한민국과는 상관없는 것으로 단절시키는 것과 친일파를 건국 유공자로 둔갑시켜 면죄부를 주는 것"이라고 지적했다.[112]

---

110 "이인호 KBS 이사장 '친일파 청산, 소련의 지령'", 「경향신문」 2014.9.24
111 "이인호 이사장 '김구 선생은 건국공로자 아냐' 발언논란", 「서울신문」 2014.10.24
112 송현숙, "보수우파가 '1948년 건국론' 목매는 이유는 친일파 과거세탁", 「뷰스앤뉴스」 2015.11.5.

역사과목 국정교과서를 편찬하려는 움직임역시 "친일반역자들의 건국미화 술책과 같다."[113]는 지적을 받고 있는 것이다. 광복 70년 사업의 다른 주제 연구에서도 뉴라이트의 건국절 주장과 연관이 있는 서술이 여럿 발견됐다. '한국의 외교, 안보와 통일 70년'에서는 광복 70주년 연구 과제임에도 '광복'보다 '건국'이란 단어가 더 자주 등장한다. 이 가운데 5편 '세계 속의 한국: 탄생과 발전'에선 '1945년 광복'은 한 차례도 등장하지 않는 대신 '1948년 대한민국의 수립'은 반복적으로 서술돼 있다. 다른 글에서도 "2015년은 광복·분단 70년이 되는 해이다. 대한민국 건국 67년을 맞는 해이기도 하다" 등 대한민국 정부 수립 선포일을 건국일로 보는 '1948년 8월15일 건국절' 논리가 지속적으로 등장한다.[114] 이들은 독립을 위해 헌신한 후 귀국하여 민족통일을 실현하려고 힘쓴 여운영(1947. 7. 19)과 김구(1949. 6. 26)는 친일파에 의해 암살되고, 조봉암(1957. 7. 31) 역시 반공주의자들에 의해 처형되어 건국에 참여할 수도 없었다는 사실을 외면하고 있는 것이다.

자유민주연구원이 주최한 '종북세력의 발호와 대한민국의 체제위협'이라는 세미나 주제발표(2015. 4. 9)에서 유동열 연구원장은 1960년 이후 반공법위반자와 좌익세력의 분석을 통해 우리나라가 북한의 지령을 직접 받는 핵심 종북단체가 30여 개, 주종 종북단체가 150여 개 그리고 우호적 종북단체가 1500여 개가 존재한다고 발표했다. 종북세력은 북한만이 보유하고 있는 대남 적화혁명의 핵심전력이면서 '저비용 고효율'의 비대칭 전력이라고 밝혔다고 한다.[115]

---

113 "이재명 '1948년이 건국절?", 「뷰스앤뉴스」 2015.10.4.
114 "교학사 역사교과서 집필자를 숨겨라", 「한겨레」 2015.10.5.

『친북반국가인명사전』의 출판을 주도한 고영주 방송문화진흥회의 이사장은 국회 국정감사(2015.10.2)에서 인명사전에 이름이 오른 박원순 서울시장, 조국 서울대 교수, 새정치연합 김근태 전 상임고문을 비롯해 우상호, 이인영, 오영식 의원 등은 과거에 친북활동을 하였고, 부림사건을 변론한 문재인과 노무현도 공산주의자라고 답변하였다.[116] 2016년 9월 재판부는 고 이사장의 발언은 과장된 의견 표현을 넘어 명예를 훼손하는 단정적인 표현으로, 문재인 전 더불어 민주당 대표의 명예를 훼손하고 인격권을 침해했다고 3천만원 배상 판결을 내렸다.[117]

정성한은 『한국기독교통일운동사』의 결론에서 "교회 안에서의 '반공의식'은 '주류(主流) 세력'에 의해서건 '비주류(非主流) 세력'에 의해서건 한국 교회의 분파의식과 분열을 조장하는 역사적 논점(論点)"이 되었으며, "남북통일운동사에 드러나는 '복음전도'와 '하나님의 선교' 사이의 상호갈등과 협력의 기준도 반공"이었다고 분석하였다.[118]

한홍구 교수는 보수적인 기독교 단체들의 친미 반북 성향의 정치 집회를 예로 들며 "대형 교회가 반북한, 반통일, 반평화의 핵심적 역할을 수행하고 있다"고 말하고 "이런 교회가 어떻게 통일의 주역이 될 수 있나"고 반문하며 통일을 위한 한국 교회의 역할에 대해 회의를 제기했다. 이러한 지적에 대해 김근상 신부는 "교회의 형제들이 갈등을 증폭시키는 데 기여하는 게 부끄럽다"며 한 교수의 의견에 동감을 표하면서도

---

115 "세상에 우리나라 종북단체가 무려 1690개 단체란다".
http://www.ilbe.com/5615345266
116 "고영주 '박원순-조국도 과거에 친북행적 있을 것'. '부림사건 변호했으니 문재인은 공산주의자'. 「뷰스앤뉴스」(인터넷판), 2015.10.2.
117 "'문재인은 공산주의자' 발언 고영주, 3000만원 배상". 「중앙일보」 2016.09.28.
118 정성한. 『한국기독교통일운동사』(서울: 그리심. 2003). 382-383.

"지탄받아 마땅한 사람들을 설득해 내는 게 또 하나의 교회의 역할이라고 본다"고 말했다.[119]

---

119 "반통일 반평화 한국교회가 한반도 평화를?", 「뉴스파워」 2007. 10. 8.

7
한국 교회의
반통일적 설교

반통일적인 정서를 조장하는 데에 일부 한국 교회의 보수적인 목사들의 설교와 활동이 작용했다는 분석도 제기되었다. 한국 교회의 일부 지도자들도 반통일적인 설교를 서슴지 않았다. 정용섭이 사례로 제시한 것을 요약하면 다음과 같다.[120]

이수영 목사(새문안교회)는 "공산주의는 역사상 가장 현저한 하나님의 반대자이고 적그리스도입니다. 그들의 이론 바탕 자체가 무신론이며, 하나님을 부인하는 자들입니다. 그들은 가장 철저하게 하나님의 교회를 박해했고 그리스도인들을 말살시켰습니다"(2004. 3. 21)라고 말한다. 햇볕정책을 추진하는 노무현 정부에 대해 북한에 좋아하는 정책을 골라하여 결국 북한의 김정일 주도의 통일이 이뤄질 수도 있다는 우려를 숨기지 않았다.

수백만 명의 동족을 희생시켰으면서도 쉬지 않고 대남투쟁을 선동해 온 김일성 부자를 찬양하며 6.25 북침설을 주장하는 내용의 게시물이 아무리 나돌아도 태연하게 내버려두는 정권입니다. 김정일과 그 도당들만 좋아하

---

120 정용섭. "한국교회 설교가 통일을 막는다",「뉴스앤조이」2007. 8. 10.

며 웃고 있을 일들을 골라서 해 온 정권이 아닌가 하는 생각을 하지 않을 수 없습니다. 오로지 김정일의 뜻대로 통일되는 길을 착실히 닦아 온 최근 두 정권이 아니었나 되돌아보게 됩니다. 설마 그것만은 아니겠지 하면서도 이러다가는 머지않아 이미 친 김정일 사이트에서는 버젓이 떠들고 있고 현 정권은 모른 척 묵인하고 있는 구호인 '민족의 위대한 영도자 김정일 장군을 대통령으로 하는 평화통일안'을 국민 앞에 내미는 일까지 벌어지지 않을까 심히 염려됩니다"(2004. 9. 12).[121]

김홍도 목사(금란교회)는 "우리나라의 형편이 월남이 망할 때와 조금도 다름이 없습니다. 미군이 철수하면 남한도 틀림없이 적화통일되고 천만 명 가까운 사람들이 대학살을 당하거나 보트피플이 되고 말 것입니다"(2006. 10. 22)고 하였다. 이런 불신은 남한 정권을 향해서도 똑같은 크기로 작동된다. 그래서 "청와대를 비롯하여 정부 요직에 북한의 간첩과 친북 공산주의 주체사상을 찬양하는 빨갱이들이 차고앉아 있다"(2006. 10.15)고 하였다.

권성수 목사도 2006년 북한의 핵 실험 이후 행한 설교에서 북한 정권을 깡패, 강도 집단으로 규정하면서 "김정일과의 평화협정은 의미가 없다"고 하고, 자신은 북한 정권을 도와주는 금강산 여행을 안 간다면서, 남한 주민의 안보불감증을 도덕적 해이와 연결시키기도 하였다(2006. 10. 15).

최성규 목사(순복음인천교회)는 "햇볕정책의 원조가 통일교다. 16년이나 됐다"고 목소리를 높였다. 햇볕정책에 대해 "김대중이 문선명에게

---

121 같은 글.

배운 것"이라며 "통일교가 북한에 자동차 공장을 크게 하고 있는데 최근에는 여수를 소유하려 들고 있다"고 경고했다.[122]

전 「월간조선」 대표 조갑제는 2007년 5월 19일 강남금식기도원(원장 김성광 목사)에서 행한 설교를 통해서 "김일성과 김정일은 사탄이다. 원수와 사탄은 다르다. 김일성 부자를 용서하라고 말하는 목사는 착각한 거다. 반성경적 생각이다. 김일성과 김정일을 돌려놓을 방법이 없다. 사탄처럼 제거해야 한다"고 역설했다. 북한의 성부·성자·성령은 각각 김일성·김정일·주체사상이라고 비유했다. 그는 "북한과 남한의 차이는 주체사상과 기독교의 영향"이라고 했다. 이승만과 김일성도 비교하면서 둘 다 기독교인이었지만 한 명은 미국에서 민주주의를 받아들였고 한 명은 공산주의를 받아들여 차이가 난다고 하였다.[123]

정용섭은 통일 문제와 연관해서 세 종류의 반통일적 설교자들을 제시했다. 첫째는 북한을 향한 적대감으로 인해서 통일을 가로막는 설교자들, 둘째는 평화통일의 장애 원인을 주한미군에 돌림으로써 상황을 어렵게 만드는 설교자들, 셋째는 통일에 대한 진지한 생각 없이 무의식적으로 반통일적인 발언을 행하는 설교자들이 있다는 것이다. 그런데 이들의 설교 유형을 분석해 보면 첫째 부류는 근본적으로 반통일적인 신념으로 묶여 있으며, 둘째 부류는 가장 통일 지향적이기는 하나 비현실적이며, 셋째 부류는 성서의 평화신학에 관한 뚜렷한 시각 없이 단지 신자유주의적 시류에 영합하고 있다고 지적하였다.

그러나 이러한 반통일적 설교의 대안으로써 통일 지향성이 분명하며,

---

122 「크리스챤투데이」 2008. 3. 6.
123 "조갑제, '김일성과 김정일은 사탄이다', 「뉴스앤조이」 2009. 5. 22.

동시에 현실적이어야 하고, 시류를 넘어서는 복음적 역동성을 지닌 대안적인 네 번째 부류의 설교자가 많아야 한다고 하였다.[124] 그리고 실제로는 적개심과 분노에 가득한 설교보다는, 드러나지 않지만 한민족의 평화와 상생을 지향하는 설교가 훨씬 많으리라는 신념을 밝혔다. 그러나 문제는 이러한 반통일적인 설교를 거침없이 하는 소수의 대형 교회 목회자들이 다수의 신자들에게 끼치는 영향력과 사회적 파장이 훨씬 크다는 점이다. 그리하여 한국 교회의 친미 반공의 반통일적 집단으로 매도되는 빌미를 주고 있는 현실이 안타까울 뿐이다.

---

124 정용섭, "한국교회 설교가 통일을 막는다", 「뉴스앤조이」 2007. 8. 10.

제 2 장

좌우를 아우르는
기독교적 대안 모색

1
자본주의와 공산주의,
무엇이 다른가?

6.25전쟁을 겪으면서 동양의 예루살렘이라고 일컬어지던 평양을 비롯한 북한의 전 지역에서 기독교가 초토화되었으며, 소위 인민재판의 방식으로 가족을 잃은 기독교인들이 세월이 흘렀다고 해서 북한을 향한 적대감을 풀기는 쉽지 않을 것이다. 여전히 통일의 가장 큰 걸림돌 중의 하나는 남남갈등을 부추기는 반공 이데올로기의 원칙적 반공주의요, 체험적 반공주의이다. 그러나 원칙적 반공주의는 균형 잡힌 의식을 통해 교정되고 6.25전쟁을 통해 형성된 민족적 트라우마와 체험적인 반공주의의 적대감은 죄책의 고백과 용서의 간구와 화해의 실천을 통해 치유되고 회복되어야 한다.

김대중·노무현 정부의 10년을 '잃어버린 10년'이라 규정하고 '좌파가 망친 나라를 우파로 바로 세우겠다'는 구호와 함께 기독교의 이름으로 '뉴라이트 운동'이 전개되면서 한국 사회와 교계에는 좌우 대립이 더욱 심화되고 있다. 그러나 기독교는 좌파도 아니고 우파도 아니다. 그러므로 기독교의 복음은 좌파와 우파를 넘어서는 '제3의 길'이라는 새로운 대안을 제시할 필요가 있다.

차이에서 갈등이 생기고, 갈등의 폭이 클수록 대립과 반목이 깊어진다. 공산주의와 자본주의 사이에도 마찬가지이다. 확연한 차이가 있다.

그러나 이 차이를 인정하기 위해서는 차이의 정확한 인식이 필요하다. 남북한의 이데올로기 차이를 정확히 이해하기 위해 먼저 자본주의와 공산주의가 생겨난 배경과 그 이데올로기적 지향점을 정확히 이해하여야 한다.

우선 자본주의와 공산주의가 생겨난 역사적 배경을 거시적으로 고찰할 필요가 있다. 인류가 오랜 농경사회를 거쳐 산업사회에 접어들면서 새로운 경제제도가 생겨났으니 자본주의와 공산주의이다.

산업사회 직전 농경사회의 말기에 와서 가장 큰 문제는 인구의 증가에 따르는 식량 수급이었다. 멜서스는 그의 『인구론』(1798)에서 "인구는 기하(등비)급수로 느는데 식량의 증가는 산술(등차)급수적으로 늘어나는 것"으로 인해 기아와 온갖 약탈전쟁의 악순환이 계속될 것이라고 하였다. 그는 당시를 기점으로 300년 후에는 식량은 13배 증가하고 인구는 4,096배 증가할 것으로 예측하였다. 그리고 그 대안으로 부국강병으로 전쟁을 막을 것과 각종 인구 억제 방안을 제시하였다.

그러나 동시대의 아담 스미스는 『국부론』(1776)을 통해 부의 원천은 노동이며, 부의 증진은 노동생산력의 개선으로 이루어진다고 주장하고, 생산의 기초를 분업(分業)에 두었다. 그는 생산 과정에서의 분업은 기능을 개선하고, 시간을 절약하고, 기계화의 응용을 가져와서 '노동 생산성을 증진 시키는 원인'이 된다고 하였다.[1] 그리고 기계의 채용을

---

1 A. Smith/최호진 · 정호동 역, 『국부론』(서울: 범우사, 1992), 21-22. 스미스는 분업의 생산 효율성에 대한 구체적인 예로 핀 제조의 18공정을 한 사람이 모두 수행하면 하루 20개 정도 생산하지만, 이 공정을 10명이 분업할 경우 "10명의 직공은 하루 48,000개 이상의 핀을 생산할 수 있다"고 하였다. 그러나 혼자서는 "하루에 20개의 핀은커녕 단 1개의 핀도 제조할 수 없을 것"이라고 하였다.

위해서는 자본의 축적이 필요하며, 자유 경쟁에 의해서 자본 축적을 꾀하는 것이 국부 증진의 정도(正道)라고 역설하였다. 이런 이론적 배경 하에서 결국 와트(J. Watt)의 증기 기관의 발명으로 '동력의 기계화'가 가능하여 산업혁명이 일어났다. 산업혁명은 대량 생산을 가능하게 하였으며, 대량의 잉여 이익을 통한 자본 축적의 중요한 계기가 되어 자본주의 경제체제를 탄생시킨 것이다.

자본주의는 생산의 극대화를 가져왔지만 자본주의가 발전할수록 분배의 정당성이 새로운 문제로 제기되었다. "인구는 기하급수적으로 늘고 식량은 산술급수적으로 느는 악순환"을 해결하기 위해 등장한 자본주의는 결국 "생산은 기하급수로 늘어나지만 분배는 산술급수로 늘어나는 새로운 악순환"을 야기한 것이다.

이러한 분배의 모순을 해결하기 위한 대안으로 생겨난 것이 공산주의이다. 마르크스는 『공산당 선언』(1882)에서 자본주의는 사유재산의 양극화를 가져오고 이로 인한 자본가와 무산자의 계급사회를 만들기 때문에 자본주의는 그 자체가 폭력이라고 보았다. 공산주의 사회는 그 자체가 폭력인 소유(사유재산)와 사회(계급사회)가 없는 폭력 없는 사회를 지향한다고 선언하였다. 그리하여 이제까지 역사는 계급투쟁의 역사 이므로 "만국의 노동자여, 연결하라. 총궐기하라!"고 선언한 것이다.

그리고 폭력 없는 사회인 공산주의를 건립하기 위해서는 마지막 폭력 혁명이 불가피하다고 보았다. 특히 레닌과 스탈린은 직업적인 혁명가에 의한 무장 혁명의 필요성을 주장했다. 그 결과 러시아 혁명(1917)이 있어나 사유재산제를 폐지하고 주요 자산과 생산 수단의 공동 소유를 통한 분배의 정의를 실현하려는 공산국가가 건립된 것이다.

자본주의와 공산주의의 이념과 행태를 서로 비교하는 것이 단순하지 않지만 각각의 장단점이 있는 것은 분명하다.

1) 자본주의는 생산의 효율성을 극대화가 목표이고 공산주의는 분배의 정당성을 지향한다. 결국 자본주의는 발전하면 할수록 빈익빈 부익부의 양극화를 심화시켜 "잘사는 사람은 잘살고 못사는 사람은 못사는 사회"가 될 것이고, 공산주의는 생산의 효율이 떨어져 결국 "모두가 못사는 사회"로 하향 평준화되고 마는 것이다.

2) 자본주의는 기본적으로 인간의 이기심을 인정하는 인간관에 기초한 제도이다. 따라서 생산의 효율성을 위하여 이윤동기에 호소한다. 그래서 돈 되는 일이라면 무엇이든지 하는 황금만능주의를 부추기게 된다. 반면에 공산주의는 '당과 인민을 위하여'라는 구호가 말하듯이 개인의 이윤동기보다 당과 인민 전체를 위해 헌신하게 하는 이타적인 가치를 강조한다. 그러나 이기적인 인간에게 이타적인 당성(黨性)을 강요하기 때문에 선동과 선전과 학습과 자아비판이 불가피하게 되는 것이다. 문제는 공산주의의 이타주의는 자발적인 것이 아니라 강요된 이타주의라는 약점을 지니게 된다.

3) 자본주의는 자연발생적으로 형성된 것이지만, 공산주의는 유혈혁명을 통해 쟁취된 것이다. 따라서 자본주의는 자유시장체제에 수요와 공급을 맡겨도 '보이지 않는 손'에 의해 통제될 것으로 보았다. 그러나 공산주의는 인간의 이기심은 '보이는 손'으로 통제하지 않으면 근절시킬 수 없다고 본다. 그래서 모든 생산과 수요를 국가가 통제하고 관리하는 통제경제체제를 형성한 것이다.

4) 자본주의의 자유시장경제는 자연스럽게 개방적이고 민주적인 경쟁체제를 보장해야 한다. 그래서 자본주의는 개방적이고 민주적

인 사회구조를 만들어 왔고, 반면에 공산주의 통제 경제를 감시와 감독의 위계를 만들어 가는 폐쇄적이고 독제적인 사회구조가 불가피하였다.

따라서 자본주의와 공산주의의 주요한 특징들을 비교해 보면 다음과 같다.

▶ **자본주의와 공산주의의 특징 비교**

자본주의	공산주의
생산의 효율성	분배의 정당성
빈익빈 부익부	하향 평준화
이윤동기(이기주의)에 호소	강요된 이타주의
자연발생적 구조	혁명을 통해 쟁취한 구조
자유시장경제	중앙통제경제
개방적 민주적 구조	폐쇄적 독재적 구조

자본주의는 이제까지 인류가 만들어낸 최상의 제도라고 하겠지만 이상적인 제도는 아니다. 자본주의의 가장 큰 모순은 경제가 발전할수록, 국민소득이 늘어날수록 빈부 격차가 늘어나는 자기모순을 지니고 있다는 점이다. 세계 경제가 점점 발전하여 왔지만 이와 비례하여 경제적인 양극화도 더욱 심하여졌다.

자본주의나 공산주의가 각각 장단점이 있었지만 양체제가 경쟁을 벌여온 지 80여 년 만에 자본주의의 판정승으로 결판이 났다. 자본주의의 명목상의 승리는 근본적으로는 자본주의 자체에 내재한 개방적 구조 때문이다. 자본주의는 그 개방적 구조와 자유 경쟁의 원리로 인해 보다 효율적인 제도를 도입하는 데에 능동적이었다.

자본주의는 불가피하게 공산주의적 요소 중에 분배의 정당성에 기여하는 요소들을 수용할 수밖에 없었다. 노동자들의 분배의 요구가 점점 거세지고 1920년대에는 조직적인 노동조합 운동이 일어났을 때 이를 주장하는 자들을 공산주의자로 매도하였지만 결국은 자본주의의 모순을 보완하는 제도로 수용되고 말았다. 그리하여 자본주의는 점차적으로 사회주의적 요소 즉 노동조합, 교육보험, 의료보험, 가족수당, 최저생계비 보장, 실업수당, 노인수당 등 각종 분배와 복지의 정책을 마련한 것이다. 현대 서구의 기독교 사회구원이나 사회복음에 대한 이해는 폭 넓은 의미에서 마르크스주의 사회사상의 영향이 전혀 없는 것은 아니다. 그리고 1960년대 독일에서는 기독교와 마르크스주의자들 사이의 대화가 폭 넓게 전개되기도 하였다.

그러나 공산주의는 그 폐쇄성 때문에 교조주의에 머물러 시대의 변화에 따라 드러나기 시작한 공산주의 자체의 약점을 보완하려는 적극적인 조치를 적시에 취하지 못하였다. 폴란드를 비롯한 동구(東歐)의 자유화 물결로 공산주의 체제의 약점이 드러나기 시작하였다. 이어서 공산주의의 종주국인 소련 사회에 내에서도 공산주의의 단점을 보완하기 위한 대변혁이 1985년 고르바초프의 등장과 함께 시작되었다. 그는 경제 침체와 외교적 고립이라는 난제를 해결하기 위해, 대내적으로 페레스트로이카(개혁), 대외적으로는 글라스노스트(개방)라는 실용적인 정책을 펼치고 자본주의적 요소를 도입하는 일에 앞장섰다.

그리하여 1989년 공산당의 일당독재를 규정하였던 헌법 6조가 삭제되고 최초로 다당제 선거가 실시되었다. 1990년 3월 초 소련의 최고회의는 생산 수단의 사유화를 허용하는 획기적인 법안을 통과시켰다.[2] 경제 침체와 공산주의 통제경제의 문제점인 비능률적이고 지나치게 방대한 행정으로 인한 물자 부족 등을 해결하기 위해서 시장경제 원리를 받아들였다. 아울러 사유재산제도를 허용하였으며, 모스크바에 최초의 시장을 세우기도 하였다. 명목상으로는 소련의 공산주의 체제가 붕괴된 것이다.

중국의 경우는 소련 붕괴 이전에 이미 자본주의적 요소를 도입하는 데에 더욱 적극적인 자세를 취하게 되었다. 1978년 당시 중국의 권력 실세 덩샤오핑(鄧小平)은 공산주의든 자본주의든 인민이 잘살면 된다는 '흑묘백묘론'(黑猫白猫論)을 모토로 과감한 개혁 개방을 추진하여 전향적인 사회주의 경제론을 주장하게 된 것이다. 이어서 선부론(先富論)을 통해 먼저 부를 축적한 다음에 이를 분배하자는 자본주의의 논리 도입을 주장하여 마오쩌둥 생전에는 수난을 당했으나 마오쩌둥 사후 덩샤오핑의 주장이 중국 공산당에 의해 수용되기 시작하였다.

1982년에는 제12차 전국대표대회(전대)에서 '계획경제를 위주로 시장경제를 보조 수단으로 한다'는 입장이 채택됐고, 1987년 제13차 전대를 통해 계획과 시장이 내재적으로 통일된 체제라는 입장이 정리됐다. 1990년과 1991년에는 자본주의의 꽃이라고 하는 증권거래소가 상하이와 선전(深圳)에 각각 설립되었다.

1999년 중국은 헌법 개정을 통해 4대 경제개혁을 강력히 추진하여 왔다. 공산주의의 핵심 이론인 역사유물론과 계급투쟁론이 사실상 포기되었고 '개혁개방론'과 '3개대표론'이 새로운 통치이념으로 자리 잡았다.[3] 중국은 WTO 가입(2001)으로 시장의 개방이 가속화되고 있는 과

---

2 "蘇, 생산수단 私有化 허용의 배경과 의미", 「동아일보」 1990. 3. 7.

정에서 마오쩌둥의 후계자 장쩌민(江澤民) 공산당 총서기는 2001년 11월 8일에서 14일까지 인민대회당에서 열린 '제16차 당대회'를 통해 "중국의 공산당은 무산계급을 대표한다"는 종래의 당 강령을 "중국 공산당이 선진 생산력, 선진 문화, 광범위한 인민의 이익을 대표한다"는 삼개대표론(三介代表論)으로 개정하였다. 이어서 2004년 3월 14일 제10기 전인대 2차 전체회의에서 사유재산권 보호조항이 헌법에 삽입됨으로써 사유재산을 보호하는 법적 기반이 마련됐다.[4]

개정된 헌법에서 눈길을 끄는 것은 자본주의 기업정신인 사유재산권 불가침 조항을 새롭게 넣어 법적 보호를 제대로 받지 못해 불안해하던 민간 기업과 민간 기업인에 대해 확실한 보장을 마련해 준 것이다. 그리고 중국 공산당은 노동자와 농민을 대표한다는 종래의 '2자대표론'에 따라 노동자 농민만이 공산당원이 될 수 있었으나 이제는 자본가도 공산당원이 될 수 있는 혁명적인 조치를 취한 것이다.

4세대 지도자인 후진타오(胡錦濤)는 덩샤오핑의 선부론(先富論, 능력이 되는 사람부터 부자가 되라)과 장쩌민의 자본주의적 시장경제의 도입으로 인해 중국의 경제가 크게 성장하였지만 이로 인해 빈부 격차가 더욱 심하여진 것을 고려하여 다시 균부론(均富論)을 주장하게 되었다.[5] 후진타오는 이른바 '조화사회'를 정책의 최우선 순위로 올려놓았다. 3농(농민, 농촌, 농업) 중시 정책과 서부대개발 등을 통해 동부 연안과 서부

---

3 1) 항상 중국의 선진 사회 생산력의 발전 요구를 대표한다. 2) 항상 중국의 선진 문화의 전진 방향을 대표한다. 3) 항상 중국 대부분의 인민의 근본 이익을 대표한다.
4 "중국 개혁 개방 30년, 국민소득 무려 55배 '폭발적 성장'", 「서울경제」 2008. 8. 3.
5 이동훈, "중국 지역 간 경제격차와 강택민 정권의 대응정책에 대한 연구", 고려대 대학원 석사학위논문. 2001.

내륙, 도시와 농촌의 소득 격차를 줄이는 데 총력을 기울였다. 지금까지의 불균형적 선부론(先富論)의 개발전략을 전방위적인 균형적 개발전략으로 수정하고 있다.[6]

이처럼 중국은 개혁 개방정책을 실시한 이래 연평균 8% 내외의 고도성장을 이룩해 2010년 현재 국내총생산(GDP) 규모가 세계 6위인 1조 4,000억 달러에 달하고 있다. 그리하여 30년이 지난 지금 국민소득이 55배로 증가하였다. 중국은 서기 2020년까지 국민 1인당 소득이 3,000달러에 달하는 '샤오캉(小康)사회'[7]를 건설한다는 계획을 세워놓고 있다. 미국의 투자은행인 골드만삭스는 2039년에는 중국이 미국을 제치고 세계 최대 경제대국으로 성장할 것으로 전망하기도 하였다.[8]

지극히 폐쇄적이던 중국은 고도의 경제성장으로 인해 대외적으로 개방이 더욱 가속화되고 있다. 2008년 북경 올림픽 개최는 중국의 개방화를 더욱 촉진시켰다. 또한 국제 여론을 의식한 인권 문제 개선도 중국의 개방화에 일조를 하게 될 것이다. 후진타오와 원자바오(溫家寶) 체제구축으로 국가 지도부의 연령이 크게 낮아짐으로써 개방적인 정치의 가능성도 높아졌다. 외국인들의 중국 여행이 증가하고, 중국인들의 해외 여행도 크게 증가하고 있다.[9] 이처럼 중국의 경우 1950년대의 냉전시대의 공산주의와는 확연히 구분되는 친자본주의적 개혁과 개방의 체제변혁이 이루어진 것이다.

---

6 "中, 선부론 지고 균부론 뜨나", 「서울신문」 2009. 11. 20.
7 유교의 사서오경 가운데 하나인 예기(禮記)에 나오는 용어로 대동(大同)사회 이전 단계에 이루어지는 '풍요로운 사회'를 일컫는 말이다. 2020년까지 완성을 목표로 하고 있다.
8 "건국 60주년 맞은 중국, 진정한 大國의 길", 「매일경제」 2009. 9. 30.
9 박성주, "중국의 정치. 문화, 종교적 상황과 한국교회" (2009. 5. 10).
   http://cafe.daum.net/HomeOfYERIM/Ee5k/72.

북한의 경우도 마찬가지이다. 정주영 명예회장이 방북하여 1989년 1월 31일 '금강산관광의정서'를 채택한 후 10년 만에 1998년 11월 18일 금강호가 첫 출항하면서 남한의 민간인의 북한 통행이 가능하여졌다. 그리고 2004년에 체결된 '개성공업지구와 금강산 관광지구 출입 및 체류에 관한 합의서'에서 따라 2004년 10월부터 금강산 육로 관광이 개시되고 2005년부터는 개성공단 입주 분양이 시작되었다.

김정일 국방위원장은 2006년 1월 10일부터 자본주의 시장경제를 도입한 중국의 상하이(上海)를 방문, '천지개벽됐다'고 감탄하며 자본주의에 대한 관심을 나타냈다. 그는 자본주의의 상징이라고 할 증권거래소 등을 돌아보며 상하이와 같은 '특구'를 북한에도 만들겠다는 의사까지 표명하였다.[10] 이처럼 개혁과 개방 그리고 자본주의적 시장경제의 도입은 공산주의 국가들로서는 불가피한 역사적 수순인 것이다.

남한의 경우도 6.25전쟁의 배후 지원국인 소련(1990)과 교전 당사국인 중국(1992)과도 수교하여 자유롭게 통행과 통상과 통신을 하고 있는 역사적 변화를 인정하여야 한다. 이런 마당에 일부 보수 인사들이 유독 북한에 대해서만 적개심을 가지고 일시적으로 남북 관계가 경색할 때마다 겨우 시작한 금강산 관광 중단과 개성공단 철수를 주장하는 것은 역사의 변화를 부정하려는 퇴행적 태도라는 비판을 받게 되는 것이다.

경제체제는 일반적으로 생산 수단의 소유 형태와 생산물의 분배 형태, 경제 주체의 경제 활동에서의 자율성 정도에 따라 분류한다. 이 분류에 따르게 되면 경제체제는 자본주의적 시장경제, 자본주의적 계획경제, 사회주의적 시장경제, 분권형적 명령경제, 중앙집권적 명령경제 등

---

10 「연합뉴스」 2006. 1. 11.

으로 분류된다. 자본주의 경제가 사유재산제도를 토대로 하고 시장을 통하여 자원을 배분한다면, 사회주의 경제는 생산 수단이 국유화되어 있고 자원 배분의 국가에 의해 계획되고 통제된다.

현재 남한의 「대한민국 헌법」(1987. 10. 29)과 북한의 「사회주의 헌법」(1972. 12. 17)[11]을 비교해 보면 자본주의와 공산주의의 이념을 서로 수렴하고 있다는 점을 확인할 수 있다.

▶ 남북 경제제도 비교

대한민국 헌법의 시장경제	북한 사회주의 헌법의 인민경제
• 23조 1항: 모든 국민의 재산권은 보장된다. 그 내용의 한계는 법률로 정한다. • 23조 2항: 재산권의 행사는 공공복리에 적합하도록 하여야 한다. • 119조 1항: 대한민국의 경제 질서는 개인과 기업의 경제상의 자유와 창의를 존중함을 기본으로 한다. • 119조 2항: 국가는 균형 있는 국민경제의 성장 및 안정과 적정한 소득의 분배를 유지하고 시장의 지배와 경제력의 남용을 방지하며 경제주체간의 조화를 통한 경제의 민주화를 위하여 경제에 관한 규제와 조정을 할 수 있다.	• 제20조: 조선민주주의 인민 공화국에서 생산 수단은 국가와 협동 단체만이 소유한다. • 제21조: 국가 소유는 전체 인민의 소유이다. 국가 소유권의 대상에는 제한이 없다. • 제24조: 개인 소유는 근로자들의 개인적이며 소비적인 목적을 위한 소유이다. … 국가는 근로자들의 개인 소유를 보호하며 그에 대한 상속권을 법적으로 보장한다. • 제34조: 조선민주주의 인민 공화국의 인민 경제는 계획 경제이다.

11 박완신, 『통일의 길목』(서울: 엠마오, 1989), 209-225. 「사회주의 헌법」 전문 참조.

남한은 자본주의 경제의 배분의 양극화와 빈익빈 부익부의 단점을 보완하기 위해 "국가는 균형 있는 국민경제의 성장 및 안정과 적정한 소득의 분배를 유지하고 시장의 지배와 경제력의 남용을 방지하며 경제 주체간의 조화를 통한 경제의 민주화를 위하여 경제에 관한 규제와 조정을 할 수 있다"(헌법 119조 2항)는 조항을 두고 있다.

북한 역시 사회주의 경제의 단점인 생산의 효율성과 개인의 이윤 동기를 충족시키기 위해 "협동 농장원들의 텃밭 경리를 비롯한 주민의 개인 부업 경리에서 나오는 생산물도 개인 소유에 속한다. 국가는 근로자들의 개인 소유를 보호하며 그에 대한 상속권을 법적으로 보장한다"(헌법 24조)는 조항을 포함하고 있다. 이처럼 자본주의에서도 배분의 효율화를 위해서 국가가 개입하며, 사회주의에서도 생산의 효율화를 위해 자본주의의 경제제도를 일부 도입하기도 한다. 남북한은 각자의 단점을 보완하기 위해서 혼합 경제제도를 헌법에 명시하고 있지만 실상은 헌법정신의 구현과는 멀어 보인다.

따라서 이제는 공산주의의 다양한 성격과 시대적·지역적 변천에 대한 폭넓은 이해가 요청된다. 이처럼 공산주의이든 자본주의이든 이제는 냉전시대의 이데올로기 논쟁에서 벗어나 각자의 장점을 극대화하고 각자의 단점을 극소화하기 위해 상대 이데올로기의 장점들을 적극적으로 수용하는 이데올로기 수렴의 시대에 접어든 것이다. 그럼에도 불구하고 6.25전쟁의 민족적 트라우마와 냉전시대의 적대적 사고 틀에서 벗어나지 못한 채 반공 이데올로기에 사로잡혀 있는 이들이 적지 않은 것이 안타깝다.

2
공산주의의 무신론과
종교비판의 배경

원칙적 반공주의를 극복하기 위해서는 공산주의와 무신론에 관한 좀 더 명확한 검증을 통해 이념적인 편견을 조정하여야 할 것이다. 마르크스주의와 기독교가 도저히 화합할 수 없고 모순되기조차 한다는 반공이념의 가장 강력한 근거는 무신론의 문제이다. 공산주의가 무신론을 주장하기 때문에 공산주의 지도자는 사탄이요 공산주의 국가는 원칙적으로 반기독교적이라는 주장이다.[12]

마르크스, 엥겔스, 레닌, 마오쩌둥, 김일성을 비롯한 모든 위대한 사회주의자 또는 공산주의자들은 모두 무신론자로 알려져 있기 때문이다. 그래서 무신론은 공산주의의 고유한 본질적 특성으로 여겨진다. 그러나 공산주의를 단지 무신론으로 타도할 것이 아니라, 그들이 왜 무신론을 주장하고 종교소멸론에 입각하여 종교비판에 앞장섰는지 그 이론적 근거와 역사적 배경을 검토할 필요가 있다. 그리고 기독교가 혹시 그 빌미를 제공하지는 않았는지에 대해 반성할 필요가 있는 것이다.

---

12 이상린. "맑스의 무신론". 「한신논문집」 14(1997). 449. 490; 안병욱. "맑스의 무신론". 「기독교사상」 91(1965. 10). 22. 31; 우정. "무신론과 북한의 종교관". 「북한」 138(1983. 6). 50. 64.

이런 관점에서 맥가번(A. F. McGovern)은 마르크스주의자들이 무신론을 주장한 역사적 조건들을 분석하고 마르크스주의가 무신론을 주장한 네 가지 근거들을 제시하고 무신론이 마르크스주의의 본질적인 주제가 아니었다는 사실을 지적하였다.[13]

1) 휴머니즘적 무신론

마르크스(1818~1883)는 양가(兩家)가 랍비인 유태인 집안에서 태어났다. 부친이 프로테스탄트로 개종한 후 마르크스 자신도 세례를 받았다. 1835년 작성한 "요한복음 15장 1절에서 14절에 따른 그리스도와의 연합"이라는 시험 논문에서 마르크스는 역사의 발전을 위해서 그리스도와의 연합의 필요성을 강조한 바 있다.

청년기 마르크스에게 무신론으로 기울게 한 것은 루드비히 포이에르바하(1804~1872)의 휴머니즘적 무신론의 영향이다. 포이에르바하는 『기독교의 본질』(1841)에서 인간의 첫째 관심은 인간이며, 인간은 인간에게 신이다(Homo Homini Deus est)고 주장하였다. 신 의식은 인간의 자기의식이며, 신 지식은 인간의 자기 지식이며, 따라서 "신이 자기 형상으로 인간을 창조한 것이 아니라, 인간이 자기 형상으로 신을 만들었다"는 저 유명한 투사론을 주장하였다. 인간을 희생하여 하나님을 변호하는 유신론적 종교는 인간의 자기 소외와 빈곤을 낳는다. 따라서 신에 대한 신앙이 인간을 신에게 복종시켜 인간을 소외시키고 비인간화시키므로

---

13 A. F. McGovern, 『마르크시즘과 기독교』(서울: 한울, 1988), 제7장 무신론과 유물론을 참고할 것.

휴머니즘에 입각하여 무신론을 주장하였다.

　포이에르바하의 휴머니즘적 무신론의 영향을 받은 마르크스는 1841년 24세의 나이로 고대 무신론을 다룬 「데크리스토의 자연철학과 에피쿠로스의 자연철학의 차이」라는 논문으로 박사학위를 받았다.[14] "헤겔법철학비판 입문"(1844)에서는 "인간이 종교를 만들었지, 종교가 인간을 만든 것이 아니다"고 하였다.[15] 그리고 엥겔스와 함께 쓴 『신성가족 – 비판적 비판에 대한 비판』(1845)이라는 저서를 통해 무신론과 공산주의를 진정한 인본주의로 찬양하며, "무신론은 종교의 말소를 통해서 자체와 매개되는 인본주의이며 공산주의는 사유재산의 말소를 통해서 자체와 매개되는 인본주의이다"라고 주장하였다. 무신론과 공산주의가 모두 휴머니즘을 지향하는 공통점이 있다고 본 것이다.

　마르크스는 그의 개인적 경험을 통해 당시의 서양 기독교의 상황을 주관적으로 파악하여 신에 대한 신앙은 인간을 소외시키고 비인간화시키는 것으로 규정하였다. 당시 프러시아의 왕이었던 프리드리히 빌헬름 4세가 자신은 지상에서 신의 대리자라고 주장하며 백성들이 자신을 신임해 줄 것을 요구하였기 때문에 종교는 권위에 대한 예속의 복종의 도구라고 믿게 된 것이다.[16]

　포이에르바하의 영향을 받은 마르크스는 "인간의 자유나 신에 대한

---

14 같은 책, 339. 이 논문에서 "나는 신과 신들을 믿는 인간들을 증오한다"는 프로메테우스의 말을 인용하였다.

15 같은 책, 42.

16 같은 책, 340. 무엇보다는 마르크스는 기독교 국가라는 개념이 모순이 된다고 보았다. 그는 기독교의 가르침과 현실적 정치적 삶은 모순된다고 보았다. 성서는 "왼쪽 뺨을 때리면 오른쪽 뺨을 내밀라"고 가르치지만, 현실적으로는 폭행에 대한 법적 조치를 취해야 하는 것이 정치질서이기 때문이라고 본 것이다.

예속이냐"는 이분법적 사고에서 벗어나지 못했으므로 신의 이름으로 인간을 예속하는 기독교와 휴머니즘이 양립할 수 없다고 보았다. 그러나 포이에르바하가 실제로 주장하려고 했던 본질적인 내용은 사이비 신학이 인간을 희생시켜 신을 옹호하고, 육체를 희생시켜 영혼을 옹호하고, 현세를 희생시켜 내세를 옹호한 것에 대해 비판적으로 성찰하고 기독교 신학의 참된 본질과 목적은 인간을 소외시키는 것이 아니라 인간을 구원하고 해방시키는 것이라는 사실을 밝히려는 시도였다. 그래서 그는 "나는 신학을 인간학으로 끌어내림으로써가 아니라 오히려 인간학을 신학으로 고양시키려는 것이다"고 말한 것이다.

현대의 많은 신학자들 역시 기독교야 말로 진정한 휴머니즘이라고 주장한다. 그 근거로 하나님의 인간화를 제시한다. 구약성서의 출애굽 사건을 인간 해방의 사건이며, 하나님께서 인간의 구원과 해방을 위해 인간이 되셨다는 성육신 사건이야 말로 기독교가 진정한 휴머니즘이라는 근거라고 주장한다. 오히려 공산주의의 역사적 진행 과정을 보면 그들이 처음에 주장한 본래의 이념과 달리 현실 상황에서는 인간을 해방시킨다는 이름으로 인간을 예속시키는 비인간적인 행태를 적지 않게 자행한 것이 사실이다.

칼 바르트는 신흥공업 도시인 자펜빌에서 목회를 하면서 친구인 투르나이젠 목사와 함께 스위스의 종교(기독교)사회주의 운동에 참여하여 '빨갱이 목사'라는 비난을 받기도 하였다. 그러나 바르트는 훗날 이렇게 회고하였다. "나는 한때 종교사회주의자였다. 그러나 나는 이제 사회주의는 인간의 비참함과 그 인간을 돕는 일에 성서만큼 진지하고 심오하게 보지 못했다는 것을 알았기 때문에 종교사회주의를 내던졌다."[17]

몰트만은 공산주의가 자본주의적 인간 소외를 극복한다고 하면서 그와 동시에 오히려 인간의 자기 초월을 제거하였으며, 이것이냐 말로 가장 비인간적인 것이라고 비판한다. 따라서 진정한 종교는 인간을 소외시키지 않고 인간을 해방시키며 인간을 자기 초월로 인도한다. 기독교는 하나님이 그리스도 안에서 인간이 되셨기 때문에 인간은 인간에게 가장 높은 존재라고 가르친다. 그리스도는 인간을 소외시키기 위해서 이 땅에 오신 것이 아니라 인간을 해방시키는 이웃 사랑의 자기 초월로 이끌기 위해 오신 것이다. 따라서 더이상 인간을 소외시키지 않는 "종교가 마르크스주의의 참된 미래"[18]이므로 기독교가 진정한 종교가 되어 고통에 처한 인간을 돕는 일에 가장 진지하고 심오하여 참된 휴머니즘을 실현한다면, 종교가 휴머니즘에 반하기 때문에 무신론을 주장한 근거가 무너지게 되는 것이다.

2) 이데올로기적 무신론

마르크스는 인간 해방의 문제는 사회적 · 정치적 차원의 문제라는 것을 깨달았다. 그런데 종교는 이러한 사회적 변화를 반대하고 현상유지에 만족하고 왜곡된 종교적 위안을 주는 이데올로기라고 하였다. 이데올로기라는 말은 '이념의 체계'라는 뜻이지만 마르크스는 이를 부정적인 의미로 허위의식과 지배의식이라는 개념으로 사용하였다. 종교가 인간을 기득권 세력에 예속시키는 지배자의 이념의 체계로서 최상부 구조를

---

17 J. D. Godsay/김희은 역, 『바르트 사상의 변천』(서울: 대한기독교서회, 1981), 30.
18 J. Moltmann, "유럽에 있어서의 마르크스주의자와 기독교와의 대화", 「감신대학보」 54(1984. 10. 10), 6.

이루고 있기 때문에 지배의식이라고 보았고 그리고 종교가 인간 본질이 참다운 실재를 왜곡하고 "몽상하는 인간 본질의 환상적 실현"이기 때문에 허위의식이라고 여긴 것이다.

그래서 마르크스는 『헤겔 법철학비판 입문』(1844)에서 종교가 현실적 고통을 제대로 표현하지 않거나 현실적 고통에 대한 참다운 항거를 포기할 경우 종교는 '인민의 아편'(das Opium des Volkes)이 된다는 저 유명한 아편론을 주장한 것이다.

> 종교적 고통은 현실적 고통의 표현임에 동시에 현실적 고통에 대한 부정(항거)이기도 하다. 종교는 억압받는 존재의 한숨이며(영혼이 부재한 세계 속의 영혼처럼) 사랑이 전혀 존재하지 않는 세계에서 스스로를 사랑이라고 주장한다. 종교는 민중의 아편이다.[19]

이처럼 종교가 현실적 고통을 미래로 투사하거나, 고통을 운명으로 체념하거나, 고통을 왜곡하여 심리적 위안을 구하거나, 고통의 근원이 되는 현실적 모순에 대한 항거를 무력하게 만들 경우, 종교는 인민의 아편된다고 하였다. 그러나 공산주의는 종교의 환각적 행복을 각성시켜 인간의 고통의 현실을 폭로하고 이에 항거하여 진정한 행복을 제시한다고 가르쳤다. "민중의 환각적 행복인 종교를 말살시키려면 진짜 행복이 필요"한데 그것이 바로 공산주의라는 것이다. 따라서 "종교비판

---

19 K. Marx, "*Critique of Hegel's 'Philosopy of Right'*; F. McGovern, 『마르크시즘과 기독교』, 42에서 재인용. '종교는 인민의 아편'이라는 말은 마르크스가 창안한 것이 아니고, 일찍이 하이네(Heine)와 바우어(B. Bauer)가 사용했다.

은 눈물의 골짜기에 대한 비판"이라고 하였다.

김일성 역시 "종교는 력사적으로 지배계급의 수중에 장악되어 인민들을 기만하며 착취, 억압하는 도구로 리용되었으며 또 근대에 들어와서 제국주의자들이 후진국가 인민들을 침략하는 사상적 도구로 리용"되었다고 하였다.[20] 따라서 사람들이 종교를 믿으면 계급의식이 마비되고 혁명하려는 의욕이 없어지게 되므로 "결국 종교는 아편과 같은 것"[21]이라고 하였다.

마르크스의 종교비판에 대하여 "기독교의 사회원리를 기독교인들이 책임 있게 발전시킬 수 있다면 공산주의자들은 침묵하게 될 것이다"라는 반론이 즉시 제기되었지만 마르크스는 여전히 기독교의 사회윤리를 비판하였다.

기독교의 사회윤리는 지배자와 피지배자의 관계를 필연적이라고 설교한다. 기독교적 사회윤리는 비겁, 자기 경멸, 비하, 굴종과 겸양에 대한 설교를 포함한다. 기독교의 사회윤리는 굴욕이지만 프롤레타리아는 혁명적이다. 즉 프롤레타리아는 기독교의 사회원리에 대해서도 혁명적일 수 있다.[22]

이처럼 마르크스는 종교가 사회구조를 반영하고 현재 상태를 정당화시키는 경향이 있으므로 사회 변화를 방해하는 기득권 세력으로 본 것이다. 물론 기독교가 지배계급과 결탁하거나 가난한 사람들에게 체념

---

20 『력사사전 1』(평양: 사회과학출판사, 1971), 231: 김도일, "통일과 신학교육", 호남신학대학교 편, 『기독교와 한반도 평화 정착』(서울: 한들, 1998), 225에서 재인용.
21 『김일성저작집 5』, 154: 김도일, "통일과 신학교육", 225에서 재인용.
22 A. F. McGovern, 『마르크시즘과 기독교』, 58.

과 복종을 설교하기도 하였다. 대중의 분노를 가라앉히고 현 상태를 정당화하는 일에 앞장서기도 하였다. 이러한 행태는 사회주의자들에게 종교비판의 빌미를 제공하고 이데올로기적 무신론을 정당화시키는 역기능을 할 수 있다는 점을 인식하여야 할 것이다.

마르크스의 '종교의 정치적 비판'은 히틀러 치하의 독일 고백교회의 정치적 저항운동을 통해 더욱 명확한 의미를 띠게 되었다. 1차 대전 후 히틀러가 집권하자 본회퍼를 중심한 독일 고백교회는 '국가 정치에 대한 그리스도인의 본질적인 책임'을 새롭게 제기하였다. 이어서 1934년 바르트가 중심이 되어 작성한 고백교회의 바르멘 선언은 복음의 정치적 해석의 기틀을 마련하였다.

몰트만은 마르크스가 종교를 "현실적 고통의 표현이며 동시에 현실적 고통에 대한 항거"라고 규정한 것을 진지하게 받아들였다.[23] 그리고 마르크스의 종교비판의 핵심적인 주장인 종교 아편론은 절대적인 주장이 아니라 조건적이고 상대적인 주장이라는 사실을 간파하였다. 다시 말하면 종교가 "현실적 고통의 표현과 현실적 고통에 대한 항거"라는 본래적 기능을 수행하지 못하고 현실적 고난의 정치적 원인을 은폐 또는 왜곡하거나 고난에의 항거를 무마하거나 내세로 투사하는 조건하에서 종교는 민중의 아편이 되기 때문이다. 그래서 레닌은 "사회주의와 종교"(1905)라는 논문에서 "종교는 일생 동안 고역과 결핍 속에 사는 사람들에게 세상에 사는 동안 참고 순종하라고 가르치며 그리고 하늘의 상급을 받는 희망 속에서 위로를 받으라고 가르친다"[24]고 한 것이다.

---

23 J. Moltmann, "종교와 맑스주의", 「신학사상」 47(1984), 893-905.
24 이상린, "맑스의 무신론", 「한신논문집」 14(1997), 484.

그리고 종교는 타자의 노동으로 살아가는 자들에게 세상에서 자선을 베풀라고 가르치며 수탈자로서의 자기 존재를 정당화하고, 자본의 노예들이 인간으로서의 가치 있는 삶의 요구를 망각하게 하는 정신적 도취라고 비판한 것이다.

이러한 비판을 진지하게 경청한 몰트만은 마르크스와 레닌이 지적한 것처럼 종교가 자신의 본래적인 두 가지 기능을 수행한다면 종교는 더 이상의 민중의 아편으로 비난받을 이유와 근거가 사라진다는 점에 착안하였다. 마르크스의 '종교비판'의 관점에서 보면 기독교야말로 '현실적 고난의 표상과 고난에의 항거'가 가장 분명하게 드러나는 '비판적인 종교'이기 때문이라는 것이다. 왜냐하면 기독교가 말하는 복음의 핵심을 이루는 "그리스도의 십자가는 인간의 비참한 현실의 표현이며 그리스도의 부활은 인간의 비참한 상황에 대한 참다운 항거를 뜻"[25]하기 때문이다. 십자가는 종교적 신화나 종교적 우상 숭배에 대한 비판의 척도이며 현실적이고 구체적이며 다차원적 고난을 표상하기 때문에, 기독교인들은 세상의 고난을 보기 이전에 그리스도의 고난을 본다고 하였다. 그러므로 세상의 고난 문제를 진지하게 취급하는 진정한 기독교야 말로 '민중의 아편'이 아니라 '자유의 누룩'이며 그런 의미에서 기독교는 정치 비판적인 종교라고 하였다. 이처럼 마르크스주의의 종교비판은 기독교로 하여금 자신을 비판적인 종교로 이해하게 하는 자극이 된 것이다.[26]

마르크스는 종교가 지배의식이고 허위의식이라는 전제에서 이데올

---

25 J. Moltmann, "복음의 정치학적 해석학", 전경연 편. 「신학의 미래 II」(서울: 보진제, 1973), 157.
26 J. Moltmann, "종교와 맑스주의", 898, 900.

로기적 무신론을 주장한 것이다. 그래서 몰트만은 마르크스주의 자체가 민중을 고난에서 해방한다는 명분으로 전투적 혁명과 프롤레타리아의 독재를 통해 오히려 민중을 억압하는 작용을 한다면 마르크스주의도 민중의 아편이 된다는 점을 지적하였다. 그래서 남미의 해방신학자 보프 (L. Boff)는 고난에 대한 마르크스주의의 분석은 긍정하나 그 처방은 부정한다면서 "마르크스주의의 사회에 대한 분석이 억압의 원인들을 탐색하는 데 기여할 수 있겠으나 우리는 마르크스에게 감사하지 않고 하나님께 감사한다"고 하였다.[27]

역사적으로 보면 기독교는 지배자의 종교가 아니라 로마 식민지의 피지배자의 종교로 출발하였다. 기독교가 로마의 국교로 공인되면서 지배자의 종교로 변형된 점이 없지 않다. 엥겔스는 적어도 초기 기독교는 혁명적인 힘을 지니고 있었다는 것을 인정하였다.

초기 기독교의 역사는 현대 노동자 계급 운동과 뚜렷한 일치점을 가지고 있다. 후자와 같이 기독교도 원래 억압받는 사람들의 저항운동이었다. 그것은 처음에 노예들과 해방된 노예 그리고 모든 권리를 빼앗긴 가난한 사람들, 로마에 의해 정복당하고 산산이 흩어진 사람들의 종교로서 출현했었다.[28]

그리고 16세기의 토마스 뮌처의 혁명적 기독교와 재세례파의 정치

---

27 J. Moltmann, "유럽에 있어서의 마르크스주의자와 기독교와의 대화"「감신대학보」 54(1984. 10. 10), 6.
28 Marx and Engels, *On Religion*, 316; A. F. McGovern, 『마르크시즘과 기독교』, 349에서 재인용.

100 통일을 위한 기독교 신학

적 항거에 대해서도 자세히 서술하고 높이 평가하였다.[29] 레닌도 사도들의 예언자적 기독교와 콘스탄틴 이후의 국가적 기독교를 구분하였다. 남미의 해방신학자들은 '콘스탄틴 이전의 기독교'를 진정한 기독교라고 주장한다.

이러한 초기 기독교처럼 종교가 사회적 변화의 촉진제 역할을 할 수 있다면 이데올로기적 무신론의 근거는 그만큼 약화되는 것이다. 뿐만 아니라 기독교가 인간의 고통을 참되게 드러내고 인간의 고통에 대하여 궁극적인 항거의 주체가 되어 그 진정성이 드러난다면 종교는 허위의식이라는 이데올로기 비판에 입각한 마르크스주의적 무신론 논거도 붕괴될 것이다.

적어도 정치신학이나 해방신학의 견지에서 보면 기독교가 지배의식이나 허위의식으로서의 이데올로기가 될 수 없다. 따라서 무신론을 주장하기 위하여 기독교에 대해 이데올로기 비판을 시도한 근거가 무너지고 무신론이 마르크스주의의 본질적인 요소도 아니며 사회주의를 달성의 궁극적인 목표도 아닌 것으로 판명되는 것이다. 박순경은 "오늘날 분단된 세계 상황의 주된 원인은 공산주의 무신론이 아니라 세계 패권의 문제"[30]라고 지적하였다. 이처럼 피지배자의 편에 서서 인간의 해방을 위해 헌신하는 참된 종교가 존재한다면, 휴머니즘이라는 잣대로 비추어 볼 때 인간의 해방을 지향하는 마르크스주의의 기본 이념과 상응하므로 그러한 종교를 반대할 이유가 사라지는 것이다.

29 A. F. McGovern, 『마르크시즘과 기독교』, 350.
30 박순경, "기독교와 공산주의의 이론과 현실", 「기독교사상」 1983년 8월호, 30.

3) 과학적 무신론

마르크스는 당시의 새로운 과학으로 떠오른 진화론의 영향을 받지 않을
수 없었다. 그의 유물사관에 의하면 자본주의는 그 자체의 모순 때문에
역사의 진행 과정에서 필연적으로 소멸하는 것이 불가피한 진화의 법칙
이다. 이처럼 마르크스주의를 과학과 동일시한 반면, 종교는 세계에 대
한 비과학적이고 미신적인 관점에 기초해 있는 것으로 보았다. 마르크
스 시대에 새롭게 등장한 초기 진화론의 영향으로 종교는 비과학적인
것이며 종교적 신앙에 대한 과학의 승리는 자명한 것이라는 인식을 강
화시켰기 때문이다.

　엥겔스(1820~1895)는『자연변증법』서문에서 뉴턴, 데카르트, 케플
러에 이르는 현대 과학은 종교적 권위에 벗어나 종교에 대한 과학의
승리의 역사를 선도하였고, 신학으로부터 자연과학의 해방이 시작되었
다고 하였다.[31] 이제 과학은 신의 도움이 없이도 인류의 기원과 사고의
발전을 설명할 수 있게 되었다고 엥겔스는 주장한다. 무엇보다도 자연
과학은 지속적으로 운동하는 사물의 법칙을 필요로 하기 때문에 변증법
적 유물론의 정당성을 확정시킨다. 간단히 말해 과학으로 인해 우주와
인간의 기원에 대한 종교적 설명은 극복되고 과학의 기초에는 모든 현
상에 대한 변증법적 유물론이 자리 잡게 된다고 본 것이다. 자연과학을
마르크스주의적 사회분석에 적용함으로써 변증법적 유물론을 과학의
위치로 격상시켰다. 따라서 종교는 비과학적인 미신으로서 과학과 양
립할 수 없을 뿐 아니라 과학적인 너무나 과학적인 변증법적 유물론의

---

31 A. F. McGovern, 『마르크시즘과 기독교』, 353.

과학적 원리와도 모순되는 것으로 주장한 것이다.

북한의 김일성도 공산주의는 과학이고 종교는 미신이라는 전형적인 과학적 공산주의에 대한 확고한 신념을 다음과 같이 피력하였다.

> 우리가 지향하는 공산주의는 과학적 공산주의입니다. 그러므로 공산주의
> 에 대한 신념은 사람들이 죽어서 '천당'이나 '극락세계'에 갈 수 있다는 것을
> 설교하는 종교의 진리를 믿는 것과는 아무런 인연이 없습니다.[32]

마르크스를 비롯한 초기 공산주의자들은 19세기의 사람으로서 당시의 지적 분위기를 반영하는 종교와 과학의 이분법에서 벗어나지 못하였다. 그러나 오늘날 진정한 과학자들은 과학이 절대적인 진리라고 주장하지도 않을 뿐 아니라 과학이 우주와 인간에 대한 모든 질문에 유일한 해답이라고 주장하지도 않는다. 과학은 단지 자연현상을 설명하기 위해 가설을 세우고 실험과 관찰을 통해 그 가설을 설명하려는 시도로 여길 뿐이다. 그리고 그러한 가설은 새로운 가설에 의해 뒤집어질 수 있는 한시적 가설이라는 것을 겸허하게 인정하게 되었다. 그리고 인간의 삶은 실험과 관찰을 통해 설명할 수 있는 자연과학의 대상이 아니다. 그래서 딜타이는 자연과학과 인문과학을 구분하고 인문과학은 인간의 삶의 체험을 표현하고 그 체험과 표현을 통해 삶을 이해하는 것이라고 하였다. 존 맥퀘리는 신학은 자연과학이나 인문과학이 아니라 신적 과학(divine science)라고 하였다.[33] 따라서 신학의 대상은 자연이나 인간이 아니라

---

32 『김일성저작집 26』. 571: 김도일, "통일과 신학교육", 225에서 재인용.
33 허호익, 『신앙, 성서, 교회를 위한 기독교신학』(서울: 동연, 2009), 34-36.

'신에 대한 신앙'이며 이는 실험과 관찰이나 체험과 표현으로 파악할 수 없으며 고백적인 신앙 행위를 통해 신에 대한 신앙에 이를 수 있다고 하였다.

따라서 과학적 진리만이 절대적 진리라고 주장하는 것은 '과학적 미신'이라고 규정된다. 그리고 종교적인 가르침이 미신이고 비과학적이라는 명제도 더이상 타당성을 지니지 못한다. 과학과 종교는 상호 모순되는 것이 아니라는 주장이 더욱 설득력을 갖게 된 것이다. 지동설과 진화론이 등장하였을 때 일부 종교지도자들의 새로운 과학의 등장으로 종교의 지위가 흔들릴 것으로 우려하였으나 현대에 와서 많은 종교인들은 인간의 종교적인 신앙의 기초는 과학적 이론에 근거한 것이 아니라는 인식을 갖게 되었다. 그렇다고 종교의 가르침이 모든 비합리적인 미신에 근거해 있다고 볼 수 없다. 이 우주에는 과학적으로 다 설명할 수 없는 초이성적인 현상들이 즐비하며 종교의 영역 역시 이러한 초이성적인 근거에 기초한 것이므로 이러한 초이성적인 근거를 모두 반이성적인 미신으로 치부하기가 어렵게 된 것이다.

다른 한편으로 마르크스는 자본주의에서 공산주의에로의 이행을 불변의 과학적 원리로 내세웠다. 자본주의는 그 자체 모순 때문에 소멸하고 공산주의로 이행하는 것이 자연과학의 원리처럼 절대적인 법칙이라고 믿었으나 동구권의 붕괴로 이러한 주장은 타당성을 잃었다. 세계사의 흐름은 마르크스의 주장과 달리 공산주의의 종주국인 소련을 비롯한 동구권 공산주의 국가가 붕괴되어 자본주의로 이행되는 예측 불허의 상황으로 전개되어 왔기 때문에 더이상 유물론적 공산주의를 과학이라고 주장할 수 없게 되었다.

따라서 마르크스주의의 과학적 무신론은 그 근거와 기반이 취약해진 것이 분명하다. 현대에 와서는 그 누구도 19세기의 천박한 과학관과 유물론적 변증법을 내세워 무신론을 주장하기는 어렵기 때문에 마르크스주의가 과학의 이름으로 무신론을 계속 관철할 수 있는 명분이 이미 사라진 것으로 보아야 할 것이다.

4) 전투적 무신론

청년 마르크스는 모든 비판의 전제로서 종교를 비판했다. 그러나 그의 후기 저서에는 종교를 타파하거나 종교를 대항하여 투쟁할 필요성을 언급하지 않았다. 독일사회민주당이 '고타강령'에서 양심의 자유를 포함시킨 것에 대하여 마르크스는 오히려 부르주아적 양심의 자유는 모든 종교적 양심의 자유를 허용하는 것이므로. 프롤레타리아는 종교의 아편으로부터 양심을 해방시키기 위해 노력해야 한다는 입장이었다.[34] 엥겔스 역시 종교에 대한 투쟁을 강조하는 전략에 반대했다고 한다. 그는 무신론을 지나치게 강조하는 급진적 블랑키주의자와 바쿠닌주의자들을 비판하였다. 법률로 신을 부정하려는 욕구는 비생산적이고 종교적 박해는 바람직하지 못한 신념을 조성시킬 뿐이라고 보았다.

마르크스주의에 입각하여 적대적이고 전투적인 무신론을 편 것은 공산주의 혁명 투쟁에 직접 참여하여 이를 진두지휘를 한 레닌이다. 그는 1913년 고리끼(Maxim Gorki)에게 보낸 편지에서 마르크스의 이데올로기적 종교비판을 능가하는 '신과 종교에 대한 분노와 투쟁'의 필요성을 역설하였다.

---

[34] A. F. McGovern, 『마르크시즘과 기독교』, 363.

신 이념은 가장 위험스러운 것, 혐오할 만한 것, 가장 적대적인 전염병이다. … 신이란 특히 이념들의 복합체이며, 이 이념들은 자연을 통하여 계급 억압을 통하여 결과된 것이고, 인간 억압에 의하여 창출된 것이며, 이러한 억압을 영속적인 현상으로 만드는 계급투쟁을 잠재우는 이념의 복합체이다.[35]

레닌이 주도한 볼세비키는 1917년 10월 7일 권력을 장악한 후 수도원과 교회의 재산을 포함한 모든 토지를 국유화하고 출생, 결혼, 사망에 관한 법률을 교회와 무관한 사법관의 이름으로 통과시켰다. 1918년 1월 23일 발포한 법령에는 "모든 인민은 어떠한 종교적 믿음도 가질 수 있으며 또한 전혀 가지지 않을 수도 있다. 또한 종교의식도 자유롭게 허용한다"고 하였다. 그러나 정교 분리 원칙에 따라 종교의식이 공공질서를 방해할 수 없도록 금지하고 성직자의 공민권을 박탈하였다.

1919년 3월의 공산당 강령에는 "당의 목적은 궁극적으로 착취계급과 종교적 선전조직 사이의 결합을 파괴하는 데 있다"고 밝혔다.[36] 그리고 1925년과 1929년에는 종교비판을 위하여 대규모 무신론자대회가 열렸으며 350만 명가량의 공산주의 청년동맹당원들이 "종교를 장사지내자"고 외치며 교회를 파괴하고 신자들을 박해하였다.[37]

1929년 4월의 발령된 「종교단체에 관한 법」에는 종교 활동은 등록된 종교 단체에만 허용되며 각 단체는 20명 이상의 성인(18세 이상)으

35 박순경, "기독교와 공산주의의 이론과 현실", 23.
36 A. F. McGovern, 『마르크시즘과 기독교』, 368.
37 박순경, "기독교와 공산주의의 이론과 현실", 19.

로 구성하여야 한다고 규정하였다. 교회 건물이나 지정된 장소 외에서는 종교 활동이 금지되었으며, 공개적인 장례 행렬이나 자선 활동이나 기도회 등을 포함하여 성경 공부까지 불가능하게 되었다.[38]

특히 1932년에는 "전투적 무신론자 동맹"(The League of Militant Godless)이라는 조직을 결성하였는데 그 회원 수가 500만 명에 달하였다고 한다. 이 조직을 통해 1932년에서 1940년 사이에 약 150만 종의 반종교 문서를 제작하여 무신론 선전에 활용하였다.[39]

러시아의 공산화 직후 러시아 정교회는 티콘 총대주교 중심으로 이러한 일련의 종교 탄압 조치에 저항하였고 폭력적으로 항거하였다. 그 결과 1923년까지 정교회 소속의 23명의 주교와 1천 명의 사제가 희생되었다. 1917년 당시 러시아에는 60,000개 정도의 정교회가 있었으나, 1922년부터 2차 세계 대전이 일어난 1939년까지 소련 전체에서 폐쇄되지 않고 남아 있게 된 교회는 약 100개 정도로 추정한다. 1937년 한 해 동안 채포된 성직자가 162,500명이고 총살된 성직자가 89,600명이다.[40]

1941년 6월에 독일이 소련을 침공하자 러시아 정교회의 세르게이 총대주교 직무대행은 조국 방위를 위한 전쟁 지지 선언과 함께 국민의 단결을 즉각적으로 호소했고 이는 스탈린의 부정적 종교관을 동요시키기에 충분했다. 독일 침공 2년 후 스탈린은 전쟁 직후 교회가 보여준 애국적인

---

38 임영상, "현대 러시아사에 나타난 정교회의 변화(1988~1998): 사회적 역할", 「슬라브학보」 제15권 2호(2000. 12), 354.

39 Nicolas Zernov/위거찬 역, 『러시아 정교회사』(서울: 기독교문서선교회, 1991), 242. 250.

40 신동혁, "스탈린 종교정책, 1943-1948", 「슬라브학보」 제24권 4호(2009. 12), 371.

행동에 대해 감사하며 이에 대한 보답으로 러시아 정교회에 대한 전폭적인 지원을 약속했다. 러시아 정교회의 총대주교의 부활을 인정하고 총대주교의 거처에 대한 지원과 신학교의 개설을 허용하는 등 스탈린의 적극적이고도 긍정적인 종교정책으로 인해 이른바 10년간의 교회의 부활(1943~1953)이 이루어지게 된 것이다. 스탈린의 종교정책이 우호적으로 변한 배경은 독일이 소련을 침공하는 명분으로 무신론적 소련에 의해 박해받는 기독교인을 해방하기 위한 목적이라고 선전하였고, 소련으로서는 기독교 국가인 미국의 지원이 절실하였기 때문이었다.[41]

그러나 1953년 스탈린 사후 권력을 장악한 흐루시초프는 사회주의 국가의 강화를 위해서 2차 세계 대전 이후 소련 내에서 전반적으로 부흥하고 있던 종교와 교회에 대해서 또다시 철저히 탄압하기 시작하였으며, 이러한 사정은 소련이 개혁과 개방으로 나아오기 시작한 1980년대 초까지 지속되었다.

중국의 경우도 공산화 초기에는 종교에 대한 중립적인 입장을 표명하였다. 1949년 10월 1일 중화인민공화국이 설립되자 모택동은 "공산당원은 유심론자(唯心論者), 심지어 종교 신도와 반제(反帝), 반봉건을 위한 정치적 통일전선을 결성할 수 있다"고 하였다. 유심론과 종교를 찬성하지는 않았지만, 적극적인 태도로 종교와 종교에 대한 믿음을 강제로 타파하거나 철폐할 수 없다는 점을 강조하였다. 그러나 1949년 토지 개혁을 통해 모든 종교 단체의 토지를 완전히 몰수하면서 천주교인과 기독교인의 수는 70만 명으로 줄어들었다.[42]

---

41 같은 책. 262.
42 강준영. "중국 개혁개방과 종교의 부활", 「중국학연구」 제24집(2003. 6). 309-338.

1949년 7월 오요종(吳耀宗)은 공산화된 중국에서 기독교의 출로를 찾기 위해 20여 명의 기독교 대표들과 함께 주은래(周恩來) 총리와 3차례 회의를 열었는데, 주은래(周恩來)는 "무릇 무신론자든 유신론자든 나라를 사랑하고 사회주의 건설의 동반자이면 된다"는 입장을 밝혔다. 이에 따라 중국 기독교 신자들은 "신 중국 건설에 있어서 중국 기독교의 노력의 길"이라는 삼자선언을 발표하여 중국 기독교의 애국적 독자노선을 확립였다.[43] 삼자는 자치(自治), 자양(自養), 자전(自傳)을 의미하는데, 당시 공산당은 기독교가 자본주의 제국주의자들의 문화적 침략의 도구로 사용되었다는 이유에서 중국의 교회를 서구의 교회와 단절시키 위해 이러한 정책을 채택한 것이다.[44] 1951년 공산당 각급 정부 내에 종교사무부를 설치하고 1954년 7월 중국 기독교 삼자애국운동위원회가 정식으로 설립되었는데, 1953년 9월까지 약 40만에 달하는 기독교인이 삼자선언에 서명하였다. 1955년 10월 정부는 삼자 이외의 어떤 기독교 활동도 불법이라고 선포하고 전국 교회를 대대적으로 합병하여 교회 숫자를 크게 감소시켰다. 상하이에서 약 200개의 교회가 15개로, 베이징에서는 64개의 교회가 4개로 합병되었다. 중국에서는 아직까지 이 삼자정책에 따라 미성년(만 18세)에 대한 선교 활동 및 외국인의 선교 활동을 법으로 금하고 있으며, 위법 시 강제출국 조치를 하고 있다.

문화대혁명(1966~76년) 기간에는 "종교는 착취 계급이 이용하는 도구로 반드시 투쟁 계급을 중심으로 종교 문제를 처리한다"는 종교 소멸

---

[43] 김학관, 『중국교회사』(서울: 이레서원, 2005), 220.

[44] 1840년 아편전쟁 등 제국주의 침략의 부산물로 기독교가 중국에 유입됐기 때문에 중국인에게 '기독교=양교(洋教)'라는 거부감이 있어 외국인에 의한 처리, 양육, 전도를 금지하는 삼자운동이 일어났다.

책을 강력히 추진하였다.[45] 홍위병들은 사찰과 수도원을 파괴하고 몇 남지 않은 교회를 습격하였다. 신자들의 집을 수색하여 성경, 찬송가, 기독교 서적을 압수하여 불태웠다. 이 기간에는 당의 종교사무국은 폐쇄되고 삼자교회의 활동조차도 정지되고 말았다.[46]

소련과 중국과 북한과 같은 공산주의 국가들은 혁명 초기에는 종교를 타도의 대상으로 여기고 박해한 것이 사실이다. 그러나 동서 냉전체제가 해체되고 러시아와 중국이 개혁과 개방의 물결에 휩싸이면서 이러한 무신론에 근거한 종교 탄압의 전투적 상황은 종식되었다. 러시아나 중국이나 북한에서도 종교를 더이상 타도의 대상으로 여기지 않으며 명시적으로 종교의 자유를 허용하기 시작한 것이다. 다음 장에서 자세히 살펴보겠지만 공산주의 국가에서도 이제는 기독교를 비롯한 여러 종교가 크게 성장하고 있다. 공산혁명 초기의 전투적 상황에서 종교비판의 근거로 무신론을 주장하던 '전투적 무신론'의 근거가 마침내 사라진 것이다.

맥거번은 마르크스를 비롯한 공산주의자들이 휴머니즘적 무신론과 이데올로기적 무신론, 과학적 무신론과 전투적 무신론을 주장한 이유를 분석한 후 '마르크스주의에 있어서 무신론은 필수적인 것이 아니었다'고 결론짓는다.[47] "맑스주의에 있어서 무신론이 이론적으로 본질적인 문제가 아니라, 맑스주의자들이 신앙을 가진 자들을 어떻게 바라보느냐의 문제이다"[48]고 하였다. 마르크스의 무신론은 변증법적 유물론의

---

45 강준영, "중국 개혁개방과 종교의 부활", 321.

46 김학관, 『중국교회사』, 182.

47 A. F. McGovern, "무신론은 맑스주의의 필수적일 요소인가?", 「신학사상」 60(1988. 3), 202-223.

체계적 이론의 결론일 수 없고 오히려 변증법적 유물론을 체계화하기 위해 요청된 것이다. 골비처는 이런 의미에서 마르크스주의적 무신론은 '본질적 무신론'이 아니라 인간의 해방과 공산주의 혁명 과정에서 요청되는 '요청적 무신론'이라고 하였다.[49]

심지어 로제 가로디 같은 프랑스 공산당의 지도적인 이론가는 마르크스주의자로서의 자신의 투쟁 정신이 기독교 신앙과 양립할 수 있다고 믿었으며 40년 후 양자를 동일한 것으로 파악하고 "오랫동안 무신론자로 자처하여 왔던 한 인간이 그 자신 속에 기독교 정신이 항상 내재해 있었음을 발견했다는 것은 놀라운 경험이다"[50]라고 고백하였다. 그리하여 1960년 후반에 유럽에서는 기독교와 마르크스주의자 간의 대화가 광범위하게 전개되었던 것이다.[51]

48 A. F. McGovern, 『마르크시즘과 기독교』, 371.
49 정하은, "맑스의 종교비판과 인간 소외", 기독교사상 편집부, 『한국교회와 이데올로기』(서울: 대한기독교서회, 1983), 223.
50 A. F. McGovern, 『마르크시즘과 기독교』, 377.
51 Moltmann, J./김균진 역, "宗敎와 마르크스主義 - 구라파에 있어서의 그리스도敎와 마르크主義의 對話", 「신학사상」 47(1984년 겨울호), 895-905.

3
공산주의 국가의
종교정책의 변화

러시아의 경우 구소련의 붕괴 직전인 1980년대 말부터 종교의 자유가 다시 허용되었다. 기독교의 러시아 전래 1000주년이 되는 1988년 4월 29일 고르바초프는 정교회 지도자들에게 종교의 자유를 정식으로 허락하고 러시아 정교회의 주요 성당의 복원비 4천 5백만 달러 지원을 책정하였으며, 러시아어판 성경 10만 부를 발행하였는데 당일에 매진되었다.[52] 그해 6월에는 6,893개의 정교회가 신앙 활동을 하는 것으로 조사되었다.[53]

1991년 7월10일 거행된 최초의 러시아 공화국 민선 대통령 취임식에서 총대주교 알렉세이 2세가 참석하여 대통령 옐친에게 축사를 하고 대통령 취임을 축복하였는데, 이전 소련 통치하에서는 볼 수 없었던 사건으로 러시아 정교회의 지위가 크게 향상된 증표이다.

1997년 10월 1일 공포한 러시아 '신 종교법'(양심의 자유 및 종교 연맹에 대한 러시아 연방법)의 전문에 따르면 "러시아 연방 의회는 각인의 양심의 자유, 신앙의 자유의 권리 및 각인의 종교나 신념의 관계에 상관없

52 「조선일보」 1988. 6. 19일자 10면 기사 참조.
53 신동혁. "스탈린 종교정책, 1943-1948", 「슬라브학보」 제24권 4호(2009. 12), 357.

이 법 앞에서 평등한 권리를 확인한다"고 되어 있다. 그리고 "제3조 양심의 자유와 신앙의 자유에 관한 권리"의 각 항은 그 자세한 내용을 다음과 같이 명시하고 있다.[54]

1. 러시아 연방에서는 양심의 자유 및 신앙의 자유가 보장되며, 그 속에는 개인적으로 혹은 다른 이들과 공동으로 임의의 종교를 신봉하거나 그 어떤 것도 신봉치 아니할 권리와 자유롭게 종교적, 혹은 다른 신념을 선택, 변경, 소유, 전파할 권리 및 그 신념들에 일치하여 행동할 권리가 포함된다.

   법적으로 러시아 연방 영토 내에 존재하고 있는 외국 국민과 혹은 무국적자는 러시아 연방 국민과 동일하게 양심의 자유 및 신앙의 자유에 관한 권리를 향유하며, 양심과 신앙의 자유 및 종교 연맹에 관한 법률의 위반에 대해서는 러시아 연방법들에 의해 규정된 책임을 진다.

2. 양심의 자유 및 신앙의 자유에 관한 인간과 시민의 권리는 헌법적 체제의 근본과 도덕, 건강, 인간과 시민의 권리 및 법적 이익의 옹호 목적에서 국가 방어의 보장 및 국가 안전의 목적에서 오직 불가피한 정도로만 연방법에 의해서 제한될 수 있다.

3. 종교 관계에 따라 특권을 주거나, 제한하거나, 혹은 다른 차별의 형태의 설정은 허용되지 아니한다.[55]

---

54 장석종, "러시아 정교회가 개신교 선교에 미치는 영향: 종교법 시행을 중심으로", 총신대학교 선교대학원, 2010.
55 "러시아 종교법", http://www.omygod.us.

'법과 정의를 위한 슬래브 센터'(Slavic Center for Law and Justice)에 의하면 2006년 현재 개신교 교회가 대략 3,500개이고 그 신도를 100만 명으로 추산하며, 가톨릭교인은 60만에서 150만으로 추산한다.[56] 2009년도의 한 조사에 의하면 러시아인의 70% 이상이 자신은 정교회 교인이라고 밝히고 있다고 한다.[57] 이제는 구소련의 종교 탄압과 같은 상황은 끝난 것으로 볼 수 있다.

중국의 경우 역시 1976년 마오쩌둥이 죽고 문화대혁명이 끝나자, 종교정책이 온건 노선으로 옮겨갔다. 그 결과 1978년 12월에는 '전국종교업무좌담회'가 개최되어 각 종파의 의견을 듣고 건전한 종교 업무 기구의 회복과 종교 단체 활동의 허용을 결정하였으며, 각 종교의 사원과 종교 학교가 재건되었다.[58] 이어서 1979년 8월 삼자애국운동이 재개되었으며 삼자교회들과 신학교가 계속 문을 열기 시작했다.

1979년 중국공산당 내부 문건인 「종교정책에 관한 선전 요강」은 다음과 같은 지침을 통해 공산주의의 종교소멸론을 폐기하였다.

현 역사단계에서 종교가 소멸될 수 없으며, 종교 신앙의 자유를 존중하고 보호해야 하며 이는 장래에 종교가 자연히 소멸될 때까지 일관되게 집행해야 한다. 그러나 국가가 정한 법률과 명령에 따라 종교 활동에 대해 관리한다.[59]

---

56 "Christianity in Russia", http://en.wikipedia.org/wiki/Christianity_in_Russia.
57 신동혁, "스탈린 종교정책, 1943-1948", 「슬라브학보」 제24권 4호(2009. 12), 371-372.
58 같은 책, 322.
59 강준영, "중국 개혁개방과 종교의 부활", 32.

1979년에는 중미 수교가 수립되고 이때부터 미국의 선교사들이 입국하여 비공개리에 선교 활동을 재개하였고, 1992년 8월 한중 수교 이후 한국의 중국 선교도 본격적으로 전개되고 있다.

1982년 12월 4일 전국인민대표대회 제5기 5차 회의에서 채택된 「헌법」 제36조(종교 신앙에 관한 조항)에는 "중화인민공화국 공민은 종교의 자유를 가지며, 어떠한 국가 기관이나 사회단체 그리고 개인이 공민에게 강제로 종교를 믿게 해서는 안 된다"고 규정하고, 또한 "국가는 정상적인 종교 활동을 보호하고 어떠한 사람도 종교를 이용하여 사회질서를 파괴하거나 공민의 신체 건강을 해치거나 국가 교육 제도를 방해하는 활동을 해서는 안 된다"고 명시하였다.[60]

1982년 3월 28일 중국공산당 중앙위원회가 발표한 「19호 문건」("우리나라 사회주의 시기에 종교 문제의 기본 문제와 기본 정책에 관하여")에는 종교 허용과 함께 종교 통제 정책을 포함하고 있다. 이 문건에 따라 1983년부터 삼정정책을 마련하였다. 삼정정책(三定政策)은 곧 지정된 장소[定点], 지정된 구역[定片], 지정된 목사[定人]를 가리키는데, 후에 지정된 시간[定時]이 추가 되어 삼자교회가 이러한 4가지 조건하에서만 종교 활동을 할 수 있도록 하고 있다.[61] 이러한 정책은 사실상 가정교회 등 자유로운 포교 및 교화 활동을 제한하려는 의도로 보인다.

그러나 1993년 중국인민공화국 「헌법」 제251조는 인민과 소수 민족의 종교의 자유를 한껏 보장하였다.

60 신동혁. "스탈린 종교정책, 1943-1948", 324.
61 김학관, 『중국교회사』, 227.

국가 기관의 종사자가 불법으로 공민의 종교 자유를 박탈하고 소수 민족의 풍속 습관을 침범하는 것에 대하여 2년 이하의 유기징역 혹은 구금형에 처한다.

이러한 개정된 헌법의 종교정책 변화에 따라 중국의 기독교인들이 폭발적으로 늘어난 것이 사실이다. 영국성서공회가 1987년 설립한 애덕 유한공사가 2010년 2월까지 총 7천만 권의 성경을 인쇄했고 이 중 5천만 권이 자국 교인들에게 공급됐다고 한다.[62] 성경 발행 부수를 근거로 중국에는 가정교회 성도를 포함하면 기독교인이 "최소 8000만 명, 최대 1억 3000만 명"까지 추산하고, "목사를 비롯한 전도자는 1만 8000명, 교회는 1만 2000곳, 집회소는 2만 5000곳에 이른다"[63]고 추정하였다.[64] 중국에는 현재 13개의 지방 신학교가 운영되고 있으며, 한중 수교 이후 15년 동안 한인 교회도 꾸준히 늘어나 2007년도에 이미 중국 내 한인 교회의 수가 200여 개가 넘어 섰고 북경에만 50여 개가 있다고 한다.[65]

가톨릭의 경우 1949년 300만 명이었던 신도는 현재 530만 명에 달한다. 가톨릭교회는 1997년 4600곳에서 현재 6000곳으로 증가했다. 가톨릭 교구는 97개, 주교는 60명, 신부는 2200명, 수녀는 3000명에 이른다.[66] 이러한 수치는 중국 당국의 공식적이 통계이고 상하이의 한 대

---

62 "중국, 교회 지속적 성장으로 성경 수요도 증가", 「크리스챤투데이」 2010. 2. 26.
63 "중국 기독교인 급증… 1600여만 명", 「국민일보」 2009. 9. 6.
64 "중국, 교회 지속적 성장으로 성경 수요도 증가", 「크리스챤투데이」 2010. 2. 26.
65 이병한, "중국, 종교의 부활", 「월간 말」 통권 255호(2007. 9), 165.
66 "중국 기독교인 급증… 1600여만 명", 「국민일보」 2009. 9. 6. 불교사원은 97년 1만 3000 곳에서 현재 2만 곳으로 늘었으며, 출가승이 20만 명에 이른다. 도교사원은 97년 1500곳

학의 연구조사에 따르면 중국의 종교인 수는 3억에 이른다고 한다. 16세 이상 국민의 31.4%가 종교를 믿고 있다는 것이다.[67]

북한의 경우도 예외가 아니다. 북한의 김일성은 역시 공산 집권 초기부터 '종교는 제국주의자들의 침략의 도구'라고 여겼다. 「조선민주주의인민공화국 헌법」(1948. 9. 9)에는 "공민은 신앙 및 종교의식의 자유를 가진다"(제2장 14조)고 명시하였다. 그러나 1972년 개정된 「조선민주주의인민공화국사회주의 헌법」에는 "공민은 신앙의 자유와 반종교 선전의 자유를 가진다"(제4장 54조)라고 수정하였지만, 반종교 선전의 자유를 포함시킴으로써 종교 탄압의 법적 근거를 마련하였던 것이다.

8.15해방 전까지 북한에는 교회가 2600여 개나 있고 금강산 등 명산마다 유명한 사찰(寺刹)이 많았다. 평양의 교회 수만 270여 개였다. 평양은 '제2의 예루살렘'이라 부를 정도로 기독교가 왕성한 도시였다.[68] 1950년 남북 간의 전쟁 이후 북조선에서 교회당은 소멸하고 가정교회만이 존재해 왔다.

6.25전쟁 이후 북한은 20년간의 종교 탄압과 종교 말살 정책을 시행하여 오다가 1972년 2월 미국과 중국의 수교에 이어 일본과 중국의 수교가 이루어지는 냉전체제 종식과 동서 해빙 무드를 타고 1972년 「7.4 남북공동성명」이 발표되었다. 남북 대화가 시작되면서 그동안 유명무실하였던 「조선기독교도연맹」, 「조선불교도연맹」, 「조선천도교 중지도위원회」 등의 활동이 재개되기 시작하였다.

에서 현재 3000곳으로 두 배 성장했다. 도교승도 97년 2만 5000명에서 현재 5만 명으로 늘었다. 그리고 무슬림은 97년 1800만 명에서 현재 2100만 명으로 증가했다.
67 "中 종교인구 3억", 「서울신문」 2007. 2. 8.
68 "해방 전 '제2의 예루살렘'… 북한의 기독교 신자들은", 「조선일보」 2010. 1. 16.

1980년대에는 남북한의 개신교, 천주교, 불교 관계자들이 제3국을 통한 남북 종교인 교류를 이어왔으며, 특히 1981년 11월 3일부터 5일까지 오스트리아 비엔나에서「조국통일을 위한 북과 해외동포 기독자 간의 대화」는 이후의 남북 기독교인들의 회합과 통일을 위한 논의의 물꼬를 터 주었다. 이러한 변화되어 가는 남북 정세를 반영하듯이 1982년 발표된 김일성의 종교관은 북한이 반종교정책을 쓰던 시기와는 확연히 달라져 있었다.

> 수령님께서는 종교를 악용하는 반동적 지배계급과 제국주의자들의 책동을 배격하시었지 종교와 종교 신자를 배척하신 일이 없습니다. 종교에는 나쁜 점만 있는 것이 아니라 좋은 점도 있습니다. 종교에서는 사람들이 사랑하면서 평화롭게 살라고 주장하는 것은 좋은 점이라 볼 수 있습니다.[69]

1988년 11월에 6.25전쟁 이후 처음으로 평양에 봉수교회가 세워졌고, 1988년 9월에는 천주교회의 장충성당이 세워지고, 1992년 12월에는 칠골교회가 준공되었다. 북한의 조선기독교연맹은 신약성서(1983)와 구약성서(1984)를 발간했으며, 1990년에는 신구약 합본 성경과 음표가 있는 찬송가를 1만 부씩 인쇄하기도 하였다. 1990년 1학기에는 김일성대학 역사학부 안에 종교학과가 개설되기도 하였으며 재미교포 홍동근 씨가 기독교학을 강의하게 이르렀다.[70]

---

69 박승덕. "기독교에 대하는 주체사상의 새로운 관점",『기독교와 주체사상; 조국통일을 위한 남북 해외 기독교인과 주체 사상가의 대화』(서울: 신앙과 지성사. 1993), 81.

70 박광수, "북한의 종교정책변화와 남·북한 종교교류성찰". 「신종교연구」제21집(2009), 328-328.

1992년 4월에 개정된 「조선민주주의인민공화국 사회주의 헌법」에는 종교에 관한 규정(제5장 68조)을 다음과 같이 개정하고 종교의 자유를 보장하였다.

공민은 신앙의 자유를 가진다. 이는 종교 건물을 짓거나 종교 의식을 거행하는 것으로 보장된다. 누구든지 종교를 외세를 끌어들이거나 국가 질서를 해치는 데 이용할 수 없다.[71]

1972년 개정된 북한 헌법의 '반종교 선전의 자유'라는 내용을 삭제하는 대신 1992년의 새 헌법에는 '외세 금지와 국가질서 유지' 항목이 새로 포함되었다. 헌법 개정과 아울러 종교와 관련된 낱말 풀이가 크게 친종교 쪽으로 바뀌었다. 1981년 판 『현대조선말사전』과 1992년 판 『조선말대사전』의 풀이 내용을 비교해 보면 그 차이가 분명히 드러난다. 몇 가지 사례를 도표로 비교해 보면 다음과 같다.[72]

▶ 기독교 관련 용어 변화 사례

용어	『조선말대사전』(1981)	『현대조선말사전』(1992)
종교	종교는 인민대중의 혁명의식을 마비시키고 착취와 억압에 무조건 굴종하는. 무저항주의를 고취하는 아편	초자연적이고 초인간적인 존재에 대한 절대적 신앙 또는 믿음을 설교하는 교리에 기초하고 있는 세계관

---

71 같은 책. 317.
72 같은 책, 318-322: 박정용. "北韓 宗敎政策 變化에 關한 硏究", 경기대학교 정치전문대학원. 2003. 67.

교회	반동통치계급이 정치적 비호 밑에 근로자들의 계급의식을 마비시키고 예수교의 교리와 사상을 선전하여 퍼뜨리는 거점	기독교에서 여러 가지 종교적 의식을 하고 사람들에게 기독교를 믿도록 선전하기 위하여 지은 건물, 례배당
선교사	미제를 비롯한 제국주의자들이 예수교를 선전하며 보급한다는 명목으로 다른 나라에 파견하는 종교의 탈을 쓴 침략의 앞잡이	기독교를 보급 선전할 사명을 띠고 다른 나라에 파견한 사람
구세주	착취사회에서 지배계급과 그 대변자들이 근로대중의 계급적 강성을 무디게 하여 저들에게 순종하게 만들 목적 밑에 꾸며 낸 허황된 존재	세상을 구제하는 주인이라는 뜻으로 기독교에서는 예수, 불교에서는 석가모니를 이르는 말
개신교	자본가들의 착취를 정당화하며 제국주의자들의 착취와 약탈 및 남의 나라에 대한 사상 문화적 침투에 적극 복무하고 있다.	16세기 종교개혁 때 새로운 교리와 계율을 주장하면서 가톨릭교에서 갈라져 나온 기독교의 교파다.
신부	종교교리를 전문적으로 선전하는 직책 또는 그 직책에 있는 자. 미제는 신부들을 여러 나라에 파견하여 착취와 략탈, 침략과 억압을 정당화하는 데 리용하고 있다.	교리를 전문적으로 선전하는 교직 또는 그 지위에 잇는 사람. 교구의 말단 조직의 책임자

조선그리스도교련맹(조그련)에 등록된 기독교인 수는 2008년 11월 현재 1만 2000명이며 공식 교회는 봉수교회와 칠골교회 2곳이다. 소규모 가정예배처가 520여 곳 있다. 5년 과정의 평양신학교도 있으며 조그련에 현재 30여 명의 목사 등 교역자 300여 명이 활동 중이다. 북측에서

는 교인 수를 1만 4000여 명까지 늘리기 위해 다양한 활동을 펼치는 등 일종의 '만사운동'도 펼치고 있다는 후문이다.[73] 그리고 5년 과정의 평양신학원은 지난 1972년부터 1992년까지 7기의 졸업생을 배출하고 잠시 중단됐다가 지난 1999년 9월부터 다시 개원, 현재 13명의 학생이 목사 양성수업을 받고 있다고 한다.

현재 남한에서는 남북 교류의 세 축이 있다면 정부 기구와 민간 기구(NGO)와 종교 기구라 할 수 있으며, 이 중에서도 기독교를 비롯한 종교 단체들에 의한 남북 교류가 가장 활발하게 진행되어 왔다.[74]

따라서 북한뿐 아니라 모든 사회주의 국가에서 지금은 공산혁명 초기의 전투적인 상황에서 종교를 타도의 대상으로 여기고 무신론을 주장하던 상황이 아니므로 마르크스주의에 전투적 무신론은 공식적으로 폐기된 것으로 보아야 한다. 그럼에도 불구하고 여전히 공산주의의 핍박을 받은 체험적 반공주의자들에 의해 무신론적 공산주의를 사탄으로 정좌하는 전투적 반공주의는 사라지지 않고 있는 실정이다.

73 "'KNCC-조그런' 주최, 남북 기독인 400여명 평양 봉수교회서 공동기도회", 「국민일보」 2008. 11. 8.
74 박광수·변진홍·정순일, "남북종교교류의 역사적 전개과정연구 - 종단별 특성과 성과를 중심으로", 「종교연구」 37집(2004년 겨울), 127-159.

4
원칙적 반공주의의
극복을 위한 신학적 과제

칼 바르트는 1911년부터 1921년까지 스위스 작은 마을 자펜빌의 교회에서 목사로 목회하면서 자본가가 노동자를 착취하는 잘못된 사회를 바로잡고자 하였다. 1913년 스위스 사회민주노동당에 입당하였고, 당시 유럽 교회가 관심을 갖고 있던 종교 사회주의 운동에도 중심 인물로 참여하였다. 바르트는 1916년에 "전쟁과 자본주의의 질서는 인생의 가장 흉포한 잔학행위"라고 하였다. 1918년에는 "예수는 사회운동이며 오늘날 사회운동은 예수다"고 하면서 기독교 사회운동에 깊이 참여하였다.[75]

바르트는 1917년 러시아에서 공산주의 혁명이 일어난 후에는 저 유명한 『로마서 강해』(1919)를 저술하여 현존 질서를 긍정하는 자본주의는 '악에게 지는 것'이고, 현존 질서가 악하다고 이를 부정하는 공산주의의 혁명은 '악을 악으로 갚는 것'이지만, 하나님의 혁명은 '선으로 악을 이기는 것'이라고 하였다.[76] 바르트는 "하나님의 혁명은 모든 인간적

---

[75] J. Bentley/김쾌상 역, 『기독교와 마르크시즘』(서울: 일월서각, 1987), 92.

[76] 허호익, "칼 바르트의「로마서 강해」에 나타난 하나님의 변증법",「신학과 문화」제9집 (2000. 12), 190-219.

혁명보다 더 철저할 뿐만 아니라 또한 모든 인간적인 혁명에 내재해 있는 악들을 드러내 보인다"고 하였다.[77] 이런 관점에서 보면 『로마서 강해』 초판의 로마서 13장 강해에서 "악을 악으로 갚지 말라"고 주장한 것은 레닌이 『국가와 혁명』을 통해 주장한 영구혁명론을 신랄하게 비판하기 위해 쓰인 것으로 평가된다.[78]

칼 바르트는 2차 세계 대전 후 전 세계가 소련을 대표로 하는 공산주의 세력과 미국을 대표하는 자본주의 세력이라는 두 개의 강대세력권에 편입되는 것을 불가피한 일류사의 과정으로 보았다. 공산주의는 서구의 초기 자본주의의 열악함과 모순을 타파하기 위한 시도로 출발하였기 때문이다. 바르트는 "공산주의는 서구적 발전의—호전성 때문에 비록 환영을 받지 못하지만—필연적 결과라는 사실을 간과할 수 있겠는가?"[79]고 반문한다.

그렇다면 이 양자 세력 사이에 있는 교회는 어떤 편을 들어야 하는가? 바르트에 의하면 그리스도인의 희망은 공산주의 체제나 자본주의 체제도 아닌 하나님의 나라이다. 그는 교회가 어느 편에도 설 수 없고, 오히려 하나님의 나라의 희망 안에서 두 체제의 대립을 넘어서서 하나님의 일과 인간의 일을 제시하며, 그러기에 이 두 이데올로기를 동시에 비판하고 더 높은 하나님의 나라에 상응하는 가치로 양자를 지양시켜야 한다고 보았다. 서로 싸우는 두 거인 틈에서 교회는 복음을 가지고 오직 '악에서

---

77 J. Bentley/김쾌상 역, 『기독교와 마르크시즘』, 94.
78 U. Dannemann/이신건 역, 『칼 바르트의 정치신학』(서울: 한국신학연구소, 1991), 80-81. 마르크바르트는 바르트가 레닌의 논문을 문헌적으로 활용하였다고 주장하였으나 단네만은 이러한 판단을 유보하였다.
79 John D. Godsey/김희은 역, 『바르트 사상의 변화』(서울: 대한기독교서회, 1981), 94.

구하옵소서'라고 기도해야 한다고 보았다.[80]

바르트는 스위스인으로서의 중립성이나, 유럽인으로서의 중립성을 주장한 것이 아니다. 양대 세력이 자신은 선이고 상대는 악이라고 서로를 향해 주장하는 단순한 흑백 논리를 거부하였다. 공산주의가 사탄도 아니고, 자본주의가 빛의 천사가 아니며, 그 반대 주장도 마찬가지라는 것이다. 그는 예수 그리스도의 공동체인 교회가 제3의 길, 그 자신의 길로 가야 한다고 주장하였다.

바르트는 교회는 상황에 따라 보수적일 수 있고 혁명적일 수 있기 때문에 교회가 어느 하나의 정치적 '노선'에 원칙적으로 사로잡히는 것은 단호히 거부하여야 한다고 하였다.

교회는 어떠한 정치적 추종자들이나 적대자들을 알지 못하고 오로지 어디서나 인간을 알 뿐이다. … 교회가 국가 질서의 교체에 대하여 말해야 한다면, 교회는 항상 사례에 따라 말할 뿐이다. 교회가 하나의 정치적 '노선'에 사로잡히는 것은 단호히 거부하여야 한다. … 교회는 자유로이 존재한다. 왜냐하면 교회는 어떤 법칙이 아니라 오로지 그리스도의 법과 복음을 선포하기 때문이다. 교회는 오늘엔 보수적이지만 내일엔 아마 매우 진보적으로, 실로 혁명적으로 말해야 할지 모른다. 그 반대도 마찬가지일 것이다. 교회는 아무런 프로그램을 갖고 있지 않다. 왜냐하면, 교회는 다양한 사정과 환경 속에서 항상 새로이 섬겨야 할 살아 계신 주님을 모시고 있기 때문이다.[81]

---

80 이신건, 『칼 바르트와 이데올로기』, 155, 156.
81 같은 책, 158에서 재인용.

바르트는 1956년 10월에 일어난 소련의 헝가리 침공에 대해 침묵하여 많은 비난을 받게 되자 자신의 입장을 밝힌 바 있다. 공산주의의 독재와 강압정치에 항거하는 것이 당연하지 않느냐는 비난에 대해, 바르트는 전 세계에서 공산주의와 상관없이 자행되고 있는 독재에 대해서도 똑같은 목소리로 비난하여야 한다고 지적하였다. 바르트는 소련의 독재체제를 옹호한 것이 아니라, 소위 기독교적이라고 말하는 선진 유럽에서 일어난 악명 높은 잔인성을 지적하면서, 소련의 공산주의에 대해서만 무원칙적으로 성토할 수 없다고 피력하였다. "우리가 불평하는 공산주의의 전체주의적이고 비인간적인 강요는 옛날부터 또 다른 형태로 우리의 분명하게 자유로운 서구 사회들과 국가들을 따라다녔다"고 전제하고 "공산주의에 대해서는 오로지 적대 관계를 선포하고 추구하는 것"은 일관성과 공평성을 상실한 것으로 본 것이다.[82] 바르트는 아마 히틀러 치하의 전체주의적 만행을 암시하는 듯하다.

나치의 독재에 항거하였으면서도 소련의 독재에 대해 동일한 방식으로 항거하지 않는 이유에 대해, 바르트는 기독교를 부정한 공산주의와 달리 기독교를 현저하게 왜곡한 나치의 만행이 더 치명적인 반기독교적인 행태라고 대답하였다. 공산주의는 기독교를 부인했을망정 그것을 재해석하고 위조하거나 자신을 기독교의 옷으로 위장하려는 어떠한 작은 시도도 하지 않았다는 것이다. 공산주의는 나치처럼 국가적 예수를 통하여 참된 그리스도를 제거하려는 무모한 악행을 저지르지 않았으며, 거기에는 반유대주의와 기독교적 거짓 예언이 없다고 하였다.

바르트는 냉전시대에 양대 세력이 서로에게 적대적 원수 관계를 부추

82 John D. Godsey/김희은 역, 『바르트 사상의 변화』, 94.

기는 것을 배격하는 것이 교회가 취하여야 할 제3의 길이라고 하였다. 극단적인 대립을 조장하는 원칙적 공산주의나 원칙적 반공주의는 모두 나쁜 것이라고 보았기 때문이다. 바르트는 공산주의가 사탄이 아니듯이 자본주의가 빛의 천사도 아니라고 하였다. 그러므로 자본주의 국가들이 공산주의에 대항하기 위해 적대감을 부추기는 "원칙적 반공주의는 공산주의 그 자체보다 더 큰 악"[83]이라고 주장하였다. 그리스도인은 원칙적인 공산주의자가 될 수 없듯이, 원칙적인 반공주의자, 즉 자본주의자가 될 필요도 없다는 것이다. "오직 '우리 속에 있는 히틀러'만이 원칙적 반공주의자가 될 수 있다는 것을 우리는 잊었는가?"라고 반문한다.[84]

바르트는 '공산주의자'들과 '공산주의'를 구분하였다. 마치 죄를 미워하되 죄인을 사랑하라는 말씀처럼 공산주의는 미워하되 공산주의자들을 위하여야 하며 그것이 공산주의를 대항하는 길이이라고 역설하였다.

하나님은 인간을 대항하시는 분이 아니라, 인간을 위하시는 분이다. 공산주의자들도 인간이다. 하나님은 공산주의자들도 위하신다. 따라서 그리스도인은 공산주의자들에 대항할 것이 아니라, 그들을 위해야 한다. 공산주의자들을 위한다는 것이 공산주의를 위한다는 의미는 아니다. 우리는 공산주의자들을 위하는 그때에만 공산주의에 대항하여서 말할 수 있다.[85]

---

83 같은 책.
84 같은 책. 95.
85 이신건, 『칼 바르트와 이데올로기』, 157에서 재인용.

이처럼 바르트는 기독교의 원수 사랑의 정신과 화해의 정신을 가지고 공산주의를 대할 때 공산주의에 대한 기독교 신앙의 우월성을 확보할 수 있으며, 또한 그것이 공산주의를 극복할 수 있는 실천적이고 궁극적인 방법이 되기 때문에 '원칙적 반공주의는 공산주의 자체보다도 나쁜 것'이라는 주장을 편 것이다.

5
체험적 반공주의의
치유와 화해의 신학

아직도 많은 사람들이 '북한' 하면 '빨갱이'부터 떠올린다. 동족이기 때문에 그들이 고난 받는 것을 보면 돕고 싶은 것이 인지상정인데 그럼에도 불구하고 주저하게 되는 것은 '그들이 빨갱이다'라는 생각 때문이다. 그러나 남북의 평화통일을 위해서는 심리적으로 낯설고 싫은 적대적 존재와 공존해야 하는 한편 자신의 이해관계를 손상시키는 상대와도 공존해야 한다.[86]

6.25전쟁은 남북한 모두에게 엄청난 상처를 주었다. '88선언'이 지적한 것처럼 그동안 남북한의 교육과 선전은 상호 비방 일색이며, 상대방을 상호 체제경쟁을 통하여 약화시키고 없애야 할 철천지원수로 인식하게 하고 있다. "양 체제는 같은 피를 나눈 동족을 가장 무서운 원수"로 여기도록 부추긴 것이다. 그러므로 반공 이데올로기로 인해 저질러진 죄를 먼저 회개하여야 한다.

---

86 이병수, "휴머니즘의 측면에서 바라 본 통일", 건대인문학연구원 통일인문학연구단 편, 『소통, 치유, 통합의 통일 인문학』(서울: 선인, 2009), 16.

특히 남한의 그리스도인들은 반공 이데올로기를 종교적인 신념처럼 우상화하여 북한 공산정권을 적개시한 나머지 북한 동포들과 우리와 이념을 달리하는 동포들을 저주하기까지 하는 죄(요 13:14-15, 4:20-21)를 범했음을 고백한다. 이것은 계명을 어긴 죄이며, 분단에 의하여 고통 받았고 또 아직도 고통 받고 있는 이웃에 대하여 무관심한 죄이며, 그들의 아픔을 그리스도의 사랑으로 치유하지 못한 죄(요 13:17)이다.[87]

남한의 많은 기독교인들이 전쟁과 피난으로 인한 상처를 입었지만, 북한 주민들이 더 많은 피해와 상처를 입었다는 객관적인 사실을 수용하여야 한다. 앞에서 살펴본 것처럼 북한의 사상자도 남한보다 배나 많았고 경제적 피해도 훨씬 컸다는 사실이다. 워싱턴(E. Worthington)은 치유와 용서와 화해를 위해서는 상처를 객관적으로 회상하고 가해자에게 공감하는 단계를 거쳐야 한다고 하였다.[88]

무엇보다도 6.25전쟁의 역사적 배경을 객관적으로 인지할 필요가 있다. 2차 세계 대전이 후 동서 냉전체제라는 국제 정치질서의 구조적인 죄악의 결과로 그 대리전의 형태로 6.25전쟁이 일어났으며 남북은 모두 이러한 이념 대결의 각축장의 희생양 역할을 맡게 된 것이다. 무의식의 의식화를 통해 노이로제가 치유되듯 6.25전쟁은 북한의 일방적인 책임만 있는 것이 아니라 남북한이 모두 미소 대립의 냉전체제의 희생자였다는 객관적 역사 인식에 이르게 되어야 전쟁이 가져다 준 개인적인 체험의 고통과 한과 적개심을 해소할 수 있는 것이다.

---

87 이 책 부록의 "2. 민족의 통일과 평화에 대한 한국기독교회선언(88선언)" 전문 참조.
88 손운산, "치료, 용서 그리고 화해", 「한국기독교신학논총」 35권(2004), 265.

그리고 한국전쟁을 통한 남한이 당한 고통만 생각할 것이 아니라 북한이 당한 고통이 더 컸다는 사실을 냉정하게 인정하여야만 피해의 공감대가 형성되고 전쟁으로 인한 개인적 고통을 객관화하고 역사화하여 치유와 용서와 화해로 나아갈 수 있을 것이다.

한국전쟁이 끝난 지 60년이 지나 탈냉전 시대에 접어들고 공산주의 이념마저 퇴색해 버렸음에도 불구하고 전쟁 동안의 공산주의에 대한 피해의식을 치유하고 용서하지 못한 채 여전히 반북, 반공, 반통일을 부추기는 설교를 하는 목회자들이 없지 않다. 이에 대해 정용섭은 "지나간 험악한 시절에 받은 트라우마(trauma)에 시달리고 있다는 사실의 반증이다. 임상치료가 필요한 대목이다"[89]고 하였다.

손운산은 분단시대 우리 사회의 두 가지 중요한 과제가 치유와 공존이라고 하였다. 지난 반 세기 동안의 분단은 개인은 물론 가족과 사회 전반에 많은 상처를 주었고, "그 상처는 통일된 후에도 오래 남아 있게 될 것"[90]이라고 하였다. 어떤 상처이든 그것이 치료되지 않으면, 개인이나 사회의 성장과 성숙은 중단되든지, 아니면 비뚤어진 방향으로 나아가게 된다. 치료되지 않은 상처는 사람을 방어적으로 만들고, 병리적 행동을 하게 한다. 이것은 개인이나 사회구조에도 마찬가지이다. 그러므로 우리 사회의 각계각층에서 분단으로 인한 고통과 상실감과 분노로 분열된 '민족적 자아의 트라우마'에 대해 치료가 동시다발적으로 이루어져야 한다.[91]

---

89 정용섭, "한국교회 설교가 통일을 막는다", 「뉴스앤조이」 2007. 8. 10.
90 손운산, "치료와 공존: 분단과 통일시대 사이의 목회상담", 「신학사상」 121집(2003년 여름), 164.
91 손운산, "전쟁이야기에서 치유와 화해의 이야기로", 「기독교사상」 제498호(2000. 6),

쥬디스 허만(Judith L. Herman)은 전쟁을 포함한 각종 폭력으로 인한 상처로 희생당한 사람들이 회복하는 데는 세 단계가 필요하다고 하였다.[92] 첫째는 안전한 공간을 확보하는 것이고, 둘째는 기억하고 애도하는 것이며, 셋째는 일상적인 삶과 재연결하는 것이다. 그리고 교회가 이러한 분단의 상처를 치료하고 동시의 공존의 체험을 할 수 있도록 치료의 3단계를 제공할 수 있는 안전한 공간, 만남과 공존을 실험하는 공간, 전환적 공간을 제공하여야 한다고 제안한다.[93]

우리는 6.25로 인해 많은 상처를 받았다. 교회가 불타고 예수 믿는 사람들이 죽임을 당했다. 그 상처가 치유되어야 한다. 치유를 받아야 화해가 이뤄지기 때문이다. 그리스도가 상처 입었으나 부활하면서 진정한 치유자가 되었던 것처럼, 북한을 진정으로 사랑하려면 먼저는 북한으로부터 받은 상처를 치유 받아야 한다. 십자가로 치유 받고, '저들을 용서하소서'라는 생각까지 나아가야 한다.[94]

정성한은 공산주의에 의한 고통스러운 개인적인 체험을 어떻게 극복하였는가에 대한 두 가지 대표적인 사례를 제시한다. 손양원 목사는 '개인적 경험'이 공동체의 경험을 앞서간 대표적 사례이고, 한경직 목사는 그 반대의 사례라는 분석이다.

26-41; "치료, 용서 그리고 화해", 「한국기독교신학논총」 35권(2004), 241-283; "상처 입은 한반도적 자아유치를 위한 상담목회 1-2", 「기독교사상」 제469호(1998. 1), 63-78. 제470호(1998. 2), 72-84.

92 같은 책, 165.
93 같은 책, 177.
94 "좌·우 뛰어넘은 새로운 기독교 통일운동 꿈꾼다", 「베리타스」 2009. 7. 4.

손양원은 그의 보수적 신학과 철저한 반공의식에도 불구하고 분단 상황과 한국전쟁의 원인에 대한 인식에 있어서 상당히 과학성을 확보하고 있던 당시 좌익의 인식과 많은 부분 일치한다. 이것은 한국 교회의 어두운 측면을 역사 인식의 대상으로 삼는 '보편적 영성'을 확보한 것이다. 또한 그는 자신의 두 아들을 죽인 공산주의를 포용함으로써 '하나님의 전 백성의 보편성'의 시원(始原)을 열었다.

　… 그러나 한경직은 그의 신학의 상대적 진보성에도 불구하고 철저히 '반공의식'에 기초한 세속사 인식으로 '반공투쟁'을 주도하였다.[95]

손양원 목사는 공산주의자에 의해 두 아들이 희생되는 비극적인 체험을 분단 극복의 미래지향적인 통일의식으로 승화시킨 것이다. 이처럼 '개인적인 체험'은 그 시대의 보편적 역사적 체험에 비추어 미래지향적으로 재해석할 수 있을 때 극복될 뿐만 아니라 그 개인적 체험이 보편적 역사적 의미를 지니게 되는 것이다. 한국의 많은 목사들이 손양원 목사가 자신의 두 아들을 살해한 공산주의자를 그리스도의 사랑으로 포용한 것을 설교하면서도 북한에 대해서는 여전히 적대감을 가지고 있는 모순을 지적하지 않을 수 없다. 박순경의 지적처럼 더이상은 "북한에서의 기독교인들의 고난에 대한 보도와 회고는 적개심을 자아내게 하는 수단"이 되어서는 안 될 것이다.[96] 이제는 개인적 상처들을 객관화하고 체험적 반공주의의 민족적 정신적 외상(trauma)에 벗어나 미래를 위해 화해와 통일을 위한 열린 마음을 가져야 할 것이다. 그래서 한국 교회는

---

95 정성한, 『한국기독교통일운동사』, 384.
96 박순경, "기독교와 공산주의의 이론과 현실", 「기독교사상」(1983. 8), 54.

평화와 통일의 희년선언(1995)에서 남북 간의 개인적 체험이 가져온 불신과 비장과 증오를 치유하기 위해 '남북 민간의 화해 운동'을 제안하였다.

화해의 사명을 가진 교회는 남북 민간의 뿌리 깊은 불신과 오해. 증오심을 제거하고 참된 신뢰와 이해와 사랑을 심는 화해 운동에 앞장서야 한다. 반세기의 상처 깊은 분단과 적대 관계는 민족의 가슴에 적대의식과 원수상을 너무나 뿌리 깊이 박아 놓아 화해가 쉽게 이루어지지 않고 있으며, 남북합의서가 정부 간에 만들어졌어도 불신과 비방과 증오심이 사라지지 않고 있다.

　앞으로 전개될 교류와 협력, 남북의 만남과 행사도 화해를 이루는데 가장 우선적인 목표를 두어야 한다. 정부나 언론의 대북 과장보도나 선전을 감시하며 비판하는 여론을 일으키는 것도 하나의 방안이 될 것이다.[97]

그리고 '인도적인 삶의 회복 운동'을 위해 분단의 상처를 치유하는 일에 교회가 앞장 설 것을 역설하였다.

인도주의 원칙을 선언한 교회는 화해와 공생과 교류협력의 시대에 무엇보다 분단과 대결로 인해 빚어진 인간적인 고통과 상처를 치유하고 일그러지고 마비된 민족구성원들의 인도적 삶을 회복시키는 데 우선적인 노력을 기울여야 한다. 희년의 정신이 고통당하며 소외된 자를 돌보고 그들의 권익을 옹호하는 데 있다면, 분단의 희생자들인 이산가족, 사상범과 장기수, 국가

---

97 이 책 부록의 "5. 평화와 통일의 희년선언(1995)" 전문을 참조할 것.

보안법과 이에 상응하는 법들의 피해자와 피납자들 그리고 그들의 가족들을 돌보며, 상처를 치유하는 데 교회가 앞장서 노력해야 한다.[98]

---

98 같은 글.

6
좌우를 아우르는
기독교적 대안은 없는가?

예수는 공산주의자일까, 자본주의자일까? 기독교는 공산주의에 가까울까, 자본주의에 가까울까? 실제로 저자가 3차에 걸쳐 모스크바 장로교신학대학교의 초빙교수로 강의를 하면서 제기된 문제이다. 한국에서 온 교수나 목사들 중에서 어떤 이는 기독교는 자본주의라고 가르치고, 어떤 이는 기독교는 원래 공산주의 전통이 강하므로 천민자본주의는 배격하여야 한다고 가르치기 때문에 러시아 신학생들이 정체성의 위기를 느낀다고 이에 대한 특강을 요청받은 적이 있기 때문이다.

자본주의는 자율성과 개방성을 강조하는 장점이 있지만 이윤동기의 이기심을 부추겨 생산의 효율성만을 극대화하고 분배의 정당성을 무시하였기 때문에 빈익빈 부익부 현상을 가중시켜 온 것이다. 그래서 국민소득이 늘어날수록 빈부 격차가 심해지고, 빈부 격차가 심해질수록 경제적인 만족도와 이에 따르는 행복 지수는 낮아지고 아울러 사회적 갈등과 전 세계적인 전쟁과 테러의 악순환이 증폭되는 근본적인 자기모순을 드러낸다.[99]

정부가 발표한 통계(2004)에 의하면 소득 수준이 늘수록 빈부 격차가

---

[99] 허호익, "좌파와 우파를 넘어서 '모두가 잘 사는 사회'', 「목회자신문」 2005. 7. 27.

심해지는 자본주의의의 자기모순을 극명하게 보여준다. 우리나라 땅 부자 상위 1%가 전체 토지의 51.5%를 차지하고 있으며, 땅 부자 상위 5%의 토지 보유 비율은 1986년의 65.2%에서 거의 20년 만에 17.5%포인트나 급등하여 작년 말 현재 82.7%로 편중된 것으로 조사됐다. 토지 소유 편중 현상이 1980년대 중반보다 더 심화된 것으로 나타났다. 그리고 판교 신도시 개발지구 내의 사유지에 대한 토지 보상 결과 전체보상비의 58%인 1조 4567억 원을 서울 강남이나 분당에 사는 사람들의 차지였다고 한다.[100]

반면에 공산주의는 돈이 돈을 버는, 그래서 빈부와 계급 격차를 강화하는 자본주의와 계급사회 자체를 폭력으로 보고 자본과 계급이 없는 사회, 즉 폭력 없는 사회의 이상을 제시하였다. 이기적인 인간이 자발적으로 분배하지 않으니까, 자본주의라는 선제 폭력을 영원히 제거하기 위해 마지막 폭력인 프로레타리아트의 독재가 불가피하다는 레닌의 '영구혁명론'을 실행으로 옮긴 것이다. 그러나 공산주의가 주장한 분배는 자발적인 것이 아니라 강요된 이타주의이므로 계속적인 학습과 통제가 불가피하였고, 분배의 정당성만을 강조하다 보니 생산의 효율성이 떨어져 결국은 모두가 못사는 사회가 되었고 80년이 못 되어 자본주의에 판정패하고 만 것이다.

앞에서 살펴본 자본주의와 공산주의의 기본 특징들을 중심으로 예수의 삶의 행태를 살펴보자. 예수는 생산의 효율성을 강조하였다는 점에서 자본주의자라고 할 수 있다. 달란트의 비유(마 25:14, 30)와 포도원 지기의 비유(막 12:1, 12)의 공통된 사상은 물질을 매개로 한 주인과 종의 관

---

100 "상위 1% 전체 사유지 51.5% 소유", 「매일경제」 2005. 7. 15.

계를 하나님과 인간의 관계로 설정하고 주인이신 하나님이 주신 물질의 위탁받은 관리자인 인간은 그것을 효율적으로 활용하여 늘여야할 책임과 의무가 있다고 가르친다. 씨 뿌리는 자의 비유(막 4:1, 9)에서 창조주 하나님의 뜻은 그가 창조하신 좋은 땅에서 30배 60배 100배의 결실을 맺는 것이고 이처럼 말씀과 전도의 열매를 맺기를 원하시는 분으로 비유한다. 달란트의 비유나 씨 뿌리는 자의 비유를 통해 보다 많은 이윤을 남기라고 하였으므로 생산의 효율성과 재산의 증식과 부의 창출과 경제 성장을 강조한 자본주의자라 할 수 있다.

그러나 예수는 '가난한 자에게 복음'(눅 4:19)을 전하기 위해 오셨다고 하였으며 부자 청년에게는 "네 소유를 팔아 가난한 자들에게 주라. 그리고 와서 나를 따르라"(막 10:21) 하였으니 분배를 역설한 공산주의자이기도 하다. 예수가 사람들로 하여금 가진 것을 나누어 가지도록 가르치려 한 가장 좋은 예는 빵과 물고기 이야기이다(막 6:35, 44). 빵의 문제를 해결하는 여러 방법이 있겠지만, 현재 네가 가진 것을 자발적으로 나눠주라는 것이 예수의 대안이다.

오병이어의 이야기(막 6:30-44)에서 예수가 자본주의자였다면 각자의 먹거리는 각자가 해결하라고, 있는 사람은 먹고 없는 사람은 굶어야지 별수 있느냐고 했을 것이다. 예수가 공산주의자였다면 그곳에 모인 사람들의 가진 것을 강탈하여 공평하게 나눠먹자고 했을 것이다. 그러나 예수는 "너희가 먹을 것을 주라"(막 6: 37) 하심으로써 각자가 가진 것이 있으면 자발적으로 내어놓아 함께 나누어 먹자고 하였다. 자본주의의 '자발적 이기주의'와 공산주의의 '강요된 이타주의'에 대한 새로운 대안으로 '자발적 이타주의'를 제시한 것이다. 이것이 좌우를 아우르는 기독교의 경제적 이상인 것이다. 각자가 현재 가진 것을 자발적으로 나누어주는 데에서 모두가 잘사는 하나님 나라의 기적이 일어난다고 가르친 것이다.

자발적 이타주의는 자본주의 체제에서 빈부 격차를 줄이는 한 가지 대안이다. 이를 위해서는 유산 남기지 않기 운동이나 기부를 통한 사유 재산의 사회 환원이 더욱 활발하게 일어나야 한다. 예를 들면 빌 게이츠는 400억 달러의 재산 중에 아들에게는 1천만 달러만 유산으로 주고 나머지는 사회로 환원한다고 발표한 바 있다. 따라서 자본주의 국가에서는 세금 외에 기부금 전액을 세금 공제하는 제도를 통해 자발적 이타주의를 제도화하고 있는 것이다.

자본주의를 일류 역사가 이룬 최상의 정치제도라고 하지만 자본주의가 절대선은 아닌 것이다. 영국의 비비시(BBC)는 2009년 베를린 장벽 붕괴 20년을 맞아 27개국의 2만 9,000명 이상을 대상으로 한 여론 조사에서 응답자의 23%가 "자본주의는 치명적 결함이 있어. 다른 경제시스템을 필요로 한다"고 응답했다고 한다. "자본주의는 규제와 개혁을 통해서 다뤄야 할 문제들을 지니고 있다"는 응답까지 합하면, 거의 80%가 자본주의 시스템이 불완전하다고 보는 것으로 나타났다. 반면 "자본주의는 잘 작동하고 있고, 규제는 자본주의 시스템을 덜 효율적으로 만든다"는 응답은 단지 11%에 불과했다. 그리고 27개국 중에서 22개국의 67%가 "정부가 나서서 부를 더욱 평등하게 재분배해야 한다"는 데 동의했다고 발표하였다. 미국의 여론 조사 기관인 라스무센이 2009년 4월 미국의 성인 남녀 1,000명을 대상으로 한 조사에서는 미국인들의 53%가 "자본주의가 사회주의보다 낫다고 믿는다"고 답했으며, 응답자의 27%는 "어느 쪽이 우월한지 확신하지 못하겠다"고 답했다고 한다.[101]

세계 각지에서 모인 100여 명의 신학자, 경제학자, 윤리학자, 교회 지도자 그리고 기업가들이 "기독 신앙과 경제학에 관한 옥스퍼드 선언"(1990)을 발표하였는데 성경에는 어느 특정한 기독교적 경제관을 직접 제시한 바 없지만, "'이기적 개인주의'와 '경직된 집단주의'는 모두 인본주의적 세계관에서 나온 것이므로 이 두 이념이 구현"되어 있는 자본주의와 공산주의는 둘 다 성경적 경제관에 입각한 체제가 아니라고 하였다. 따라서 기독교적 경제관에 따르는 경제체제는 "부를 정당하게 생산하는 능력과 부를 정당하게 분배하는 능력이 동시에 고려"하는 제3의 길이라 하였다.[102]

　　한국 교회는 어떠한가? 한국 사회의 근본 모순인 심각한 경제적 양극화에 대해 고민하고 그 성서적 대안을 얼마나 제시하는지 자못 궁금하다. '많이 거둔 자도 남음이 없고 적게 거둔 자도 모자람이 없는'(출 16:18) 만나의 경제신학 그리고 토지 분배와 '땅은 하나님의 것'(레 25:23)이라는 토지공개념, 초대 오순절 교회의 유무상통(행 2:44-45)을 설교하는 목사가 얼마나 될까? 분당 아파트의 거품이 심각한데 천당 옆에 분당이라고 부추기고 그리고 수도권 경제 집중과 심각한 빈부 격차가 경제성장의 발목을 잡고 있는데 이를 해결하려는 노무현 정부를 좌파정부라고 비난하는 기독교 지도자들도 없지 않은 실정이다.

　　바르트는 공산주의가 사탄이 아니듯이 자본주의가 빛의 천사도 아니라고 하였다. 자본주의든 공산주의든 절대선이라고 볼 수 없다. 자본은

---

101 류이근, "세계인 23% '자본주의 치명적 결함', 「한겨레신문」 2009. 11. 9.
102 이풍, "통일한국의 경제체제: 바람직한 토지제도를 중심으로", 남북나눔위원회 편, 『민족 통일을 준비하는 그리스도인』(서울: 두란노, 1995), 213-214.

인간의 이기심에 호소하여 서로 투쟁하게 만들며, 고용자나 피고용자나 모두가 자본을 섬김으로써 인간성은 위협받고 조롱받으며 모두를 소외시키고 물화한다. 그러므로 교회는 자본주의의 극복을 통해 자본의 억압과 착취가 없이 모든 사람들이 연대감을 가지고 더불어 살아가는 하나님의 나라를 이 땅에 이루어야 한다. 이런 의미에서 바르트는 만약 공산주의 국가가 복음 선포를 허락하고 교회의 모임을 허용하기만 한다면 자본주의 국가보다 나을 수 있다고 하였다.[103]

기독교는 '잘사는 사람만 더 잘사는' 우파적인 자본주의나, '모두가 못사는' 사회좌파적인 공산주의와는 전적으로 다른 것이다. 이 양자의 모순을 극복하기 위해서 '좌로나 우로나 치우치지 않고' 하나님의 뜻에 따라 '모두가 잘사는 사회'를 이 땅에 구체적으로 실현하는 제3의 길이 모색되어야 한다.[104] 기독교는 좌파도 우파도 아니다. 좌우를 아우르는 몸통이다. 새는 좌우 날개로 날듯이 좌우가 모두 필요한 것이다. 그런 의미에서 기독교는 '좌우 날개를 가진 몸통'이라고 할 수 있다.

기독교는 공산주의도 아니며 그렇다고 반공주의도 아니다. 안병무는 하나님 나라의 실현이라는 관점에서 볼 때 "자본주의 체제도 맞지 않고, 공산주의 체제도 안 된다고 생각한다. 제3의 체제가 이룩되어야 한다. 그것은 경제와 권력이 평등하게 최대한으로 잘 분배되는 사회체제일 것이다"[105]고 하였다. 박순경 역시 기독교는 제3의 입장에 서야 한다고

103 이신건, 『칼 바르트와 이데올로기』(서울: 성지출판사, 1989), 160.
104 허호익, "좌파와 우파를 넘어서 '모두가 잘 사는 사회'. 「목회자신문」 2005. 7. 27.
105 안병무, "한국적 그리스도인 상의 모색", 『민중신학을 말한다』(서울: 한길사, 1993). 302: 이신건, "이데올로기와 민족희년의 과제 - 한국 신학의 자본주의 이해와 통일비전", 「한국기독교신학논총」 12(1995), 158에서 재인용.

주장한다.

기독교가 제3의 입장에 서야 한다고 한 것은 북한의 공산주의 체제와 사상의 경직성이 정치적 협상이나 흥정에 의하여 좀처럼 또 근원적으로 풀려가지 않을 것이기 때문이다. 또 자본주의적 세계의 병폐가 자본주의 구미와 아시아 혹은 제3세계에서 크게 비판되어 왔으며, 한국 민족의 분단을 극복하는 길이 어떤 제3의 길이 아니고서는 안 되기 때문이다.[106]

이질적인 이념과 체제로 분단된 조국의 통일을 위해서는 남한은 반공주의를 극복하여야 하고 북한은 제국주의를 극복하여야 한다. 좌우를 아우르고 넘어서는 제3의 길을 모색하여야 하는 것이다. 그러므로 한국교회의 평화와 희년의 통일선언(1995년)에는 남북의 이념과 체제를 아우르고 제3의 길로 나아가는 함께 사는 통일, 서로 배우며 닮는 통일, 새롭게 만드는 통일을 지향할 것을 선언하였다.

① 함께 사는 통일(共生的 統一)
통일은 남과 북이 하나가 되는 것을 의미하지만, 하나가 되는 과정에 어느 한쪽이 희생되거나 고통을 당하는 일이 되어서는 안 되며, 양쪽이 같이 이기며 같이 사는 공생적인 통일이 되어야 한다. … 우리의 통일은 양쪽의 합의에 의한 통일이어야 하며, 양쪽을 서로 살리는 상생(相生)의 통일이어야 한다.

---

106 박순경, "한민족의 신학", 『민중신학을 말한다』, 181: 이신건, "이데올로기와 민족희년의 과제 - 한국 신학의 자본주의 이해와 통일비전", 160에서 재인용.

②서로 배우며 닮는 통일(收斂的 統一)

세상의 모든 제도와 이념은 절대적인 것이 아니라, 다른 제도와 이념에서 배우며 서로 영향을 주고받은 것이었다. 자유주의와 사회주의도 이미 19세기로부터 서로 배우며 수렴해 왔고, 남에게서 배우며 발전하지 않는 폐쇄적인 제도나 이데올로기들은 소멸되고 말았다. 비록 남과 북은 이제까지는 자본주의와 사회주의, 자유와 평등, 개방성과 주체성을 이분법적으로 나누어 대결해 왔으나, 이제는 민족공동체를 이루어 가는 과정에서 양자의 장점을 변증법적으로 종합하여, 단점은 지양하고 극복해서 서로를 비슷하게 만드는 수렴적인 통합을 이루어 내야 한다.

… 남한의 자유민주주의, 자본주의적 경제 발전, 개방적 세계화와 북조선의 인민민주주의, 사회주의적 경제체제, 민족적 주체사상이 서로 영향과 가르침을 주고받으며, 교류와 대화를 통해 배우며 닮아 간다면, 다른 민족이 이루어 내지 못한 발전적이며 수렴적인 통일을 우리 민족이 이루어 낼 수도 있을 것이다.

③새롭게 만드는 통일(創造的 統一)

우리의 통일은 단순히 갈라졌던 남과 북을 재결합시켜서 옛 모습으로 돌아가는 통일이 아니라, 새로운 것을 만들어 내며, 새로운 가치와 문화, 새로운 사회구조와 공동체를 창출해 내는 창조적인 통일이 되어야 한다. 50년 전 분단 이전의 조국은 비록 하나였으나, 민족적 자주성과 독립도, 자유와 민주도, 정의나 평화도 없었던 비참한 조국이었다. 이제 분단 50년의 시련과 고통을 겪으며 희년의 정신으로 통일될 조국은 모든 면에서 새롭게 태어나는 조국이어야 한다.[107]

이런 의미에서 평화와 통일의 희년선언(1995)은 공산주의나 자본주의는 절대적인 것이 아니며 분단된 조국에 사는 우리는 서로의 장점을 배우고 공유하는 방식으로 제3의 길을 모색하여야 한다고 선언하였다.

사상과 제도가 다른데 어떻게 통일해서 함께 사느냐는 걱정이 많으나, 이 차이는 서로 배우며 장점을 공유하는 방식으로 극복해 갈 수 있다고 믿는다. 세상의 모든 제도와 이념은 절대적인 것이 아니라, 다른 제도와 이념에서 배우며 서로 영향을 주고받은 것이었다. 자유주의와 사회주의도 이미 19세기로부터 서로 배우며 수렴해 왔고, 남에게서 배우며 발전하지 않는 폐쇄적인 제도나 이데올로기들은 소멸되고 말았다.[108]

이념과 체제가 달라 생활방식, 사고방식, 가치관이 이질화되었다고 하지만, 민족과 문화의 동질성에 비한다면 이질적 요소는 극히 작은 부분에 불과할 것이다. 왜냐하면 남과 북은 5천 년 동안 한 핏줄을 나누며 같은 언어, 습관, 문화를 지녀온 한겨레이며, 겨우 70년 동안 분단되어 다른 제도와 사상을 가지고 살아왔기 때문이다. 따라서 한국 교회가 앞장서서 자본주의와 공산주의를 넘어서는 제3의 길을 통일 이후의 통일신학의 과제로 제시하여야 할 것이다.

---

107 이 책 부록의 "5. 평화와 통일의 희년선언(1995)" 전문을 참조할 것.
108 이 책 부록의 "5. 평화와 통일의 희년선언(1995)" 전문을 참조할 것.

제 3 장

남남 및 남북 갈등의
여러 쟁점

1
주한미군 철수와
전시작전권 환수의 쟁점

1) 미군 주둔의 역사적 배경

주한미군(駐韓美軍, United States Forces Korea, USFK)은 안보상의 이유
로 대한민국에 주둔하는 미국 국적의 군대이다. 1954년 발효된 한미상
호방위조약과 주한미군지위협정(SOFA)에 의해 법적 지위를 확보하고
있다.[1]

　2차 세계대전 종전 후 미군은 한반도의 중앙을 가로지르는 위도 38도
선 이남에 주둔하고 있던 일본군의 항복을 받아내기 위해 1945년 9월
8일 한국 땅에 진주하였다. 태평양 전쟁에 뒤늦게 참전한 소련은 이미
미국보다 한 달 앞서 8월 9일 38선 이북 지역의 일본군의 무장해제를
위해 한반도에 병력을 파견한 상태였다.

　1948년 9월 9일 조선민주주의인민공화국 정부가 수립되자 소련 정

---

[1] "주한미군", http://ko.wikipedia.org. 1953년 10월 1일 체결되고 1954년 11월 18일
조약 제34호로 발효된 대한민국과 미국 간의 상호방위조약이다. 이 조약은 주한미군이 대한
민국의 영토, 영해, 영공 전 영토를 무상으로 사용할 수 있도록 인정하고 있고, 미군 주둔의
목적이 결여된 점, 무엇보다 조약의 시효가 무기한으로 규정된 데에서 많은 문제를 안고
있다.

부는 자국 병력을 북한에서 철수시켰다. 남한의 경우 1948년 8월 15일 대한민국 정부를 수립한 후 8월 26일 한미상호방위원조 협정을 체결하였다. 이승만 대통령은 10월 8일 미국 국무성에 미군 철수 연기를 요청하였으나 받아들여지지 않았다. 미국은 1949년 6월 29일 500여 명의 군사 고문단을 남겨둔 채 주한 미군의 전 병력을 철수시켰다.[2]

1950년 6월 25일 전쟁이 발발하자 유엔안전보장이사회의 결의안에 따라 미국은 유엔 사령부 지휘 등 합법적 임무를 부여받았으며, 1950년 7월 14일 한국군의 전시 및 평시 작전권이 유엔군에 이양되었다. 1953년 7월 27일 남한을 배제한 체, 북한을 포함한 중공과 미국의 휴전협정이 이루어질 때까지 3년간의 한국전쟁 동안 50여만 명이 넘는 유엔군과 군무원들이 참전하였다. 33,000명의 미군 전사자를 포함하여 총 14만 명에 달하는 유엔 참전국 군인이 전사하였다.

1954년 한미상호방위조약을 통해 양국은 외국의 침략 시 상호 협력할 것을 약정하였다. 한국전쟁 이후 4개 사단 규모의 미군이 남한에 주둔하고 있었으나 60년대 베트남 전쟁으로 2개 사단은 철수하고 미 7사단과 미 2사단 둘만 남게 되었다.

북한의 경우 6.25전쟁 후 중공군이 참전하였으나 전후에 철수한 반면에 남한에는 미군이 계속 주둔하고 있었기 때문에, 북한의 공식 문건과 선전 매체들은 "주한미군이 한반도 분쟁의 직접적인 원인이며, 미국의 한반도 강점의지를 드러낸 것"이라 주장하며 주한미군 철수를 줄기차게 요구하였다.

6.25전쟁 후에도 미군이 남한에 주둔하고 있었기 때문에 남한은 국

---

2 김학준, 『강대국관계와 한반도』(서울: 을유문화사, 1983), 153.

방비 예산을 줄이고 경제 발전에 주력할 수 있었다. 반면에 북한은 전후 자주국방을 표방함으로써 과도한 국방비 지출을 감내하였다.

1961년 5.16군사쿠데타로 남한 군부가 집권하자 북한 지도부는 남한의 군비 강화를 통한 북침을 우려하여, 북한의 경제개발 1차 7개년계획 선포 연기를 결정하고, 북한의 국방력 강화에 총력을 기울였다.[3] 그 결과 1970년대까지는 남한에 비해 북한은 군사력의 우위를 누렸으나 이로 인한 경제적 침체를 피할 수 없게 되었다. 이런 상황에서 북한이 끊임없이 주한미군 철수를 주장한 것은 주한미군의 존재가 통일의 기본적인 장애이며, 주한미군의 완전한 철수가 남한 정부의 붕괴를 가져와 북한식의 통일을 이룰 수 있다고 판단했기 때문이다.[4]

1971년 2월 6일 한·미 양국 정부는 주한미군 감축 문제 및 감군(減軍) 보완책인 한국군 현대화 계획 등에 완전 합의했다. 양국 간 합의사항의 골자는 다음과 같다.[5]

첫째, 1971년 6월 말까지 미 보병 7사단 철수를 중심으로 주한미군 1만 8000명을 감축하고 이에 따른 병력 재배치 계획의 일환으로 서부전선의 미 보병 2사단을 후방으로 돌려 북한군과 직접 대치하는 휴전선의 지상 방어 임무는 한국군이 전담토록 한다.

둘째, 미국은 한국군 현대화 5개년 계획을 지원하기 위해 약 15억 달러의

---

3 "5.16 쿠데타, 北국방강화 정책에 영향", 「연합뉴스」 2010. 4. 7. 산업부문 노동자 수를 줄여 군수공업 분야로 돌리고, 징병제 등을 실시해 청년을 군대에 동원하는 데 총력을 기울이는 정책으로 전환하였다.

4 곽태환, "김정일 위원장은 주한미군 철수를 원하는가", 「통일한국」 제215호(2001. 11), 17.

5 "주한미군 감축과 '인계철선'", http://cafe.daum.net/koreanmainecorps.

군사 원조·군사 차관 등을 제공키로 한다.

셋째, 양국은 미국의 대한(對韓) 방위 공약을 분명히 하고 한국에 대한 외부로부터의 군사적 위협을 분석·평가하기 위해 양국 정부의 외무·국방관계 고위 관리가 참석하는 연례안보협의회의(SCM)를 개최한다.

주한미군 철수를 대선 공약으로 내걸었던 지미 카터가 1977년 1월 대통령으로 당선된 후, 그해 3월에는 미 7사단마저 철수하면서 미 2사단은 후방으로 배치하고 전방은 한국군이 담당하게 하였다. 서부전선의 미 2사단은 그동안 주둔해 온 18마일(28.8km)에 달하는 비무장지대(DMZ)의 방어 진지를 한국군에게 인계하고 후방지역인 경기도 문산(汶山)과 동두천(東豆川)의 미 7사단 자리로 이동했다. 미군이 서부전선을 한국군에 넘기면서도 판문점의 공동경비구역(JSA)에 출입할 수 있는 철책선 입구와 이를 감시하는 두 개의 GP(Guard Post) 초소는 미군이 계속 관할토록 한 것은 주한미군이 갖는 상징성 때문이다. 미 국방부는 이것을 '인계철선'(引繫鐵線, trip wire)[6]이라고 불렀다. 인계철선을 건드는 순간 부비트랩이 터지는 것처럼 북한이 이 인계철선을 넘어설 경우 자동적으로 주한 미군이 개입한다는 의미이다.

1978년 한미연합군 사령부를 조직하고 미군이 사령관을 맡음으로써 미군은 대한민국 방위 계획과 유사시 양국 군대를 통제할 권한을 가지게 되었다. 1979년 6월 29일 미국 대통령 지미 카터가 한국을 방문하였다. 카터는 방한 전부터 한국 내 인권 탄압이 시정되지 않으면 주한미군

---

6 인계철선은 지뢰·수류탄 같은 폭탄과 연결해 건드리기만 해도 폭발하는 부비 트랩(설치형 폭약)의 폭발 장치다.

을 철수시키겠다고 압박했다. 카터 행정부의 철군 이유는 한국 경제가 북한을 앞질렀으며, 미국의 해·공군과 군수 지원만 있으면 한국군은 단독 방어가 가능하며, 주변 4대 강대국(중공, 일본, 소련, 미국)이 한반도에서 전쟁이 재발하는 것을 싫어하기 때문이라고 보았다. 카터 대통령의 주한미군 완전 철수 계획은 한·미 정부와 여러 민간단체의 반대로 미군을 3,000명가량 감축하는 선에서 마무리 지었다.[7]

2) 주한미군 철수와 전시작전권 환수의 쟁점

1980년대 초만 하여도 미군 철수는 남북 간의 주요한 갈등 요인이었다. 1981년 11월 3일부터 6일까지 비엔나에서 북한과 해외동포 기독자 대표들이 모여 민족의 화해와 조국통일을 위한 첫 역사적인 모임을 개최하였다. 이때 발표된 제1차 '조국통일을 위한 북과 해외동포 기독자간의 대화' 공동성명(비엔나선언, 1981. 11. 5)에서 처음으로 다룬 것은 미국철수에 관한 것이었다.

> 우리나라는 자주적으로 통일되어야 한다. 민족의 자결권은 이남에서도 실현되어야 한다. 민족의 자주성 없이는 민족의 존엄도 민주의 자유도 평등도 존재할 수 없다. 이남에서 미군으로부터 통수권을 찾고 미군을 철수시켜야 한다. 이남에 대한 미군의 지배와 간섭은 배제되어야 하며 나라의 분열을 합법화하기 위한 "유엔 동시 가입안"과 "교차승인"은 강경히 거부되어야 한다.[8]

---

[7] "대통령 따라 출렁거린 한·미 관계 30년", 「중앙일보」 2008. 11. 7.

1991년 노태우 대통령은 주한미군과 관련하여 "오는 1995년까지는 평시작전권을 한국군이 넘겨받고 2000년까지는 평전시의 작전지휘권 모두를 한국군이 이양 받는다는 것이 큰 방향"이라고 밝혔다. 1994년 12월 1일 한국은 평시작전권을 44년 만에 미국으로부터 환수받았으며, 2004년 이후 공동경비구역의 경비 임무는 국군이 단독적으로 수행하지만, 지휘통제권은 계속 유엔사령부가 가지고 있고 주한미군 일부 요원들과 중립국 감시단(스위스, 스웨덴 대표)이 주둔해 왔다.[9]

1990년대에 접어들어 남한이 북한보다 군사력이 우위에 있음을 공식적으로 교육하기 시작하였다. 1999년 육군 본부에서 만든 정훈교재는 남한 군사력이 북한의 군사력보다 우위에 있기 때문에 '북한군이 국군을 두려워하는 5가지 이유'를 명시하고 있다.

① 북한군은 만성적 영양실조 상태이며 체격도 엄청나게 작다는 것이다. "국군의 평균 신장은 171cm에 체중 66kg, 북한군은 162cm에 47~49kg 수준으로 복싱 웰터급과 플라이급 선수의 차이에 해당한다"는 것이다.

② "북한군은 유류, 탄약 등 군수 물자를 아끼느라 제대로 훈련을 못하지만 국군은 첨단장비와 무기를 이용한 강도 높은 훈련으로 최강의 전투력을 유지하며 월남전과 걸프전에 참전한 간부가 이끌고 있다."

③ "북한군의 무기와 장비는 양적으로는 국군보다 1.6배 많지만 육군 무기의 40%, 공군 전투기의 65%가 폐기 처분 직전의 노후 장비"라는

8 KNCC 통일위원회, 『1980-1990년대 한국교회 평화통일운동 자료집』(서울: 한국기독교교회협의회, 2000). 25-26. 「비엔나선언」 전문 참조.
9 "유엔사 강화 전시작전권 변천사", 「국민일보」 2006. 5. 7.

것이다.

④ 국력의 차이이다. 이 발표는 경제력 차이를 10배 정도를 잡고 있으나, 남한총생산액은 1999년 기준으로 대략 25.5배 정도 북한을 앞지르고 있다.

⑤ 한미연합 방위체제이다. 남한에는 미군이 준두하고 있기 때문이다.[10]

이처럼 남북 간의 위상의 변화에 부응하여 2000년 6월 제1차 남북정상회담에서 북한의 김정일 위원장은 '주한미군 철수, 연방제, 국가보안법 폐지' 등 3개 전제 조건을 거둬들인 것으로 알려졌다. 실제로 그 다음 해인 2001년 8월 4일 러시아의 푸틴 대통령과 북한의 김정일 국방위원장이 발표한 모스크바 선언에는 "조선민주주의인민공화국은 남조선으로부터의 미군 철수가 조선 반도와 동북아시아의 평화와 안전보장에서 미룰 수 없는 초미의 문제"라는 점을 제기하고, 미군의 철수를 통해 "비군사적인 수단으로 조선 반도의 평화와 안정을 보장하여야 할 필요성을 강조"하였다.[11]

2005년 10월 1일, 노무현 대통령은 제57주년 국군의 날 기념식에서 "나는 그동안 자주국방을 강조해 왔습니다. 이것은 자주독립국가가 갖추어야 할 너무도 당연하고 기본적인 일이기 때문"이라고 전제한 후, "전시작전통제권 행사를 통해 스스로 한반도 안보를 책임지는 명실상부한 자주군대로 거듭날 것"이라며 자주국방에 대한 강한 신념을 밝혔다.[12] 2006년 6월 노무현 대통령과 조지 부시 미 대통령이 정상회담에

---

10 강정구, "주한미군의 反 평화성과 反 통일성", 「진보평론」 제9호(2001년 가을), 160.
11 곽태환, "김정일 위원장은 주한미군 철수를 원하는가", 16.

서 전시작전권 환수 방침을 합의하였다.[13] 그 시기에 관해서는 2009년 10월 22일 김태영 국방장관과 로버트 게이츠 미 국방장관의 합의로 "2012년 4월 17일 전작권 전환과 관련된 사안에 대해서도 의견을 나눴다. 양국은 심혈을 기울여 전작권 전환이 순조롭게 이행되도록 할 것이다"[14]고 발표했다. 2012년에 4월 17일 전작권이 환수됨과 동시에 한미연합사 대신 미군의 한국사령부(KORCOM)가 탄생하며, 미 2사단은 서울 남쪽으로 축소되어 재배치된다. 주한미군의 규모를 2003~2009년에는 28,000명(+/-)으로 축소한다는 내용이다.

미 국방부의 '4개년 국방·안보 검토 보고서'(QDR 2010)에 따르면 미 국방부는 북한의 탄도미사일이 장기적인 위협 요인이라 인정하면서도 북한을 '위협국가'가 아닌 재건·안정화가 필요한 '위험국가'로 분류하는 인식 변화를 보여준다. 미국은 "한반도에서 재래식 전쟁이 일어날 가능성이 높지 않다"고 보고, 중장기적으로 북한의 핵무기 개발 가능성에 대비해야 한다는 인식을 갖고 있음을 알 수 있다. 따라서 미 국방부는 ① 독립적인 계획과 작전을 수행하는 부대인 '미 한국사령부'를 창설하고(2010), ② 전작권을 예정대로 전환하며(2012), ③ 주한미군을 해외로 차출하는 단계까지(2017년 이후) 추진할 계획을 밝힌 것이다.[15]

그동안 한국 영토 방어에 중점을 둔 한미 연합작전과 한미 공군의 연합야외기동훈련이 거의 해마다 계속되어 왔다. 2010년 3월 8일부터 전국에서 실시된 '키 리졸브'(Key Resolve) 훈련에는 주한미군 1만 여 명

---

12 "전시작전통제권 행사로 자주군대 탈바꿈", 「브레이크뉴스」 2005. 10. 2.
13 "전시 작전통제권 환수 불가피해 졌다면", 「국민일보」 2006. 9. 16.
14 美, '전작권 전환, 2012년 상황 보고 결정', 「동아일보」 2009. 10. 19.
15 "美, 북한을 '위협국가'에서 '위험국가' 분류", 「프레시안」 2010. 2. 9.

과 해외 주둔 미군 8000명 등 미군 1만 8000여 명이 참가하였다. 2009년 참가 인원 2만 6000여 명에 비해 8000여 명이 줄었다.[16]

그러나 향후 주한미군 주둔과 관련하여 다음과 같은 몇 가지 쟁점이 제기되고 있다.

(1) 한나라당은 2009년 5월에 '전시작전권 환수 재검토'를 공식 건의한 이후 2012년 4월로 예정된 전시작전권 환수 연기를 주장하는 이들이 있다는 사실이다.[17] 한반도 비상시 2만 8000명 병력을 가진 주한미군 사령관이 한국의 모든 역량과 60만 대군을 지휘할 수는 없음에도 불구하고 이명박 정부는 전시작전권 환수를 연기하려는 입장인 것으로 알려졌다.[18]

이에 대해 월터 샤프 주한미군 사령관은 "2012년 4월 17일 전작권 전환이라는 시기는 양국 정부가 합의한 사항이기 때문에 만약 한국 정부가 전작권 전환 연기를 요청한다면 그 문제는 양국의 최고위층 레벨에서 논의가 이뤄져야 할 것"이라고 밝혔다. 샤프 사령관은 "전작권 전환은 북한 등에게 2012년 미군이 보조적 역할을 해도 충분할 만큼 한국군이 강하다는 것을 보여주는 강력한 메시지"라며 "만약 전환 시기를 연기한다면 그 반대의 잘못된 메시지를 나타내는 것"이라고 말했다. 아울러 "전작권 전환을 둘러싼 오해 중 하나는 전작권 전환 이후 한국을 방어하는 책임을 오로지 한국군이 맡게 된다는 생각인데 사실과 다르

---

16 "한미 키 졸브 훈련. 내달 8~18일 실시", 「한국일보」 2010. 2. 17. 키 리졸브 훈련은 2007년까지 계속된 한미 연합전시증원훈련(RSOI)을 계승해 2008년부터 실시됐다. 유사시 한반도에 투사될 신속 증원 전력의 수요·대기·이동·통합 절차 등을 익히는 것이다.
17 "한나라 '전시작전권 환수 재검토' 공식 건의", 「매일경제」 2009. 5. 27.
18 "이명박 정부가 '전작권 반환 연기' 서두르는 이유", 「오마이뉴스」 2010. 3. 29.

다"며 "한국을 방어하는 미군의 임무와 의지는 변함이 없으며, 전쟁이 발생할 경우 전작권 전환 이후에도 현재와 변함없이 한미 연합전투력으로 방어할 것"이라고 말했다.[19]

(2) 주한미군의 '전략적 유연성'의 문제이다. 미 국방부가 '4개년 국방·안보 검토 보고서'(QDR 2010)에서 주한미군의 해외 차출 가능성을 시사하면서 주한미군의 '전략적 유연성'을 밝혔다. 2006년부터 논의된 전략적 유연성이란 주한미군을 필요한 때 다른 분쟁지역으로 차출될 수 있도록 재편한다는 뜻이다. 미국은 6년 이상 이라크와 아프가니스탄에서 전쟁을 동시에 수행하며 계속 이렇게 발이 묶여 있을 경우 다른 곳에서 작전을 추가로 수행하는 것이 어려울 것이라는 판단에서 미 국방부가 '전략적 유연성'을 강조하게 된 것이다. 미국은 서로 다른 차원의 군사적 위협에 대응하기 위하여 자국의 군사 능력을 "복수의 전쟁, 복수의 작전, 복수의 전선, 한 번에 몇 가지를 할 수 있는 구조"로 재편하고, 이러한 '맞춤형 태세'를 위해 미군의 전진 주둔(forward stationing)과 교대 배치(rotational deployment)라는 '전략적 유연성'을 확보할 계획을 세운 것이다. 주한미군 역시 이러한 맥락에서 탈바꿈하게 된다는 것이다.[20]

따라서 주한미군의 주둔 목적이 단지 북한의 남침 억제를 위한 것만은 아니라는 것이다. 주한미군 기지가 필요에 따라 "미국의 대중국 전략이 반영된 기지"로 활용될 수 있다는 문제가 일찍이 제기되었다.[21] 주한미

---

19 "샤프, '전작권 연기는 한미정상 논의 사안', 「연합뉴스」 2010. 3. 27.
20 "美, 북한을 '위협국가'에서 '위험국가' 분류", 「프레시안」 2010. 2. 9.
21 김종대, 『노무현 시대의 문턱을 넘다』(서울: 나무의 숲, 2010), 554. 2006년 초 '전략적 유연성' 관련 유출 파동에 대한 청와대 내부조사 과정에서 한 문제인 민정수석의 토로라고

군이 '전략적 유연성'에 따라 동북아 분쟁에 참여할 경우 한국의 지원 요청을 필요로 하며 한국이 원치 않는 국제 분쟁에 휘말려 동북아 안정과 남북한 평화통일의 또 다른 불씨가 될 수 있다는 문제점이 제기된다. 따라서 "전략적 유연성을 인정하되, 주한미군이 동북아 분쟁에 개입하지 않는다는 한계를 설정하는 것이 적절하다"는 주장이 제기되는 것이다.

(3) 한국에 주둔하고 있는 미군 운용이 여전히 불투명하게 이루어지고 있다는 지적이다. 예를 들면 오산 기지를 이용하는 주한 미 7공군은 한미연합사가 아닌 태평양공군사령관의 지휘를 받고 있다고 한다. "한미동맹을 글로벌 차원으로 격상하면서 사실상 주한미군의 행동에 대한 족쇄가 풀려버린 것"이라는 지적이 제기된다.[22]

(4) 주한미군 주둔 경비 부담의 증가 문제이다. 한국은 주한미군 주둔 비용으로 매년 20억 달러 안팎을 지원해 주고 있다. 여기에는 한국인 고용원 인건비, 미군 가족 주택자금, 식료품 구입비 등으로 쓰이는 방위분담금, 임대료로 계산되는 미군 공여지, 조세 감면, 미군 시설 운영유지비 등이 포함된다. 1200원의 환율로 계산하니 매일 65억을 퍼주고 있는 꼴이 된다. 이밖에도 주한미군 재배치 비용, 미국의 요청에 따라 이뤄지고 있는 이라크 파병 비용, 한미연합방위체제에 따라 미국으로부터 도입하고 있는 무기와 장비 등을 고려해 보면, 주한미군 주둔이 비용적 측면에서도 우리에게 '남는 장사'라고 말하기는 갈수록 어려워지고 있는 현실이다. 특히 앞으로도 미국이 주한미군 재배치 비용을

한다.
22 "주한미군 '전략적 유연성' 실태", 「프레시안」 2010. 2. 22.

한국에게 전담시키고, 주한미군 주둔비의 75%를 한국에게 부담시킨다는 목표를 세우고 있다는 점을 고려할 때, 동맹 유지 비용의 한국 측 부담은 계속 늘어나게 될 가능성이 높다.[23]

(5) 국방부가 전쟁에 대비해 2008년 미군으로부터 구입한 전쟁예비물자(WRSA) 탄약의 절반 이상이 불량품인 것으로 드러났다. 정부는 2008년 한미 간 'WRSA 양도 합의각서'에 따라 2700억 원 상당의 탄약과 물자, 장비 등 25만 9000톤을 구매했고, 이 중 99% 정도가 탄약이었다. 그런데 2009년부터 "WRSA 탄약을 군에 배치해 시험발사를 해 왔는데 발사가 아예 안 되거나 성능이 떨어지는 탄약이 많았다"며 "불량률이 50%를 넘는 것으로 나타났다"고 군 당국이 밝혔다. 한국 측이 구입한 WRSA 탄약에는 155mm 포탄, 81mm 박격포탄, 105mm 전차포탄 등 구형 총포탄이 포함된 것으로 알려졌다.

군 관계자는 '구매 당시 성능시험을 제대로 하지 않은 것 아니냐'는 지적에 대해 "전체를 모두 검사하려면 10년이나 걸리기 때문에 표본검사를 했고, 당시 검사에는 큰 문제가 없었던 것으로 안다"고 설명했다. 국방부는 WRSA를 구매할 당시 "우리 군 전력에 절대적으로 필요한 탄약과 장비, 물자 가운데 성능이 검증된 물량을 선별해 인수할 것"이라고 밝힌 바 있다.[24]

---

23 "주한미군 주둔, 득보다 실이 커진다", 「오마이뉴스」 2005. 9. 7. 한국의 국방비 인상액의 상당 부분이 방위 분담금으로 쓰이고 있다는 것을 확인할 수 있는 대목이다. 1991년부터 2003년까지 방위비 분담금 증가율이 686%로 국방예산 증가율 135%의 5배에 달했다는 것은 이를 명확히 보여준다.

24 "미군에게 산 '전쟁예비 탄약' 절반 이상 불량", 「동아일보」 2010. 2. 16. 다른 군 관계자는 "북한군의 공격을 막아내고 반격의 발판을 마련하기 위해서는 보복 타격이 중요하다"면서 "최초 보복 타격에는 한국군이 보유한 신형 탄약이 사용되겠지만 전쟁이 장기화될 경우

이처럼 논쟁이 되어 온 미군 주둔에 관해서는 '민족의 통일과 평화에 대한 한국기독교 선언'(88선언)에서 한국 교회의 입장을 밝힌 바 있다. "남북 간의 긴장완화와 평화증진"을 위하여 평화협정 체결과 주한미군 철수와 주한 유엔군 사령부 해체를 주장하였다.

> 평화협정이 체결되고, 남북한 상호간에 신뢰 회복이 확인되며, 한반도 전역에 걸친 평화와 안정이 국제적으로 보장되었을 때, 주한미군은 철수해야 하며 주한 유엔군 사령부도 해체되어야 한다.[25]

불량률이 높은 WRSA 탄약을 쓸 수밖에 없어 군의 전쟁 수행 능력에 문제가 생길 수 있다"고 우려했다.

[25] 이 책 부록의 "2. 민족의 통일과 평화에 대한 한국기독교회선언(88선언)" 전문을 참조할 것.

2
국가보안법의 쟁점

1) 국가보안법 제정의 배경

국가보안법(國家保安法)은 북한에서도 끊임없이 그 폐지를 요구하여 왔지만 국내에서도 문제가 되어 왔기 때문에 남북 갈등과 남남 갈등의 한 축을 이루고 있다.

국가보안법은 한민당과 이승만 지지 세력이 연합한 결과 1948년 11월 20일 국회를 통과해 12월 1일 공포되었다. 국가보안법이 태동된 계기는 여순사건이다. 이승만 정부는 1948년 제주 4.3 사건 이후 10월 11일 제주도경비사령부를 설치하고 군 병력 증파를 결정한다. 이때 제주도 파병을 명령 받은 여수 14연대가 동족 학살을 할 수 없다며 제주도 파병을 거부하고 10월 15일에 봉기한 것이 '여순사건'이다. 초기에는 하사관이 중심이었지만 후에 중위 김지회, 상사 지창수를 비롯한 일련의 남로당 계열 장교들이 개입하여 2000여 명의 사병이 가담함으로서 이를 진압하는 과정에서 좌·우익세력으로부터 여수와 순천의 지역의 수많은 민간인이 희생된 사건이다.

남로당에 연루된 박정희 소령도 11월 11일에 체포되었다. 체포된 뒤 남로당 군사 총책으로 가지고 있던 군내 좌익 명단을 토벌군에 넘겨 주었다. 이로 인해 사형선고를 받았으나 무기로 감형되었다. 군지도부와 미군에 의해 구제되어 출감했고, 후일 대통령이 된다.[26]

　이승만 정부는 이후 대대적 검거 선풍을 일으키며 여순사건을 좌익 척결과 정권 강화의 호기로 삼았다. 그런 가운데 억울한 희생자도 속출했다. 실제로 2009년 1월 '진실·화해를 위한 과거사진상규명위원회'는 여순사건 때 전남 순천지역에서 민간인 439명이 국군과 경찰에 불법적으로 집단 희생된 사실을 확인했다는 조사결과를 발표했다.

　여순사건은 군에도 큰 회오리를 몰고 왔다. 빨갱이를 솎아내 처단한다는 이른바 숙군(肅軍) 작업이었다. 그해 10월부터 이듬해 7월까지 숙군 대상이 된 군인은 4천 700여 명으로, 전체 군의 약 5%에 달했다. 이 가운데 총살형을 당한 군인은 2천여 명에 이른다.[27]

　여순 14연대 반란사건 이후 1948년 12월 1일 "국헌(國憲)을 위배하여 정부를 참칭(僭稱)하거나 그것에 부수하여 국가를 변란할 목적으로 결사 또는 집단을 구성한 자"에 대해서 최고 무기징역의 형벌을 과하는 법률로 국가보안법이 제정되었다. 탄생하자마자 국가보안법은 괴력을 발휘하기 시작했다. 당시 정부 통계에 따르면, 이듬해 4월까지 국가보안법으로 체포된 사람이 8만 9천 700여 명에 이르렀다. 1949년 한 해엔 11만여 명이 붙잡혔다.

　그동안 국가보안법 존폐를 놓고 간헐적으로 찬반 논란이 있어 왔다. 1999년 8월 김대중 대통령은 국가보안법 개정을 언급하였다. 여권에서는 반국가단체의 정의 중 '정부 참칭' 부분(2조)과 불고지죄(10조)와 사

26 "진실위, '여순사건 당시 민간인 400여명 사살', 「KBS」 2009. 1. 8.
27 "4.3사건 때 박정희는 무엇을 했을까?", 「NEWS M」 2017.4.4.

상과 표현 침해 시비를 일으켰던 이적표현물 제작·반포(7조 5항)도 없애기로 했다. 이와 함께 이적단체구성죄(7조 3항)의 요건을 강화, '이적단체를 구성해 선전·선동행위에 나설 경우'에 처벌할 수 있도록 제한할 방침을 세웠으나 야당의 반대와 여론에 밀려 이를 추진하지 못했다. 그해 11월에는 유엔 인권이사회에서 국가보안법의 점진적 폐지를 권고할 정도로 국가보안법은 반민주적 악법으로 드러난 것이다.[28]

2) 국가보안법 폐지의 쟁점

2003년 2월 노무현 정부가 들어선 후 북한에서도 국가보안법 폐지를 강력하게 요구하기 시작하였다. 2004년 9월 북조선 「로동신문」은 헌법재판소가 국가보안법 7조 '찬양, 고무죄 및 이적 표현물 소지죄' 조항에 대해 합헌 결정을 내린 것에 대해 "민심을 우롱하고 거역하는 반민족적 망동"이라며 강하게 비난했다. 당시의 '북한권력기구도'에는 '남조선의 국가보안법철폐를 위한 대책위원회'가 설치되어 2009년까지 존속될 정도였다.[29]

국내에서도 국가보안법 개정 또는 폐지를 지지하는 여론이 활발히 형성되었다. 2004년 8월에는 대한민국 국가인권위원회가 국가보안법 폐지를 권고하였다.[30] 2004년 9월 노무현 대통령은 MBC 방송국의 한 프로그램에 출연하여, "국민 주권 시대, 인권 존중 시대로 간다면 그 낡은

28 신석호·김승련. "유엔 '보안법 점진적 폐지를' … 한국정부에 공식권고", 「동아닷컴」1999. 11. 5.
29 "北, 권력기구개편", 「매일경제」2010. 2. 17.
30 "인권위, '국가보안법 폐지' 권고", 「연합뉴스」2004. 8. 24.

유물은 폐기하는 것이 좋지 않겠습니까? 칼집에 넣어서 박물관으로 보내는 것이 좋지 않을까요?"라고 하였다.[31]

2004년 10월 국가보안법 폐지안이 국회 법사위에 상정됐으나 불발되었다. 이에 반발하여 2004년 12월 6일 300명으로 시작한 국가보안법 폐지를 위한 농성단은 일주일 후 560명으로 늘어났고 또다시 일주일 뒤 1000명을 넘어섰다. 농성단이 잠을 자기 위해 쳤던 천막은 6개에서 18개로 늘어나 있었다. 그야말로 사상 초유의 대규모 단식농성이었다. 그러나 농성단이 목표로 했던 연내 폐지는 이뤄지지 않았다.[32]

2005년 2월에 또다시 국가보안법 찬반 논쟁이 가열되었다. 반핵반김국권수호국민협의회, 자유시민연대, 한국사학법인연합회 등의 회원 8000여 명(경찰 추산)은 2005년 2월 20일 오후 서울 영등포구 여의도 국회의사당 앞에서 '국가보안법 사수·사학법개악 반대 국민총궐기대회'를 가졌다. 한편 국가보안법폐지국민연대와 민주노총 등 시민·사회단체 회원 5000여 명은 이날 오후 서울 종로구 대학로에서 별도의 집회를 열어 국가보안법을 전면 폐지하고 사학법을 민주적으로 개정할 것을 요구했다.[33] 오종렬 국가보안법폐지국민연대 공동대표는 "국가보안법에 의해 억울하게 희생된 사람이 100만 명에 달한다"며 "2월 임시국회에서는 국가보안법을 완전히 폐지해야 한다"고 강조했다.[34]

당시 열린우리당과 한나라당의 지도부는 국가보안법 폐지 후 새 안

---

31 김당, "국가보안법은 독재시대의 낡은 유물 칼집에 넣어 박물관으로 보내야", 「오마이뉴스」 2004. 9. 5.
32 "국가보안법 폐지 끝장단식농성단", 「오마이뉴스」 2010. 2. 21.
33 "국가보안법, 사학법 찬반 1만여 명 도심 집회", 「동아일보」 2005. 2. 21
34 "인터뷰, 오종렬 국가보안법폐지 국민연대 공동대표", 「내일신문」 2005. 2. 21

보법을 제정하는 대체입법론에 합의했다. 국가보안법 2조의 '반국가단체'는 '국가안전침해단체'로 바꾸고 국가보안법의 대표적인 독소조항인 7조 찬양 고무죄를 없애기로 하였다. 2005년 5월 2일 여·야의 국가보안법 폐지·개정안이 각각 상정되었으나 이 역시 국회에서 처리되지 못했다.[35]

2005년 10월 "6.25전쟁은 북한의 통일전쟁"이라고 한 강정구 교수의 국가보안법 위반 여부와 사법처리 문제를 놓고 여야가 또다시 논란에 휩싸이면서 국회에서의 국가보안법 논의가 또다시 유보되었다.[36] 2006년 5월 국가보안법 위반 혐의로 기소된 강정구 교수에게 징역 2년에 집행유예 3년이 선고됨으로써 국가보안법은 여전히 유효하게 되었다.[37]

2007년 1월 국가인권위원회는 국가보안법에 대해 "기소유예·불입건 처리를 활성화하는 등 탄력적이고 신중하게 운용하되 폐지 또는 개정에 관해서는 국회에 법안이 계류 중이므로 '안보형사법'의 필요성을 검토한 뒤 국민 합의를 거쳐 결정하는 것이 바람직하다"[38]는 유보적인 견해를 밝힌 이후 여야 간의 국가보안법 논의는 더이상 진전을 보지 못하였다.

---

35 황준범·임석규, "국회, 보안법 논의 시작", 「한겨레」 2005. 4. 14. 한나라당의 개정안은 불고지죄(11조)를 삭제하고 7조 찬양·고무죄를 선전·선동죄로 변경, 단순 찬양·고무·동조행위는 처벌대상에서 제외했다. 또 잠입 탈출죄 등의 처벌 규정 구성요소를 지정범(~한다는 정을 알면서도)에서 목적범(~할 목적으로)으로 바꿨다. 그러나 법안 명칭을 '국가안전보장법'으로 바꾸고 참칭 조항을 '정부를 표방하면서 대한민국의 정통성을 부정하는 단체로 대체하기로 한 2004년 말의 여야의 합의 내용은 포함되지 않았다.
36 "'강정구 공방' 국가보안법 개폐논란 비화", 「경향신문」 2005. 10. 13.
37 "'국가보안법 위반' 강정구씨 집유3년", 「문화일보」 2006. 5. 26.
38 "사형제·국가보안법 폐지 유보", 「동아일보」 2007. 2. 14.

남한의 국가보안법과 북한의 '노동당 규약'은 상대방의 체제를 부인하면서 타도 내지 전복의 대상으로 규정하고 있는 대표적인 법규로 남북 화해와 협력을 위해 개폐가 필요하다는 의견이 여러 차례 제기되어 왔다. 남한의 국가보안법은 북한을 반국가 단체로 규정하고, 회합·통신하거나 찬양·고무하는 것만으로도 처벌할 수 있는 길을 열어놓고 있다. 반면에 1980년 10월10일 개정된 '조선노동당 규약'에는 노동당의 당면 목적을 '전국적 범위에서 민족해방과 인민민주주의의 혁명과업 완수'로 명시하고 있다.

노무현 대통령과 김정일 국방위원장이 '2007년 남북정상선언'을 통해 남북 관계를 상호 존중과 신뢰관계로 전환시키기 위해 '법률적 제도적 장치를 정비'하기로 합의하면서 국가보안법 개폐 문제를 둘러싼 논란이 또다시 뜨거워졌다. 정부는 해설 자료를 통해 "보안법 등 법률적 제도적 장치 개선 문제는 상호 신뢰를 통해 접근, 남북 관계 발전을 통해 자연스럽게 해결토록 노력키로 했다"고 설명했다. 이와 관련 김만복 국정원장은 "국가보안법과 노동당 규약 개정이 맞물려서 상호 동시에 개정되어야 한다"는 뜻이라고 하였다.[39]

북한은 그동안 노동당 규약 문제는 거론하지 않은 채 남한의 국가보안법 폐지를 요구해 왔으므로 정부는 국가보안법과 노동당 규약 문제가 주요 의제로 부상하면 남북의 평화와 번영이라는 정상회담의 큰 방향을 훼손할 우려가 있다며 북측을 설득한 것으로 전해졌다. 결국 남북정상 선언문에서 국가보안법과 노동당 규약 개폐 문제는 명시적으로 거론되지 않고, '법률적 제도적 장치의 정비'한다고 포괄적으로 표현하였다.[40]

---

39 "국가보안법 · 노동당규약 동시에 개정돼야", 「한국일보」 2007. 10. 9.

이념적 명분보다 실리를 앞세우자는 데 뜻을 같이한 결과로 풀이된다.

15년 만에 재개된 남북 총리회담(2007. 10. 14)에서도 북측 단장인 김영일 내각총리는 국가보안법 철폐, 한미 합동군사훈련 중단 등 이른바 '근본문제'를 제기한 것으로 전해졌다.[41]

2008년 2월 한나라당의 이명박 정부가 들어서면서 국가보안법 개폐 논의는 중단된 상태이다.[42] 그러나 2008년 5월에는 유엔 인권이사회 회의에서 미국 대표가 국가보안법의 남용을 막기 위한 개정을 권고하였고, 한국 정부는 제출한 보고서를 통해 국가보안법의 개정 또는 폐지 여부에 관해 국가적 컨센서스를 얻고자 계속 노력할 것'이라 답변하였다.[43]

2008년 11월 30일 국가보안법폐지국민연대는 6,278명의 서명이 담긴 성명서를 내고 "이제 야만의 시대를 끝내야 한다"고 했다. "반공이란 명분 앞에 국가보안법이 지배하는 야만의 시대에 인간의 양심·자유·민주주의는 유린될 수밖에 없었다"면서 "유엔으로부터 국가보안법 폐지 권고를 거듭 받아왔음에도 정부와 국회는 국가보안법의 털끝 하나도 건드리려 하지 않는다"고 비판했다. 국제앰네스티도 같은 날 성명을 내고 "반국가행위와 간첩행위가 구체적으로 정의되지도 않고 표현 및 집회의 자유를 행사하는 사람들에게 임의적으로 적용되고 있다"면서 국가보안법 폐지 혹은 근본적 개정을 권고했다.[44]

2008년 12월 1일로 국가보안법이 생긴 지 60년이 되었다. 그동안

---

40 "국가보안법개폐 논란 다시 거세질 듯", 「국민일보」 2007. 10. 5.
41 "北, 국가보안법철폐 등 다시 주장", 「동아일보」 2007. 11. 15.
42 "금산분리·국가보안법 등 신당 – 한나라 정반대", 「국민일보」 2007. 11. 16
43 "미, 유엔서 한국에 국가보안법개정 권고", 「연합뉴스」 2008. 5. 8.
44 같은 글.

(1961년~2008년 2월) 1만 4000여 명이 국가보안법 위반으로 기소됐다. '반(反)국가활동'이라는 애매모호한 규정에 들어맞는 죄목이 많았기 때문이다. 이들 중에는 체포 영장도 없이 끌려가 죽도록 얻어맞고, 불법 구금을 당하고, 있지도 않은 자백을 강요받은 사람도 무수하였다.[45]

그동안 국가보안법은 다음과 같은 문제점이 있는 것으로 지적되어 왔다.[46]

(1) 무엇보다도 국가보안법은 "대한민국은 통일을 지향하며 자유민주주의적 기본 질서에 입각한 평화적 통일정책을 수립하고 이를 추진"한다는 헌법 제4조의 통일조항에 위배되며, 평화통일에 걸림돌이 된다. 그리고 남북기본합의서(1991. 12. 13) 이후 북한은 주적(主敵)이 아니라 동반자이므로 북한을 적으로 규정하는 국가보안법은 존립 기반이 사라지게 된 것이다. 남북기본합의서 역시 "남과 북은 상대방의 체제를 인정하고 존중한다"(제1조), "남과 북은 상대방의 내정문제에 간섭하지 아니한다"(제2조), "남과 북은 상대방을 파괴, 전복하는 일체 행위를 하지 아니한다"(제4조)라고 선언하였기 때문이다.

(2) 국가보안법은 북한을 반국가단체로 규정한다. 그러나 남북기본

---

45 "국가보안법 60주년. '봄이 왔으면 국가보안법이란 겨울외투 벗어야'.「서울신문」2008. 12. 2.
46 변동명. "제1공화국 초기의 국가보안법제정과 개정".「민주주의와 인권」제7권 1호(2007. 4). 85. 121; 문채규.「국가보안법폐지 후 형법보완론」의 구체적 내용에 대한 형법 이론적 분석".「법학연구」제47권 제2호(2007. 2). 251. 273; 김학성. "국가보안법폐지논쟁 소고",「강원법학」제19권(2004. 12). 23. 42; 배성인, "남북 관계발전과 국가보안법폐지".「진보평론」제21호(2004. 9), 177. 203; 정행철. "북한 형법과 국가보안법의 비교",「통일전략」창간호(2001. 12). 399. 430; 양승규. 국가보안법과 신앙인".「사목」제269호(2001. 6). 16. 25; 김민배, "국가보안법. 반공법과 한국인권 50년",「역사비평」46호(1999. 3). 41. 56; 한인섭. "국가보안법폐지의 당위성과 절박성".「창작과비평」78호(1992. 12). 255. 264.

합의서(1991. 12. 13)는 "정치군사적 대결상태를 해소하여 민족적 화해를 이룩하고, 무력에 의한 침략과 충돌을 막고 긴장 완화와 평화를 보장하며, 다각적인 교류·협력을 실현하여 민족 공동의 이익과 번영을 도모하며, 쌍방 사이의 관계가 나라와 나라 사이의 관계가 아닌 통일을 지향하는 과정에서 잠정적으로 형성되는 특수 관계라는 것을 인정하고 평화통일을 성취하기 위한 공동의 노력을 경주할 것을 다짐"[47]하였다.

1995년부터 「국방백서」에 북한을 주적(主敵)으로 표현하기 시작하였으나 2000년 6월 남북정상회담 이후 발간된 「국방백서」는 논란이 된 국방목표의 주적 표현을 삭제하였다.[48] 이명박 정부에 들어선 후 국회에서 주적 표현에 관한 질의가 있었으나, "국방백서의 표현 기조"를 바꾸지 않겠다고 하였다.[49] 그러나 2010년 3월 26일 천안함 사태 이후 6년 만에 북한을 주적으로 재규정하도록 이명박 대통령이 지시하였다.[50]

북한 정권의 성격에 대해 헌법재판소는 "현 단계에 있어서 북한은 조국의 평화적 통일을 위한 대화와 협력의 동반자인 동시에 대남적화노선을 고수하면서 우리 자유민주주의 체제의 전복을 획책하는 반국가단체라는 성격도 함께 갖고 있음이 엄연한 현실"이라고 하였다(헌재결 1993. 7. 29.; 헌재결 1997. 1. 16). 이처럼 헌법재판소는 북한을 이중적 성격을 지닌 것으로 규정하였으나 '대화와 협력의 동반자'를 더 강조하

47 이 책 부록 3의 "남북사이의 화해와 불가침 및 교류협력에 관한 합의서(남북기본합의서, 1991)" 참조.
48 김주삼. "남북한평화공존과 남한 내부의 갈등해소 방안", 233, 234.
49 "野 '비핵개방 3000 즉시폐기' 興 '北 굴복요구에 강경대응'", 「한국일보」 2008. 7. 22.
50 "'北=주적' 6년만에 부활", 「서울신문」 2010. 5. 26.

였고, 북한은 남한에 위해를 끼치는 반국가단체가 아니라 위해를 가하는 행위를 할 경우에만 반국가단체가 되는 것으로 규정하였다. 그러나 국가보안법은 북한을 전적으로 반국가단체로 규정하고 있다. 이는 헌법재판소의 결의와 상치되는 것으로 통일 기본법의 본질적인 부분을 침해한다.[51]

(3) 국가보안법은 남북교류협력에 관한 법률과 상치된다. 2005년 12월 8일 제정된 남북교류협력에 관한 법률에 의하면 "남한과 북한과의 왕래·교역·협력사업 및 통신역무의 제공 등 남북 교류와 협력을 목적으로 하는 행위에 관하여 정당하다고 인정되는 범위 안에서 다른 법률에 우선하여 이 법을 규정한다"고 명시하고 있다.[52] 따라서 국가보안법 5조의 자진지원와 금품수수, 6조의 잠입 탈출, 7조의 찬양 고무, 8조의 회합통신, 9조 편의제공 등은 남북교류협력법과 상치한다.

(4) 국가보안법은 집권세력의 정권 유지를 위해 악용되어 왔다. 국가보안법은 제정초기부터 평화통일을 지향하는 진보세력이나 합리적 자유주의세력을 제거하기 위한 정치 탄압과 인권 탄압의 도구로 사용된 사례가 빈번하였다. 이승만 정권이 국가보안법을 제정한 1946년 한 해에만 11만 8621명이 검거 입건되고, 132개 정당 사회단체가 해산되었다.[53] 박정희 정권의 인혁당사건(1964년), 동백림사건(1967), 통일혁명당사건(1968년)에서 그 사례를 찾아볼 수 있다. 인혁당 사건은 1975년 4월 8일 사형 확정 후 다음 날 새벽에 관련자 8명이 모두 사형 집행되었

---

51 김인회, "국가보안법위헌성에 대한 고찰 – 국가보안법의 반통일성을 중심으로", 「통일시론」 8호(2000. 10), 119.
52 "남북 관계 발전에 관한 법률 국회 통과", 「한국일보」 2005. 12. 9.
53 배성인, "남북 관계발전과 국가보안법폐지", 「진보평론」 제21호(2004. 9), 182.

으나 최근 그들의 무죄가 밝혀지기도 하였다. 통일신학자인 박순경 교수는 1991년 7월 9일(화)～12일(금) '제2회 조국의 평화통일과 선교에 관한 기독인 동경회의'의 주제 강연에서 "조국의 자주적 통일을 위해서 북한사회의 민족적 자립을 뒷받침해 온 것으로 알려지는 주체사상에 대해 기독교적 입장에서 비판적 검토가 필요하다"고 강연한 내용이 문제가 되어 국가보안법위반 혐의로 구속되기도 하였다.[54]

(5) 국가보안법은 헌법상 보장된 기본권을 본질적으로 훼손한다. 국가보안법 제7조의 찬양고무죄나 제10조의 불고지죄는 인간의 기본적인 권리로서 헌법이 보장하는 양심의 자유와 언론 출판 학문 예술 등 표현의 자유를 침해하여 국가 안보에 도움이 되기는커녕 인권과 민주주의를 질식시켜 국가의 기초를 흔드는 것이라는 지적이다. 국가보안법이 없어도 실제로 공산당이 결성될 경우 헌법 제8조 제4항의 정당해산 조항으로 규제할 수 있기 때문이다.

(6) 국가보안법은 처벌 규정이 불명확하여 죄형법정주의에 위배된다. 그리고 법조문 자체가 "기타의 표현, 기타의 방법" 등으로 표현되어 있어 그 해석 적용에서도 광범위한 유추해석이 이루어져 왔던 것이다. 실제로 많은 진보적인 저서들이 이적표현물로 규정되었고 국가보안법 적용 사례 90%가 "국가변란을 선정 선동할 목적으로 이적표현물을 취득 소지했다"는 국가보안법 제7조 1, 5항의 위반으로 판결되었다.[55]

(7) 국가보안법은 타 형벌법규와의 중복으로 인한 존치실익이 없다. 국가보안법이 규정하고 있는 대부분의 조항은 이미 형법이나 기타 형사

54 박순경, 『통일신학의 고통과 승리』(서울, 한울, 1997).
55 배성인, "남북 관계 발전과 국가보안법 폐지", 196.

특별법규와 중복되어 있다. 제7조 1항의 찬양·고무·동조죄를 제외하면 3조의 반국가단체 구성·가입·예비음모, 4조의 목적수행, 5조의 자진지원 금품수수, 8조의 회합통신, 9조의 편의제공, 10조의 불고지죄는 모든 일반 형법과 중복되는 조항이 대부분이라는 것이다.[56]

(8) 국가보안법은 국제사회가 철폐 권고하는 반민주악법이다. 유엔 인권이사회 등 국제 인권 관련 단체가 남한의 국가보안법이 인권 침해를 부추긴다는 이유로 철폐를 권고 결의하였다. 1992년 유엔 인권이사회 보고서는 국가보안법의 점진적 폐지를 권고하였고, 1995년에도 재차 국가보안법 폐지를 권고하였다. 1998년 말에도 두 차례에 걸쳐 국가보안법 위반자를 처벌하자 유엔인권규약을 위반한 것이라는 통보를 한 바 있다.[57]

(9) 국가보안법은 남북 대립의 냉전시대의 산물이다. 이데올로기의 종식 또는 수렴을 지향하는 탈냉전시대에 맞지 않다. 최근의 남북한 경제력과 군사력을 비교해 볼 때 국가보안법을 폐지한다고 하여 대한민국의 국가 안보에 문제가 생기는 것이 아니기 때문이다. 그럼에도 불구하고 여전히 분단 상황이므로, 존치가 꼭 필요하다는 측과 형법 등으로 대체가 가능하므로 폐지해야 한다는 측의 의견이 팽팽하게 맞서 아직도 그 결론을 내지 못하고 있는 실정이다.

---

56 같은 책, 194. 자세한 비교 도표 참고.
57 같은 책, 200, 201.

3
북한인권법의
쟁점

1) 국제사회의 북한인권법 제정의 배경

북한인권법 역시 남북 갈등뿐 아니라 남남 갈등의 요인이 되어 왔다. 2003년 여름 재향군인회를 비롯한 보수적인 단체 등이 북한의 인권을 주장하면서 북한의 인공기와 김정일 위원장의 초상화를 불태운 것이다. 같은 장소에서 입장을 달리하는 한총련을 비롯한 진보적인 단체 등은 미국의 성조기와 부시 대통령의 초상화를 불태우며 북한의 인권을 문제 삼은 미국을 성토하였다.[58]

북한의 식량 문제 등으로 탈북자들이 속출하자 탈북자의 정치적 망명 및 난민 수용을 명분으로 미국이 2004년 10월 18일 최초로 북한인권법을 제정하였다.[59] 미국의 북한인권법이 북한 주민의 인권보호, 북한 주민에 대한 인도적 지원, 북한 난민 보호를 명분으로 내세우지만, 그 핵심

---

58 허호익, "좌파든 우파든, 진보든 보수든 진실해야", 「목회자신문」 2003. 9. 24.
59 우승지, "북한 인권문제 연구의 쟁점과 과제", 「국제정치논총」 제46집 3호(2006. 9), 203.
　① 북한 내 기본적 인권의 존중과 보호, ② 탈북자들의 곤경에 대한 지속적 인도적 해결책 추진, ③ 대북 인도적 지원의 투명성, 접근성, 감사성 향상, ④ 북한 내외로의 자유로운 정보 흐름 촉진, ⑤ 민주적인 정부 체제하에서 한반도의 평화적 통일 가속화를 목표로 내세우고 있다.

은 사실상 탈북을 유도 지원하고 궁극적으로 북한의 붕괴를 부추긴다는 지적을 받고 있다.[60]

유엔인권위원회는 2005년 4월 11일 '조선민주주의인민공화국의 체계적이고, 광범위하며, 중대한 인권 침해에 관한 지속적인 보고에 대해 깊은 우려를 표명'한 "북한인권결의안"을 채택하였다. 노무현 정부는 유엔인권위원회의 대북 인권결의안 표결에 기권하였다. 이에 반발한 한나라당은 2005년 4월 15일 북한 인권 개선을 촉구, 지원하기 위해 '북한 주민의 인권증진 지원 법안'을 비롯해 '4대 북한인권법 제·개정안'[61]을 임시국회에서 처리하기로 함으로써 북한인권법에 대한 찬반 논란이 일어났다.

일본 의회 역시 북한인권법안을 2006년 6월 13일과 16일 각각 중의원과 참의원에서 통과시켰다.[62] 유럽연합(EU) 의회도 2006년 6월 15일 북한 인권에 대한 결의안을 통과시켰다.

2008년 9월말로 시효가 만료되는 미국의 '북한인권법'을 2012년까지 연장하는 '북한인권법 재승인 법안'이 2008년 4월 30일 하원 외교위원회에서 처리됐다. '북한인권법 재승인 법안'은 북한 인권대사에게 향후 국무부 내 북한 인권과 인도주의 업무를 조정하는 권한을 부여했다.

---

60 정용욱. "국가보안법폐지와 북한인권법 제정의 시대정신", 「역사와현실」 제54권(2004. 12), 6.
61 "한나라, 4대 북한인권법안 이달 처리", 「세계일보」 2005. 4. 16. 4대 북한 인권법안은 ① 국군포로 대우 관련 법률 개정안. ② 북한 이탈주민의 보호 및 정착 지원 법률 개정안. ③ 납북자 귀환 및 지원에 관한 법률 제정안. ④ 북한 주민의 인권증진 지원법 제정안이다.
62 "국제사회의 거듭되는 北인권 경고", 「문화일보」 2006. 6. 17. 미국의 NGO인 난민·이민 위원회가 발표한 '2006년도 국제 난민조사' 보고서는 중국 내 탈북자가 5만여 명에 이르고, 지난 한 해만 5000명이 강제 북송됐다고 전하고 있다.

하지만 탈북자 문제에 대해서는 정책 수립과 이행에만 참여토록 권한을 제한했다. 북한인권대사는 재미동포의 북한 내 이산가족 상봉 및 북한의 종교 탄압 중단, 식량 안전 및 공중 보건 문제 등을 다루게 하였다. 이 법안은 북한 인권 및 민주주의 지원 프로그램에 대한 지원 규모를 200만 달러로 낮췄다.[63]

2008년 11월 21일 이명박 정부가 처음으로 공동제안국으로 참여한 '북한인권 결의안'이 제63차 유엔총회 제3위원회에서 찬성 95, 반대 24, 기권 62표로 가결됐다. 북측은 11월 12일 이미 한국이 공동제안국으로 나선 데 대해 "절대로 용납할 수 없는 반민족적, 반통일적 망동"이라며 판문점 적십자연락대표부를 폐쇄하고 판문점을 경유한 모든 남북 직통전화 통로를 단절한다고 선포한 바 있다.[64]

2) 남한의 북한인권법의 쟁점

이명박 정부 시절 국회 외교통상통일위원회에서 2010년 2월 11일 남한 단독의 '북한인권법'을 의결하여 국회에 상정하였다. 이 법은 "북한 주민의 인권 증진에 기여함을 목적으로 한다"고 되어 있다. 법 내용 가운데 특히 정치적 논란이 되는 것은 '북한인권재단' 설립이다. 재단 설립은 전체 20개 조항 가운데 5개 조항이 관련 조항일 정도로 법에서 차지하는 비중이 압도적이다. 이 재단은 북한 인권과 관련한 ① 실태조사·연구,

---

63 "美하원 '북한인권법' 4년 연장", 「경향신문」 2008. 9. 24. 북한인권법 적용 시한이 연기됨에 따라 탈북자들의 추가 미국 정착이 가능해졌는데, 미국은 북한인권법에 따라 2006년 5월 이후 63명의 탈북자를 받아들였다.
64 "UN 북한 인권 결의안 '한국정부' 찬성", 「프라임경제」 2009. 11. 20.

② 정책대안 개발 및 대정부 정책 건의, ③ 시민단체 지원, ④ 홍보·교육·출판 보급, ⑤ 국제적 교류·협력 등 활동 범위가 광범위하다.

남한의 '북한인권법'에 대해서도 '북한 주민의 인권증진 기여'라는 입법 취지와 달리 '불순한 정치적 의도'가 있다는 여러 비판이 제기되었다. 특히 표결에 불참한 민주당은 이 법을 '반북한주민법', '대북 인도적 지원 금지법', '뉴라이트 지원법'으로 규정했다.[65] 이명박 정부가 제안하여 상정된 '북한 인권법'의 관해 제기된 문제점을 살펴보면 다음과 같다.

(1) '민간단체의 활동에 필요한 경비 보조'(15조 1항)는 "인권 자체에는 무관심한 소위 '북한인권단체'들의 정치적 활동에 대한 자금지원 조항"이라는 비판과 함께 "대북 삐라(전단)·풍선 살포 단체들을 지원하기 위한 '뉴라이트지원법'이라는 지적을 받고 있다.

(2) 대북 인도적 지원 단체·기관의 역할 조정권을 통일부 장관에게 부여한 조항(8조 4항)은 민간의 자율적 대북 지원 활동을 제한하는 월권이라는 비판이다. 통일부 장관의 대북조정권은 북한 주민에 대한 지원 물품의 전달·분배 등과 관련해 엄격한 제한을 함으로써 사실상 인도적 지원을 어렵게 했다. 인도적 지원 물자의 군사전용을 막는다고 하지만, 결과적으로 인도적 지원을 제한해 오히려 북한 주민의 생존권을 위협할 수 있다. 나아가 이런 제한을 민간단체 지원에도 적용하도록 한 것은 전반적인 남북 교류·협력을 막으려는 의도가 있는 것으로 볼 수밖에 없다는 비판이다.[66] 실제로 정부는 2010년 2월에 불교신자 4000명의 금강산 방문을 불허하는 등 남북 교류협력에 있어서 민간의 참여를 '정

---

65 "외통위 '북한인권법' 의결", 「한겨레」 2010. 2. 12.
66 "남북 갈등만 키울 북한인권법", 「한겨레」 2010. 2. 12.

부 우선 정책'이라는 미명하에 차단하였기 때문이다.[67]

(3) 북한인권법이 북한에 대한 내정간섭이라는 비판도 만만치 않았다. 10.4 남북정상선언(2007)에서 "남과 북은 내부문제에 간섭하지 않으며 남북 관계 문제들을 화해와 협력, 통일에 부합되게 해결"[68]해 나가기로 하였기 때문이다. 그리고 "경제적 교류가 많은 아랍 지역에서 아직도 참수를 하는데 우리가 (아랍) 인권과 관련된 법을 만들었습니까?"[69]라는 반문도 제기되었다. 양무진 교수는 "북한 인권에 문제가 있지만, 남북이 서로 불신하는 현재 상태에서 인권 문제를 제기하는 것은 시기상조"라며 "법안이 북한을 자극함으로써 남북 관계를 악화시킬 수 있다"고 지적하였다.[70]

흔히 인권 침해국에 제재와 압박을 가하지만, 그렇게 해서 인권 개선이 이루어진 예는 거의 없다. 실제로 제재에 초점을 둔 미·일의 북한인권법 역시 북한 인권 개선에 별 도움을 주지 못하고 있음은 주지의 사실이다. 적대관계에서 인권 압력에 순응하는 국가가 없기 때문이다. 외부세계가 북한 인권을 개선시키는 것은 쉬운 일이 아니라는 지적이다.

그동안 이명박 정부는 대북 인도적 지원을 거부하고, 남북 관계를 경색시켰다. 그 때문에 북한 식량 사정이 악화되어 굶주리는 이는 늘어났고, 개혁·개방에 대한 북한당국의 경계심은 강화되었다. 결코 북한 인권 개선을 위해 좋은 일이 아니다. 인권 개선은 적대가 아닌, 대북지원, 남북화해와 협력의

---

67 "정부, 불교신자 4천명 방북 '불허' 논란", 「뷰스앤뉴스」 2010. 2. 19.
68 이 책 부록 "7. 남북 관계 발전과 평화번영 선언(10.4선언, 2007)" 전문을 참고할 것.
69 "'북한인권법 제정' 주장은 내정간섭으로 비춰질 것", 「경향신문」 2009. 4. 9.
70 "말 많은 '북한인권법' 외통위 통과", 「경향신문」 2010. 2. 12.

강화, 상대 존중을 전제로 한 인권 대화의 방식을 통해 북한의 변화를 유도함으로써 북한이 스스로 인권을 개선하는 게 대외관계 개선에 도움이 된다고 여기도록 해야 한다.[71]

(4) 북한인권법이 반북단체를 지원하는 등 정치적으로 악용될 소지가 많다는 주장이다. 북한인권법안은 북한의 인권 문제는 해결하지 못하면서 남한의 보수층의 지지는 결집시키는 이념법으로 남한 내부의 정치용이라는 의심이 든다는 것이다. 그리고 "북한 인권 개선과 반북 활동이 구별되지 않는 활동을 해온 특정 이념 단체를 후원하는 결과만 낳을 가능성이 있다. 북한인권법은 대북 적대 수단으로써 역효과를 낼 가능성이 크다"는 비판이다.[72]

(5) 무엇보다도 북한인권법은 북한의 즉각적인 반발을 불러일으켰다. 북한 내각 기관지 「민주조선」이 2010년 1월 21일 한나라당을 가리켜 "그들은 집권 후 '인권' 문제를 북남관계를 악화시키는 도구로 써먹고 있다"며, "이것은 우리 군대와 인민에 대한 로골적인 대결선언, 전쟁선언"이라고 강조했다. 「민주조선」은 또 용산참사와 PD수첩 광우병 보도관련 재판 등을 거론하면서 "세계 최악의 인권유린자들인 보수패당은 애당초 그 누구의 '인권'에 대해 운운할 자격도 명분도 없다"며 인권법 통과에 대해 "신성한 우리 제도, 우리 인민의 값 높은 존엄과 인권을 함부로 걸고들며 모독하는 대결광신자들은 절대로 무사할 수 없으며 반드시 값비싼 대가를 치르게 될 것"이라고 경고했다.[73]

---

71 "북한인권법안은 실효성 없는 이념법", 「경향신문」 2010. 2. 13.
72 같은 글.

한국기독교교회협의회(KNCC)가 2005년 12월 1일 개최한 '북한인
권법 대토론회'에서 정태욱 교수는 "서구사회는 개인주의에 기초한 자
유주의적 인권관을 가지고 있는 반면 북한은 집단주의에 기초한 사회주
의적 인권관을 가지고 있어 중대한 차이를 보인다"며, "국제사회가 북
한의 전통과 제도를 존중하면서 인권 개선을 기대해야 한다"고 밝혔다.
그는 "정상과 비정상이라는 접근은 인권에 가장 치명적일 수 있다"며,
"타국의 존엄과 자율을 해치거나 무시하지 않은 미국 카터 전 대통령의
인권외교정신으로 되돌아가야 한다"고 강조했다. 그리고 미국이 만든
북한인권법의 조항을 설명한 뒤, "북한 인권 개입 방식이 정권에 대한
공격과 체제 교란, 혹은 국제적 제재의 근거를 만드는 정치적 운동으로
변질돼서는 곤란하다"고 비판했다.[74]

북한 인권 문제를 다루는 실효적인 방법에 대해서는 서독 교회의 전
례를 참고할 필요가 있다. 서독 교회는 동독의 인권 문제와 관련하여
이중적인 정책을 사용했다. 내정간섭을 회피하기 위해 표면적으로는
화해 정책을 강조하면서 비밀협상을 통해 인권 개선을 위하여 특별한
노력을 기울임으로써 동독 주민의 인권 문제가 개선되도록 노력하였
다.[75]

민족의 통일과 평화에 대한 한국기독교회선언(88선언)에서는 "남북
한 양측은 체제나 이념의 반대자들이 자기의 양심과 신앙에 따라서 자
유롭게 비판할 수 있도록 최대한 허용하여야 하며, 세계인권선언과 유

---

73 "北신문, '北인권법' 통과에 '값비싼 대가 치를 것'," 「뉴시스」 2010. 2. 21.
74 "KNCC 북한인권법 대토론회, '北체제 존중 단계적 접근을'," 「국민일보」 2005. 12. 3.
75 황홍렬, "한반도에서 나눔과 평화를 위한 교회의 과제", 「평화와선교」 2집(2004. 11),
    198.

엔인권협정을 준수해야 한다"[76]는 사실을 분명히 하였다. 남한이나 북한도 통일에 앞서 신앙과 양심의 자유가 보장되는 세계 수준의 인권 국가를 이루어야 한다는 점에서 남한이나 북한도 예외가 아닌 것이다.

북한의 특수한 정치현실을 백번 이해한다 해도 북한은 '조선민주주의인민공화국'이라는 국호에 걸맞은 민주주의의 기본 가치인 자유와 인권과 생존권을 신장하는 방향으로 나아가야 한다. 민주주의 국가에서 3대에 걸쳐 통치의 실권자가 세습되는 나라는 전 세계 어디에도 없다는 점도 비판받아야 할 것이다. 통일을 위해서 북한 경제의 연착륙과 더불어 북한 민주주의도 신장되어야 한다. 어쨌든 '북한인권법'이 남북 관계의 갈등의 요인으로 통일의 장애로 작용하고 있는 것이 안타까운 현실이다.

---

[76] 이 책 부록의 "2. 민족의 통일과 평화에 대한 한국기독교회선언(88선언)" 전문 참조.

4
대북 경제지원과
통일 비용의 쟁점

1) 대북 경제지원의 쟁점

김대중·노무현 정부가 10년 간의 햇볕정책을 통해 대북 경제지원 즉, 북한에 퍼주기를 한 결과 돌아온 것은 핵무기와 미사일밖에 없다고 주장하는 정부 여당이나 보수적인 여론이 없지 않다. 이런 주장에 대해 정세현 전 통일부 장관은 '햇볕 자금'이 군사용으로 전용됐다는 '오래된 거짓말은 이제 그만'하자면서 그 증거를 몇 가지 제시하였다.

(1) 무엇보다도 시기적으로 북한은 이미 1960년대부터 중거리 미사일을 개발한 사실을 지적하였다. 1998년 남한이 햇볕정책에 따라 경제적 지원이 시작되기 훨씬 이전인 1983년에 이미 미사일을 개발하여 실험을 한 바 있고, 1998년에는 발사한 사거리 1650km 미사일 개발을 착수한 것도 1960년대부터라고 한다.

(2) 남한의 대북지원자금액과 북한의 미사일과 핵무기 개발 비용을 비교 제시한 후 양자가 아무런 인과관계가 없다는 사실도 밝혔다.[77] 햇볕

---

77 "北 경제구조 모르고 '핵·미사일 개발 비용' 논하지 마라", 「프레시안」 2009. 7. 7. 아래 내용은 주로 이 글을 요약한 것이다.

정책 기간 동안 대북지원 총액은 37억 3000달러 정도로서 우리 돈으로 3조 7000억 원 정도인데 그중에 순수 현금 지원만 따지면 아래의 ②와 ③을 합쳐 약 10억 달러 즉 1조 원이다. 그중에서 ②의 관광 대가는 관광객이 지불한 것이고, 이외의 개성공단 임금은 입주회사가 북한 노동자에게 노동 대가로 지불한 것이다.

① 1999년부터 2005년까지 6~7년 총 20억 달러어치 현물 지원.

② 1998년부터 2008까지 현대아산이 금강산 관광 대금으로 북쪽에 준 돈이 10여 년간 총 4억 8600만 달러.

③ 2005년 개성공단의 7대 대북사업을 독점 개발하는 권리를 보장받으려고 지불한 선수금 4억 5000만 달러.

④ 2005년부터 2007년까지 개성공단 1단계 100만 평에 기반시설 공사비 미화로 7억 329만 달러.[78]

북한이 1993년 이후 총 50발 정도의 마사일 시험 발사하였고 그 비용은 총 14~15억 달러 정도라고 한다.[79] 따라서 북한은 대북지원금이 아니더라도 미사일 발사 실험을 할 수 있는 국가라는 것이다.

(3) 북한이 2009년에 미사일을 쏘는 데 든 비용 3억 달러만 가지면 식량 100만 톤을 사다 먹을 수 있었다는 주장이 있지만, 북한은 과거부터 식량을 외국에서 사오지 않았다고 한다. 부족한 식량은 어차피 중국

---

[78] 같은 글.

[79] 1993년 5월과 1998년 8월 31일 중거리 미사일을 쏘았고, 2005년에 1발. 2006년엔 3월과 7월에 총 9발, 2007년에 7발. 2008년에 18발, 2009년 18발 발사하였다.

이나 소련, WFP(세계식량계획)나 미국, 심지어 1995년에는 일본 같은 데서 무상으로 지원받아 왔기 때문이다.

(4) 미국의 대북지원을 문제 삼기도 하지만 북한이 미사일을 수출하지 않는 대가로 지불한 안보비용이다. 북한이 1960년대부터 중거리 미사일을 개발한 것은 국방력 강화와 더불어 무기 수출을 통해 경제적 이득을 추구하기 위한 것이다. 1998년 중거리 미사일을 발사한 후 미국은 2000년 10월 북미 미사일 협상을 통해 미사일 수출 중단과 시험 발사 중지를 조건으로 5억 달러의 식량을 지원한 것이다.

(5) 북한이 각종 대북 지원액을 미사일이나 핵 개발에 사용할 수 없는 것은 북한에는 군수경제만 전담하는 제2경제위원회가 따로 있기 때문이라고 한다. 금강산 관광 대금 9억 3000만 달러 정도를 받은 기관은 조선민족경제협력연합회나 아태평화위원회이며 인민경제를 통해 번 돈을 인민경제를 위해 사용하는 원칙을 지켜 오고 있다는 것이다.

(6) 반공 이념에 젖어 있는 보수적인 기성세대는 대북지원을 북한에 퍼주기라고만 생각할 뿐 장기적 투자이거나 통일 비용 절감 방안이라는 생각을 하지 못하고 있다. 임현진 교수는 북한에 대한 경제지원이 장기적으로는 통일 비용을 절감하는 효과가 크다는 점을 지적하였다. 예를 들면 "북한 어린이에 대한 식량 지원은 장기적으로 볼 때 절실히 필요한 통일 비용 절감 방안"이 된다. 왜냐하면 유아기의 건강이 중장년기의 의료비 부담을 격감하기 때문이다.

(7) 대북 경제지원이 남북 간의 긴장관계로 인한 '분단 비용'을 줄이는 '평화 비용'이라는 사실이다. 현대경제연구원은 "남북 관계 평가와 개선 과제-주요국 사례와 한국민의 의식조사"라는 보고서를 통해, 1988년 '7.7선언'을 기점으로 남북이 대결을 지양하고 교류문호를 개

방한 이후 남한은 '평화 비용' 3조 9천 800억 원을 지출한 반면, 155조 8천 800억 원의 '분단 비용'을 절약해 결과적으로 약 156조 원의 이익을 얻었다고 추산했다.[80] 보고서는 '대결 시기'의 마지막 해인 1988년의 국내총생산(GDP) 대비 국방비 비중이 4%에 달했을 때를 기준으로 삼아, '화해 모색기'가 시작된 1989년부터 GDP 대비 국방비 비중이 매년 차츰 감소(2.4~3.7%)함에 따라 절감된 국방비가 155조 8천 800억 원이라고 설명했다.[81]

남북 관계는 민족 내부의 특수 관계이므로 통일 이전이라도 민족 간에 서로 돕는 것은 당연한 일이 아닐 수 없다. 6.15 남북공동선언에도 "남북은 경제협력을 통하여 민족경제를 균형적으로 발전"(4조)시키기로 합의하였다. 10.4남북정상선언에서는 "남과 북은 민족경제의 균형적 발전과 공동의 번영을 위해 경제협력사업을 공리공영과 유무상통의 원칙에서 적극 활성화하고 지속적으로 확대 발전"시켜 나가기로 합의하였다.

여기서 말하는 '공리공영과 유무상통의 원칙'은 성서에 나오는 초대교회의 삶의 모습, 즉 "믿는 사람이 다 함께 있어 모든 물건을 서로 통용하고 또 재산과 소유를 팔아 각 사람의 필요에 따라 나눠준"(행 2:44-45) 데서 비롯된 것이다. 한국 기독교는 북한 퍼주기가 '우리 민족 서로 돕기운동'의 일환으로 더욱 확대되어 가도록 적극 노력해야 할 것이다. 이런 의미에서 한국 기독교의 평화통일의 희년선언(1995)에서는 "남북나눔과 더불어 사는 운동"을 다음과 같이 전개할 것으로 선언하였다.

---

80 "평화비용 지출 4조, 분단비용 절감 156조", 「매일경제」 2009. 8. 3.
81 "김성조, 현대경제연구원 보고서 맹비난하며 현대에도 경고", 「뷰스앤뉴스」 2009. 8. 5.

민족의 대단결을 이루고 동질성을 회복하는 데는 신뢰와 교류가 필요하며, 이를 구체적으로 실현하는 길은 서로가 가진 것을 지적으로나, 물질적으로, 또한 정신적으로 함께 나누는 데 있다. 앞으로 함께 살며 서로 배우고 닮는 통일의 길을 모색해야 할 남과 북의 동포들은 지금부터 더불어 사는 일에 힘쓰고 고통을 분담하는 정신과 습성을 기르는 것이 중요하다. 장차에는 전 국민적인 나눔 운동이 일어나야 하겠지만, 이러한 일에는 교회가 누구보다 먼저 나서서 섬기는 자세로 실천해야 한다. 서로 나누는 일은 조건이 없는 순수한 동포애를 바탕으로 해야 하고 그것을 통해 우리가 더불어 살아가는 데 대한 신뢰가 쌓여 가도록 해야 할 것이다.[82]

2) 통일 비용에 관한 쟁점

남한의 경제 성장의 전망도 불투명하고 국가 부채[83]는 증가하고 있는 상황에서 엄청난 통일 비용을 마련할 수 있겠느냐는 것이 통일과 관련한 또 다른 쟁점이다.

2010년 국회 예산결산위원회에 따르면 남북 관계에 급격한 변동이 오게 되면 최소 8000억 달러(937조 원), 최대 1조 3000억 달러(1523조 원)의 통일 비용이 들어가는 것으로 추산하였다. 우리나라의 연간 GDP

---

82 이 책 부록 "5. 1995 평화와 통일의 희년선언" 전문을 참고할 것.
83 "국가부채 407兆 → 584兆, 올해 전망치·GDP의 52%", 「조선일보」 2010. 2. 9. 우리나라의 국가 부채는 2010년 사상 처음으로 400조 원을 넘어서게 된다. 407조 2,000억 원으로 GDP의 36.1%를 차지한다는 것이 정부의 예상이다. 미국(85%, 2009년 기준), 일본(219%)에 비하면 걱정할 수준은 아니다. 하지만 국가 부채의 증가 속도가 너무 빠르다는 것은 문제다. 외환위기 직후인 1998년 93조 6,000억 원을 기준점으로 보면 2010년까지 12년 만에 4.4배나 늘어났다.

(2009년 약 1050조 원)와 맞먹거나 그보다 더 많은 수치이다.[84]

기획재정부 관계자는 "독일의 경우 동·서독 간 소득격차가 3배"에 그쳤지만, "남·북한의 격차는 38배에 달해 재정 부담이 엄청날 것"이라고 하였다. 서독과 동독의 인구 비율이 4:1이었지만, 남북은 2:1이다. 독일의 경우 서독 사람 4명이 당시 사회주의 국가 중 가장 잘살던 동독인 1명을 먹여 살리면 됐지만, 우리의 경우 남한 주민 2명이 세계 최빈국 주민 1명을 먹여 살려야 하는 셈이다. 서독과 동독의 인구와 경제 격차보다 남한과 북한의 인구와 경제 격차가 훨씬 크기 때문에 통일 비용이 더욱 많이 소요될 것으로 예상된다.[85]

독일의 경우 지난 20년 동안 1조 3000억 유로, 우리 돈으로 약 2260조 원의 통일 비용이 들어갔다는 연구 결과가 있다. 이는 2008년 독일 국내총생산(GDP)의 50% 정도에 해당하는 규모이다. 20년 동안 연간 GDP의 2~3%, 많아야 3~4%의 통일 비용이 들어갔지만, 그보다 많은 수익이 돌아온 것으로 보아야 할 것이다. 그러나 독일 「슈테른」지의 설문 조사(2009. 9)에 의하면 응답자의 70~80%는 통일에 대해 대체로 만족하거나 최소한 불만은 없다고 하였다. 그것은 아마도 통일 때문에 안게 된 부담보다 편익이 더 컸기 때문일 것으로 분석된다.[86]

서독이 지난 20년 동안 매년 GDP의 4%를 통일 비용으로 투입하였다면, 한국은 14.15%를 투입해야 한다는 계산이 제시되기도 하지만 이

---

84 "국가부채 407兆 → 584兆, 올해 전망치·GDP의 52%", 「조선일보」 2010. 2. 9.
85 "통일 비용 예상보다 5배 가까이 더 들어", 「조선일보」 2009. 11. 9. 독일 정부가 1989년 베를린 장벽 붕괴 이후 2008년까지 20년간 이른바 '통일 비용'으로 지출한 돈은 최소 1조 2000억 유로(2160조 원)에 이르는 것으로 추정된다. 이는 장벽붕괴 당시 예상됐던 1조 마르크(약 475조 원)의 약 4.5배에 해당하는 거액이다.
86 정세현, "통일은 남는 장사다", 「프레시안」 2009. 11. 9.

는 통일 비용에서 편익 비용을 빼지 않은 과장된 통계라는 지적이다.[87] 서독과 동독의 경우는 분단으로 인해 발생하는 비용이 극소하였기 때문에 한국의 통일 비용은 분단 비용을 제외한 순수 비용으로 계상하여야 할 것이다.

조동호 교수는 이제까지의 통일 비용 추정 계산은 통일의 편익 비용을 고려하지 않고 총비용(total cost)만 언급함으로써, 실제로 통일 비용을 과다 추정한 결과 일반 국민들에게 통일 비용에 대한 부담감을 가중시킨 점이 없지 않다고 지적하였다. 통일의 경제적 편익은 분단 유지 비용과 경제 통합에 따른 편익으로 구분된다. 분단 유지 비용에는 남북한 모두의 체제 유지를 위한 막대한 군비 지출과 안보 비용과 남북 관계 긴장에 따른 위기관리 비용 등이 포함되고, 경제 통합에 따른 편익은 시장의 확대로 인한 경제 규모 실현, 남북한 생산요소 및 산업구조의 유기적 결합, 국토 이용 및 환경 보전의 효율성 증대, 중국·러시아 등과의 교역 증대 및 물류비용 절감으로 이루어진다. 그 외에도 이산가족 문제 해결, 북한 주민의 인권 신장과 같은 비경제적인 편익과 국제적 위상 제고, 전쟁 위험 해소와 같은 정치적 편익도 모두 통일을 통해 얻을 수 있는 통일 편익에 포함된다.[88] 그는 "통일 비용보다 분단 고착 비용이 훨씬 많이 든다"고 하였다.[89]

무엇보다도 통일이 되면 군비 축소와 내수 시장 및 대륙 교역 확대라는 엄청난 부가 가치를 창출할 수 있다. 이명박 대통령이 인정한 것처럼

87 같은 글, 독일 경제가 감당했던 것(4%)에 비하면 2.5배의 부담이다.
88 진희관, "통일편익은 통일 비용을 상쇄시킨다".「통일한국」1997년 7월호, 97-98.
89 "한국해양대 첫 릴레이 특강 정세현 전 통일부 장관".「부산일보」2010. 3. 12.

"북한의 150만 군대, 한국의 60만 군대 등 남북한이 양쪽에서 쓰고 있는 국방비를 절약할 수 있다면, 남북한 국민의 삶의 질이 굉장히 높아질 수" 있기 때문이다.[90] 남한의 5천만과 북한 2천만 인구가 결합될 경우 1억에 육박하는 내수 시장이 형성되어 한국 경제가 세계로 도약하는 새로운 발판이 될 수 있다. 아울러 북한을 통과하는 도로와 철로가 연결되면 섬 아닌 섬으로 살아온 남한의 활동 영역이 유라시아 대륙으로 연결되는 엄청난 경제적 효과를 누릴 수 있는 것이다.[91] 남북 교류를 통해 남한의 교역 범위를 동북아 지역으로 확대할 수 있는 엄청난 기회비용을 확보하게 되는 것이다.

신창민 교수는 우선 통일을 하면 GDP가 연간 11.25% 고도성장을 계속할 수 있다고 전망하였다. 통일 편익(11.25%)에서 순통일 비용(1.35~2.55%)을 빼면 매년 GDP의 8.7~9.9% 순성장이 가능하다고 하였다. 통일 편익(11.25%)에서 통일 투자 비용(6.0~6.9%)을 빼는 방식으로 계산하더라도 매년 GDP의 4.35~5.25%가 순성장하게 되니까 통일 비용은 남는 장사라는 것이다.

(A) 통일 비용: 연간 GDP의 6.0~6.9%

(B) 분단 비용: 연간 GDP의 4.35~4.65%

(C) 순통일 비용: (A)-(B) = 연간 GDP의 1.35~2.55%

(D) 통일 편익: 통일 시 연 11.25% 성장

(E) 순성장: (D)-(C) = 8.7~9.9%

---

90 "MB의 통일관·북핵 해법, '생활수준差 큰 현재 통일은 南北 모두 불행' 인식", 「문화일보」 2009. 9. 22.
91 주봉호, "이명박 정부 대북정책의 방향과 과제", 22.

* 통일 편익(D)에서 통일 비용(A)만 빼는 방식으로 계산해도 (D)－(A)
 ＝ 4.35～5.25% 성장.[92]

이 외에도 통일이 되면 개성공단의 경우처럼 월급 60달러에 공장부지 평당 15만 원이라는 저임금과 저지대(地代)의 경제 인프라를 확보할 수 있기 때문에, 남한 경제 성장의 새로운 동력을 확보할 수 있게 된다. 국내에서 노동집약적으로 생존하다가 한계에 처한 기업들이 북쪽으로 갈 수 있을 것이기 때문이다. 남북 경제공동체가 하나로 통합되면 7000만 명이 넘는 내수 시장의 확충이 가능하므로 규모의 경제라는 측면에서 국제 경쟁력을 높일 수 있는 것이다. "남쪽은 하이테크, 북쪽은 노동집약적 산업을 발전시키면 최근의 중국처럼 고속성장도 가능"하다는 전망이다. 정세현 전 통일부 장관은 북한의 토지만 제대로 이용해도 남한의 토지 비용을 상쇄하고도 남을 것이라며 경제적 측면만 보아도 통일은 한 마디로 "남는 장사"라고 하였다.[93]

안종범 교수는 "고령화나 통일 비용 등 재정에 부담이 될 수 있는 사항들에 대한 철저한 사전 대비가 필요하다"고 한다.[94] 통일 비용은 통일 이후 남북 경제 통합 과정에서 발생하는 대량 실업에 대한 보상과 고용

92 정세현, "통일은 남는 장사다", 「프레시안」 2009. 11. 9.
93 같은 글.
94 "한반도 통일비용 30년간 최소 2300조 원(남한 국민 1인당 4600만 원꼴) 필요", 「조선일보」 2010. 1. 5. 피터 벡(Beck) 미 스탠퍼드 대학 아시아·태평양센터 연구원은 2010년 1월 4일 월스트리트저널 기고에서 "북한의 소득을 남한의 80% 수준까지 끌어올리려면 향후 30년 동안 2조～5조 달러(약 2300조～5800조 원)의 비용이 들 것"이라고 분석했다. 이는 남한 국민 1인당 4만～10만 달러(약 4600만～1억 1500만 원)의 통일 비용을 분담해야 한다는 의미다.

대책 비용, 북한의 노후 산업시설 대체와 신규 시설투자 비용, 공공자금, 직업훈련 등에 소용되는 직접 비용 이외에 사회간접 시설 건설 비용을 포함하는 의료복지 비용 등에 소요되는 간접 비용으로 구분된다. 이러한 통일 비용에 필요한 재원 중 민간 부분을 제외한 공공 부분의 통일 비용은 남북협력기금, 국제국호기금, 부담금, 채권발행, 조세 등으로 충당할 수 있다.[95]

이처럼 흡수통일은 일시적으로 엄청난 비용을 부담해야 하므로 남북의 경제 격차를 장기간에 점차적으로 해소하는 과정에서 3통 확대를 통한 연방제나 연합제 통일이 현실적이라 할 수 있다. 독일은 동독이 무너지면서 흡수 방식을 쓸 수밖에 없었지만, 남북은 교류협력하면서 경제공동체를 만들어 나가는 방식을 채택해야 한다.

남북 관계와 관련하여 잘못된 프레임 중 하나가 "통일을 하면 북한만 덕을 본다"는 것이다. 통일비용이 만만치 않으므로 "통일이 밥 먹여 주나"라는 냉소적인 시각도 없지 않다. 그런데 "통일이 밥 먹여 준다"는 법륜 스님의 글이 눈에 들어 왔다.

앞으로 밥을 제대로 먹기 위해서는 통일을 해야 합니다. 통일이 안 되면 잘 먹고사는 문제에서 더이상 돌파구가 없습니다. 세계 강대국들과의 경쟁에서 인구나 영토의 기본 크기가 비교가 안 되니까요. 이것을 극복해나가려면 첫 단계가 남북통일이고, 다음 단계가 동북아 공동체 건설입니다. 통일을 하면 영토가 21만 제곱킬로미터, 인구가 한 7천만 명 정도 되죠. 강대국

---

95 권은경, "통일비용 및 재원조달방안", 「국토」, 1998년 1월호(통권195호), 1998. 1, 48-57; 전상 · 강지원 · 원진실, "통일에 대비한 한국의 통일비용 재원조달방안에 관한 논의", 「한 · 독사회과학논총」 제17권 제3호(2007. 12), 9-44.

은 아니더라도 자주권을 가지고 영향력을 행사할 수 있는 중강국은 되는 거죠. 거기다가 북한 개발이라는 특수는 남북통합 경제의 크고 작은 시너지 효과를 가져와 경제성장의 정체 국면을 벗어날 수 있습니다. 그러면 고구려 발해 멸망 이후 1000여 년 만에 우리가 다시 동북아 지역의 중심국가로 일어설 수가 있죠.[96]

최근 김을동 새누리당 의원이 국회입법조사처로부터 제출받은 자료에 따르면 북한의 개발경쟁력이 있는 지하 광물 자원은 약 20여 종으로 그 가치를 금액으로 환산하면 6천986조 원이라고 한다. 이는 남한의 지하자원 잠재가치 319조 원의 약 22배에 달하는 엄청난 규모다. 또한 미국 지질자원조사국의 조사에 따르면 북한의 주요 광물은 석탄, 구리, 금, 흑연, 마그네사이트, 아연 등으로 이중 마그네사이트(40억t)는 세계 2위, 흑연(200만t)은 세계 3위, 중석(16만t)은 세계 6위 수준이 매장돼 있다는 것이다.[97]

반면에 남한의 경우 공기업 부채가 5년 만에 두 배로 늘어 400조 원이고, 가계·기업·정부 부채 총액이 3,800조 원으로서 GDP의 3배 육박한다고 한다. 남한은 경제가 발전하였다고 하지만 성장 잠재력이 고갈되어 각종 부채만 늘어나고 있으며, 지하자원이 부족하고 고령화와 저출산으로 그나마 인적 자원이 고갈되어 가고 내수 시장이 줄어들고 있다. 따라서 북한과의 통일만이 값싼 노동력과 엄청난 지하자원을 확보하고 아울러 내수시장을 확충하여 경제가 새롭게 도약할 수 있는 발판이 될

---

96 법륜, 『새로운 백년- 가슴을 뛰게 하는 통일이야기』(서울: 오마이북, 2012), 73
97 허호익, "통일이 밥 먹여 주나? 그럴 수 있다", 「뉴스파워」 2013.9.25.

수 있다.

북한은 지하지원이 6986조원이고 우리는 부채가 3800조원이다. 그동안 '우리의 소원은 통일'이라고 노래했지만, 이제는 '우리의 살 길은 통일'이라고 노래하여야 할 것 같다.

한국기독교교회협의회의 '88선언'은 북한이 국내외적으로 겪고 있는 경제적 어려움의 원인을 다음과 같이 분석한다. 북한이 "동구권의 해체와 변화로 우방과 시장을 잃어버렸으며, 교역의 감소로 원유와 식량, 생활필수품의 수급에 타격을 입고" 있으며, 자본주의 세계와의 교역이 자유로운 것도 아니며, 미국의 대북 수출입 제한은 그대로 살아 있는 상황에서 "남북 대결과 긴장으로 엄청난 군사비를 부담"해야 하는 처지에 놓여 있다는 것이다. 따라서 이러한 북한의 어려운 경제 상황을 해결하기 위해 평화체제를 구축하고 북한의 경제 발전에 협력하고 북한이 외교적 고립 상태에서 벗어나도록 지원하여야 한다고 선언한 것이다.

그래서 오늘의 상황 속에서 남북의 평화체제를 실현하는 길은, 남한과 비교해 상대적으로 어려움에 처한 북조선의 안전과 평화를 보장해 주고, 경제 발전에 협력하며, 변화된 세계질서 속에서 고립되지 않고 세계 여러 나라들과 선린과 교역 관계를 맺을 수 있도록 도와주는 데 있다고 믿는다. 동북아시아의 공동안보 체제를 이룩하기 위해서도 북조선이 조속한 시일 내에 미국, 일본과 수교를 맺는 것이 필요하며, 남북이 함께 주변 강대국들과 평화와 우호의 관계에 들어가는 것이 바람직하다.[98]

---

[98] 이 책 부록 "5. 1995 평화와 통일의 희년선언" 전문 참조.

독일 통일을 이루는 과정에서 서독 교회의 경제적 지원이 중요한 역할을 하였다. 서독 교회는 자체 재원과 헌금 그리고 서독 정부가 위탁한 정부 예산을 통해 동부 주민과 교회를 지원하였다. 1957년부터 1990년까지 개신교의 현물 지원이 약 18억 마르크였고, 구교의 현물 지원액은 5~10억 마르크였다.[99] 한국 교회는 독일 교회의 사례를 본받아 보다 적극적으로 북한 교회와 북한 주민을 지원하는 일에 앞장서야 할 것이다.

---

99 황홍렬, "한반도에서 나눔과 평화를 위한 교회의 과제", 「평화와 선교」 2집(2004. 11), 198.

5
북핵 위기와
한반도 비핵화의 쟁점

1) 북한의 핵 개발과 북핵 위기

북한은 이미 1955년 북한과학원에 원자 및 핵물리학연구소를 설치하였고, 1956년 소련과 원자력 평화적이용협정을 체결하였으며, 1962년 영변 원자력연구소와 김일성 종합대학 등에 핵무기 연구소를 설치하였다. 북한은 1974년 9월 국제원자력기구(IAEA)에 가입하고, 1977년 9월에는 IRT, 2000원자로에 대해 IAEA와 '부분적 핵안전조치협정'을 체결한 후 정기사찰을 받아 왔다. 북한이 1980년 7월 '주체사상'을 내세우며 자체 기술로 영변 연구단지 내에 5MW원자로 건설에 착수한 사실이 알려졌다. 미국이 구소련을 설득하여 북한으로 하여금 1985년에 핵확산금지조약(NPT)에 가입하게 했음에도 불구하고, 북한이 IAEA의 완전한 사찰을 막아 '핵폭탄 제조·실험'의 의혹을 받게 되었다.[100]

　　1989년 북한은 영변의 5MW원자로를 이용하여 80g 정도의 소량의 플루토늄을 생산하였다고 주장함으로써 북한의 핵 개발이 국제적 이슈

---

[100] 3조 4항이 규정한 '18개월 내 IAEA와 전면적 핵안전조치협정' 체결 의무를 이행하지 않았다.

가 되기 시작하였다. 북한은 1991년 12월 남한에 있는 미군 핵무기의 존재 여부를 검증하기 위한 사찰이 동시에 진행되어야 한다는 조건하에 국제원자력기구의 핵안전협정에 서명하겠다고 밝혔다. 이러한 요구에 따라 미국은 냉전 시기 동안에는 주한미군의 전술핵무기 보유에 대해 확인도 부인(NCND)도 하지 않았으나, 1991년 12월에 주한미군의 핵무기가 한국 내에 부재함을 밝혔다.[101] 이를 바탕으로 1992년 남북한이 '한반도비핵화 공동선언'[102]을 발표하였다.

1. 남과 북은 핵무기의 시험·제조·생산·접수·보유·저장·배비·사용을 하지 아니한다.
2. 남과 북은 핵에너지를 오직 평화적 목적에만 이용한다.
3. 남과 북은 핵재처리시설과 우라늄농축시설을 보유하지 아니한다.
4. 남과 북은 한반도의 비핵화를 검증하기 위하여 상대측이 선정하고 쌍방이 합의하는 대상들에 대하여 남북핵통제 공동위원회가 규정하는 절차와 방법으로 사찰을 실시한다.

(1) 1차 북핵 위기

1차 북핵 위기라 함은 북한이 핵확산금지조약(NPT) 탈퇴를 선언한 1993년 3월 12일부터 북한과 미국 사이의 제네바 합의가 이루어진 1994년 10월 21일까지의 시기를 말한다.

---

101 윤정원, "오바마 정부 출범 이후 북핵문제와 우리의 대응책", 「전략연구」 제46호(2009. 7), 134.
102 이 책 부록의 "4. 한반도비핵화 공동선언(1992)" 전문을 참고할 것.

북한은 1992년 1월 20일에 합의한 한반도비핵화 공동선언에도 불구하고 북한군 총참모부의 핵·화학방위국은 핵전쟁에 대비한 전술교리를 발전시켜 온 것으로 알려졌다.[103] 1992년 초 북한 지도부는 미국에 대해 수교만 해 준다면 주한미군 철수를 요구하지 않겠으며, 통일 뒤에도 주한미군은 조선 반도에 남아 있을 수 있다는 새로운 입장을 제시하였다. 이에 대해 부시(George Bush) 당시 대통령은 동구권 공산국가들의 붕괴를 보면서 북한의 붕괴도 시간문제라는 확신하에 북한의 요구를 거절하였다.

북미 수교가 거절되었지만 북한은 1993년 1월 30일 핵안전협정에 서명하고 북한의 핵시설에 대한 최초 보고서를 제출한다. 그러나 이 보고서에서 북한은 영변 지역 내에 있는 2개의 시설을 신고하지 않았고 이에 대한 IAEA의 특별사찰 요구를 거부했다. 1993년 3월 12일 북한은 핵확산금지조약[104]을 탈퇴할 것이라 위협함으로써 1차 북핵 위기가 조성된 것이다.

1994년 북미 간의 북핵 문제가 대두되었을 때 북한은 영변 원자로의 가동을 중지시키고 8000개의 핵연료봉을 인출하였다. 이것을 재처리하면 4~5개의 핵폭탄을 제조할 수 있는 것으로 알려졌다.[105] 1994년 10월 21일 북핵 위기를 풀기 위해 북미 수교와 경수로 제공 등 에너지 지원을 약속한 북미 간의 제네바 합의가 체결되었다. 주요 내용은 다음

---

103 "〈北핵실험〉 軍. 핵전 대비태세 점검 착수", 「연합뉴스」 2006. 10. 11.
104 '핵무기 확산방지조약'(Treaty on the Non. Proliferation of Nuclear Weapons)은 핵보유국이 핵무기, 기폭장치, 그 관리를 제3국에 이양하는 것과 비핵보유국이 핵보유국으로부터 핵무기를 수령하거나 자체 개발하는 것을 막기 위한 조약으로 1968년 워싱턴. 런던. 모스크바에서 각각 조인했으며, 1970년 3월 5일 발효됐다.
105 박준영. "북한의 핵무기와 미사일 개발정책". 218.

과 같다.

- 미국은 미국이 북조선에 대해 위협과 핵무기 사용을 안 한다는 공식적 약속을 한다.
- 북조선은 한반도비핵화선언을 시행할 조처를 시작한다.
- 북조선은 핵확산방지협약에 잔류한다.
- 국제원자력기구는 특히 동결되지 않은 시설들에 대한 통상적인 감시를 재개한다.
- 현재 있는 사용된 핵연료봉은 저장된 후 궁극적으로는 폐기된다. 북조선에서 재처리되면 안 된다.
- 경수로 부품을 운송하기 전에 북조선은 국제원자력기구에 대한 안전에 완전히 동의한다.[106]

제네바 핵 합의는 미국이 주관하고 한국과 일본이 주요 비용을 부담하여 1,000MW 경수로 2기를 2003년까지 북한에 건설해 주고 그때까지 중유를 제공하는 대가로 북한은 현재와 장래의 핵을 동결하며, 경수로 핵심 부품 설치와 동시에 과거 핵에 대한 사찰을 받겠다는 내용이었다.[107]

2001년 2월 공화당의 부시 정부가 출범하면서 연두교서에서 이란, 이라크, 북한을 지칭하여 '악의 축'으로 규정하였다. 그동안의 북미 합의

---

106 "제네바 합의", http://ko.wikipedia.org.
107 이명수, "북핵문제와 우리 정부의 대응 - 노무현, 이명박 정부의 북핵정책 비교연구", 339.

를 백지화시키고 '선 핵 폐기-후 대화' 노선을 견지하는 대북 강경정책으로 선회하였다. 북한은 '핵 포기와 불가침 조약의 동시 교환'이라는 선까지 후퇴하였으나, 미국의 압박정책과 북한의 벼랑 끝 전술로 서로 대립하면서 북핵 문제는 다시금 위기 국면으로 접어들었다.

미국이 2002년 11월 15일 한반도에너지 기구(KEDO) 집행이사회를 통해 북미 제네바 합의(1994) 사항인 2003년까지 건설하기로 한 경수로 공사를 중지하고 대북 중유공급 중단을 결정하였다.

(2) 2차 북핵 위기

노무현 정부와 중국의 적극적인 노력으로 북핵 문제를 평화적으로 해결하기 위해 주변 관련국이 포함된 6자 회담이 2003년 8월 27일 처음으로 개최되었다. 북한은 2003년 12월 22일 핵동결 해제를 선언과 더불어 핵확산금지조약(NPT) 탈퇴를 선언함으로써 2차 북핵 위기가 시작된 것이다.[108]

1차 북핵 위기 와중인 1994년 6월 미국은 북한의 영변 등 핵시설을 토마호크 크루즈 미사일과 에프-117 스텔스 전투기를 이용해 정밀 폭격하는 구체적 계획인 '작계 5026'을 세웠으나 실행에 옮기지는 않았다.[109] 2차 북핵 위기 직후인 2003년 12월 말 작성된 '작계 5027-04'는 한반도에서 전면전이 발생했을 때를 대비한 한미연합사 작전 계획으로 작전 목적에 '북한 정권 제거' 등이 포함되었다는 사실이 알려졌다.[110]

---

[108] 이명수, "북핵문제와 우리 정부의 대응 - 노무현, 이명박 정부의 북핵정책 비교연구", 340.

[109] "MB정부 '북한붕괴론' 무색하게 만든 김정일의 건재", 「오마이뉴스」 2009. 8. 7.

[110] "북한정권 제거 명시 작전계획 5027 공개", 「매일경제」 2005. 10. 11.

2005년 10월 권영길 의원은 국회 대정부 질문에서 "미국의 대북 모의 핵투하 훈련이 작계 5027에 따라 진행됐는데도 이를 순수한 방어계획 이라고 할 수 있는가"라고 문제를 제기한 바 있다.[111]

2004년 2차 6자 회담(2. 25.-28)과 3차 6자 회담(6. 23.-26)이 열렸 으나 미국은 북핵과 관련하여 '완전하고 검증가능하며 돌이킬 수 없는 폐기'(CVID)[112]라는 원칙을 고수하였다. 북한은 미국이 대북 적대시 정 책을 포기할 경우 핵 폐기에 응할 수 있다는 기존 주장을 바꾸지 않아 북핵 문제의 돌파구를 마련하지 못했다.

2005년 북한은 6자 회담의 무기 연기와 함께 '핵 보유 선언'(2. 10)을 발표하였으나 미국은 북한의 핵무기 보유를 인정하지 않았다.[113]

노무현 정부의 통일부는 2006년 6월 17일 경수로 대신 200만KW 규 모의 전력 지원안을 통해, 미국의 대북경수로 제공 반대와 북한의 에너 지 지원 요구에 대한 중재안을 제시하는 등 북미 대화를 주선하였다. 그 결과 극적으로 한반도 비핵화를 선언한 9.19공동성명(2006)을 6자 회담에서 합의하게 되는데 그 주요 내용은 다음과 같다.

- 조선민주주의인민공화국은 모든 핵무기와 현존 핵계획들을 포기하며 멀지 않은 시기에 핵무기전파방지조약에 복귀하고 국제원자력기구와 의 담보협정을 리행할 것을 공약하였다.

---

111 "통일외교 현안 여야 시각차 확연", 「내일신문」 2005. 10. 25.
112 Complete Verifiable and Irreversible Dismantlement.
113 "힐러리 '북한은 핵무기 보유국', 미국, 북한을 핵보유국으로 암묵적 인정?", 「뉴스앤뉴스」 2010. 4. 1. 오바마 대통령도 2009년 6월 워싱턴에서 열린 한미정상회담에서 "북한을 핵보유국으로 인정할 수 없다"고 말했다.

- 미합중국은 조선반도에 자기의 핵무기가 없으며 핵 또는 상용무기로 조선민주주의인민공화국을 공격하거나 침공할 의사가 없다는 것을 확언하였다.
- 대한민국은 자기의 령토 내에 핵무기가 존재하지 않음을 확인하면서 1992년 조선반도비핵화에 관한 공동선언에 따라 핵무기를 접수하거나 대비하지 않겠다는 공약을 재확언하였다.[114]

노무현 정부가 6자 회담에서 미·북 대화의 촉진자(facilitator)로서 의미 있는 역할을 수행하여 9.19공동성명을 이끌어 낸 것은, 원만한 남북 관계를 토대로 형성된 대북 영향력과 한미공조를 잘 연결시킨 결과이다. 그동안 북한과의 교류협력과 대북지원의 동력을 형성하여 온 김대중 정부와 노무현 정부의 '북핵 문제 해결과 남북 관계 개선 병행 정책'의 결과라고 평가할 수 있다.[115]

제5차 6자 회담이 2005년 11월 9일 개최되었으나, 미국의 대북 금융 제제 문제로 무산되고 북한은 2006년 7월 5일 북한이 대포동 2호 미사일을 시험 발사하였고, 2006년 10월 9일 풍계리 핵실험장에서의 핵 실험이 성공했다고 공식 발표함으로써 2차 북핵 위기가 증폭되었다.

2006년 10월 27일 미 「워싱턴포스트」의 군사 전문 칼럼니스트 윌리엄 아킨은 한미연합사령부는 핵시설에 대한 대북 선제공격이 가능한 '작계 5029'를 수립하는 데 합의했다고 밝혔다. 그러나 '작계 5029'의

---

114 편집부, "6자회담 9.19공동성명(국. 영문)", 「통일문제연구」 19권 1호(2007. 5), 357-361.
115 정세현, "'북핵 우선' MB 대북정책이 오히려 핵무장 재촉한다", 「프레시안」 2009. 10. 22.

실행 주체인 버웰 벨 한미연합사령관 겸 주한미군사령관은 10월 30일 기자회견에서 "한미연합사는 어떤 선제공격 계획도 갖고 있지 않다"고 부인했다.[116] 이러한 부인에도 불구하고 평화와 통일을 여는 사람들, 평화통일 시민연대, 통일연대, 전국민중연대 등 네 단체 회원들은 "작계 5029-05에는 5가지 상황 중 하나만 발생해도 북한에 대한 군사적 개입을 할 수 있도록 규정돼 있다"고 전한 뒤 "이는 대북 선제공격 계획이자 외부에서의 공격을 방어한다는 한미상호조약 위반"이라고 주장했다.[117]

2차 북핵 위기를 타개하기 위한 노력으로 2007년 2월 13일 5차 6자회담이 진행되어 '2.13합의'를 통해 다음 사안들을 구체적으로 합의했다.

- 북한은 영변 핵시설을 폐쇄·봉인하고 IAEA와의 합의에 따라 모든 필요한 감시 및 검증 활동을 수행하기 위해 IAEA 요원을 복귀토록 초청한다.
- 참가국들은 중유 5만 톤 상당의 긴급 에너지 지원의 최초 운송은 60일 이내에 개시된다.
- 모든 현존하는 핵시설의 불능화를 포함하는 다음 단계 기간 중, 북한은 최초 선적분인 중유 5만 톤 상당의 지원을 포함한 중유 100만 톤 상당의 경제·에너지·인도적 지원이 제공된다.

2007년 7월 14일 2.13합의 첫 단계 이행조치로 북한에 전달하기로 한 중유 5만 톤 가운데 6,200톤이 북한에 도착하였고, 몇 시간 뒤 북한이

---

116 "잇따라 제기되는 대북 선제공격설", 「한겨레」 2006. 11. 6.
117 "시민단체, 용산기지 앞에서 '작계 5029-05' 폐기 촉구", 「오마이뉴스」 2005. 4. 18.

영변 플루토늄 원자로 폐쇄를 발표하였다. 이어서 국제원자력기구 (IAEA)의 사찰단이 평양에 방문하였다. 8월 17일 북핵 6자 회담 비핵화 실무그룹 회의에서 북측은 농축우라늄프로그램(UEP) 의혹에 대한 대응 조치를 밝히지 않아 추후 회의를 기약하였다. 이와 별도로 IAEA는 영변 4개 원자로 및 건설 중인 것으로 알려졌던 태천의 200MW 원자로가 폐쇄된 것을 확인했다고 발표하였다. 9월 2일 북·미는 UEP를 포함해 연내 북핵 전면 불능화에 합의하였다. 10월 3일에는 9.19공동성명 이행을 위한 제2단계 조치 즉, 핵 불능화 및 핵 프로그램 신고를 같은 해 말까지 이행키로 합의(10.3합의)하였다. 이와 더불어 미국의 북한 테러지원국 및 적성교역국 적용 해제 개시와 북·일 관계 정상화, 대북 경제·에너지 지원 등을 합의하였다.

2008년 5월 8일 북한은 미국에 1만 9000여 쪽의 핵 신고 관련 서류를 제출하였고, 5월 26일 89억 달러 상당 대북 설비·자재 3차 분이 제공되었다. 6월 26일 북한은 중국에 핵 프로그램 신고서를 제출하였고, 6월 27일 영변 원자로 냉각탑을 폭파하였다. 7월 4일 북 외무성은 "테러지원국 명단 삭제 조치가 아직 발효되지 않았다"며 6자 회담 참가국에 10.3합의 의무 이행을 촉구하였다.[118] 8월 7일 곤잘로 갈레고스 미 국무부 부대변인은 테러지원국 해제 전 "강력한 검증 체계를 확보"해야 한다고 강조하였다. 8월 11일 로버트 우드 미 국무부 부대변인 "북한이 강력한 핵 검증 체제에 합의하기 전엔 테러지원국 지정을 해제하지 않을

---

[118] 7월 24일 콘돌리자 라이스 미 국무장관, 싱가포르 기자간담회서 "45일간의 의회 통보기간은 최소한의 통보기간"이라며 테러지원국 지정 해제의 발효가 늦춰질 수 있음을 시사하였다.

것"이라고 확인하였다. 이에 대해 8월 26일 북 외무성 대변인은 테러지원국 해제 연기가 10.3합의 위반이라며 '대응조치'로 영변 핵시설 불능화 중단과 원상복구를 고려한다는 입장을 발표하였다. 10월 11일 미 국무부는 북한의 테러지원국 지정을 해제한다고 발표함으로써 2차 북핵 위기가 어느 정도 해소될 기미를 보였다.

(3) 3차 북핵 위기

2009년 1월 오바마 정부 출범 이후 북한은 북·미 간의 양자 대화를 원했지만 국제사회는 유엔 안보리 의장성명이라는 보다 강력한 대북 제재안을 내놓았다. 북핵 문제와 관련하여 핵 폐기 선언, 핵 불능화, 핵 완전 폐기라는 3단계 중 2007년 10.3합의를 통해 2단계까지 비핵화가 진전되었음에도 불구하고 미국이 강경책으로 돌아섬으로써 북핵 문제는 다시 원점으로 돌아가고 만 것이다.

마침내 북한은 핵 불능화 중지를 선언하고 2009년 4월 5일에는 장거리 로켓 발사로 미사일 발사 능력의 진전을 과시한 후, 5월 25일 2차 핵실험을 하고 이어서 동해상으로 미사일을 발사하였다.[119] 그리고 26일 또다시 동해상으로 미사일을 발사함으로 3차 북핵 위기가 또다시 한반도의 긴장을 고조시켰다.

---

119 "북 2차 핵실험, '폭발력' 1차 실험의 15배 이상", 「한겨레」 2009. 5. 26. 북한이 25일 오전 함경북도 길주군 풍계리에서 전격 실시한 2차 핵실험의 위력은 1차 때를 15~30배 가량 능가할 것으로 전문가들은 잠정 추계했다. 한국지질자원연구원이 이날 오전 9시 54분께 감지한 길주군 지역의 지진파는 리히터 규모 4.4에 이른다. 미국 지질조사국(USGS)도 같은 시각 북한 김책시 북서쪽 75km 지점에서 규모 4.7의 지진파를 탐지했다고 「시엔엔」이 보도했다.

2) 북한의 핵 개발 의도와 한반도 비핵화의 쟁점

북핵 문제의 본질을 이해하려면 북한이 핵무기를 개발하게 된 역사적 배경과 의도를 살펴보아야 한다. 문제도 많고 탈도 많은 북한의 핵무기 개발은 미국의 핵무기 남한 배치와 상관관계가 깊다고 보아야 한다.

한국전쟁 시 미국이 핵무기 사용을 검토[120]했다는 사실이 알려지면서 북한도 핵무기 개발의 필요성을 느끼고 1955년 북한 과학원에 원자 및 핵물리학연구소를 설치하였다. 1959년 주한미군이 전술핵무기를 배치하고 있다는 사실이 알려진 이후, 1965년에는 소형 연구용 원자로(IRT, 2000)를 소련에서 도입하였다. 그리고 1967년 김일성은 "우리도 원자탄을 생산하게 되었다. … 미국이 원자탄을 사용하면 우리도 사용할 수 있다"는 사실을 언급하였다.

1975년 베트남이 공산화된 후 미 국방장관 슐레진저는 한국에 다량의 전술핵무기가 배치되어 있다는 사실을 다시 한번 상기시키고 "만일 북한이 한국을 공격한다면 미국은 북한에 핵무기를 사용할 것이다"고 선언하였다.[121] 이에 북한은 1980년 7월 자체 기술로 영변 연구단지 내에 5MW원자로 건설하였다.

미국은 1988년 칼(KAL)기 폭파사건을 이유로 북한을 테러지원국으로 지정하였다. 테러지원국에 대해서는 1) 무기 수출 금지, 2) 테러에 사용될 수 있는 이중용도품목 수출 통제, 3) 대외원조 금지, 4) 무역

---

120 윤정원, "오바마 정부 출범 이후 북핵문제와 우리의 대응책", 133.
121 박준영, "북한의 핵무기와 미사일 개발정책", 「국제정치논총」 제39집 1호(1999. 9), 217.

제재 등 크게 네 가지의 제재조치를 취함과 동시에 미국이 주도하는 세계통화기금(IMF), 세계은행 등 국제금융기관이 금융지원을 하지 못하도록 규정하였다.[122]

1990년에 접어들면서 북한은 한편으로는 대외관계 개선을 전방위적으로 모색하면서 동시에 핵 개발을 반공개적으로 추진하는 양면성을 지닌 움직임을 보였다. 당시 북한이 처한 상황에서는 핵 개발이 일종의 합리성을 지닌 선택이라고도 할 수 있다. 북한의 핵 개발의 여러 동기에 대해서는 다음과 같이 주장되어 왔다.

> 북한의 핵 개발의 동기를 살펴보면, 비재래식 무기에 대한 군사적 우위 지속 유지, 북한체제의 생존과 안전을 위한 담보 수단 확보, 한미 안보협력 관계를 약화시키기 위한 대미협상 수단으로 활용, 외교협상에서 위협적 협상 카드로 활용해 상대방의 양보 극대화, 김정일의 대내적 리더십과 통치력 강화, '주체', '선군', '강성대국' 등의 통치이데올로기의 대한 정책적 구현, 북한에 유리한 한반도 통일정세 조성의 지렛대로 활용, 핵관련 수출에 의한 경제적 이익 증진 등 매우 다양하다.[123]

미국은 냉전시기 동안에는 주한미군의 전술핵무기 보유에 대해 확인도 부인(NCND)도 하지 않았다. 그러다가 1991년 12월에 주한미군의 핵무기가 한국 내에 부재함을 밝힘과 동시에 한국에 핵우산을 제공할

---

122 이철기, "테러지원국 북한의 선택은", 「통일한국」 제214호(2001. 10), 19-21.
123 윤정원, "오바마 정부 출범 이후 북핵문제와 우리의 대응책", 「전략연구」 제46호(2009. 7), 114.

것을 약속하여 왔다.[124] 이런 변화된 상황에서 북한 지도부는 1992년 1월 20일 미국을 향해 북미 수교를 요구하였지만 부시(George Herbert Walker Bush) 당시 대통령이 이를 거절했다. 북미 수교 요구를 거절당한 북한은 국제원자력기구(IAEA)의 북한에 대한 핵사찰만 강화되자 1993년 3월 핵확산금지조약(NPT) 탈퇴를 선언하고 클린턴 정부를 상대로 벼랑 끝 전술을 쓰게 된다. 북핵 위기를 풀기 위해 북미 수교와 경수로 제공 등 에너지 지원을 약속한 북미 간의 제네바 합의(1994. 10. 21)가 체결되어 1차 북핵 위기가 해소된 것이다.

1994년 7월 북한의 최고 지도자 김일성의 사망 이후 북한은 경제난과 체제 위기를 직면하게 되었다. 김일성의 후계자 김정일은 최대 국가목표로서의 공산화 통일보다 최소 목표인 사회주의 체제유지에 주력하는 모습을 보여주었다는 평가이다.[125]

미국이 '제네바 합의'를 이행하지 않는다는 이유로 북한이 2003년 12월 22일 핵동결 해제와 핵확산금지조약(NPT) 탈퇴를 선언하였다. 그리고 2년이 지나 2005년 2월 10일 북한은 '핵 보유'를 공식적으로 발표하였다. 한 나라가 핵보유국이 되는 과정을 다섯 단계를 거친다. 1단계 핵 시설 건설·가동, 2단계 핵 물질 생산, 3단계 핵폭탄 제조·실험, 4단계 핵무기 소형·경량화(무기화), 5단계 핵무기 배치(핵무장)의 순서다.[126] 그런데 북한은 소위 4단계 이상인 핵무기화를 선언한 것이다.

---

124 윤정원, "오바마 정부 출범 이후 북핵문제와 우리의 대응책", 「전략연구」 제46호(2009. 7), 134.
125 이명수, "북핵문제와 우리 정부의 대응 - 노무현, 이명박 정부의 북핵정책 비교연구", 「한국동북아논총」 Vol. 48(2008), 337.
126 정세현, "'북핵 우선' MB 대북정책이 오히려 핵무장 재촉한다", 「프레시안」 2009. 10. 22.

북한 핵보유 여부에 관한 논란이 있지만 북한이 핵 무장을 하려는 의도는 다음과 같이 정리된다.

(1) 무기체계의 향상을 위한 군사적 목적이다. 무엇보다도 미국이 북한의 군사적 도발을 예방하기 위하여 핵무기 사용의 가능성을 비쳤고, 탈냉전 시대에 접어들어 북한으로서는 소련의 핵우산이 소멸되어 미국의 핵 공격에 대항할 억지력을 상실하였다. 한러 수교(1990)와 한중 수교(1992) 이후 러시아와 중국의 군사적 지원에 대한 확신도 사라졌으며, 국제적으로 군사 장비들이 하이테크화하는 과정에서 북한은 재래식 병기의 열세를 만회하기 위한 첨단 무기 구입에 필요한 재정적 기반이 취약하였다. 핵무기와 미사일의 자체 개발의 돌파구를 찾으려고 한 것이다.

(2) 무기체계 개발은 무기 수출을 통한 경제적 이해관계와 관련이 없을 수 없다. 북한의 경우도 핵 개발과 더불어 미사일을 개발하여 경제적 이익을 확대하여 왔다. 북한은 1987년부터 1992년까지 5년간 스커드 C 모델을 이라크, 시리아, 이란, 파키스탄 등 중동 국가에 약 100기를 수출하여 총 5억 달러 수익을 거두었는데, 이는 당시 북한의 연간 총수출액의 50%에 해당하는 금액이다. 미국은 북한의 무기 수출 금지라는 제제 수단과 이에 상응하는 대북 경제지원을 통해 북한의 미사일 개발 및 수출의 저지와 비핵화를 시도하여 왔던 것이다.

(3) 북한은 북핵 위기를 의도적으로 조성하면서 대미 외교의 협상용으로 활용하고 있다. 북한으로서는 연속적인 핵 실험을 통해 핵 무장 능력이 어느 정도인지를 대외에 널리 과시하여 미국과의 대화에 있어서 협상력을 강화하고 남북 관계에 있어 핵 실험을 하나의 주도권을 장악하는 지렛대로 인식한 것으로 보인다. 미국은 북한의 핵 기술 자체도

위협적인 것으로 보지만 북한의 핵 기술이 미국에 적대적인 제3국이나 테러집단에 유출되는 것 또한 미국의 안보에 위협적인 것으로 여긴다. 미국의 이러한 우려를 간파하고 있는 북한으로서는 미국과의 관계 개선과 경제지원의 양보를 얻어 내기 위해 자신의 핵 기술을 벼랑 끝 외교의 효율적인 지렛대로 사용하고 있는 것이다.

(4) 구소련과 동구권의 몰락 그리고 중국의 개방화 이후 북한은 국제적 고립과 김정일의 권력 이행기라는 상황하에서 북한체제의 대내외적 위신을 제고하는 유효한 수단으로 활용한다는 사실이다.[127] 그리고 대내적으로 식량난과 에너지난이라는 경제 위기에도 불구하고 내부 체제 결속 및 권력 구조 재편의 기틀을 마련하고 그들이 목표로 설정해 온 김일성 탄생 100주년이 되는 2012년을 목표로 강성대국을 건설한다는 명분으로 핵실험을 활용하는 것으로 평가된다.[128]

이처럼 북한의 핵 개발이 본격화된 배경에는 북한의 국가 목표가 체제 생존과 유지로 전환되는 과정에서 선군정치를 앞세워 군대를 강화할 필요가 절실하였고, 이러한 상황에서 핵무기 개발을 돌파구로 선택한 것으로 분석된다.[129] 월터 샤프 주한미군 사령관이 2010년 2월 24일 밝힌 것처럼 "김정일의 전략적 목표는 생존과 정권 유지"이므로 "핵무기 프로그램 구축을 추구하는 것도 정권 생존을 확보하기 위한 핵심 전략"이라는 것이다. 그리고 "북한 군부의 의사결정 역할은 더욱 커진 것으로 보이며 재래식, 비대칭군사력(재래식 무기로 상대할 수 없는 핵무기 등 대량

---

127 박준영, "북한의 핵무기와 미사일 개발정책", 228.
128 "북한 핵실험, 전문가 진단", 「서울신문」 2009. 5. 26.
129 이명수, "북핵문제와 우리 정부의 대응 – 노무현, 이명박 정부의 북핵정책 비교연구", 338.

살상무기를 뜻한다)은 여전히 김 위원장의 권력을 보증하는 역할을 하고 있다"고 지적했다.[130]

3차의 걸친 북핵 위기 과정에서 북한이 최초에는 핵 강국인 미국의 적대적인 행위에 대응하고 "국가안보를 튼튼히 하는 데 이용하려고 개발한 핵무기가 이제는 미국과의 협상에서 경제적 이득을 획득하고, 동시에 북한체제의 안전을 보장받으려는 방향으로 전환"[131]되고 있다는 것이 일반적인 평가이다. 자체 방어를 위해 개발하려던 핵무기가 내외의 상황이 급변하면서 그 목적이 바뀌게 된 것이다.

(5) 북한의 핵 무장은 군사적으로 대남 방어용과 공격용의 성격을 동시에 지니고 있다. 남한에 대한 군사적 견제용과 남한의 경제적 지원을 요구하는 명분과 통일 과정에서 북한 주도권을 확보할 수 있는 유리한 수단으로 사용되고 있다는 분석이다.

북한이 핵무기를 개발한 것은 남한을 침공하기 위한 것이라는 주장이 있지만, 북한은 함부로 남한을 공격할 수 없는 상황에 놓여 있다고 보아야 한다. 북한의 악화된 경제 상황으로 전쟁 수행 능력이 현저하게 떨어져 있으며, 러시아와 중국으로부터 군사적 지원을 받지 못하는 상황에서 군사적 도발을 감행하는 것은 자살 행위나 다름없기 때문이다. 박준영은 "북한의 핵무기와 미사일은 북한 자체의 안정과 방위를 위한 최후 보루로서 존재할 뿐이며 남한이나 일본을 침략할 수 있는 수단이 되지 못한다"[132]고 단언한다.

---

130 "샤프 주한미군사령관, 美 의회서 '한반도 증언', 「동아일보」 2010. 3. 26.
131 박준영, "북한의 핵무기와 미사일 개발정책". 227-228.
132 같은 책, 229.

만일 김정일이 남한을 핵무기로 공격한다면, 그것은 "벌이 침을 쏘고 나면, 그 자신도 죽게 되는 것처럼" 북한 정권의 마지막이 되기 쉽다. 왜냐하면 현재 미국은 1만 기에 가까운 핵무기를 보유하고 있는 것으로 알려져 있으며, 남한은 미국의 전술핵무기 우산 아래에 있기 때문이다.[133] 그러므로 북한의 핵무기는 공격적인 성격보다 방어적인 성격이 강하며 북한의 체제 방어와 경제적인 이익의 확보와 그리고 한반도 통일에 이용하려는 도구로 사용할 가능성이 큰 것이다.

역사적으로 어떤 나라도 경제 규모가 38배 가까이 되는 상대국을 침공한 예가 없다는 점에서 북한이 남한을 공격하는 것은 현실성이 낮다고 보아야 한다. 통계를 비교해 보면, 2008년의 북한의 명목 국민총소득(GNI)은 27조 3472억 원으로 남한(1030조 6363억 원)이 북한보다 37.7배 많고, 남한의 1인당 GNI는 2210만 4000원으로 북한의 1인당 GNI(117만 4000원)보다 18.1배 많았다. 대외무역 규모는 38억 2000만 달러로 남한이 224배나 많기 때문이다.[134]

(6) 북한의 핵무기가 남한이나 미국에 대한 공격용으로 직접 사용될 가능성은 거의 없을 것이라는 견해도 없지 않다. 그럼에도 불구하고 미국이 북한의 핵무기 개발에 온 신경을 집중하고 있는 것은 북한의 핵 기술이 알-카에다에 유출되어 미국에 대한 핵 공격에 사용될 것을 우려하고 있기 때문이다.

그동안 미국은 북한의 핵무기 보유를 인정하지 않았다. 버락 오바마 대통령도 2009년 6월 워싱턴에서 열린 한미정상회담에서 "북한을 핵

133 김재명, "미국의 핵위협과 삼중 잣대", 「민족21」 통권 제64호(2006. 7), 110.
134 "북한경제성장률 10년 만에 남한 앞질러", 「아시아투데이」 2010. 4. 15.

보유국으로 인정할 수 없다"고 말했다. 데니스 블레어 국가정보국장은 2010년 3월 "김정일은 미국과 국제사회로부터 북한이 핵보유국으로 인정받기를 모색하고 있는 것으로 판단된다"면서 "우리는 북한을 핵보유국으로 결코 인정할 수 없다는 정책을 고수하고 있다"고 밝힌 바 있다.

이러한 우려에 대한 대응으로 오바마 정부가 2010년 4월 6일 새 핵정책을 밝혔다. 미 국방부의 핵태세검토(NPR, Nuclear Posture Review) 보고서를 통해 북한과 이란 등 국제적인 핵비확산의무 이행을 하지 않는 국가들에 대해 유사시 미국의 핵 공격 대상이 될 수 있다고 경고한 것이다. "극단적인 폭력주의자들에 의한 핵 테러와 점점 더 많은 국가들에 의한 핵 확산이 미국의 가장 큰 위협"이라면서 북한과 이란을 겨냥하여 "자신들의 (비확산) 의무를 준수하지 않는 국가들은 더욱 더 고립될 것"이라고 하였다.

로버트 게이츠 미 국방장관도 같은 날 브리핑에서 "이란과 북한에 대한 메시지가 있다"고 전하면서 핵확산금지조약을 준수하는 비핵국가들의 경우 재래식이나 생화학무기를 사용했을지라도 미국의 핵 보복을 당하지 않을 것이지만 규정을 어기거나 핵 확산 국가가 될 경우 모든 대응 수단이 강구될 것"임을 강조했다.[135] 다시 말하면 유사시 핵무기를 보유한 국가에 대해서는 핵무기를 사용하여 공격이나 대응을 하겠지만 비핵국가에 대해서는 일체 핵무기를 사용하지 않겠다는 핵무기 사용에 관한 새로운 정책을 제시하여 북한과 이란을 압박하고 있는 것이다.

---

[135] "핵 비확산 불이행 국가 미 '유사시 핵공격' 경고", 「경향신문」 2010. 4. 7. 이 보고서와 관련 오바마 대통령은 핵확산금지조약(NPT)을 준수하는 핵무기 비보유국에 대해 핵 공격을 배제하고 핵실험, 핵무기 개발 중단 및 포괄적핵실험금지조약(CTBT)의 의회 비준 방침을 천명했다.

(7) 2010년 4월에 접어들어서 미국은 그동안 입장을 바꾸어 북한의 핵보유를 사실로 인정하였다. 힐러리 클린턴 미국 국무장관은 "북한이 1~6개의 핵무기를 보유하고 있는 것으로 판단하고 있다"고 선언하였다. 북한의 행동을 예측할 수 없기 때문에 "우리는 핵물질이 테러리스트들의 수중에 떨어지는 것 역시 매우 우려하고 있다"고 말했다.[136] 버락 오바마 미국 대통령은 4월 11일 "테러조직이 핵무기를 획득할 가능성이 단기적으로나 중·장기적으로 모두 미국 안보의 가장 큰 단일 위협"이라며 적극 대처 필요성을 강조했다. "알-카에다와 같은 조직이 핵무기나 다른 대량살상무기들을 획득하려는 노력을 하고 있다는 것을 알고 있다"면서, "이들은 그것들을 사용하는 데 아무런 죄책감도 갖지 않을 것"이라고 말했다.[137]

북한이 핵을 포기할 것인가? 북한이 핵을 포기하지 못하는 결정적인 이유는, 미국이 북한체제를 실제적으로 보장하고 북한에 대한 불가침 선언을 통해 신뢰를 회복하고 실제적인 경제적 지원을 통해 북한의 경제를 회복시켜 주기를 바라기 때문이다. 북한은 핵보유를 통해 체제를 유지하고 경제적 지원을 얻으려는 것이 국가적 목표이기 때문에 자신들이 바라는 바를 이룰 수 있을 때까지는 핵을 포기할 수 없을 것이다. 북한이 지난 1994년 핵확산금지조약(NPT) 탈퇴 이후 북핵 문제가 타결되지 않는 것은 이런 이유 때문이다. 베이징의 한 소식통은 "북한의 체제가 붕괴되는 순간까지 핵을 포기하지 않을 것"[138]으로 전망하였다. 왜냐하

---

136 "클린턴. '北 핵보유' 거듭 기정사실화", 「국민일보」 2010. 4. 12.
137 "오바마 '테러조직 핵무기 획득이 최대 위협'. 「국민일보」 2010. 4. 12.
138 "MB 대북정책 각론이 없다", 「주간한국」 2008. 4. 8.

면 현재 전 세계에서 미국, 러시아, 영국, 프랑스, 중국이 핵 강국으로
미국과 러시아가 보유한 핵무기만 해도 27,000개에 이른다. 그리고 이
스라엘, 인도, 파키스탄이 핵보유국으로, 이란은 핵 개발국으로 알려져
있다. 북한으로서는 친미 국가에 이스라엘, 인도, 파키스탄에 대해서는
핵 제재를 강요하지 않으면서, 자신들이 방어용으로 개발한 핵무기를
일방적으로 폐기하도록 강요하는 미국의 이중 삼중 잣대에 대하여 무조
건 수용할 리 없는 것이다.[139]

몰트만(J. Moltmann)은 미국이 자국의 핵무기를 비롯한 대량살상무
기 보유를 정당화하는 이중 잣대를 다음과 같이 비판한 적이 있다.

> 대량살상무기를 사용하는 것이 하나님 앞에서 죄라면, 그러한 무기를 적에
> 게 위협과 겁을 주기 위해 소유하겠다는 주장도 기독교적으로 정당화할
> 수 없다. 이러한 위협이나 겁주기는 실제로 무기들을 사용할 태세가 되어
> 있는 데서 효력을 갖게 된다. 이런 점에서 대량살상무기를 가지고 위협하는
> 것 자체도 죄로 인정해야 한다.[140]

그동안의 북핵 위기의 과정을 살펴보면 북한이 강경하게 나오면 미국
은 유화적인 입장을 보이다가도, 북한이 유화적인 입장을 보이면 다시
미국이 강경한 입장으로 선회하는 악순환을 반복하여 온 것이 사실이
다. 미국의 대북강경책과 북한의 벼랑 끝 전술이 맞물려서 반복되어
온 것이다. '선(先) 비핵화와 후 경제지원'으로 일관된 부시 정부

---

139 김재명, "미국의 핵위협과 삼중 잣대". 111-112.
140 이삼열, 『평화의 복음과 통일의 사명』(서울: 햇빛출판사, 1991), 240에서 재인용.

(2001~2009년)의 대북 강경정책이 결과적으로는 북한의 핵 능력을 최소한 3단계 즉, 핵폭탄 제조·실험 단계까지 진전시킨 역설적인 결과를 낳게 되었다는 지적을 받게 되는 것이다.

이명박 정부의 '비핵·개방·3000' 구상 역시 미국의 '선 비핵화-후 경제지원'의 틀로 오히려 회귀한 감이 있다. 이명박 정부가 들어서면서 6.15 공동선언과 10.4선언의 이행이 되지 않고 있는 상황에서 북한은 또다시 벼랑 끝 전술로 내몰리게 된 것이다. 이명박 정부가 김대중·노무현 정부의 '북핵문제 해결과 남북 관계 개선 병행 정책'이 북한의 핵 능력을 키워준 것으로 잘못 분석하면서 '비핵·개방·3000' 정책 기조에 따라 북핵 문제를 해결한 후에 남북 관계를 개선하겠다고 선언한 것은 수 십년 동안 반복해 온 전철을 다시 밟겠다는 실효성이 없는 정책이라는 비판을 면키 어려울 것이다.[141] '선(先) 비핵화'의 대북 강경정책을 추진해 온 부시 정부의 북핵 정책이 아이러니칼하게도 결국 북한의 핵 능력을 3단계(핵 실험)까지 진전시켰다는 사실을 직시하여야 한다

북한이 핵을 개발하는 것은 미국이 북한체제를 부정하고 그 붕괴를 획책하기 위해 국지전을 비롯한 다양한 적대적 전략을 사용할 경우를 대비한 체제 유지를 위한 자위 수단이라는 점을 고려하여야 한다. 북한의 주장처럼 "조선반도의 비핵화는 철두철미 미국의 대조선 핵 정책과 밀접히 연관"되어 있는 것이다.[142] 북핵이 남한을 공격하기 위한 수단이

---

141 정세현, "'북핵 우선' MB 대북정책이 오히려 핵무장 재촉한다", 「프레시안」 2009. 10. 22.

142 "북한의 핵 억제력 강화는 미국의 자업자득", (2009년 9월 4일 남북공동선언실천연대 성명). 북한은 편지에서 "우리는 대화에도 제재에도 다 대처할 수 있게 준비되어 있다"며 "만약 유엔 안전보장이사회가 어느 길이 조선반도 비핵화와 세계의 비핵화에 더 이로운가를 똑바로 판단하지 못하고 지금의 사태(제재)를 지속시킨다면 우리는 이미 표명한

아니라는 점을 인식하여야 한다. 북한의 핵 포기를 설득하기 위해서는 미국과 일본이 북한과 수교, 에너지 및 경제 지원, 평화협정 체결 등을 통해 북한의 군사 안보 차원의 우려와 체제 유지의 위기를 해소해 줘야만 한다. 즉 '한반도 냉전구조 해체'가 이뤄지고 통일이 가시적인 목전에 도래하기 전에는 북한이 핵을 포기할 가능성은 없는 것으로 보아야 한다.

미국의 대북강경정책에 따른 북한의 군사 안보 우려 해소는 결국 미국에 달려 있다. 오바마 정부가 북한의 핵무기 개발 4단계(무기화) 진입을 막고, 북핵 문제를 완전히 해결하기 위해서는 '9.19공동성명'에서 6국이 약속한 대로 북핵 폐기(1항)와 미·일의 대북수교(2항), 5국의 대북 에너지·경제지원(3항), 한반도 평화체제 구축(4항)을 1대 3으로 맞바꿔야 한다. 미·일이 북한 봉쇄정책이 계속되는 한 북핵 해결의 실마리를 찾기 어려울 것이다. 미국과 한국의 근본적인 정책 전환이 있어야 한다는 것이 정세현 전 통일부 장관의 주장이다.[143]

무엇보다도 북핵 문제를 해결하기 위해서는 노무현 정부가 취한 것처럼 북·미 갈등의 중재자 역할을 남한 정부가 수행해야 할 것이다. 미국은 북한의 '선-핵 폐기'를 주장하고 북한은 미국의 '선-적대정책 포기'를 주장하며 여러 해 동안 타협의 여지를 보이지 않고 '대북 강경책'과 '벼랑 끝 전술'을 반복해 왔다.

이희옥 교수는 "미국은 기본적으로 '제재 속 대화'를, 중국은 '대화

대로 또 다른 자위적인 강경대응 조치들을 취하지 않을 수 없게 될 것"이라고 말하여 추후 지속적으로 오바마 행정부의 책임 있는 행동을 요구할 것임을 밝혔다.

143 정세현, "'북핵 우선' MB 대북정책이 오히려 핵무장 재촉한다", 「프레시안」 2009. 10. 22.

속 제재'를 추구해 왔다"고 규정했다. 이 교수는 미중관계가 악화될수록 북중관계는 더욱 공고화할 가능성이 있다는 점을 지적했다. 실제로 중국은 북한이 핵 실험 후 제재로 고립된 이후에도 외교 고위 관리들을 차례로 북한에 보내 각종 대북 지원을 약속하고 6자 회담 관련 논의를 진전시키는 등 관계를 돈독히 했다.[144] 따라서 북미 양자의 첨예한 갈등을 남한 정부가 6자 회담의 틀 속에서 주도적으로 중재하는 역할을 통해, 남북 관계를 회복한 후 북핵 문제를 타결하고 북미관계를 회복하는 것이, 남한이 현 시점에서 취할 수밖에 없는 통일을 위한 최선의 대북정책이라고 할 수 있다. 그럼에도 불구하고 이명박 정부가 친미정책에 따라 미국의 대북정책에 동조함으로써 남북 관계는 더욱 꼬이게 될 수밖에 없는 구조 속에 놓이게 된다.

그 실례로 이명박 정부 들어 북한의 대남 적대의식이 오히려 높아졌고, 북한 경제가 중국에 쏠리고 의존이 심화되는 현상이 가속화되고 있다. 우리가 통일을 하려면 남북 간 경제공동체의 토대 위에 사회·문화공동체를 만들고, 그 위에 정치공동체를 만든 후, 마지막으로 군사공동체를 만들어야 한다. 그럼에도 불구하고 이명박 정부의 '비핵·개방·3000'이라는 북핵 올인 정책과 일괄타결 정책은 이러한 통일 과정의 순서를 뒤집어 놓은 것으로 평가된다.

물론 북한의 군사적 도발에 대응할 수 있는 능력을 남한도 갖추어야 하겠지만, "북한의 미사일 개발과 핵 문제를 평화적으로 해결할 수 있는 가장 좋은 방법은 북한이 원하는 요구사항들을 최대한 수용함으로써 북한이 가지고 있는 불안감을 희석시켜 나가는 방법"[145]이다. 2001년

---

144 "美. 북한을 '위협국가'에서 '위험국가' 분류", 「프레시안」 2010. 2. 9.

9·11사태 이후 미국이 아프간을 테러지원국이며 대량살상무기 보유국으로 여겨 군사적 공격을 감행하고, 북한을 악의 축이요 테러지원국으로 몰아붙이는 상황에서 북한이 체제 불안을 느낄수록 핵과 미사일에 의존하려는 경향이 커진 것이기 때문이다. 따라서 미국은 북한이 원하는 경제제제를 풀어주고 외교관계를 정상화하고 남한도 정경분리원칙에 따라 과감한 대북지원을 추진해야 할 것이다. 그럼에도 불구하고 이명박 정부의 북핵 정책은 이러한 정책 노선에서 크게 벗어나 있는 것으로 보인다.

1950년대에 와서 서독의 독일군이 나토(NATO)에 편입되고 독일에 핵무기가 배치됨에 따라 독일 교회에서도 이 문제에 대한 논쟁이 일어났다. 독일 교회는 1959년 "핵 시대에 있어서 전쟁과 평화"에 대한 11논제를 발표하였다. '하이델베르크 논제'로 알려진 이 논제는 두 개의 상반된 입장을 선언하였다.

> 논제 VII: 교회는 (원자)무기의 포기를 기독교적 행동양식으로 인정해야 한다.
>
> 논제 VIII: 교회는 원자무기를 통하여… 평화를 보장코자 하는 시도가 오늘날 또 하나의 가능한 기독교적 행동양식이 됨을 인정해야 한다.[146]

독일 교회의 이러한 이중적 태도와 달리 핵 무장에 관해서 세계기독교교회협의회(WCC)의 입장은 단호하였다. 1975년 나이로비 총회의

---

145 박준영, "북한의 핵무기와 미사일 개발정책", 230.
146 박명철, "독일통일에 비추어본 우리의 통일",「기독교사상」제462호(1997. 6), 48.

주제는 '핵 무장 없이 산다'는 것이었다. 신학자 골비쳐는 더욱 단호하게 "우리가 전쟁으로 인하여 죽으리라 생각지 말라. 우리는 이미 군 무장으로 죽어 가고 있다"고 하였다.[147] 1980년 당시 이미 전 세계적으로 군사비 지출이 5천억 달러에 이르렀기 때문이다. WCC는 1981년 11월 암스테르담에서 핵무기와 군축에 관한 공청회를 개최하고 핵무기 전면 철폐운동을 지원하는 다음과 같은 내용이 포함된 보고서를 제출하게 되었다.

핵무기 생산, 배치, 사용은 인간에 대한 범죄이며 윤리적으로나 신학적으로 규탄되어야 한다는 것을 이제 교회가 선언할 때가 왔다.[148]

아시아기독교협의회(CCA)는 1985년 2월 "아시아 평화협의회 성명서"를 통해 아시아에 핵무기의 완전 금지를 촉구하였다.

아시아와 태평양에서 핵의 사용, 실험, 개발, 생산, 저장, 배치, 핵무기를 적재한 선박의 왕래에 저항하는 투쟁을 포함하여 핵무기의 완전한 금지와 제거를 위한 모든 노력이 긴급히 이루어져야 한다.[149]

이런 배경에 '민족의 통일과 평화에 대한 한국기독교선언'(88선언)에서는 "남북 간의 긴장완화와 평화증진"을 위하여 남북 상호간에 군사력

---

147 같은 책, 50.
148 이삼열, "핵무기에 대한 세계교회협의회의 입장", 「기독교사상」 제398호(1992. 2), 69.
149 한국기독교교회협의회 통일위원회, 『1980-2000년 한국교회 평화통일운동 자료집』(서울: 한국기독교교회협의회, 2000), 46.

을 감축해야 하며, 군비를 줄여서 평화사업으로 전환시키고 아울러 한반도 내에서의 핵무기 사용 가능성을 원칙적으로 막아야 한다고 선언하였다.

> 핵무기는 어떠한 경우에도 사용되어서는 안 되며, 남북한 양측은 한반도에서 핵무기의 사용 가능성 자체를 원천적으로 막아야 한다. 따라서 한반도에 배치되었거나 한반도를 겨냥하고 있는 모든 핵무기는 철거되어야 한다.[150]

2010년 4월 13일 개최된 1차 핵 안보 정상회의에 참석했던 47개국 정상들은 핵 테러를 저지하기 위해, 각국이 2014년까지 4년 안에 핵 물질을 안전하게 통제하고 핵 물질이 테러집단에 이전 또는 판매되지 않도록 공동 저지하기로 결의했다. 버락 오바마 미 대통령은 "핵 강대국들이나 국가 간 핵전쟁 위험이 크게 줄어든 반면 핵 공격, 핵 테러의 위험은 대폭 높아져 핵 테러 위험이 최대의 안보위협이 됐다"고 경고하였다. 그리고 핵 물질이 도난 및 탈취, 또는 판매를 통해 테러분자, 과격집단의 손에 넘어가지 않도록 국제사회가 공동 저지에 나서야 한다고 촉구했다.[151]

미국과 러시아는 핵안보정상회(2010)에서 핵무기 감축에 이어 핵무기 1만 7000기를 만들 수 있는 플루토늄 34톤을 폐기하기로 합의했다.

---

150 이 책 부록의 "2. 민족의 통일과 평화에 대한 한국기독교회선언(88선언)" 전문을 참조할 것.
151 "핵 물질 통제, 핵 테러 막자",「내일신문」2010. 4. 14.

이와 함께 미국과 캐나다, 멕시코 우크라이나, 칠레는 고농축 우라늄 핵물질을 미국에 넘기고 핵무기용 전환이 가능한 고농축 우라늄 시설을 전용이 어려운 저농축 우라늄 시설로 전환하기로 합의했다고 발표했다.[152] 이 회의에서 제2차 핵안보정상회의를 2012년 서울에서 개최하기로 결의하였다. 초청 참가국에 북한과 이란은 제외됐다. 이명박 대통령은 "북한이 앞으로 2년 동안 6자 회담을 통해서 핵을 포기하는 확실한 의지를 보이고 핵확산금지조약(NPT)에 가입해 합의 사항을 따르게 된다면 기꺼이 초대할 것"이라며 "그렇게 될 수 있도록 세계 모든 정상들과 함께 북한의 핵을 억제하는 노력을 하겠다"고 말했다.[153]

이에 대해 북한 "우리는 필요한 만큼 핵무기를 생산할 것이지만 핵군비 경쟁에 참가하거나 핵무기를 필요 이상으로 과잉생산하지 않을 것"이라는 입장을 밝혔다. 알카에다와 같은 테러 집단에게 핵무기가 반출되는 것을 염려하는 미국에 대해 자위적인 핵무기는 갖겠지만 수출용 핵무기는 추가로 생산하지 않겠다는 입장을 밝힌 것으로 보인다. 북한은 인도와 파키스탄 같은 "다른 핵보유국들과 평등한 입장에서 국제적인 핵 전파 방지와 핵 물질의 안전관리 노력에 합세할 용의가 있다"고 강조했다. 그리고 "비핵화의 실현은 신뢰 조성을 필요로 하고 있고 아직도 정전상태에 있는 조선반도에서 평화협정이 빨리 체결될수록 비핵화에 필요한 신뢰가 조속히 조성될 것"이라고 하였다.[154]

하루 속히 남북 간의 신뢰 구축을 위해 남북이 모두 노력하고 남북과

---

152 "미국. 핵탄두 5,113기 보유", 「국민일보」 2010. 5. 5. 미국은 그동안 극비 사항으로 취급한 핵탄두 5113기의 보유 현황을 처음으로 공개하였다.
153 "2차 핵정상회의 2012년 서울 개최", 「한겨레」 2010. 4. 14.
154 "北. 핵무기, 필요한 만큼 생산할 것", 「국민일보」 2010. 4. 22.

북미 간에 평화협정이 맺어져서 한반도 비핵화가 이뤄지고 통일이 앞당겨져야 할 것이다.

제 4 장

연합제 통일 방안과

흡수통일론의 쟁점

1
북한의
연방제 통일 방안

1972년 '7.4남북공동성명'은 남북 간의 '자주, 평화통일, 민족대단결'의 통일 3대 원칙을 수립함으로써 무력통일 거부에 합의하였다. 그리고 2000년 '6.15 남북공동선언'을 통해 '남측의 연합 제안과 북측의 낮은 단계의 연방 제안이 서로 공통성이 있다고 인정하고 앞으로 이 방향에서 통일을 지향'하기로 함으로써 흡수통일 배제에 합의하였다. 그런데 이명박 정부는 이러한 합의를 무시하고 흡수통일론과 선제타격론을 주장하였다. 이에 관한 쟁점들을 살펴보려고 한다.

북한은 6.25전쟁을 전후하여 남조선 해방혁명(적화통일)을 주장하여 왔다. 1960년 8월 15일 해방 15주년 경축대회에서 처음으로 김일성은 연방제 통일 방안을 제안하였다. "자유로운 남북 총선거를 실시하는 방법으로" 통일을 추구하되, 만약 남쪽이 "공산주의화될까 두려워서" 자유로운 남북 총선거를 받아들일 수 없다면, 과도적인 대책으로 연방제를 실시하자는 것이었다. 연방제를 통하여 "남북의 접촉과 협상을 보장함으로써" 서로 간에 협조하면서, 상호 불신이 사라질 때 자유로운 남북 총선거를 실시하여 "조국의 완전한 평화적 통일을" 이루자고 제안한 것이다.[1]

분단된 지 20여 년이 지난 1972년 남북이 '7.4남북공동성명'에서 '자주, 평화통일, 민족대단결'이라는 '조국통일 3대원칙'에 합의하였다. 그러나 7.4남북공동성명이 잘 이행되지 않았고 남한에서 유신체제가 들어서면서 유엔 동시가입을 주장하자. 북한은 "두 개의 조선"에 반대하고 1960년 8월 제안했던 '남북련방제'를 보완한 '조국통일 5대방침'을 1973년 6월 23일에 발표하였다. "고려연방공화국"이라는 단일 국호에 의한 연방제 통일 방안을 다음과 같이 제안하였다.

① 남북 사이의 군사적 대치상태와 긴장상태 완화
② 남북 사이의 다양한 합작과 교류 실현
③ 남북의 각계각층 인민들과 정당 및 사회단체 대표들로 구성되는 대민족 회의 소집
④ 고려 련방공화국의 단일국호에 의한 남북련방제 실시
⑤ 단일한 국호에 의한 유엔 가입

이어서 1980년 10월 10일 조선로동당 제6차대회에서 '고려민주연 방공화국' 창립방안을 제안하였다.[2] 핵심 내용은 "북과 남에 있는 사상과 제도를 그대로 두고, 북과 남이 련합하여 하나의 련방국가를 형성하는 것"이 조국을 자주적이고 평화적으로 통일하는 "가장 현실적이며 합리적인 방도"라는 것이다. 국호(國號)는 '고려'로 고치고 '현 체제의 제

1 정규섭, "북한의 통일정책", 「한국정치외교사논총」第13輯(1995. 12), 717-746; 정대화, "북한의 통일정책사", 「동향과전망」 제3호(1989. 3), 289-322.
2 당시 북한은 "통일을 위해서는 남한의 군사통치 청산과 사회민주화 실현, 남북한 긴장상태 완화와 전쟁위험 제거, 미국의 '2개 조선' 책동 저지와 조선에 대한 미국의 간섭종식 등이 선행되어야 한다"고 주장했다

도와 이념을 그대로 유지'하면서 남북한이 동등한 권한과 의무를 가지고 '지역자치제'를 실시하며, '군통수권과 외교권'을 지닌 연방정부(1민족 2국가 2체제 2정부)를 만들자고 제안하였다. 핵심 내용을 다음과 같이 정리할 수 있다.[3]

첫째, 남북이 상대방의 사상과 제도를 인정하면서 연방국가를 세운다.
둘째, 남북은 같은 권한과 의무를 지니고 각각 지역자치제를 실시한다.
셋째, 남북의 대표들과 해외동포 대표들로 '최고민족련방회의'를 구성하고, 거기서 조직한 '련방상설위원회'가 연방국가의 통일정부로서 나라와 민족의 전반적인 사업을 관할한다.
넷째, 통일국가의 국호는 '고려민주련방공화국'으로 정한다.
다섯째, '고려민주련방공화국'은 대외적으로 중립국이 된다.

1990년대 들어 사회주의권이 붕괴되고 남과 북의 체제 차이가 확고해지면서, 북한은 '1민족 1국가 2제도 2정부에 기초한 느슨한 형태의 연방제' 방식을 통일 방안으로 제시하였다. 1991년 1월 1일 북한은 "신년사"를 통하여 "누가 누구를 먹거나 누구에게 먹히우지 않는 원칙에서 하나의 민족, 하나의 국가, 두 개 제도, 두 개 정부에 기초한 련방제방식"으로 통일을 이루어야 한다고 밝혔다.

고려민주련방공화국 창립방안에 대한 민족적 합의를 보다 쉽게 이루기 위

---

3 제성호, "남측 聯合制와 북측의 '낮은 단계의 聯邦制' 比較", 「국제법학회논총」 제46권 제1호(2001. 4), 267.

하여 잠정적으로 련방공화국의 지역자치정부에 더 많은 권한을 부여하여, 장차로 중앙정부의 기능을 더욱 높여 나가는 방향에서 련방제통일을 점차적으로 완성하는 문제도 협의할 용의가 있다. … 하나의 의석으로 가입하는 조건에서라면 그 전에라도 남과 북이 유엔에 들어가는 것을 반대하지 않을 것이다.[4]

손성필 주소련 북한대사는 1991년 3월 중순 소련 외무차관과의 면담을 통해 고려연방제 통일 방안을 수정하여 "남북한 지역 정부는 국방, 외교, 입법, 경제업무를 독자적으로 수행하되, 단 주요 국제문제는 연방정부와 지역정부가 협의하여 결정하며 외부의 위협에 공동 대처한다"고 밝혔다. '고려민주연방공화국' 창립방안에서 제안한 것처럼 '련방상설위원회'가 국방, 외교, 입법, 경제업무를 통괄할 경우 '군통수권 문제'가 제기되었기 때문이라고 분석된다. 이 같은 방안은 남한의 통일 방안 중 긍정적 요소를 반영한 것으로 북한은 남한의 노태우 정부가 제안한 「한민족공동체통일 방안」을 연구할 용의가 있다고 하였다.[5] 이는 연방국가를 이루기 전에 '과도기'를 거치자는 것으로 '느슨한 연방제안' 또는 '낮은 단계 연방제안'으로 불리며, 사실상 김대중의 '국가연합안'(國家聯合案)을 수용한 것이라고 볼 수 있다.

2000년 제1차 남북정상회담을 갖고 발표한 6.15 남북 공동선언 제2항에서 "남과 북은 나라의 통일을 위한 남측의 연합제(Confederation) 안과 북측의 낮은 단계의 연방제(Soft Federation) 안이 서로 공통성이 있다

4 같은 책, 267.
5 같은 책, 268.

고 인정하고 앞으로 이 방향에서 통일을 지향시켜 나가기로 하였다"라고 명시하였다. 이 선언은 남북한의 통일의 목표에 대하여 큰 틀에서 합의하였다는 데에 큰 의미가 있다.

2
남한의
연합제 통일 방안

남한은 6.25전쟁 전후에 '북진통일'을 주장하였다. 1950년대 전후 이승만 정부는 '무력 북진통일'을 앞세우며 평화통일을 주장하는 사람을 처형하기까지 했다. 1960-70년대 박정희 정부는 '선건설 후통일'을 내세우며 궁극적으로는 '승공통일'을 추구하였으므로 남한에서는 1980년대 말까지 체계적인 통일 방안이 없었다.

북한이 1973년 이후 계속하여 3단계 연방제 통일 방안을 주장하자 제5공화국의 대통령 전두환은 1982년 1월 22일 국정연설에서 '민족화합 민주통일 방안'을 발표하였는데 처음으로 통일헌법에 따른 통일국가와 정부를 만들자고 제안한 것이다.

① 양측 주민들의 뜻을 대변하는 남북한 대표들로 민족통일협의회의를 구성한다.
② 이 협의기구에서 민족·민주·자유·복지의 이상을 추구하는 통일민주공화국의 완성을 위한 통일헌법 초안을 마련한다.
③ 이에 대하여 남북한 전역에서 민주방식의 자유로운 국민투표를 실시하여 헌법안을 확정·공포한다.
④ 확정된 통일헌법에 따라 총선거를 실시하여 통일국회와 정부를 구성함

으로써 통일을 완성한다는 것을 목표로 한다.[6]

남북 대표들이 '민족통일협의회의'를 구성하여 거기서 통일헌법을 마련하고, 확정된 통일헌법에 따라 총선거를 실시하여 통일국회와 정부를 구성함으로써 통일을 이룬다는 내용이었지만, 형식적 구호에 지나지 않았다.

1989년 9월 11일 노태우 대통령은 특별선언을 통해 전두환 정부의 '민족화합 민주통일 방안'을 보완하고 체계적으로 다듬은 '한민족공동체 통일 방안'을 내놓았다. 자주, 평화, 민주의 3대원칙 아래 공존공영, 남북연합, 단일민족국가의 3단계를 거쳐 통일을 실현한다는 다음과 같은 통일 방안이다.

① 통일의 원칙으로 자주·평화·민주를 제시하고 통일국가의 미래상으로는 자유·인권·행복이 보장되는 민주국가를 제시한다.
② 통일국가의 수립절차는 남북대화의 추진으로 신뢰회복을 기해 나가는 가운데 남북정상회담을 통해 민족공동체헌장을 채택한다.
③ 남북의 공존공영과 민족사회의 동질화, 민족공동생활권의 형성 등을 추구하는 과도적 통일체제인 남북연합을 건설한다.
④ 통일헌법이 정하는 바에 따라 총선거를 실시하여 통일국회와 통일정부를 구성함으로써 완전한 통일국가인 통일민주공화국을 수립하는 것이다.
⑤ 남북연합단계에서는 민족공동체 헌장에서 합의하는 데 따라 남북정상

---

6 "민족화합민주통일 방안", http://contents.archives.go.kr.

회의·각료회의·평의회·공동사무처 등을 두기로 규정한다.[7]

노태우 정부의 '한민족공동체 통일 방안'은 남북 간에 누적된 불신과
대결의식과 이질화 현상을 그대로 둔 채 일시에 통일을 이룩한다는 것
은 현실적으로 어렵다는 점을 전제한다. 6.25전쟁 이후 일관되게 주장
해 온 북진 승공통일이나 남침 적화통일을 거부하고 과도체제인 남북연
합단계를 거친 후 통일국가를 수립한다는 점에서 전향적인 통일 방안이
었다.

1994년 8월 15일 김영삼 대통령은 광복절 경축사를 통해 세계사와
남북 관계의 흐름이 새로운 국면으로 접어드는 상황을 반영하여 '한민
족공동체 건설을 위한 3단계 통일 방안'을 제시하였다. 약칭 「민족공동
체 통일 방안」은 통일의 3대 원칙으로 자주·평화·민주를 제시하면서
화해협력 단계와 남북연합 단계의 중간과정을 거쳐 궁극적으로 1민족
1국가의 통일국가를 완성해 나가는 과정을 다음과 같이 제시하고
있다.[8]

① 화해협력 단계는 남과 북이 적대와 대립관계를 청산하고 상호신뢰를
　쌓아가면서 화해협력을 구축해 나가는 단계이다. 남북이 각기 현존하는
　2체제와 2정부를 그대로 유지하면서 분단 상태를 평화적으로 관리하는
　단계를 의미한다.

7 이홍구, 『한민족공동체통일 방안의 이론적 기초와 정책방향 - 한민족공동체통일 방안의
　정책기조와 실천방향』(서울: 국토통일원, 1990).
8 "민족통일공동체방안", http://contents.archives.go.kr.

② 남북연합 단계는 화해협력 단계에서 구축한 신뢰를 바탕으로 남북한이 공존공영하면서 평화공존을 제도화하고 남북한 간의 활발한 교류와 협력을 통해 경제·사회공동체를 형성·발전시킴으로써 정치적 통일을 위한 여건을 성숙시켜 나가는 단계이다. 남과 북이 서로 다른 체제와 정부 하에서 통일지향적인 협력관계를 통해 통합과정을 관리해 나가는 단계이다.

③ 1민족 1국가 통일국가 완성단계는 남북연합 단계에서 제정한 통일 헌법에 따라 남북 자유총선거를 실시하여 통일국회를 구성하고 통일정부를 수립하여 통일국가를 완성하는 단계이다. 통일정부는 오랜 분단으로 인한 이질화 등 통일과정에서 있을 수 있는 후유증을 최소화하고 하나의 공동체로 통합되도록 지속적으로 노력해야 한다는 점에 주목하고 있다.

노태우 정부의 '한민족공동체 통일 방안'이나 김영삼 정부의 '민족공동체 통일 방안'이 공존공영, 화해협력, 남북연합 등의 단계를 거쳐 점진적으로 통일을 추구한다는 점에서 실현 가능성이 있는 통일정책이라는 긍정적 평가를 받을 수 있다. 지막 단계인 통일국가의 형태를 "자유, 인권, 행복이 보장되는 민주국가"로 규정하여 남한의 자유민주주의 체제로 북한을 흡수하겠다는 의도를 드러냄으로써 북한의 비난과 반발을 받게 되었다.

북한은 「로동신문」(1994. 11. 4)을 통해 남한의 '자유민주주의 체제 하의 통일 방안'은 "북과 남의 대결과 충돌, 동족상쟁"을 유발시킬 것이라고 비난하였다. 그리고 이러한 일방적인 통일은 "남조선에 세워진 식민지 파쇼체제를 우리 공화국에까지 확대연장해 보겠다는 것이며 결국 전쟁으로 '승공통일'의 꿈을 실현해 보겠다는 것"이라고 강하게 반발하였다.[9]

김대중 대통령은 1980년대 재야에 있을 때부터 통일 3원칙과 3단계 통일 방안을 제시하여 왔다. 3원칙이란 평화공존, 평화교류, 평화통일이고 3단계란 제1단계 공화국연합제에 의한 국가연합 단계, 제2단계 연방제 단계, 제3단계 완전 통일의 단계이다.[10]

1단계는 '남북연합'으로서 현재와 같이 1민족 2국가 2체제 2정부(一民族 二國家 二體制 二政府)하에서 평화공존, 평화교류, 평화통일의 3대 행동강령을 실현하는 데 있다.

2단계는 '연방제 통일'로서 남과 북의 지역자치정부로 구성되는 연방제로서 외교와 국방 그리고 주요 내정이 연방정부에 귀속된다. 그 밖의 일반적인 내정에 대해서는 남북 양공화국이 지역자치정부의 입장에서 관리하게 된다.

3단계는 '완전 통일' 단계로서 2단계의 연방제 통일 형태를 거쳐 중앙집권제 또는 여러 개의 지역자치정부들을 포함하는 미국, 독일식 연방제를 통일의 완성단계(1민족 1국가 2체제 2정부)이다.[11]

9 이재봉, 『두 눈으로 보는 북한』(서울: 남북평화재단, 2008), 449.
10 "박근혜 후보 정책", 「뉴시스」 2007. 7. 18. 박근혜 역시 '3단계 평화통일론'을 주장하였다. 1단계(평화정착 = 평화공존)로 북한의 핵무기 완전 제거와 군사적 대립구조 해소를 통해 실질적으로 평화를 구축하고, 2단계(경제통일 = 평화교류)로 남과 북을 하나의 경제공동체로 만든 후, 3단계(정치통일 = 평화통일)로 정치적·영토적 통일을 실현하자고 하는 것이다.
11 김대중, 『김대중의 3단계 통일론』(서울: 아태평화재단, 2000), 30, 63.

김대중 대통령은 취임사(1998. 2)에서 노태우·김영삼 정부의 '자유 민주주의 체제하의 통일'이 실상은 '흡수통일 방안'이므로 북한이 수용하지 않는다는 현실론에 입각하여 '흡수통일 배제'를 명시적으로 포함한 대북정책 3원칙 즉, ① 일체의 무력도발 불용, ② 흡수통일 불추구, ③ 교류협력의 적극 추진을 밝히고 안보와 화해·협력을 병행하는 '대북포용정책'을 추진하겠다고 선언하였다.

2000년 6월 15일 김대중 대통령은 김정일 국방위원장과 평양에서 제1차 남북정상회담을 가진 후, 합의한 6.15 남북공동선언 제2항에서 "남과 북은 나라의 통일을 위한 남측의 연합제(Confederation) 안과 북측의 낮은 단계의 연방제(Soft Federation) 안이 서로 공통성이 있다고 인정하고 앞으로 이 방향에서 통일을 지향시켜 나가기로 하였다"고 명시하였다. 이처럼 남북한이 양측의 체제와 이념을 존중하고 연합제나 연방제를 목표로 통일을 추진하겠다고 선언한 것은, 실제로는 일방적인 '흡수통일 배제'[12]를 남북 상호간에 합의했다는 중차대한 역사적 의미를 담고 있다.

---

12 김용욱, "한반도의 연방제통일 실현방안에 관한 연구". 5. 김용욱은 남북한이 남북정상회담에서 합의한 6.15 공동선언에는 "연합제와 낮은 단계 연방제는 흡수통일론을 배제하고 있다"는 공통점이 있다고 하였다.

3
남한의 연합제와 북한의 연방제의 공통점과 차이점

1) 연합제(국가연합)와 연방제(연방국가)의 일반적 차이점

2000년 6.15 남북남북정상회담에서 북한은 '연방국가제'를 선호한 반면 남한은 '국가연합제'를 제시했다. 양자의 공통점과 차이점을 이해하기 위해 먼저 일반적인 의미에서 연합제(국가연합)와 연방제(연방국가)의 차이점을 살펴보려고 한다.

국가연합(Confederation)은 독립한 국가들이 조약의 체결을 통해서 약한 정도의 결집력으로 국가 간의 통합을 이룬 집단체를 의미하지만, 국제법상으로 하나의 국가로 인정되지 않는다. 예를 들면 소련이 해체된 후 재구성된 독립국가연합(CIS)은 중앙에 집중된 권력이 거의 없는 약한 정도의 국가연합이다.

유럽연합(EU)은 각각의 국가가 국제법 주체로 활동하며 각각의 군대를 보유한 점에서 국가연합의 성질이 강하지만, 국가연합보다는 더 강한 결속력을 가지고 있다. 그러나 유럽연합은 미국과 같은 연방국가보다는 약한 형태의 공동체로 평가되고 있다. 즉 국가연합과 연방국가와의 중간 형태다. 현재 유럽연합은 화폐를 통일하였으며, 유럽헌법을 체결하려고 하고 있다. 유럽헌법이 체결되고 헌법재판소가 생겨서 각

국의 법률을 위헌 심판하면, 유럽연합의 연방국가성은 매우 높아질 것이다.[13]

반면에 연방국가(Federation)는 국가의 권력이 중앙정부와 주에 동등하게 분배되어 있는 정치 형태로, 2개 이상의 주권이 결합하여 국제법상 단일적인 인격을 가지는 복합 형태의 국가이다. 연방국가는 연방헌법을 가지고 있으며, 연방헌법은 중앙정부와 주의 관계를 규정하므로 다른 어떠한 법보다 우선한다. 연방국가에서는 국가연합과 달리 지방정부는 외국과의 조약 혹은 외교 관계를 맺을 수 있는 권한이 없거나 중앙정부보다 훨씬 적은 권한을 갖는다. 일반적으로 연방정부만이 외교권, 군사권과 같은 대외 주권을 행사하고, 연방정부 자체가 국가로서 통일적인 국제법상 인격을 인정받는 통합 형태이다. 연방제를 채택하고 있는 국가는 저마다 배경은 다르지만 미국을 비롯해 캐나다, 멕시코, 아르헨티나, 러시아, 독일, 스위스, 오스트리아, 말레이시아, 호주 등 20여 개국에 이른다.

일반적으로 비교 분석해 볼 때 국가연합(Confederation)은 연방국가(Federation)보다 상당히 약한 결속력을 가지고 있으며, 양자의 차이점을 도표로 설명하면 다음과 같다.[14]

---

13 "국가연합", http://ko.wikipedia.org.
14 제성호, "남측 聯合制와 북측의 '낮은 단계의 聯邦制' 比較", 262. 국가연합과 연방국가의 비교 도표를 참고할 것.

	국가연합(Confederation)	연방국가(Federation)
국제법상 주체	구성국이 각각 주체가 된다.	연방국가만이 주체가 된다.
국가성	진정한 하나의 국가가 아님	진정한 하나의 국가임
결합의 근거	조약(국제법)	연방헌법(국내법)
대내적 통치권	연방정부가 없다. 구성국 정부가 입법, 집행, 사법권을 나누어 갖는다.	연방정부와 주정부가 입법, 집행, 사법권을 나누어 갖는다.
외교권	구성국 정부가 각각 보유	연방정부가 보유
국제적 책임	구성국 정부가 각각 책임진다.	연방정부가 책임진다.
병력의 보유	구성국 정부가 각각 보유한다.	연방정부가 보유한다.
결합의 안정성	잠정적 결합이다.	영구적 결합이다.
대표적 사례	독립국가연합(CIS) 유럽연합(EU) 동남아시아국가연합(ASEAN)	미국(1787년) 스위스(1848년) 캐나다(1867년) 독일(1871년)

2) 남한의 연합제와 북한의 낮은 단계 연방제의 공통점

2000년 제1차 남북정상 회담 과정에서 김정일 국방위원장은 처음에는 북한이 1980년에 제안한 고려민주연방공화국 창설방안을 고집했다고 한다. 이에 대해 김대중 대통령은 "과연 현실적으로 당장 통일을 이룩할

---

15 "연방제", http://ko.wikipedia.org/wiki.

수 있겠는가"라며 북한이 주장하는 고려연방제가 이치에 맞지 않는다고 반박했다. 열띤 논쟁 후 김정일 위원장은 "현실적으로 지금 당장 통일한다고 하는 것은 어려운 일인 것 같다"며 낮은 단계의 연방제를 제안했다. 김정일 위원장은 낮은 단계의 연방제의 개념에 대해 다음과 같이 설명했다.

> 낮은 단계의 연방제라고 하는 것은 정부의 각료급은 각료급대로 협의기구를 만들고, 또 국회는 국회대로 의회차원에서 협의기구를 만들고, 정상 간에는 지금과 같이 정상 간에 서로 만나서 남북 간의 모든 문제를 서로 협의해서 합의하며, 또 합의한 것을 실천해 나가는 것이 우리가 생각하는 낮은 단계의 연방제입니다. 협의체 구성과정에서 중앙정부를 하나 마련하는 것이 어떻겠습니까.[16]

이에 대해 김대중 대통령은 "현실적으로 연방정부를 설치하는 것은 불가능하다"며 "김 위원장이 생각하는 낮은 단계의 연방제나 우리가 생각하는 남북연합이 서로 통하는 데가 있으니까, 그런 방향으로 노력을 하되 앞으로 같이 이 문제를 협의해 나가자"라고 제안했다. 이러한 주장에 김정일 위원장도 "사실상 외교권과 군사권을 통합한다는 것은 불가능한 일"이라는 점을 인정했다고 한다.

그래서 6.15 남북공동선언을 통해 "남과 북은 나라의 통일을 위한 남측의 연합제 안과 북측의 낮은 단계의 연방제 안이 서로 공통성이 있다고 인정하고 앞으로 이 방향에서 통일을 지향시켜 나가기로" 합의

---

16 "낮은 단계의 연방제", http://contents.archives.go.kr.

한 것이다. 북한도 6.15 남북공동선언이 채택됨으로써 "나라와 민족이 갈라진 이래 북과 남이 처음으로 공동의 통일방도와 목표를 확정하고 통일을 위해 함께 노력할 수 있는 토대를 마련"하게 되었다고 강조하였다.

남한이 제안한 연합제 방안(국가연합)은 민주주의 체제와 공산주의 체제로 나눠진 주 정부 간에 상호평등의 원칙에 따라 대등한 관계에서 협상을 통해 국가연합 형식의 통일을 이룬 남북 예멘의 사례에 배경을 둔 것이다. 이러한 통일 방식이야 말로 자주적, 평화적, 민주적이고 민족화합의 통일원칙에 가장 부합하는 방식이라는 것이다.[17]

반면에 북한이 제안해 온 연방제 통일 방안(연방국가)의 배경은 중국의 대만에 대한 일국양제 통일 방안의 배경과 비슷하다. '일국양제'(一國兩制)는 '일개국가 양종제도'(一個國家 兩種制度)를 줄인 말로 하나의 국가 안에 서로 다른 이념의 두 제도가 존재한다는 뜻이다.[18] 북한의 연방제와 중국의 일국양제는 사회주의와 자본주의 체제를 당장 하나로 합치기 어렵기 때문에 일정한 기간 두 체제를 공존시키자는 입장이다. 그러나 북한의 연방제에서는 남한과 북한이 동등한 지위의 자치정부를 유지하지만, 중국의 일국양제에서는 대만, 홍콩, 마카오 등이 중국 본토와 동등한 지위가 아니라 중국의 중앙정부에 종속적인 자치정부라는 점에서 다르다.

---

17 김용욱, "한반도의 연방제통일 실현방안에 관한 연구", 「사회과학연구」 제18권 겨울호 (2008. 1), 7.
18 이재봉, 『두 눈으로 보는 북한』, 426. 사회주의 중국은 1997년 영국으로부터 홍콩을 그리고 1999년 포르투갈로부터 마카오를 환수하여, 이들 지역에 고도의 자치권을 부여하고 자본주의 체제를 보장해 주고 있다. 그리고 대만에 대해서도 자본주의 체제를 유지하도록 자치권을 부여하겠다면서 통일을 이루자고 하는 것이다.

이처럼 남한의 통일 방안과 북한의 통일 방안을 비교해 보면 최종 단계는 크게 차이가 나지만, 중간 단계 또는 과도기적 단계인 '남북연합' 과 '낮은 단계의 연방제'는 비슷하다. 남한의 '연합제안'과 북측의 '낮은 단계의 연방제안'은 통일을 지향하는 중간 단계로서 '연합국가'를 거치는 남북한의 공존과 협력을 제도화하려고 했다는 점에서 다음과 같은 공통점이 있는 것으로 분석된다.[19]

(1) 남북 양측의 통일 방안은 현 단계에서 당장 통일을 달성하는 것이 어렵다는 것을 인정하고 점진적이고 단계적인 방법으로 통일을 추진한다는 점에서 공통점이 있다. 최종 목표가 통일이지만 남북한의 이질성을 감안하여 과도체제 내지 잠정적인 결합을 거쳐 제도적 통일을 이루어 나갈 필요가 있다는 점을 인정하고 '사실상 통일방식'에 동의했음을 의미한다.[20]

(2) 남한의 '연합제안'이나 북한의 '낮은 단계 연방제안'은 모두 남한이나 북한에 의한 일방적인 흡수통일의 배제를 전제로 한 것이다.[21] 그럼에도 불구하고 다음 장에서 살펴 보겠지만, 이명박, 박근혜 정부에서는 사실상 북한 붕괴후 흡수통일 방안을 통일정책의 기조로 채택하였다.

(3) 남북한이 통일 중간 단계에서 남북한 정부의 대내외적 주권과 독립을 인정하고 그 틀 위에서 공존을 모색하면서 남북한 정부가 동등한 자격으로 중앙연방정부에 참여하는 점에서 공통점이 있다.

---

19 제성호. "남측 聯合制와 북측의 '낮은 단계의 聯邦制' 比較". 271-275. 자세한 내용은 비교 분석한 "남북한 통일 방안의 비교" 도표를 참고할 것 .
20 김용욱. "한반도의 연방제통일 실현방안에 관한 연구". 6.
21 같은 책. 5.

(4) 남북한의 정부가 각각 정치 · 외교 · 군사 면에서 독자적인 권한을 행사하지만 일정 범위에서 연합적인 기구를 통해 남북한의 정책을 통일적으로 조정하고 조절한다는 점도 합의하였다.

(5) 남북한은 모두 분단현실을 극복하기 위해 민족통일을 우선적인 과제로 추진하고, 이를 위해 실제적인 경제, 사회, 문화 등 제 방면의 교류협력과 동질성 회복을 추진하는 것을 중요시하고 있다.[22]

3) 남한의 연합제와 북한의 낮은 단계 연방제의 차이점

앞에서 살펴본 것처럼 남한의 연합제 안과 북측의 낮은 단계의 연방제 안 간에 공통점이 있음을 인정하였음에도 불구하고 남북한 통일 방안 사이에는 여전히 많은 차이점이 존재하고 있다.

(1) 남한의 연합제는 북한을 사실상의 국가로 인정하고 있고, 남북한 정부의 상위에 있는 권력기관을 인정하지 않는다. 남측의 연합제 안은 '2국가 2체제 2정부'를 전제로 한 국가연합이다. 반면에 북한의 '낮은 단계 연방제안'은 남북한 정부를 지역정부로 삼아 '1연방국가 2제도 2지역정부'를 전제하되 '약한 연방정부의 권한과 강한 지방정부의 권한'이라는 구도를 설정한다.

(2) 남한의 연합제 안은 남북 국가연합 형성 후에도 남한은 대한민국으로 북한은 조선민주주의인민공화국이라는 별개의 국호를 사용하도록 하고 있지만, 북한의 '낮은 단계 연방제' 안은 「고려민주련방공화국」이라는 단일국호를 제시하고 있다.

---

22 같은 책, 6.

(3) 남한의 연합제안은 남북한이 2개의 주권국가이므로 현재와 같이 유엔에 별도로 가입한 상태를 유지하지만, 북한의 '낮은 단계 연방제' 안은 2개의 한국이 단일의석으로 유엔에 가입, 공동으로 활동할 것을 제안한 것이다.

(4) 남한의 연합제 안은 남북한의 대표로 연합정부를 구성하자는 안인데 반해, 북한의 '낮은 단계 연방제' 안은 정당한 수의 해외동포 대표도 연방구성에 참여할 수 있도록 개방한다는 점이다.

(5) 남한의 연합제 안은 남북정상회의, 남북각료회의, 남북평의회, 공동사무처 등 4개의 연합기구와 특히 남북각료회의 산하에 5개 상임위원회의 구체적인 협의·실천 기구 설치를 제안하였으나, 북한의 '낮은 단계 연방제 안은 연방기구에 대한 구체적인 언급이 없다. 단지 높은 단계의 연방제에 해당하는 「고려민주련방공화국창립방안」에서는 최고민주연방회의와 연방상설위원회의 설치만을 명기하고 있다.

(6) 남한의 연합제 안에는 구체적인 통일방식의 협의와 결정, 통일국가 구성절차 등을 남북평의회(남과 북의 국회의원 100명으로 구성되는 남북연합의회)에서 정하도록 하고 있다. 그러나 북한의 '낮은 단계 연방제' 안은 '민족통일정치협상회의'라는 남북의 당국, 정당, 단체의 대표가 참여하는 군중집회성 정치협상회의에서 결정하도록 하고 있다.

(7) 남한의 연합제 안은 남북평의회에서 통일헌법 제정과 그에 따른 민주적 총선 및 통일국가 기구 구성을 제안한다. 반면에 북한의 '낮은 단계 연방제' 안은 물론 높은 단계의 연방제에 해당하는 「고려민주련방공화국창립방안」에서도 연방헌법의 제정 방법 및 절차를 명시하지 않고 있다.

(8) 북한의 '낮은 단계 연방제' 안에는 연방국가의 운영에 관해 남북

지역 자치정부의 장(최고당국자)의 윤번제를 제안한 바 있다. 반면 남한의 연합제 안에는 남북연합이 그 자체로서 통일정부가 아니기 때문에 윤번제 운영을 언급하지 않고 있다.

따라서 앞으로 통일 추진 과정에서 이러한 쟁점들을 구체적으로 검토해 나가며, 차이점을 최소화하는 방안들이 적극적으로 모색되어야 할 것이다.

4

이명박 정부의 북한 붕괴 후
흡수통일론의 쟁점

1) 이명박 정부의 '비상계획 부흥'과 흡수통일론의 쟁점

2008년 11월 미국 방문 중 기자간담회에서 이명박 대통령은 "자유민주주의 체제 통일이 궁극 목표"라고 말한 바 있다. 2009년 6월에도 "오바마 대통령과 이명박 대통령은 민주주의와 시장경제를 바탕으로 한 한반도의 평화통일과 남북화해 달성 목표를 공유한다"고 발표하였다. 북한의 이념이나 체제나 제도를 부정하고 남한 중심의 흡수통일을 시사하는 내용으로, 한미 양국이 흡수통일론을 수용한 것으로 평가된다.

이명박 정부가 추진하는 북한 붕괴 후 흡수통일론이 구체적으로 드러난 것은, 2009년 가을부터 수립해 온 '북한 붕괴'에 대비한 '부흥'이라는 코드명의 '비상계획'이다.[23] 이명박 정부가 수립한 '비상계획 부흥'은 '작계 5029-05'[24]의 후속조치로서 한미 양국은 북한 급변사태와 관련,

---

23 "코드명 '부흥' 北급변사태 지원플랜 만들었다", 「문화일보」 2010. 1. 13.
24 "잇따라 제기되는 대북 선제공격설", 「한겨레」 2006. 11. 6; "시민단체, 용산기지 앞에서
   '작계 5029-05' 폐기 촉구", 「오마이뉴스」 2005. 4. 18. 북한에 이상 징후 발생 시 군사적으
   로 개입해 북한 정권 교체를 시도하는 '작전계획 5029'를 수립했다는 사실이 2006년 10월
   27일 미 「워싱턴포스트」의 군사 전문 칼럼니스트 윌리엄 아킨에 의해 알려졌다. 2006년
   10월 9일 북조선이 핵 실험을 성공한 2차 북핵 위기 한미연합사령부는 핵 시설에 대한

북한의 정권교체, 쿠데타 등 내전, 핵미사일 생화학무기 등 대량살상무기(WMD) 유출, 대규모 주민 탈북, 대규모 자연재해, 북한 내 한국인 인질사태 등의 시나리오를 상정하고 있다는 것이다.[25] 이러한 급변사태가 발생하였을 경우 북한 붕괴 상황을 상정하고 시나리오별로 북한 주민의 이동과 수용 등을 포함한 행정조치를 마련했다는 내용이다. 북한 급변 시 통일부 장관이 책임을 맡는 '북한자유화행정본부'(가칭)를 설치하여 정부가 북한 지역을 비상 통치한다는 계획이다. 이처럼 대부분의 작전은 한국군이 주도하지만 핵 시설과 핵무기의 제거는 미군이 맡게 될 것으로 전해졌다.[26] 그리고 이러한 비상계획에 따라 미군 고위관계자들이 북한의 급변사태에 대비한 한미 연합훈련을 실시하자고 제안한 것으로 알려졌다.

한 국책연구기관 관계자는 2010년 1월 17일 "통일연구원이 대북 교육·홍보 방송물을 만들어 내보내는 '통일대계' 프로젝트 비용(4년 동안 매년 8억 원)을 경제인문사회연구회로부터 확보해 올해부터 집행할 예정"이라고 밝혔다.[27] 이 관계자는 "'통일대계' 프로젝트는 북한 정권

대북 선제공격이 가능한 작전계획으로 수정·확대하는 데 합의했다는 것이다. 그러나 '작계 5029'의 실행 주체인 버웰 벨 한미연합사령관 겸 주한미군사령관은 10월 30일 기자회견에서 "한미연합사는 어떤 선제공격 계획도 갖고 있지 않다"고 부인했다.
이러한 부인에도 불구하고 평화와 통일을 여는 사람들, 평화통일 시민연대, 통일연대, 전국민중연대 등 내 단체 회원들은 "작계 5029-05에는 5가지 상황 중 하나만 발생해도 북한에 대한 군사적 개입을 할 수 있도록 규정돼 있다"고 전한 뒤 "이는 대북 선제공격 계획이자 외부에서의 공격을 방어한다는 한미상호조약 위반"이라고 주장했다.

25 "美. 北 급변사태 대비 한미연합훈련 제안", 「아시아투데이」 2010. 2. 5.
26 "北 급변 대비 작계 완성… 한국군이 주도 핵 제거는 美軍", 「한국일보」 2009. 11. 2.
27 "'북 붕괴 대비' 대북 홍보방송 가을께 첫 송출 한겨레", 2010. 1. 18. 이런 내용의 방송 프로그램을 연간 4편 가량 〈한국방송〉(KBS)과 〈문화방송〉(MBC) 등 남쪽 지상파 방송사와 공동 제작해 올해 가을께부터 내보낼 계획이다. 이를 위해 참여 방송사에는 편당

이 붕괴할 경우에 대비해 미리 북한 주민들에게 통일이 가져다줄 '좋은 변화'를 교육하고 홍보해서 남쪽 주도 통일에 대한 거부감을 풀고 호응하도록 하려는 의도로 기획됐다"며 "통일이 되면 북한 주민들의 월급과 구매력이 얼마나 오르고, 은행은 어떻게 이용하게 되는 것인지 등 실제 생활상의 변화를 생생하게 알리는 내용이 될 것"이라고 덧붙였다.[28]

위에서 언급한 '작계 5029-05'의 선제공격 계획이나 북한 붕괴를 전제한 '비상계획 부흥'의 흡수통일정책은 남북 정상이 6.15선언과 10.4선언의 합의한 내용과 김대중 정부와 노무현 정부가 견지해 온 '평화통일'과 '흡수통일 배제'라는 남한 정부의 일관된 통일정책을 하루아침에 뒤집는 것이며, 북한이 수용할 수 없는 정책 전환이라는 내외의 비판을 면키 어렵게 되었다. 따라서 2008년 6월 11일 김대중 전 대통령은 "전직 대통령 두 사람이 함께 밝혀 놓은 6.15, 10.4선언을 이명박 대통령은 반드시 지키십시오"라고 촉구한 바 있다.[29]

북한 붕괴라는 개념 설정 자체에 관한 논의도 제기되었다. 북한의 붕괴는 김정일 정권의 유고나 실각으로만 볼 수 있느냐는 것이다. 북한에서 정변이 일어난다 할지라고 후계체제가 구축되어 다소 혼란스럽지만 국가를 유지할 수 있다면, 이를 급변사태라 할 수 있지만 북한의 붕괴라고 할 수 없다. 북한 붕괴의 의미를 "북한 정권이나 체제의 붕괴를 넘어 북한의 국가성 자체의 소멸현상"[30]으로 규정하여 한다는 주장이다. 이명

5000만 원씩의 제작비가 '통일대계' 프로젝트에 배정된 정부 예산에서 지원된다.

28 이 제작물은 기본적으로 남쪽 국민들을 대상으로 방송되는 형식을 띠지만, 현재도 남쪽 방송을 휴전선 너머로 송출하고 있어 북에서도 볼 사람은 다 보고 있는 실정이라고 한다.

29 김대중, "21세기 우리 정부의 바람직한 대북정책", 「오마이뉴스」 2009. 6. 19.

30 김연수·김경규, "북한붕괴 시 한국의 선택과 대응책", 「전략연구」 제46호(2009. 7), 148.

박 정부의 북한 붕괴에 따른 흡수통일론의 쟁점들을 살펴보려고 한다.

(1) 북한의 급변사태로 인한 조기 붕괴가 현실적으로 가능한가 하는 근원적인 질문이 제기된다. 1990년을 전후해 오히려 북한의 붕괴를 논하면서 적극적인 대북정책을 펼치기 시작했다. 당시 북한이 10년을 버티지 못하고 붕괴할 것이라는 여론이 우세했다. 그러나 30년이 지난 지금 까지 북한은 붕괴하지 않았다.[31]

북한의 붕괴가 미국과 한국의 희망사항이거나 미국과 한국이 북한의 붕괴를 유도하려는 것이 아닌가 하는 질문이 제기된다. 사실상 1993년 3월 12일 북한은 핵무기확산방지조약(NPT)을 탈퇴할 것이라 위협함으로써 1차 북핵 위기를 조성하였을 때 미국의 태평양사령부는 '작전계획 5027'을 수립한 바 있다.[32] 1994년 만든 '작계 5027-94'는 북한 정권의 붕괴를 유도하는 내용이 추가됐다. '작계 5027-98'에는 북한이 남침할 경우 한미연합군이 반격에 들어가 김정일 정권을 붕괴시킨다는 적극적인 개념이 반영됐다.[33] 2003년 12월 말 작성된 '작계 5027-04'는 한반도에서 전면전이 발생했을 때를 대비한 한미연합사 작전 계획으로 작전 목적에 '북한 정권 제거'와 정권교체론(Regime Change) 등이

---

31 김계동, "북한 붕괴론과 생존론", 「국민일보」 2014-05-16.
32 '작계 5026'은 북한 핵 시설을 초정밀 공습하는 계획으로 1994년 6월 미국은 북한의 영변 등 핵 시설을 토마호크 크루즈 미사일과 에프-117 스텔스 전투기를 이용해 정밀 폭격하는 구체적 계획을 세웠으나 실행에 옮겨지지 않았다.
33 "작전계획 5029", 「서울신문」 2009. 11. 2. 작계 5027 시리즈는 1974년 처음으로 한반도의 전면전 상황을 가정, 남침한 북한군을 휴전선 이북으로 밀어낸다는 내용으로 작성되었는데 이를 '작계 5027-74'라 한다. 이후 2년마다 수정해 왔다. 1996년 만든 '작계 5028'은 전면전이 아닌 상태에서 일어나는 서해교전 등 우발적 사건에 대비한 계획이다. 작계 5030'은 미 공군 정찰기를 영공 가깝게 접근시키거나, 신속 배치 여단을 보내거나, 해병대 대를 전개하는 방법으로 북한 군부를 뒤흔들어 내분을 유도하려는 작전이다.

포함된 것으로 알려졌다.[34]

2009년 제3차 북핵 위기를 맞았지만 미국은 여전히 북한의 체제 붕괴를 기대하는 눈치이다. 클린턴과 부시 정권에 이어 오바마 정권마저 북한붕괴론을 대비하는 듯하다.[35] 이명박 정부 역시 이러한 미국의 북한 붕괴 유도론에 공조하는 듯하다.

그동안 북한 붕괴의 가능성에 대한 여러 전망이 있지만 현실성을 낮은 것으로 분석하는 이들도 적지 않다. 『한국전쟁의 기원』(1986)을 저술한 바 있는 브루스 커밍스는 하버드대 특강(2010. 2. 10)에서 오바마 정부의 대북정책을 비판하면서 김정일 위원장이 죽어도 북한 정권은 쉽게 무너지지 않을 것이라고 단언했다. 1990년대 초반, 워싱턴에는 북한이 핵을 무기로 전쟁을 하든지 정권 붕괴로 사라질 것이라는 두 가지 시각이 동시에 존재했지만, 20여 년이 지난 지금도 북한 정권은 여전히 존재하고 있고, 앞으로도 그럴 것이라는 주장이다.[36]

영국의 「타임」지는 2010년 2월 4일자 보도에서 북한의 식량난, 물가 상승, 보위부원에 대한 공격, 경제관리 실패에 대한 분노 등으로 볼 때 정권 교체의 조짐처럼 보이지만 아직은 이른 것 같다고 분석하였다. "인도네시아가 1997년 이런 일을 겪었을 때 32년 집권했던 수하르토 대통령은 다음해 권력에서 물러났다"면서, 북한의 붕괴를 점치기는 아직 이르다고 지적했다. 수많은 북한 주민들이 굶주리고 화폐개혁으로 인해 분노할지라도 그들이 할 수 있는 수단은 제한되어 있다고 이 신문

---

34 "북한정권 제거 명시 작전계획 5027 공개", 「매일경제」 2005. 10. 11.
35 "한·미, 북한붕괴론 패착 답습하나", 「내일신문」 2009. 8. 4.
36 "오바마 김대중·노무현 '파일'을 열어보아라 — 브루스 커밍스 교수의 하버드대 특강", 「시사IN」 2010. 3. 5.

은 지적했다. 1990년대 후반에 수백만 명의 북한 주민들이 굶어 죽었지만 당시에도 북한 정권은 존립에 심각한 도전을 받지는 않았다는 것이다.[37]

양무진 교수는 "어떤 근거로 북한 붕괴 시나리오가 나오는지 모르겠다"며 "평양 시민의 저항이라든지 군부 움직임 등 특이 동향이 전혀 없는 상황에서 최근 제기되는 북한 관련 시나리오는 붕괴론을 심화 확산시키기 위한 의도가 있을 것"이라고 말했다.[38]

북한경제전문가인 배종렬 한국수출입은행 연구위원은 2009년 7월 발표한 논문에서 북한의 2008년 무역액이 사회주의권이 붕괴되기 전인 1990년의 41억 달러보다 15억 달러가 증가한 56억 달러라는 점을 거론한 뒤, "북한 '선군경제건설론'의 핵심축이 대내적으로는 금속공업, 대외적으로는 대중국 무역으로 이동했음을 시사한 것이며, 이는 국제사회의 대북 경제제재가 가해지더라도 북한 경제는 상당 기간 버틸 수 있을 것으로 전망된다"고 결론을 내렸다.[39]

(2) 북한이 국가성 소멸 상태로 붕괴되었을 때 남한이 흡수통일할 수 있는 국제법상 정당성이 있는가 하는 질문이다. 북한에 대한 통치 주체가 누가 될 것인가 하는 문제이다.[40] 남한이 일방적으로 통일부 장관이 책임을 맡는 '북한자유화행정본부'(가칭) 설치하여 북한 지역을 비상 통치를 하겠다는 계획에 대한 우려도 없지 않다. "한국의 개입은 국제사회의 논란을 자초할 수 있으므로 급변사태 때 북한 내정에 불간섭한다는

---

37 "'北붕괴 전망 아직 이르다' 더 타임스 분석", 「문화일보」 2010. 2. 5

38 "북, 붕괴 시나리오 봇물", 「아시아투데이」 2010. 2. 19.

39 "MB정부 '북한붕괴론' 무색하게 만든 김정일의 건재", 「오마이뉴스」 2009. 8. 7.

40 김일영. "북한 붕괴 시 한국군의 역할 및 한계", 「국방연구」 Vol. 46, No. 2(2003), 139.

통일을 위한 기독교 신학

원칙을 천명해, 북한 정권과 주민의 자체 해결을 존중해야 한다"는 지적이다.[41] 북한에 대한 한국의 관할권이 국제적으로 공인되고 있지 않는 상황에서, 한국이 흡수통일을 하려면 북한의 붕괴 상황에 개입할 수 있는 정당성을 국제법상 확보하여야 하기 때문이다.

현재로서는 북한 붕괴로 인한 대규모 인도주의적 위기와 대량살상무기 통제 위험의 상황이 발생하면 우선적으로 유엔 주도의 개입, 다국적군 구성을 통한 개입, 한미연합사의 개입이 가능할 뿐 한국의 단독 개입의 거의 불가능하다.[42]

그럼에도 불구하고 이명박 정부의 부흥계획은 북한이 붕괴된 후 일정기간 민사작전을 할 경우 그 주체가 한국이 되는 것을 당연시하고 있다. 헌법 2조에 "대한민국의 영토는 한반도와 그 부속도서로 한다"고 명시된 것처럼, 북한이 한국의 영토에 속하므로 당연이 행정권을 한국이 행사할 수 있는 것으로 생각한다. 북한은 1991년 한국과 함께 유엔에 동시 가입한 단일 주권 국가이다. 따라서 국제법상 북한이 붕괴하더라도 북한에 대한 통치권이 남한 정부에 자동으로 주어지는 것이 아니다.

(3) 한국전쟁 당시의 선례를 보아도 그렇게 간단한 문제가 아닌 것을 알 수 있다. 1950년 10월부터 12월 사이에 한국군과 유엔군이 북진을 하였을 때 한국군이나 한국 정부는 북한에 대한 통치권을 행사하지 못하였다. 한국군이 10월 1일 먼저 북진하였고 7일부터 유엔군이 북진하기 시작하자마자, 미국의 지침과 유엔 결의에 의거 유엔군이 점령과 통치의 주체임을 주장하였다. 10월 12일 한국 정부는 '북한시정방침'을 발표하

41 "통일硏, 북한 급변사태 대비 시나리오 첫 분석", 「한국일보」 2010. 1. 20.
42 같은 책, 161, 164.

고 북한 지역에서의 사법과 행정을 한국이 주관할 것이며, 치안을 확보하는 대로 행정관을 수복지구에 파견할 것이라고 밝혔다. 그러나 북한 통치 주체 문제에 대한 한미 정부 간의 갈등은 미국의 압력에 밀려 한국 정부는 결국 '유엔한국위원단'의 결정을 따르게 되었다. 11월 하순부터 중공군이 대규모로 개입하면서 유엔군은 자신들이 주도하는 점령정책을 펴 보지도 못하고 후퇴할 수밖에 없었다.[43]

(4) 북한이 붕괴되어 치안과 행정의 공백으로 인도주의적 위기 상황이 도래하면 유엔의 평화유지군이나, 미국이 중심이 되는 다국적군이나, 한미연합군이 개입하는 등 국제사회가 공동 대응할 것이다. 이 중 유엔군에 의한 개입 가능성이 가장 높은 것으로 보인다.[44] 김일영은 "사실 북한 붕괴 상황도 가정하기 어렵지만, 그 속에서 한국의 단독 개입 가능성은 더욱 희박하다"[45]고 결론짓는다. 그러므로 북한이 붕괴되면 조기 흡수통일이 될 것으로 알고 있는 국민들의 오해를 불식시킬 필요가 있다고 하였다.

> 현재 국민들 대다수는 북한이 붕괴된다면 당연히 우리가 통치할 것이라고 생각하고 있다. 그러나 만약 사태가 닥쳐 그렇지 않은 것으로 드러날 겨우 정부는 국민이 느끼는 실망과 좌절 및 분노를 감당하기 쉽지 않을 것이다. 따라서 정부는 교육 및 홍보를 통해 이 문제에 대한 실상을 어느 정도 국민에게 주지시킬 필요가 있다.[46]

---

43 같은 책, 145, 246.
44 김연수·김경규, "북한붕괴 시 한국의 선택과 대응책", 147, 186.
45 김일영, "북한 붕괴 시 한국군의 역할 및 한계", 168.
46 같은 책, 171-172.

북한이 국가 소멸 상태로 붕괴할 가능성도 희박하지만, 만에 하나 붕괴하여 국가성을 소멸하더라도 역사적 전례나 국제법상으로나 지정학적으로 보아 조기에 자동적으로 한국에 흡수될 수 없다는 점에서, 이명박 정부의 북한 붕괴 후 흡수통일론의 문제가 드러나는 것이다.

'평화와 통일을 여는 사람들'(평통사)의 유영재 미군문제 팀장은 "정부가 이른바 북한 급변사태에 대비해 정부 종합 매뉴얼로 '부흥'을 작성한 것은 북한 붕괴와 흡수통일 음모를 꾸민 것"이라며, "이는 우리 헌법이 규정하고 있는 평화통일 원칙을 무시한 처사"라 비판하고, "이는 이승만 정권의 북진통일론과 본질상 다를 바 없으며, 남북 관계를 지난 1950년대로 되돌려 놓을 것"이라고 주장했다.[47] 그리고 "결자해지 차원에서 이명박 정부가 평화통일에 역행하는 불법적 점령통치계획을 즉각 철회할 것"을 촉구했다.[48]

한국 교회도 흡수통일에 대해서는 이미 반대를 분명히 선언한 바 있다. 평화와 통일의 희년선언(1995)을 통해 남북한 쌍방이 어느 일방으로 무력통일이나 흡수통일을 추진하는 것은 반대하였다.

우리는 앞으로 실현해 갈 통일의 과정과 단계에서, 그것이 체제의 연합이든 연방국가이든, 결코 어느 한쪽이 지배자로 군림하거나 다른 한쪽이 열등국민으로, 식민지로, 죄인으로 추락하는 통일이 되지 않도록, 공생의 원칙과 구조를 철저히 지키는 데 최선을 다해 노력해야 한다.[49]

이런 뜻에서 우리는 남북 양측의 현행 제도와 구조 중, 어느 한쪽의 것을

---

47 "부흥 계획은 21세기 북진통일론", 「민중의 소리」 2010. 1. 18
48 "북한 점령 통치계획 '부흥'은 이승만 북진통일론과 같다", 「오마이뉴스」 2010. 1. 18.
49 이 책 부록의 "5. 평화와 통일의 희년선언(1995)" 전문을 참고할 것.

다른 쪽에 그대로 이행시키는 방식의 통일을 원하지 않는다. 우리가 적화통일이나 흡수통일을 반대하는 이유도 그것이 정의와 평화를 가져오는 통일이 아니기 때문일 뿐 아니라, 결코 조국을 새롭게 만드는 통일이 될 수 없기 때문이다.[50]

그러므로 희년선언은 "많은 불행과 희생, 인권 유린을 가져온" 베트남식 무력통일이나, "한쪽의 붕괴와 다른 쪽의 흡수"로 "불평등과 부작용, 심리적 장벽과 갈등"을 만든 독일식 흡수통일을 모두 배제한 것이다. 왜냐하면 "1993년 4월에 베를린에서 열렸던 한독교회협의회를 통해 흡수통일의 후유증과 문제점들에 관해 진지하게 논의했으며, 여러 가지 충고와 교훈"을 얻은 바 있기 때문이라고 하였다. 분단 50년의 비극과 고통을 치르고 이제 지구상에 유일하게 남은 분단국가로서 한반도가 성취해야 할 통일은 다른 나라의 경우와 같은 무력통일이나 흡수통일의 불행과 부작용을 되풀이하지 않아야 할 것이다.

2) 북한 붕괴 시 중국 및 국제사회의 대응 전망

만에 하나 북한이 급변사태에 처하여 한국이 북한의 붕괴 상황을 급격하게 한반도 통일로 연결하려는 의도를 노골화할 때 "중국을 비롯한 국제사회의 일부가 이를 견제"할 움직임을 보일 수 있고, 또한 "북한 상황의 처리 문제에 대한 미국과 중국의 전략적 거래 가능성"도 있으며 그에 따라 "한반도 내 한국의 조기 통일 시도에 또 다른 긴장과 갈등의

---

50 같은 글.

상황을 초래할 수" 있다.[51]

무엇보다도 중요한 것은 중국의 대응이다. 중국은 지정학적으로 북한과 1,433km(880마일)의 국경을 공유하고 있다. 러시아가 공유하고 있는 17km(10마일)을 제외하면 북한 국경의 98.8%가 중국과 접경해 있다. 중국의 북한 지원도 엄청나다. 중국은 지난 1995년부터 향후 5년간 매년 북한에 대해 식량 50만 톤, 석유 120만 톤, 석탄 150만 톤을 제공하였다. 이 중 절반은 무상으로 나머지는 국제 가격의 1/3로 하기로 하고, 기타 소비재의 80%는 우호 가격으로 공급할 것을 약속한 바 있다.[52] 2006년 기준으로 하루 10,000배럴의 석유를 북한에 제공하고 있으며 이는 북한 전체 에너지의 70%에 해당한다.

2010년 2월 초 북한이 왕자루이(王家瑞) 중국 공산당 대외연락부장의 방북을 통해, 연간 북한 GDP(미화 150억 달러)의 70%에 육박하는 미화 100억 달러 이상의 대형 외자유치를 성사한 것으로 알려졌다. 그중 60% 이상은 중국 자본이라고 한다.[53] 군사적인 측면뿐 아니라 경제적인 측면에서도 북한의 중국 의존도는 더욱 높아질 것으로 예상된다.

중국은 북한의 정세에 따른 이해관계가 첨예할 수밖에 없으며, 북한의 붕괴나 붕괴 후 한국에 흡수통일되는 것은 원하지 않을 것이다. 강장

---

51 같은 책, 148, 150.

52 이광재·이기종·정영태, "북한체제 붕괴 시 정치적 외교적 대응 방안", 「한국북방학회논집」 Vol. 6, No. 1(2000), 198.

53 "北 외자 100억 달러 유치… 내달 평양서 조인식", 「프레시안」 2010. 2. 15. 중국의 대형 은행 두세 곳과 복수의 다국적기업이 대풍그룹과 대북 투자협상을 사실상 마무리 지었으며, 북한 내 외자유치 사업은 평양-신의주 철도, 중국 투먼-라선특별시 철도, 평양 10만 세대 살림집 건설과 연관된 주택 건설, 항만 건설 등의 프로젝트별로 사업이 시작될 것이라고 한다.

석 교수는 그 이유를 네 가지로 분석한다.

① 중국은 현재의 한반도의 안정화가 중국 경제의 고도성장과 선진화 정책
　 에 절대유리하다는 입장이다.
② 중국에 있어서 북한은 사회주의 체제의 동반자요, 체제 수호의 완충지
　 이므로 북한의 붕괴로 도미노 현상의 파급효과가 중국에 미치기를 원치
　 않는다.
③ 중국은 한반도에 다른 패권주의적 세력의 출현을 거부하고 현제와 같은
　 세력균형을 원한다.
④ 북한에서의 정변 등 급변사태를 막고 연착륙(soft landing)을 도모하는
　 것이 중국의 이해관계와 합치한다.[54]

　중국은 북한이 국가 소멸 상태에 이르는 붕괴를 원치 않으므로 김정일
의 유고나 정변이 생기더라도, 가능한 한 북한의 국가 체제를 유지하는
정책을 추진할 것이다. 만일 북한이 붕괴하더라도 한반도 전역에 친미정
권이 들어서는 것을 원하지 않을 것이며, 한반도가 남한 중심으로 통일
되는 것보다는 북한이 독자적인 친중국 정부를 수립할 수 있도록 유도
할 것이다.[55] 북한 군부를 움직여 친중국 정부를 북한 내에 세우기 위한
쿠데타도 시도할 수 있다고 전망된다.[56]
　다른 한편으로 중국은 북한의 급변사태나 붕괴 시 군사 개입을 할 가

---

54 강장석, "북한 체제붕괴 위기시 중국의 군사 개입가능성", 「신 아세아」 13권 3호(2006년
　 가을), 29, 32.
55 김일영, "북한 붕괴 시 한국군의 역할 및 한계", 170.
56 양홍모, "북한체제붕괴론", 「북한」 2007년 2월호, 21.

능성도 없지 않다. 그 역사적 전례가 있기 때문이다. 북한과 중국은 1949년 3월 18일 '조중상호방위협약'을 통해 "양측은 여하한 성질의 침략에 대하여도 공동방위를 한다. 또 어떠한 제국주의 세력이든 북한 또는 중국의 일방을 공격할 경우, 양측은 그 제국주의 세력에 대한 공동전쟁에 있어 공동행동을 취한다"고 선언하였다. 6.25전쟁 직전인 1950년 5월 13일 김일성과 박헌영은 모택동을 만나 남침계획을 설명하고 중국인민 해방군의 지원을 사전 합의하였다. 그리하여 중국은 90만 명 이상의 사상자를 내면서 한국전쟁에 직접 개입하였다. 1961년 7월 11일 북조선과 중국은 '조중우호협조상호원조조약'을 맺고 쌍방의 군대의 유사시 '자동개입조항'까지 포함시켰으므로 북한 유사시 중국의 군사 개입 가능성이 높아 보인다는 분석이다.[57]

중국은 1980년부터는 '일사양용'(一史兩用)이라는 구호 아래 만주 지역에 도읍해 있었던 고구려사는 중국사이고, 평양으로 천도(遷都)한 후의 고구려사만 한국사로 규정하는 양면적인 논리를 앞세웠다. 1990년대 들어서는 '통일적 다민족국가론'을 이념화하여 고구려사를 전적으로 중국사의 일부로 보려는 견해들을 발표하였다. 이런 배경에서 중국은 2002년 2월부터 5개년 계획으로 '동북공정'[58]을 추진하기 위해 정부 차원에서 엄청난 예산을 투입하여 고구려사를 중국사에 귀속시키려고 한다는 의혹을 받고 있다.

강장석 교수는 "중국이 고구려사를 중국사에 귀속시킬 경우 얻을 수

---

57 강장석, "북한 체제붕괴 위기시 중국의 군사 개입가능성", 33, 35.
58 정식 명칭은 동북변강역사여현상계열연구공정(東北邊疆歷史與現狀系列硏究工程)이다. 동북공정이라는 프로젝트는 2002년부터 진행됐지만, 실제 사업은 1980년대부터 시작되었고 2007년 종료됐지만 중국은 여전히 '정착화' 사업을 진행하고 있다.

있는 효과는 현재의 북한 지역에 대한 소위 '역사주권'을 주장할 가능성"⁵⁹이라고 하였다. 중국에게 북한은 '속국'(屬國), 남한은 '변방'(邊方)이 될 것이라는 우려 있는 까닭이다. '역사'가 먼저냐 '영토'가 먼저냐는 논쟁의 귀결은 역사를 장악한 민족이 영토를 장악하게 된다는 논리와 일맥상통하기 때문이다.

중국은 2003년 9월부터 북한 접경지역 순찰업무를 담당할 중국인민해방군을 추가 배치하기 시작하였다. 2009년에는 "중국 국경수비대 외에 20, 30만 명의 병력을 북한 접경에 배치"⁶⁰한 것으로 알려져 있다. 이들 병력이 유사시에 국경을 봉쇄하여 완충지대를 형성하는 데 일차 투입되겠지만, 북한의 치안 유지와 체제 유지를 위해 자동 개입할 가능성을 배제할 수 없다.

실제로 중국은 북한 김정일 체제의 붕괴 위기 시 일반 난민뿐 아니라 북한군이나 치안부대 등의 일부가 무장한 채 대거 유입될 것을 우려, 북한에 군대를 파견해 치안 회복과 핵 관리 등에 나서도록 하는 방안이 중국의 군사전문가들 사이에 거론되어 왔다고 한다. 미국의 국제전략문제연구소(CSIS)와 평화연구소(USIP)의 보고서에 의하면 김정일 정권 붕괴 시 중국이 치안 회복과 핵 관리를 위해 군을 투입하는 비상계획을 갖고 있으며, "인민해방군은 북한 비상사태에 대비해 인도적인 지원과 평화유지작전, 환경통제 조치 등 3가지 작전을 이행할 것"이라고 한다.⁶¹

59 강장석, "북한 체제붕괴 위기시 중국의 군사 개입가능성", 39.
60 "북한정권 붕괴되면 통일을 생각하지만, 세계는 중국의 흡수 가능성에 주목", 「한국일보」 2009. 8. 18.
61 "요미우리, '中, 北 유사시 군대 파견 검토', 「동아일보」 2008. 1. 22.

2010년 2월 방한한 왕지스(王緝思) 베이징 대학 국제관계학원장은 북한의 급변사태 때, "다른 국가들이 북한에 대한 정치 · 군사적 통제를 통해 개입하려 한다면 중국도 가만있지 않을 것"이라고 밝혔다. 그는 "구체적인 시나리오를 언급하지는 않겠지만 중국(정부)의 관점을 반영한 것"이라고 덧붙였다.[62]

한편 한국과 미국이 북한 급변사태에 대비한 한미 연합군의 '작전계획 5029'를 진전시켜, 북한 급변사태 때 대부분의 민사 작전은 한국군이 맡되, 핵 시설과 핵무기의 제거는 미군이 맡는 방향으로 의견을 모은 것으로 알려졌다. 월터 샤프 한미연합사령관은 "북한의 대량파괴무기를 제거하는 작전과 해병대의 강습상륙 작전은 미군이 주도하기로 합의했다"고 밝혔다.[63]

북한의 급변사태에 처할 경우 중국과 미국이 서로 적극적인 개입을 시도할 경우 양자 간의 충돌이 불가피하다는 지적마저 제기되고 있다. 미국의 보수 싱크탱크인 헤리티지 재단은 "북한의 권력 이양이 미국에 미치는 의미"(2010. 4. 7)라는 보고서에서 "미국 관리들은 북한의 급변사태 발생 시 핵무기를 통제하기 위해 북한에 진주한 중국군과 미군의 충돌 혹은 중국군과 한국군이 충돌하는 상황을 최악의 시나리오로 상정하고 있다"고 밝혔다.[64] "중국은 자국의 군사개입에 대한 북한의 부정적인 정서를 알고 있어 신중한 자세를 취하겠지만 북한이 통제 불능의 상황에 빠졌다고 판단될 경우 군대를 진주시켜 북한에서 인도적 지원과

---

62 이재정. "MB 실용외교 북한엔 왜 침묵하나", 「중앙일보」 2010. 3. 23.
63 "'작전계획 5029' 한 · 미 합의 구체화, 북 급변 때 '핵시설'은 미군이 처리", 「한겨레」 2009. 11. 2.
64 "北급변사태시 최악각본은 美-中 軍 충돌", 「연합뉴스」 2010. 4. 10.

치안 유지, 핵무기를 통제하는 임무에 나설 것"이며, 중국이 "북한의 붕괴를 막고 현상을 유지하기 위해 다른 나라의 대북 개입을 막는데 주력할 것"이라고 내다봤다.[65]

이러한 전망과 함께 북한 급변사태와 관련, 최악의 시나리오로서 중국이 한반도 문제에 개입해 북한에 친중 정권이 세워져 한반도가 '영구 분단'될지도 모른다는 우려가 없지 않다.[66]

남한에서는 북한 정권이 붕괴하면 통일 가능성이 커질 것이라 생각하지만, 세계는 북한이 중국으로 흡수될 가능성을 주목하고 있어요. 중국은 국경수비대 외에 20~30만 병력을 북한 접경에 배치했습니다. 그것이 하드웨어라면 동북공정은 소프트웨어예요. 중국은 몽골, 티베트, 신장 등에서 이미 성공을 경험한 노하우가 있습니다.[67]

현실적으로 중국이 과거 한국전쟁 때와 같이 미국과 한국의 입장을 배제한 채 단독으로 북한에 직접 군사적 개입을 시도할 가능성은 희박하다. 그렇다고 북한 사태를 한국과 미국에 맡긴 채 중국이 손을 놓고 있을 개연성도 거의 없다. 김국헌은 "언젠가 북한에 급변사태가 일어난다면 중국이 어떤 형태로든 개입할 가능성은 항존한다"며, "이를 대비한 우발계획을 중국을 포함해 한국과 미국이 함께 협의할 필요가 있다"[68]고 지적

---

65 같은 글.
66 김필재, "北급변사태시, 한국배제 美단독개입의 위험성", 「프리존뉴스」 2008. 3. 27.
67 "북한정권 붕괴되면 통일을 생각하지만, 세계는 중국의 흡수 가능성에 주목", 「한국일보」 2009. 8. 18.
68 "北 급변하면 中 개입할까?… 정치적 개입 가능성 있다", 「국민일보」 2009. 9. 10.

한다.

　이러한 가능성에 더욱 무게를 실어주는 주장도 제기되었다. 미국 워싱턴 시에서 한미경제연구소(KEI) 주최로 2010년 2월 18일 열린 토론회에서 리처드 와이츠 미국 허드슨 연구소 선임연구원은 "북한 붕괴 사태가 일어날 경우 러시아와 중국은, 미군이 자신들의 국경에 근접하기에 앞서 북한을 먼저 점령하기를 원할 수 있다"고 분석했다. "북 붕괴 사태가 일어날 경우 인도적 대응과 함께, 테러리스트와 범죄자, 불량정권들이 북한의 핵폭발 장치 등을 손에 넣는 것을 차단하기 위해 이웃국가들이 자국 군대의 북한 진입을 고려할 수 있다"고 전망했다. 그는 "러시아와 중국은 미군이 자신들의 국경에 근접하는 것을 허용하기보다 먼저 북한을 점령하기를 원할 수 있다"고 예상했다. 그는 "러시아와 중국은 이미 이런 공동 점령의 총연습에 해당하는 워게임을 실시했다"며, "2005년 8월 러시아와 중국은 북한 인근에서 '평화임무 2005'라는 군사훈련을 실시했다"고 하였다.[69]

　만약 북한에 급변사태가 발생한다면 국경을 맞대고 있는 중국과 러시아가 어떤 형식으로든 개입하려고 할 것이다. 이 과정에서 북한과 특수관계에 있는 만큼 중국은 자신의 영향력을 최대한 발휘할 것으로 전망된다. 북한 붕괴 시 중국의 정치적·군사적 개입을 배제한 채 일방적으로 한국이 조기 흡수통일할 가능성은 그만큼 희박한 것으로 볼 수 있다.

　따라서 "북한 급변사태 대응 과정에서 미국과 중국 어느 한편이 일방적 영향력을 행사할 수 없도록 한·미·중 협력에 의한 군사협력기제 등 안전장치를 마련"할 필요가 제기된다.[70] 이처럼 복잡한 한반도를 둘

---

69 "北 붕괴 땐 중국·러시아가 공동점령 가능성", 「한국일보」 2010. 2. 19.

러쏸 이해 당사국의 역학 관계를 고려하여 한국이 주도적인 역할을 할 수 있도록 다각적인 외교 노력을 기울여야 한다. 특히 통일과 관련하여 북한에 가장 큰 영향력을 행사할 수 있는 중국에 대한 통일 외교에도 치밀하게 준비하여야 함에도 불구하고, 이명박·박근혜 정부의 통일 외교는 오직 한미 공조에만 집중하고 있다. 이러한 외교적 편향의 문제를 조속히 해결하여야 할 것이다.

통일은 남북 당사자 간의 문제만은 아니다. "한반도의 평화와 통일은 동북아시아 평화뿐만 아니라 세계평화에 있어서도 하나의 관건"이다. 그러므로 88선언문에서는 밝힌 것처럼, "한국 교회는 한반도 주변의 미국, 소련, 일본, 중국 등 4개 국내의 기독교 공동체를 비롯한 세계 교회들과도 긴밀하게 협의하여 연대운동을 전개"해 나가야 할 것이다.[71]

---

70 "北핵보유 가정한 새 통일전략 필요", 「연합뉴스」 2009. 11. 4.
71 이 책 부록의 "2. 민족의 통일과 평화에 대한 한국기독교회선언(88선언)" 전문을 참조할 것.

5
이명박 정부의
선제타격론의 쟁점

1993년 3월 12일 북한은 핵확산금지조약(NPT)[72]을 탈퇴할 것이라고 위협함으로써 1차 북핵 위기가 조성된 이후 하와이에 주둔하고 있는 미국의 태평양사령부가 1994년 10월 7일 '한미전략기획지침'으로 채택한 '작전계획 5027'의 작전목표가 "북한군을 격멸하고, 북한정권을 제거하고, 한반도 통일여건을 조성하는 것"이라고 밝혔다.

북한이 2003년 12월 22일 핵동결해제 선언과 더불어 핵확산금지조약(NPT) 탈퇴를 선언함으로써 2차 북핵 위기가 시작된 후[73] 미국의 태평양사령부는 '북측을 타격할 선제 행동지침'을 마련하기 위해 '급변사태계획 5029'를 세웠다. 이에 따르면 북한 급변사태 때 대부분의 민사작전 등은 한국군이 맡되 "북한의 대량파괴무기(WMD)를 제거하는 작전과 해병대의 강습상륙 작전은 미군이 주도하기로 합의"한 것이다.[74]

---

72 '핵무기 확산방지조약'(Treaty on the Non. Proliferation of Nuclear Weapons)은 핵보유국이 핵무기, 기폭장치. 그 관리를 제3국에 이양하는 것과 비핵보유국이 핵보유국으로부터 핵무기를 수령하거나 자체 개발하는 것을 막기 위한 조약으로 1968년 워싱턴, 런던. 모스크바에서 각각 조인했으며, 1970년 3월 5일 발효됐다.
73 같은 글. 340.
74 "'작전계획 5029' 한·미 합의 구체화. 북 급변 때 '핵 시설'은 미군이 처리", 「한겨레」 2009. 11. 2.

그리고 2005년 중반에 '작전계획 5026'을 보완하였는데, 북측에서 일어날 것으로 예상한 다섯 가지 급변사태 시나리오 가운데 김정일 국방위원장 유고 시에 북측에서 군사정변이나 반란이 일어나 정권이 무너지거나, 또는 북측 정권에 대한 "외부적 반사행동"을 통해 북한이 붕괴되는 경우를 대비한 시나리오이다. 외부적 반사행동이란 태평양사령부 휘하 특수부대를 북측에 침투시켜 정권을 붕괴 위기에 빠뜨리는 '저강도 북침작전'을 뜻한다.[75]

태평양사령부가 북침작전계획에서 설정한 작전목표는 급변사태 유발, 정권 붕괴, 대량파괴무기 제거로 요약된다. 이 세 가지 작전목표를 한 마디로 줄인 개념이 '확장 억제'라는 것이다.

한호석에 의하면 미국은 이미 제7함대 항모강습단(7th Fleet Carrier Strike Group)을 구성하여 북한의 신종무기인 초음속 순항미사일, 잠수함발사 탄도미사일(SLBM), 신형 대륙간탄도미사일(ICBM)을 타격할 수 있는 무기체계를 갖추었다고 한다.[76]

미국의 대북 전략에 발맞추어 이명박 정부가 들어 선 이후 2009년 2월 20일 이상희 국방부 장관은 북한이 서해 북방한계선(NLL)에서 장사정포나 미사일 등으로 우리 함정을 선제공격해 올 경우 타격 지점을 공격하겠다는 원칙을 밝혔다. 국방부 장관이 공식석상에서 북한에 대해 분명하게 '대응타격' 방침을 밝힌 것은 극히 이례적인 일이다.[77] 그리고 "적의 미사일이 날아왔을 때 예방조치를 하는 한편 (북한이) 분명히 공격

75 한호석. "북침작전 역습할 신종 전략무기들", 「통일뉴스」 2009. 10. 26.
76 같은 글.
77 "北 선제 공격 땐 타격지점 공격", 「문화일보」 2009. 2. 21

행위를 했기 때문에 미사일 발사 지점은 공격받아야 한다"고 말했다. 소규모 국지전의 확전 가능성에 대한 우려를 제기하자 "전면전으로 확산되지 않도록 군은 현장에서 가장 짧은 시간 내 적이 도발한 만큼의 대응을 할 것"이라고 답했다.

2010년 1월 김태영 국방장관은 핵 공격의 경우는 그 기미만 보여도 '선제타격'을 하겠다고 선언하였다. "북한이 핵 공격을 할 경우 이를 막고 대응하기엔 너무 큰 타격이 있기 때문에 (핵 공격 기미를) 식별하고 분명한 공격 의사가 있으면 바로 타격해야 한다"고 밝힌 것이다. 그는 "선제타격은 합법성 논란이 많지만 북한이 핵 공격을 해올 땐 선제타격을 허용할 수 있다는 이론이 있다"고 하였다.[78]

김태영 장관도 인정했다시피 선제타격론은 아직 국제적으로 정당성을 인정받지 못하고 있는 상태이다. 설령 국방부의 설명대로 장관의 발언이 '원론적'이라고 할지라도, 북한의 입장에서는 선제타격론을 그동안 남북이 공동선언한 평화통일과 상호불가침 원칙을 저버린 '도발'로 보이기 때문이다. 그의 발언은 무책임하고 부적절한 발언이라는 비판을 받게 되었다.[79] 선제폭격론은 침략적 전쟁의 부정과 평화유지 의무를 규정한 우리 헌법 정신을 소홀히 하고, 선제적·예방적 전쟁 개념을 확대하려 했던 과거 조지 부시 대통령 시절의 미국 정부식의 논리를 따르려

---

[78] "김 국방장관 "북 핵공격 징후 땐 선제타격 해야", 「한겨레」 2010. 1. 21. 김태영 장관은 2008년 3월 합참의장 인사청문회 때도 같은 취지의 북핵 선제타격론을 밝히자 북한은 "선전포고와 다름없는 도발행위"라고 강력 반발하며 남쪽 당국자들의 군사분계선 통과 차단 조처를 취했고 이명박 정부 초기 남북 관계를 경색시키는 데 적잖은 원인을 제공하였다.

[79] "무책임한 김 국방장관의 '선제타격론', 「경향신문」 2010. 1. 21; "국방장관의 부적절한 '선제타격' 발언", 「한겨레」 2010. 1. 21.

는 것으로 지적되기도 한다.

아니나 다를까 북한 인민군 총참모부는 2010년 1월 24일 대변인 성명을 내고 김태영 국방부 장관의 핵위협에 대한 "선제타격론을 우리 (북)에 대한 노골적인 선전포고로 간주할 것"이라고 반박했다. "국방장관의 선제타격 폭언으로 지금 조선반도에서는 언제 6.25의 참변이 되풀이될지 모를 엄중한 정세가 조성되고 있다"며, "조성된 엄중한 사태에 대처해 우리 혁명무력의 원칙적 입장을 다시 한 번 천명한다"고 밝혔다. 성명은 이어 "우리의 존엄과 자주권을 침해하려는 남조선 괴뢰당국의 그 어떤 시도에 대해서도 우리 혁명무력은 즉시적이고도 단호한 군사적 행동으로 지휘의 중심을 비롯한 중요 대상물들을 송두리째 들어낼 것"이라고 주장했다.[80]

이러한 선제타격론은 "핵 공격 기미를 식별하고 분명한 공격 의사"가 있을 경우라는 조건을 달긴 하였지만, 북한의 핵 공격 기미 식별은 지극히 주관적인 판단이기 때문에 이제까지 남북 간에 여러 차례 합의한 평화통일의 원칙을 저버린 것으로 남북 관계의 지난 역사를 무위로 돌리는 무책임한 정책이라는 비판을 면키 어렵다.

6.25전쟁 이후 남북한이 모두 무력통일을 주장하여 오다가 1972년의 7.4 남북공동선언에서 처음으로 "통일은 서로 상대방을 반대하는 무력행사에 의거하지 않고 평화적 방법으로 실현하여야 한다"는 평화통일의 대원칙에 합의한 바 있다. "무력에 의한 침략과 충돌을 막고 긴장완화와 평화를 보장"하기 위해 체결된 남북기본합의서(1991. 12. 13) 제4조에도 "남과 북은 상대방을 파괴·전복하려는 일체행위를 하지 아니

---

80 "북한군 '선제타격론은 노골적 선전포고', 「경향신문」 2010. 1. 25.

한다"고 했다. 남북 간의 불가침을 합의한 제2장에는 "남과 북은 상대방에 대하여 무력을 사용하지 않으며 상대방을 무력으로 침략하지 아니한다"(9조)고 하였으며 아울러 "남과 북은 의견대립과 분쟁문제들을 대화와 협상을 통하여 평화적으로 해결한다"(10조)고 명시하였다. 그리고 제2차 남북정상회담에서 합의한 "남북 관계 발전과 평화번영 선언"(2007. 10. 4) 3항은 "남과 북은 군사적 적대관계를 종식시키고 한반도에서 긴장완화와 평화를 보장하기 위해 긴밀히 협력하기로 하였다. 남과 북은 서로 적대시하지 않고 군사적 긴장을 완화하며 분쟁문제들을 대화와 협상을 통하여 해결하기로 하였다. 남과 북은 한반도에서 어떤 전쟁도 반대하며 불가침 의무를 확고히 준수하기로 하였다"고 밝혔다.

한국기독교회 역시 남북한 문제를 평화적으로 해결하자는 입장을 일관되게 주장하여 왔다. 민족의 통일과 평화에 대한 한국기독교회의 선언(88선언)은 남북 간의 평화조약과 불가침조약의 체결을 촉구하였다.

> 한반도의 전쟁방지와 긴장완화를 위해서는 하루 속히 전쟁 상태를 종식시키는 평화협정이 체결되어야 하며, 이를 위해서 남북한 당국과 미국, 중공 등 참전국들이 휴전협정을 평화협정으로 전환시키고 불가침조약을 여기에 포함시키는 협상을 조속히 열어야 한다.[81]

따라서 북한의 핵무장에 대해 선제공격을 주장하는 것은 한국 교회의 바라는 평화통일과는 거리가 먼 것이므로 "통일은 곧 민족의 삶과

---

81 이 책 부록의 "2. 민족의 통일과 평화에 대한 한국기독교회선언(88선언)" 전문을 참조.

세계평화를 위협하는 분단을 극복함으로써 갈등과 대결에서 화해와 공존으로 나아가는 것이며, 마침내 하나의 평화로운 공동체를 만들어 나가는 것"이라고 선언한 것이다.

제 5 장

역대 정부의 통일정책과
그 쟁점에 대한 신학적 이해

1
이승만의
북진통일(승공통일) 정책

1945년 8월 15일 일제식민지로부터 해방되었지만, 동시에 미국과 소련에 의해 국토가 남과 북으로 나뉘어졌다. 1948년 대한민국(8.15)과 조선민주주의인민공화국(9.9)이 남과 북에 각각의 단독정부를 수립으로 가속화 된 분단체제는 1950년 6.25 전쟁을 통해 더욱 고착되었다. 분단 이 후 통일 논의는 일차적으로 남북한 당국 간의 정책적 대결 구조를 빚어 왔다. 남한 경우 통일을 논의함에 있어서 우선 부딪히는 문제는 통일논의 자체가 정치적으로 논란이 되어 왔다는 사실이다. 김학준은 '통일논의'에 관한 글에서 이렇게 말했다.

> 통일문제에 대한 논의는 오랫동안 금압(禁壓)되어 왔었다. 특히 이승만 정권 아래서 통일문제는 완전히 금기시(禁忌視)되어 누구도 입을 열 수 없었다. 그도 그럴 것이 이 정권은 강권통치의 수단으로 '북진통일'을 국시(國是)로 내걸고 있었기 때문이다.[1]

이승만 정부 이후 역대 정부의 통일정책을 살펴보고, 기독교 통일운동

---

[1] 김학준, "1970년대의 통일논의", 『반외세의 통일논리』(서울: 형성사, 1979), 122.

의 역사 과정에서 들어나 통일정책의 주요 쟁점에 대한 기독교적 대안을 제시하려고 한다.

제1공화국 이승만정부의 통일정책은 '북진통일론', '흡수통일론', '무력통일론' 등으로 정리할 수 있다. 당시 대한민국정부는 한반도 유일합법정부임을 주장하며 북한의 실체를 인정하지 않았다. 따라서 북한지역에 대한 주권회복을 강조하였다.[2]

해방 이후 외세에 의해 남북이 분단된 상황에서 남한만의 단독정부 수립을 주장한[3] 이승만은 1946년 5월 20일 전남 목포에서 반공주의적인 발언을 하게 되는데, 이는 향후 자신의 정치노선을 분명히 드러낸 것으로 볼 수 있다.

> 공산주의자는 파괴주의자이므로 전부 체포할 것이다. 미소공동위원회가 결렬되면 남조선에 단독정부를 세워 3.8선을 깨트리고 소련군을 내어 쫓고 북조선을 차지할 것이다.[4]

1948년 7월 17일에 제정된 헌법에 의해 같은 해 8월 15일에 남한 단독정부의 대통령이 된 이승만은 1960년 4.19혁명으로 붕괴되기 전까지 집권 기간 동안 대내외적으로 무력북진론을 공공연하게 표방하였다. 이승만은 국내의 좌익은 물론 세계 공산진영 일반과의 어떠한 형태

---

2 "통일", 「행정안전부 국가기원론」(http://www.archives.go.kr/)
3 이승만은 '남한 단독정부수립론'을 주장하였고, 백범 김구는 '통일정부론'과 주장하였다. 이승만은 미국과 소련 즉 자유민주주의와 공산주의가 대립한 냉전이 해소될 가능성이 희박함을 내다보고 미·소공동위원회 결렬 직후 단독정부론을 제기하며 남한의 독립을 추진해 나갔다.
4 「청년해방일보」 1946. 5. 20.

의 타협도 불가능하고 불필요하다는 기본 정치노선을 세웠다. 북진통
일론은 단순한 통일정책이 아니었다. 그것은 이승만 정권의 권력을 유
지하고 강화시켜 주는 핵심정책이었다.

　1948년 5월 10 남한의 단독선거를 반대 하여 일어난 제주 4·3항쟁의
진압 명령을 받은 여수 주둔 14연대의 장병들이 '동족학살 명령거부'와
'38선 철폐 조국통일'의 명분으로 봉기를 일으키자 이승만은 '공산분자
를 철저히 숙청하라'고 지시하였다. 여순사건의 여파로 1948년 12월
1일 제정된 국가보안법은 반공체제를 확고히 하는 법적인 토대가 됐다.
사회·문화적인 측면에서 진행되는 일상적 삶에 대한 통제는 반공체제를
유지하는 주요 원천이었다.

　10여 일 만에 진압된 여순사건은 오랫동안 '남한체제를 전복하기 위
해 북한과 연계된 남한 공산주의자들의 폭동'으로 서술되어 왔다.[5] 그러
나 김득중 국사편찬위원회 편찬연구사는 최근 출간한 『빨갱이의 탄
생』[6]에서 일제 시기와 해방 직후까지 공산주의자는 진보적 정책을 추구
하는 사람들로 여겨졌지만, 여순사건을 거치면서 급속히 유포된 '빨갱
이'란 용어는 도덕적으로 파탄이 난 비인간적 존재, 국민과 민족을 배신
한 존재를 지칭하는 단어가 되었다고 분석한다. 좌익세력에 대해 양민
을 학살하는 살인마의 이미지를 덧씌워 극단적인 적대의식을 부추겼다
는 것이다. 빨갱이 이미지를 만들어 내는 일에 군대와 경찰 같은 국가

---

5 "여순사건 시민연대, 진실화해委 조사 결과 못 믿겠다", 「전남일보」 2009. 1. 13. 진실·
　화해를 위한 과거사진상규명위원회는 여순사건 때 전남 순천지역에서 민간인 439명이 국
　군과 경찰에 불법적으로 집단 희생된 사실을 확인했다는 조사 결과를 발표했다. 그러나
　'여수지역사회연구소'와 '여순사건 화해와 평화를 위한 순천시민연대'가 조사한 1111명에
　크게 못 미친다는 비판이다.
6 김득중, 『빨갱이의 탄생: 여순사건과 반공 국가의 형성』(서울: 선인, 2009).

기구뿐만 아니라 언론인, 문인, 종교인들도 가세했다. 이승만 정부가
여순 지역을 진압한 후 남한 사회 전체를 반공체제로 재편했다는 점을
강조한다. 군대는 대대적인 숙군을 통해 반공군대로 무장했고, 다수의
우익청년단은 대한청년단으로 재편됐으며, 교육계에선 좌익 혐의를 받
은 교사와 학생들이 축출된 것이다.[7]

　이승만은 한국전쟁이 일어나기 전인 1949년 2월에 이미 미 육군장관
로얄(K. Royall)과 만난 자리에서 한국군을 증강시키고 장비와 무기를
공급받아 짧은 시간 내에 북으로 진격하기를 희망한다고 하였다.[8] 9월
30일 외신 기자 회견에서 이승만은 "우리는 북한의 실지(失地)를 회복
할 수 있으며 북한의 우리 동포들은 우리들이 소탕할 것을 희망하고
있다"고 말했다.[9] 채병덕 육군참모총장 역시 이즈음에 라디오 방송에서
"아침은 개성에서, 점심은 평양에서, 저녁은 신의주에서 먹겠다"며 호
전적인 발언을 하였다. 이승만은 정치고문관 로버트 올리버에게 보낸
편지에서 "지금이야말로 우리가 공격 행동을 취하여 우리의 충성스런
북한 공산군과의 합세, 그 잔당들을 평양에서 소탕해야 할 심리적 호기"[10]
라면서 김일성 부하들을 몰아내기 위한 북진을 강력히 호소하였다.

　이러한 이승만의 제1공화국의 북진통일론은 오히려 북한의 대남 도
발을 촉진시켰다는 주장도 제기되었다. 소련 외상 몰로토프는 유엔총회
에서 이승만의 북진통일 주장을 남한이 먼저 전쟁을 일으킨 증거물로

---

7 "여순사건이 반공국가로 만들었다", 「서울신문」 2009. 6. 17.
8 홍석률, "이승만 정권의 북진통일론과 냉전외교정책", 「한국사연구」 제85호(1994. 6),
　139.
9 서중석, "이승만과 북진통일: 1950년대 극우반공독재의 해부", 「역사비평」 31호(1995년
　여름호), 113.
10 같은 책, 113.

제시하였다. 실제로 1950년대 초부터 남북은 경쟁적으로 군비를 증강시키기 시작하였다. 이승만은 미국의 군사 원조를 공공연히 요청한 바 있다. 그러나 미국은 국군을 강화시키면 이승만이 무력통일을 추구할 것이라고 판단하여 탱크와 전투기 등 공격에 필요한 무기를 한국군에게 제공하지 않기로 결정하였다.[11] 결과적으로 남북 대치 상황에서 신생 대한민국으로서는 군비 증강이 절실히 필요한 시기였지만 미국은 한국 군대를 거의 경찰력 수준으로 유지할 정도의 군사지원을 제한하여 6.25 전쟁의 초기 패전의 한 원인이 되었다.[12]

이승만의 북진통일론은 1949년 7월 문교부가 제정하여 각급 학교 교과서에는 물론이고, 모든 서적의 맨 뒷면에 어김없이 인쇄한 '우리의 소원'을 통해 잘 드러난다.

하나: 우리는 대한민국의 아들딸, 죽음으로써 나라를 지킨다.
둘: 우리는 강철같이 단결하여 공산침략자를 처부수자.
셋: 우리는 백두산 영봉에 태극기 휘날리고 남북통일 완수하자.

이승만은 6.25전쟁 중인 1953년 3월 31일 휴전 반대 성명을 내었고 북진통일을 위한 시민단체들의 시위와 궐기 대회를 부추겼고 4월 21일에는 국회에서 북진통일을 결의하기도 하였다.

1953년 8월 17일 유엔 특별총회에서 16개 참전국 대표들이 채택한 합동결의안에는 "통일된 민주적 독립 한국을 평화적 수단에 의해서 실

---

11 같은 책, 108, 164.
12 같은 책, 115, 117.

현한다"[13]는 것을 확인하였다. 평화 통일을 반대한 이승만은 1954년 7월 미국을 방문해 중국과 소련에 대한 반격을 촉구하는 초강경 무력 북진통일을 호소하기도 했으나 미국 정치인과 여론의 반응은 싸늘하였다.

이승만은 시한부 휴전론을 피력하며 무력 북진의 단독 결행 가능성을 공공연하게 표방하였으므로, 이를 저지하기 위해 미국이 한국군의 작전 지휘권을 유엔군 사령관의 휘하에 두기로 한 배경이 되기도 하였다. 1954년 11월 한미상호방위조약이 체결됨으로써 한국은 미국의 안보체계에 편입되었다. 한국국의 지휘권이 미국에 양도되고, 이승만의 단독 북진정책은 실질적으로 좌절되었다.[14] 심지어 미국은 이승만 정권이 단독으로 북침을 시도할 경우 이승만을 제거할 계획을 세운 것으로 알려졌다.[15]

북진통일론이 줄기차게 주장되는 상황에서 진보당의 당수 조봉암은 1956년 평화통일론을 주장하였다. 1951년에는 국회부의장을 지냈고, 1952년 대통령 선거에 출마하기도 하였던 조봉암은 1956년 제4대 민의원 선거를 앞두고 야당연합의 조건으로 1) 국민 앞에 책임지는 정치 체제의 수립, 2) 수탈 없는 경제체제의 실현, 3) 평화적 방법에 의한 남북통일이라는 3개 원칙을 제시하여 평화통일론을 주장하였다. 그는 이승만 대통령의 북진통일론에 정면으로 도전한 것이다.[16] 당시의 야당인 민주당은 통일은 무력으로도 가능하고 평화적으로도 가능하다는 중도적인 화전양면(和戰兩面)의 통일론을 제시하였다.

---

13 같은 책. 122.
14 홍석률. "이승만 정권의 북진통일론과 냉전외교정책", 178, 179.
15 같은 책. 148.
16 홍석률, 『통일문제와 정치 사회적 갈등: 1953-1961』, 61-62.

이승만은 1958년 신년사를 통해 단독 북진통일을 다시 한번 강조하였다.[17] 1958년 2월 16일에 검찰은 진보당의 당수였던 조봉암을 간첩죄와 국가보안법 위반 및 무기불법 소지 혐의로 기소하였다. 1946년 좌우합작 운동에 참여한 바 있는 조봉암[18]이 소속한 진보당의 평화통일론이 대한민국의 존립을 부인하는 것이며 진보당의 정강정책이 북한 노동당의 정책과 상통하는 내용으로 대한민국의 헌법을 위반한 불법단체라 규정하였다. 조봉암은 체포되어 1959년 7월 31일 교수대에서 숨을 거두었다.[19]

사법 살인 을 당한 지 33년 이 지난 1992년 10월 25일 , 여야 국회의원 86명이 조봉암의 사면 복권을 청원하였고, 진실화해를 위한 과거사정리위원회는 2007년 9월 27일 조봉암 사건에 관해 1956년 "제3대 대통령선거에서 200만 표 이상을 얻어 위협적인 정치인으로 조봉암이 부상하자 이승만 정권이 1958년 진보당에게 정권을 빼앗기지 않기 위해 조봉암을 합법적인 형태를 가장해 제거하려고 한 것으로 판단된다"고 밝혔다.[20] 2011년 1월 20일 대법원이 조봉암에 대해 무죄를 선고함으로써 조봉암은 사형당한 지 52년 만에 복권되었다.

실제로 해방 직후 정치과정에서 국내 좌익은 물론, 세계 공산진영 일반과의 어떠한 형태의 타협도 불가능하고 불필요하다는 기본 정치구상이 이승만 정부의 북진통일론으로 나타난 것이다.[21] 이승만 정권은

---

17 홍석률, "이승만 정권의 북진통일론과 냉전외교정책", 137, 180.
18 조봉암은 대한민국 제1대 농림부장관(1948)과 제2대 국회부의장을 역임하였다. 제2대 대통령 선거에 출마하였으나 낙선했고, 제3대 대통령 선거에 출마하여 30%라는 지지를 받아 파란을 일으키기도 하였다.
19 정성한, 『한국기독교통일운동사』(서울: 그리심, 2003), 53, 54.
20 "조봉암 사건은 '정치탄압', 「내일신문」 2007. 9. 28.

한반도의 분단을 민족 문제로 파악하지 않고 전적으로 자본진영과 공산진영의 대립 문제, 즉 냉전의 문제로 파악하고 자본주의 진영이 공산주의 진영을 무력으로 타도하는 멸공의 길이 통일의 유일한 현실적인 방법이라고 설정하였다. 평화적·타협적 통일의 가능성을 완전히 봉쇄하였다. 이승만 정부의 북진통일정책은 "통일운동이라기 보다는 정치운동이었고, 대북용이나 대외용이라기보다는 대내용이었다"[22]는 평가를 받고 있다.

---

21 같은 책. 139.
22 서중석, "이승만과 북진통일: 1950년대 극우반공독재의 해부", 162.

2
김일성의
남조선 해방(적화통일) 정책

북한은 1945년 10월 10일부터 조선공산당북조선 위원회를 조직하면서 조선혁명과업을 수행하기 위해 '반제반봉건민주주의혁명' 노선을 천명하였다. "식민지 및 반식민지 나라들에서 외래 제국주의 침략세력과 그 앞잡이인 국내 반동세력을 때려 부수고 민족 독립을 달성하며 봉건적 착취관계를 청산하고 나라의 민주주의적 자주적 발전을 실현하는 혁명"[23] 노선을 채택한 것이다. 그리고 10대 강령으로 인민정권의 수립, 토지개혁, 주요 산업의 국유화 등을 제시하였다.

1948년 9월 9일 북한 정부를 수립한 후 우선적으로 프롤레타리아 독재정권의 강화와 생산관계의 사회주의적 개조라는 혁명 과업에 매진하였다. 남한의 이승만이 무력통일론을 공개적으로 역설한 반면 북한의 김일성은 6.25전쟁을 일으킨 시점까지도 여러 형태의 협상 시도를 전면에 내세우며 무력통일 계획을 성공적으로 위장하였다.[24] 김일성은 남조선 혁명을 위한 무력통일에 필요한 군사 원조를 소련과 중공으로부터 얻는 데 성공하였다. 이승만은 북진통일을 과도하게 주장하는 바람

---

23 정대화, "북한의 통일정책사", 「동향과전망」 제3호(1989. 3), 292.
24 이호재, "한국과 북한의 통일정책비교", 「아세아연구」 제71호(1984. 1), 15

에 미국으로부터 군사 원조를 얻는 데 실패하였다.

북한의 남조선 해방을 위한 무력통일론은 6.25전쟁을 통해 시도되었다. 북조선은 6월 28일에 서울을 점령하고, 7월 20일에는 대전까지 내려왔지만 UN이 회원국들을 파병함으로써, 북조선의 적화통일정책이 물거품이 되었다. 한국전쟁은 1953년 휴전협정으로 일단 막을 내렸으나, 비무장지대를 경계로 대치하며 긴장 상태가 지금까지 지속되고 있다.

북한의 경우 전쟁으로 파괴된 '인민경제 복구'가 최우선 과제였다. 1954년 이후의 전후복구 3개년 계획과 1957년 이후의 5개년 계획을 추진하면서 통일의 기반이 될 물질적·경제적 기초 건설에 매진하였다. 이 기간 중 북한은 천리마운동과 청산리운동 등의 전개로 남한에 비해 월등한 경제성장을 이루는 데 성공하게 된다.[25] 1958년 북한은 한반도의 모든 외국군의 즉시 철수와 남북협상을 통한 총선거 실시를 내용으로 하는 통일 관련 성명을 발표하였다.[26]

1960년 4.19혁명으로 남한의 내정이 혼란한 시점을 계기로 김일성은 그해 8.15 경축일을 기해 남북한의 연방제 통일안을 들고 나와 남북한 군대의 10만 이하 축소와 남북 경제인들의 교류 등 통일 논의 제안을 선도하였다. 그러나 다음해 5월 16일을 기해 남한에서 박정희 군사정권이 들어서자 남북 관계는 다시 경색되기 시작하였다.

김일성은 1964년 2월 27일 조선노동당 전원회의에서 "조국통일 위

---

25 같은 책, 16.
26 홍석률, 『통일문제와 정치 사회적 갈등: 1953-1961』(서울: 서울대학교출판부, 2003), 48.

업을 실현하기 위하여 혁명력량을 백방강화하자"는 연설문에서 남한의 '북진통일'을 대비하기 위한 군사력 강화를 역설하였다.

> 우리의 힘이 약할 때에는 적들이 '북진통일'을 주장하면서 쳐들어 올 수 있으나 우리의 힘이 압도적으로 우세할 때에는 적들의 공격을 미리 막을 수 있으며 나아가서 미제국주의자들을 물러가게 하고 나라의 평화통일을 실현할 수 있습니다. 적들이 전쟁을 일으키는 모험을 감행할 수 있습니다. … 그러므로 군사력을 강화하는 것은 혁명이 평화적인 방법으로 수행되건 비평화적인 방법으로 수행되건 관계없이 언제나 필요한 것입니다.[27]

김일성은 군사력을 강화할 명확한 방침으로 "인민군대의 간부화, 무기의 현대화, 군사진지 요새화, 전체인민의 무장화"를 제안하였다. 이러한 북한의 4대 군사노선은 핵심적 국가 목표로 자리 잡았다.[28] 이를 계기로 북한은 전후의 인민경제복구 우선의 정책에서 국방우위정책으로 전환함으로써 북한의 경제는 점차 치명적인 영향을 받게 된다.

1968년 '조선 민족보위성 정찰국' 소속인 124군부대 무장 게릴라 31명이 청와대를 기습하기 위해 서울에 침투한 사건으로 인해 남북 관계는 또다시 악화되었다.

1960년대 후반부터 1970년대 초반에 걸쳐 급격한 경제성장을 계속한 대한민국은 1972년부터 경제력에서 북한보다 우위를 점하게 되었다. 남한은 통일에 대한 전향적인 입장을 취할 수 있는 유리한 상황에

---

27 같은 책, 18에서 재인용.
28 같은 책. 19.

이었고, 남북대화에 자신감을 가질 수 있게 되었다. 마침내 6.25전쟁 후 20여 년 만에 남북은 1972년 7.4남북공동성명을 통해 ① 자주통일, ② 평화통일, ③ 민족통일(민족대단결)의 3대 원칙으로 합의할 수 있게 된 것이다.

남북공동성명 이후 북한의 대남정책도 변화되었다. 강성윤은 "1960년대 북한의 대남전략의 핵심은 남조선혁명론이어서 당시 북한의 남한에 관한 연구 주제도 상당 부분 남조선혁명과 관련된 것이었지만, 이 주제가 70년대 중반에 들어 급격히 감소했다"며 "이러한 현상은 남조선혁명론이 남한에서 현실적으로 생명력을 다했기 때문에 나타난 결과"라고 분석했다. 그는 "남한 체제는 파쇼독재 체제라는 전제 아래 '미제의 식민지성'을 강하게 부각시키는 등 남한에 대한 비난과 공격성 글들이 주류를 이루고 있던 시기는 남한의 국내정치나 법·제도가 비민주적일 때와 거의 일치한다"고 하였다.[29]

남한 지도자에 대한 북한의 호칭도 김영삼 대통령까지는 이름 뒤에 역적, 역도, 괴뢰정권, 괴뢰도당 등의 험구가 붙었으나 김대중 정부 출범과 더불어 실명을 생략한 채 '남조선괴뢰들의 인권' 같은 식으로 표현하였다. 2000년 남북정상회담 이후엔 남한 정부에 대해 '괴뢰정권'이라는 표현을 쓰지 않고 '남조선 정권'이라고 불렀지만, 이명박 정부 출범 후 다시 역적, 괴뢰 등의 표현이 등장하고 있다.

1990년대에 와서 북한은 변화된 내외 정세에 맞추어 "조국통일 5개 방침"을 발표하였다. 한반도의 긴장관계 완화와 통일을 위한 평화적 환경 보장을 요구하면서, 남북 간의 불가침 선언 채택, 조·미 간 평화협

---

29 "北학계, 2000년 이후 통일 논의 급감", 「연합뉴스」 2009. 4. 15.

정 체결, 남북 무력의 대폭 감축, 남한에서의 핵무기와 외국 군대 철수 등을 제시하였다.[30] 특히 주한미군 철수는 "한꺼번에 완전히 철수할 수 없다면 단계별로 철수할 수 있을 것"이라는 변화된 입장을 보였다.

분단 이후의 북한의 국가 목표는, 최소 차원에서 사회주의 체제 유지이고 최대 차원에서는 한반도의 공산화 통일이라고 볼 수 있다. 그러나 1990년대 접어들면서 공산권 국가들의 몰락과 남한의 소련 및 중국과의 수교 등으로 대외환경이 급변하였고, 1994년 북한의 최고 지도자 김일성의 사망 이후 북한은 경제난과 체제 위기를 직면하게 되었다. 김일성의 후계자 김정일은 최대 국가 목표로서의 공산화 통일보다 최소 목표인 사회주의 체제 유지에 주력하고 있다는 평가이다.[31]

2000년에 들어와서 남북 간의 경제력과 군사력의 차이를 감안해 볼 때 북한이 해방 후 견지해 온 남한의 해방혁명이라는 소위 '적화통일'의 국가 목표는 더이상 절실한 과제가 될 수 없게 된 것이다. 북한의 기아 문제와 체제 유지가 화급한 현실 문제로 다가왔기 때문이다.

북한 「노동신문」은 2009년 김정일 국방위원장이 "지금 우리나라는 정치사상적 면에서는 말할 것도 없고 군사 면에서도 강국 지위에 올라섰지만 인민생활에는 걸린 것(부족한 점)이 적지 않다"면서, "수령님(김일성)은 인민들이 흰쌀밥에 고깃국을 먹으며 비단옷을 입고 기와집에서 살게 해야 한다고 하셨는데 우리는 이 유훈을 관철하지 못하고 있다"는 사실을 시인하였다. 김 위원장이 2009년 초부터 원산, 대안, 흥남 등 경

---

30 정동규, "90년대 북한의 통일정책 변화를 어떻게 볼 것인가", 「동향과 전망」 통권 제17호 (1992. 9), 85.
31 이명수, "북핵문제와 우리 정부의 대응 – 노무현, 이명박 정부의 북핵정책 비교연구", 「한국 동북아논총」 Vol. 48(2008), 337.

제부문을 찾은 것도 주민 생활 문제를 해결하기 위한 것이었다. 이러한 언급은 '주민들의 먹고 사는 문제'에 어려움이 있음을 시인하고, 앞으로 주민 생활 개선에 중점을 둘 것임을 내비친 것으로 풀이된다. 2010년 1월 1일 신년 공동사설에서도 북한은 올해에는 주민 생활 향상을 위해 경공업과 농업에 주력하겠다고 밝혔다.[32]

현재 남한의 군사비 지출은 북한의 20배가 넘는다. 군사력의 토대가 되는 경제력은 남한이 북한의 38배 이상에 이른다. 반면에 북한은 경제 위기로 인해 의식주 문제조차 해결하지 못하고 에너지 수급조차 용이하지 않아 군사 훈련의 차질을 빚고 있다. 물론 서울을 순식간에 불바다로 만들 수 있는 장사정포와 북한이 최근 역점을 두고 개발하고 있는 미사일과 핵무기 등을 감안할 때 북한군의 전력은 막강하다고 할 수 있다. 이러한 비대칭 전력은 장기간 전면전을 수행할 수 있는 능력과는 구별되어야 한다. 미국의 안보전문 연구기관인 노틸러스 연구소의 데이비드 본히펠 박사는 2006년 6월에 발표한 "북한군의 에너지 사용 예상 평가"라는 자료에서, 한반도에서 전면전 발발 시 북한군은 에너지 수급난으로 인해 개전 24시간 내 항공작전 불능상태에 빠지고 5일 내 함정 가동이 중단되고, 탱크 등 주요 군사장비의 3분의 2를 세워 둘 수밖에 없는 실정이라고 하였다.[33] 북한은 남한을 상대로 적화통일을 위한 전쟁을 수행할 능력이 없는 것으로 평가된다.

---

32 "쌀밥에 고깃국 유훈 관철 못해", 「경향신문」 2010. 1. 11.
33 "북한의 전쟁 수행능력과 전시 작전권", 「한국일보」 2006. 8. 19.

3
박정희 정부 이후의 통일정책

    4.19 혁명으로 정권을 이어 받은 장면 정부는 이승만 정권의 북진무력통일론을 철회하고 "남북총선거에 의한 평화통일정책"을 제시하였다. 혁신세력과 학생세력 등 다양한 주체들에 의한 통일논의들이 공존했다. 그러나 북진통일 포기 이외에 이승만 정부와 차이가 없었다.[34] 4.19혁명은 통일 논의의 새로운 물고를 터주었다. 1960년 11월에서 이듬해 4월 사이에 생겨난 4개의 혁신 정당 중에는 통일사회당이 가장 큰 세력을 확보하였다.[35] 1960년 11월 1일에는 서울대 '민족통일연맹'이 결성되었다. 다음해 4.19혁명 1주년을 맞이하여 '4.19 제2선언문'을 통해 "반봉건, 반외압 세력, 반매판자본 위에 세워진 민족 혁명"을 위하여 "깨어진 조국의 민족통일이 커다란 숙제"라고 천명하였다. 이어서 5월 3일에는 '남북학생회담'을 공식 제안하여 사회적 파장이 확대되었다. 문교부는 5월 12일 통일운동 주도세력을 좌익으로 몰아 처벌을 논의하고 있었다. 이를 계기로 '조국통일평화위원회', '민족자주통일협의회'라는 민간단체도 결성되었다. 4.19에서 5.16 사이의 통일 논의에는

---

[34] "통일", 「행정안전부 국가기원론」(http://www.archives.go.kr/)
[35] 같은 책, 151-152.

평화적인 흡수통일론이 가장 우세하였고, 유엔 감시하의 총선거론과 중립화 통일론과 남북협상론이 제기되기도 하였으나, 5.16군사혁명으로 이러한 통일 논의는 '반공을 국시(國是)로 삼는다'는 혁명공약에 의에 더이상의 진전이 불가능하게 되었다.[36]

5.16 군사 쿠테타로 집권한 박정희 정부는 4.19 직후의 통일운동도 반공을 국시(國是)로 내건 5.16쿠데타로 무산되고 '평화통일' 논의는 이적행위로 매도하였다.[37] 이러한 반공 정책에 편승하여 1966년에는 한국기독교반공연맹이 창립되었고 '승공통일'이 대두되기도 하였다.[38] 박정희 대통령의 제3공화국은 '유엔 감시하의 남북자율총선거 통일 방안'과 반공·승공통일론 및 '선(先)건설-후(後)통일론'[39]을 견지하였다. 이 시기에는 북한의 우월적인 상황에서 불가피하게 냉전적 대결을 중심으로 하는 대북 봉쇄 및 억지 전략의 대북정책을 편 것으로 볼 수 있다.

1970년에 들어 와서 남북한이 대등한 위치에 접어들기 시작하였다. 박정희 정부는 이 때부터 북한에 대한 실체를 인정하고 평화공존의 대상으로 여겼다. 박정희 정부는 6.25전쟁 후 처음으로 남북 간의 상호 전쟁도발 행위 중지를 제시한 '8.15선언' 발표 이후 '선 평화-후 통일론'의 기능주의적 통일정책의 전환이 가능하여졌다. 국제정세의 변화와 남한 정부의 자신감이 '남북대화'에 나서도록 한 것이다. 남과 북은 1971년 남북적십자회담을 개최하고 1972년 '7.4남북공동성명'을 통

---

36 같은 책, 제2장과 3장을 참고할 것.
37 이만열, "한국기독교 통일운동의 전개 과정", 남북나눔연구원 편, 『민족통일을 준비하는 그리스도인』(서울: 두란노, 1994), 27-28; 이승환, "군사정권시기의 민간통일론", 「통일시론」 4(1999. 11), 130-142.
38 김흥수, "한국교회의 통일운동의 역사에 대한 재검토", 「기사연 무크」 3(1988), 105.
39 김명기, 『남북한 통일정책』(서울: 국제문제연구소. 1995), 92.

해 통일을 위한 자주, 평화, 민족대단결의 3원칙을 합의, 발표하게 이르렀다. 남북 당국은 외세에 의존하지 않고 '자주적'으로, 무력을 사용하지 않고 '평화적'으로, 사상과 이념을 초월하여 '민족대단결'을 이루자는 "조국통일 3대 원칙"을 발표한 것이다. 남북이 각각 '적화통일과 북진통일'을 포기하고, 비로소 '자주 평화통일'을 선언한 것은 그 자체로서 통일운동사의 획기적인 전진이 아닐 수 없다.

그해 8월 30일의 남북이산가족찾기를 위한 제1차 남북적십자회담이 열리게 되었다. 1973년 '두개의 한국정책'을 핵심으로 하는 「6.23평화통일외교선언」을 발표하는 등 새로운 남북 관계를 시도했다. 그러나 1970년대 국내·외적인 정세변화에 적응하는 과정에서 남북한은 서로 불신하고 체제강화에 몰두하게 되었다. 북한은 김일성 주체사상으로 유일체제를 구축하였고, 남한의 박정희는 이에 대응한다는 명분으로 유신체제를 강행하였다. 전 통일부 장관 한완상에 의하며 남북의 정권은 각각 '조국통일 3대 원칙'을 천명하였음에도 불구하고 공공연하게 상대방을 주적으로 상정하여 전쟁의 위기와 긴장을 조성하였고, 이를 빌미로 내부적으로 정권을 유지하고 반대자를 통제하는 '적대적 공생 관계'를 유지하여 왔던 것이다. 특히 남한의 강경 냉전권력은 북한의 교조적 지배세력을 공식적으로 규탄하고 '악마화' 하면서 역설적으로 지배세력의 지배력을 강화한다. 결국 남북 관계가 악화될수록 이익을 보는 세력은 남북의 극단적 반민주 세력이다. 그리고 이러한 극우세력의 '적대적 공생관계'가 더욱 은밀하고 조직적으로 반복되고 있기 때문에 분단은 더욱 고착되고 있다는 분석이다.[40]

---

40 한완상, 『한반도는 아프다- 적대적 공생의 비극』(서울: 한울, 2013).

실제로 박정희는 7.4 남북 공동 성명을 발표한 지 3개월 만에 통일을 구실삼아 북한 체제에 대응한다는 명분으로 계엄령을 선포하고 초헌법적인 10월 유신을 발표하였고, 유신헌법을 이용한 간선제 대통령의 영구 집권을 제도화 하였다.

북한의 김일성 역시 첫 남북 간 대화의 물꼬를 튼 분위기 속에서 사회주의헌법을 채택하여 주체사상을 확립하고 북한식 사회주의의 세습체제를 확립하였다. 1979년 박정희 서거 후 등장한 전두환 장군은 통일주체국민회의를 민주평통으로 개명한 후 간선제 7년제 대통령 피선되었으나, 1983년 10월 9일 버마의 아웅산 묘역을 방문한 전두환 대통령 일행에 향한 폭탄 테러가 북한의 소행이라는 것이 밝혀져 남북관계는 더욱 긴장 국면으로 돌아서게 되었다.[41]

박정희의 서거를 계기로 집권한 전두환정부의 통일정책은 1982년 〈민족화합민주통일 방안〉을 천명하는 등 다각적인 통일노력을 시도했지만, 정통성 논란 등과 겹쳐 성과가 미흡했다.

전두환의 뒤를 이어 집권에 성공하여 1988년 2월 출범한 노태우 제6공화국은 남북한 인적·물적 교류협력 증진을 통한 남북 관계 개선방안을 제시한 「7.7특별선언」(1988)을 발표하였다. 노 대통령은 이 선언에서 남북동포 간의 상호교류, 남북 간 교역을 위한 문호 개방, 북한과 한국 우방과의 관계 개선 등을 위해 노력하겠다고 밝혔다.

1989년 9월 11일 노태우 대통령은 국회연설을 통해 통일 과도단계인 '남북연합'을 중심으로 하는 「한민족공동체 통일 방안」을 발표하였

---

41 아웅 산 묘역에서 미리 설치된 폭탄이 터져 한국인 17명과 미얀마인 4명 등 21명이 사망하였다.

는데, 자주·평화·민주 등의 3대 원칙 아래 정부의 공식적인 통일 방안인 '민족공동체통일 방안(1989)'이 '남북교류 → 남북연합 → 완전통일'의 실현 단계로 나아간다는 3단계 통일 방안을 담고 있다.

노태우 정북가 적극적인 대북정책과 국민합의에 기초한 통일 방안을 제시한 것은 민간 부분 남북 교류의 영향도 없지 않았다. 1979년 조국통일해외기독자회가 발족하여 처음으로 북한과의 대화를 시도한 끝에 1981년 6월 29일 평양에서 "조국통일에 관한 북과 해외 동포 기독자간의 대화"를 개최하기로 합의였다. 11월 3일부터 6일까지 스위스 비엔나에서 "조국통일에 관한 북과 해외동포 기독자간의 대화" 참가자들은 "공동성명"(비엔나 선언, 1981. 11. 5)을 작성하기에 이르렀다.[42] 제2차 '조국통일을 위한 북과 해외동포 기독신자간의 대화'는 12월 3일부터 5일까지 핀란드에서 모였으며 '헬싱키선언'이 채택되었다.[43] 이에 자극을 받아 1982년 9월 16일 한국기독교교회협의회(KNCC) 산하에 통일문제연구원 운영위원회를 조직하였다.

1989년 3월 25일 문익환 목사가 방북하여 4월 3일까지 북한에 체류하면서 김일성 주석과 두 번 회담을 갖고 '4.2 남북공동선언서'를 발표하였다. 한국기독교교회협의회(KNCC)를 비롯한 진보진영에서는 '조국통일운동의 새로운 전기'라고 환영하였고 적극 지지하였다. 그러나 보수진영에서는 실정법을 위반하고 한국 사회의 혼란을 가중하였으며 기독교를 말살한 전쟁 범죄자이며 적화통일을 포기하지 않고 있는 김일성에게 '존경'의 표현을 쓰고 연방제 통일론을 지지한 것을 반민족적

---

[42] KNCC 통일위원회, 『1980-190년대 한국교회 평화통일운동 자료집』. 25-26.
[43] 같은 책. 27-29.

행위로 비난하였다.

문익환 목사의 방북이 가져온 충격의 여파로 한경직 목사가 준비위원장이 되어 1989년 4월 28일 한국기독교총연합회(한기총)가 창립된 것이다.[44] 문익환 목사의 방북을 지지하는 KNCC는 한국 교회의 대표성이 없다는 것이 한기총 창립의 가장 큰 동기였고 이후 양자는 한국 교회의 이념 갈등의 두 축이 되고 말았다.

노태우 정부는 1990년 8월에는 「남북교류협력에 관한 법률」을 제정하였고, 1990년 9월 제1차 남북고위급회담을 서울에서 개최하였다. 1992년 2월 평양에서 개최된 남북고위급회담 제6차 회담에서는 「남북 사이의 화해와 불가침 및 교류·협력에 관한 합의서」(남북기본합의서)와 「한반도 비핵화에 관한 공동선언」 및 「분과위원회 구성·운영에 관한 합의서」가 발효되었다.[45] 1990년 9월 30일 한러 수교에 1992년 8월 24일 한중 수교가 이루어졌다.

김영삼 정부는 1993년 출범 시기부터 북핵 문제로 남북 관계가 최악의 위기에 처했다. 그러나 노태우 정부의 3단계 통일 방안(1989)의 기조를 계승하여 1994년 8월 15일에 '화해협력 단계 → 남북연합 단계 → 통일국가 완성 단계'를 주 내용으로 하는 「한민족공동체 건설을 위한 3단계 통일 방안」(민족공동체 통일 방안)을 발표하였다.[46]

1 단계인 '화해·협력단계'는 남북이 적대와 불신·대립관계를 청산하고, 남북이 상호 체제를 인정하고 존중하는 가운데 분단상태를 평화적

---

44 정성한, 『한국기독교통일운동사』(서울: 그리심, 2003), 294, 295.

45 통일부, 『통일백서』(서울: 통일부 통일정책실, 1997), 19-21.

46 하상식, "대북포용정책 10년의 성과와 한계", 36. 이 방안은 김대중, 노무현 정권을 거쳐 이명박 정부에 이르기까지 공식적인 통일 방안으로 알려져 있다.

으로 관리하면서 경제·사회·문화 등 각 분야의 교류협력을 통해 상호 적대감과 불신을 해소해 나가는 단계이다.

2 단계인 '남북연합 단계'는 남북 간의 공존을 제도화하는 중간과정으로서 과도적 통일체제로서 남북 합의를 통해 기본적으로는 남북정상회의, 남북각료회의, 남북평의회 그리고 공동사무처가 운영 될 것이다.

마지막 '통일국가 완성' 단계는 남북연합 단계에서 구축된 민족공동의 생활권을 바탕으로 정치공동체를 실현하여 남북 두 체제를 완전히 통합하는 것으로서 1민족 1국가 1체제 1정부의 단일국가를 완성하는 단계이다. 남북 의회대표들이 마련한 통일헌법에 따른 민주적 선거에 의해 통일정부, 통일국회를 구성하고 두 체제의 기구와 제도를 통합함으로서 통일을 완성하는 것이다.

북한 김일성이 제안해 온 고려연방제 통일론에 대한 대응으로 '화해협력단계와 남북연합단계를 거쳐 1민족 1국가 통일국가 완성단계'로 가자는 소위 3단계통일을 제시하였다. 1990년 10월 3일 동·서독의 통일 선언은 평화통일이기 하지만, 동독이 서독에 흡수되는 전격적인 통일이었다. 따라서 통일비용을 비롯한 무수한 통일의 부작용이 드러났기 때문에 남북통일은 평화적으로 이루어져야 하되 단계적으로 이루어야 한다고 선언한 것이다.[47]

그러나 1994년 김일성 주석사망으로 남북정상회담이 무산되는 가운데 북핵위기 발생 등으로 통일정책을 안정적으로 추진하지는 못하였다.

---

47 제성호, "남측 聯合制와 북측의 '낮은 단계의 聯邦制' 比較", 「국제법학회논총」 제46권 제1호(2001. 4), 267.

4
김대중 정부의
화해협력정책

김대중 정부의 통일정책 방향은 1970년 10월 당시 야당 대통령 후보 자격으로 가진 기자회견에서 "나의 통일정책은 폐쇄 전쟁 지양에서 적극 평화 지향으로 가자는 것"이라고 밝힌 데서 시작된다.[48]

1998년 2월 출범한 김대중의 국민의 정부는 북한에 대한 획기적인 전환점이 될 수 있는 대북포용정책을 추진하였다. 국민의 정부 이전에는 북한과의 관계는 형식적이었고 실제적 교류가 이루어지지 않은 상태로 군사적 대치 관계에 놓여 있었으나, 국민의 정부에 들어서 화해와 협력 등을 강조한 포용정책으로 전환되었다.

노태우, 김영삼 정부가 제시한 단계적 통일론은 김대중 대통령에 의해 더욱 구체화 되었다. 김대중 대통령의 1998년 취임사에서 평화공존, 평화교류, 평화통일의 통일 3원칙에 따라 3단계 통일안으로 국가연합, 연방제, 완전통일(1민족, 2국가, 2체제, 2정부)를 제안하였다. 김대중 정부가 제시한 소위 햇볕정책이라고도 불리는 대북화해협력정책은

---

48 이후 평화공존, 평화교류, 평화통일에 입각해 공화국 연합제에 의한 국가연합제 단계 → 연방제 단계 → 완전 통일의 단계를 거치는 점진적 통일 방식인 '3원칙, 3단계 통일 방향'을 구상하고 대통령으로 당선된 직후 김정일과의 정상회담을 공식 제안했다

① 평화를 파괴하는 일체의 무력도발 불용, ② 일방적 흡수통일 배제, ③ 남북 화해협력의 적극 추진이라는 대북정책 3대 원칙을 말한다.[49] 전격적인 흡수통일은 배제하겠다는 3단계 통일 평화통안을 처음으로 제시한 것은 통일정책의 또 한 번의 변곡점이 되었다.[50]

대북화해협력정책은 평화, 화해, 협력이라는 3가지 개념에 따라 ① 안보와 평화협력의 병행 추진, ② 평화공존과 평화교류의 우선 실현, ③ 화해협력으로 북한의 변화여건 조성, ④ 남북한 상호이익 도모, ⑤ 남북한 당사자 해결 원칙하에 국제적 지지 확보, ⑥ 국민적 합의에 의한 대북정책 추진 등을 정책기조로 삼았다.[51] 그리고 정책 추진 전략으로 첫째, 남북기본합의서의 이행을 위한 남북대화 재개 노력, 둘째, 정경 분리에 입각한 남북 경협의 확대, 셋째, 사회·문화 교류의 확대, 넷째, 이산가족 문제의 해결 노력, 다섯째, 인도적 차원의 대북지원, 여섯째, 경수로사업의 체계적 추진, 일곱째, 한반도 평화환경 조성을 위한 정책 추진 방향의 설정, 마지막으로 국민적 합의 기반의 확충 등을 제시하였다.[52] 김대중 정부는 한국이 미국의 우수한 방위력에 의존하면서도 상당한 정도의 자주국방과 북한에 비해 우세한 경제력 등의 자신감을 바탕으로 대북포용정책을 적극 추진하였다.

1998년 11월 분단 이후 처음으로 남한 사람들이 금강산 관광에 나서게 되었다. 2002년 11월까지 50만 명의 남한 주민들이 북한을 방문함

---

49 화해협력정책의 공식 영어 명칭은 'Engagement Policy'이나 'Sunshine Policy'라는 명칭이 더 대중적으로 알려져 있고, 단절을 극복하고 개방하며, 대결하지 않고 협력한다는 의미를 내포하고 있다. 많은 면에서 1970년대 서독의 동방 정책에 기초했다.
50 김대중, 『김대중의 3단계 통일론』(서울: 아태평화재단, 2000), 30, 63.
51 신진, "김대중 정부의 햇볕정책과 구조적 한계", 「국제정치학」 43집 1호(2003), 301.
52 연합뉴스 편, 『2000북한연감』(서울: 연합뉴스, 1999), 191-192.

으로써 북한에 대한 인식을 바꾸는 데에 결정적인 영향을 끼쳤다.[53] 남북의 연간 교역 규모도 김대중 정부 초기인 1998년에는 2억 달러 정도였으나 2002년 말에는 6억 4천 달러로 증가하였다.[54] 역대 어느 정부보다도 확연히 구분될 정도로 남북 간의 교류협력이 괄목할 만큼 증대되었다.

그러나 남북 간의 군사적 충돌도 없지 않았다. 1999년 6월 서해 연평도 인근에서 북조선 경비정의 서해 북방한계선(NLL) 침범으로 제1연평해전이 발발하였다. 북조선 경비정 2척이 침몰하고 5척이 파손되었으며 북조선군 30명이 사망하였다. 2002년 한일 월드컵 도중 서해 연평도 인근에서 북조선의 NLL 재침공으로 제2연평해전이 발발하였다. 남한의 참수리급 고속정 1척이 침몰하고 윤영하 소령 외 5명의 대한민국 국군이 전사하고 18명이 부상하는 참사가 발생하였다.

서해상 교전 사태와 금강산 관광객 억류 사건으로 인해 포용정책을 포기하거나 적어도 전술적 수정을 거쳐야 한다는 주장도 없지 않았다. 정부가 김정일을 식견 있는 지도자로 평가했을 때도 여론의 비난이 거셌으나 결과적으로는 북조선 당국에 믿음을 주는 효과를 거뒀다고 할 수 있다.

2000년 3월 9일 김대중 대통령은 '베를린 선언'을 통해 ① 북한 무력도발을 용납하지 않으며, ② 우리는 북한을 해치거나 흡수통일을 추구하지 않으며, ③ 남북이 화해·협력을 적극 추진하겠다고 밝혔다. 이것

53 오수열, "김대중 정부의 대북정책과 금강산 사업평가", 「한국동북아논총」 Vol. 25, No. 1(2002), 137.
54 하상식, "대북포용정책 10년의 성과와 한계", 「국제관계연구」 제14권 4호(2007), 46.

이 바로 햇볕정책[55]의 핵심이며 냉전 종식을 위한 방안이라고 하였다.

2000년 6월 김대중 대통령과 김일성 주석이 분단 55년 만에 처음으로 만나 '6.15 남북공동선언'을 발표하였다. 핵심적인 사안은, "나라의 통일을 위한 남측의 연합제 안과 북측의 낮은 단계의 연방제 안이 서로 공통점이 있다고 인정하고 이 방향으로 통일을 지향시켜 나가기로"[56] 합의한 것이다.

김일성은 1971년 고려연방공화국 제안하였고, 1991년에는 느슨한 연방제를 제안하였다. 김대중은 김일성의 연방제를 수용할 수 없어 연합제로 대응하였다. 남한의 '1민족 2국가 2제도 2정부'의 연합제의 골격은 남과 북이 현재와 같이 두 국가 체제를 유지한 채 남북평의회(남북 국회위원 100인)를 구성하여 연합정부를 수립 방안을 협의하자는 것이다. 반면에 '1민족 1국가 2제도 2정부'의 연방제의 실제적인 내용은 연합제와 현저한 차이가 있다.

북한의 제안은 고려민주연방공화국이라는 단일 국가의 단일의석으로 유엔에 가입하고, 연방정부에는 해외동포 대표 참여시키고, 남북한 당국, 정당, 단체 대표로 구성된 민주통일정치협상회의를 통해 연방정부를 구성하자는 안이다. 따라서 북한의 의도를 남한이 당장 수용하기 어려운 점이 많은 것이 사실이다. 김일성의 연방제(연방국가, 미국)와 김대중의 연합제(국가연합, 구소련)는 그 구체적 내용이 너무 달라 협상의 의지가 상당히 많지만, 중요한 것은 동·서독 독일처럼 '전격적 흡수

---

55 영어로는 Sunshine Policy, 중국에서는 양광정책(陽光政策), 일본에서는 태양정책(太陽政策)으로 불렸다.
56 6.15 남북공동선언(2000) 제2조

통일'을 추구하지 않고 연방제든 연합제든 '단계적 통일'을 하겠다는 점에서 남북이 당사자 간에 합의를 보았다는 사실이다. 이후 남과 북은 이를 토대로 대화와 협상을 통해 남북 간 실질적 협력관계를 증진시켰다.

김대중의 국민의 정부는 무력도발 불용, 흡수통일 배제, 화해·협력의 적극 추진 등의 통일 방안을 적극 추진하면서 금강산 관광사업, 정기적인 이산가족 상봉, 6.15 남북공동선언 등 경제·정치·문화의 다양한 분야에서 북한과 접촉을 통한 평화공존관계를 유지하려는 노력들을 하였다.

그러나 이전 정권과는 달리 김대중 정부는 북미관계 등 복잡한 국제 정세와는 독자적으로 남·북이 금강산 관광사업과 같은 경제협력사업을 추진하였고, 정기적인 이산가족 상봉을 통해 관계를 계속 유지하려고 했으며 그 결과 6.15 남북공동선언이라는 큰 성과를 거두었다. 이처럼 남·북이 독자적으로 관계 개선을 시도하게 되면서 미국과 일본의 견제를 받기도 했다.[57]

김대중 대통령은 일관된 햇볕정책과 남북 간의 정상회담을 통해 한반도 평화를 증진시킨 공로로 2000년 10월 노벨평화상을 받았는데 노벨상위원회는 수상자로 선정한 이유를 다음과 같이 밝혔다.

노르웨이 노벨상위원회는 2000년도 노벨평화상을 김대중 한국 대통령에게 수여하기로 했다. 그는 한국과 동아시아의 민주화, 인권 신장을 위해 노력했으며, 특히 북한과의 평화와 화해를 위해 힘을 쏟았다. … 김 대통령은 일관된 '햇볕정책'으로 50년 이상 지속된 남북한의 적대관계를 해소하기

---

57 "국민의 정부의 통일정책", http://contents.archives.go.kr.

위해서도 노력했다. 그가 북한을 방문한 것은 두 나라 사이의 긴장을 완화하는 데 결정적 구실을 했다. 그 결과 냉전체제가 한국에서도 종식될 것이라는 기대가 높아지고 있다. 노르웨이 노벨상 위원회는 북한과 다른 나라 지도자들이 한반도에서의 화해와 통일을 진전시키는 데 기여한 점도 인정하고자 한다.[58]

---

58 「한겨레신문」 2000. 10. 14. 노벨상 위원회의 공식 선정발표문.

5

노무현 정부의
평화번영정책

노무현 정부의 평화번영정책은 김대중 정부의 햇볕정책을 계승·발전한 것이다. 대북 포용의 기조를 바탕으로 정책 내용에서는 '화해와 협력을 넘어 평화번영'을 지향하고, 정책 대상에서는 '남북을 넘어 동북아'를 고려한 전략적 구상이었다.[59] 김대중 정부의 대북화해협력정책이 북한에 대한 경제적 지원을 통해 평화를 보장받는 것이었다면, 노무현 정부의 평화번영정책은 남북경제공동체 혹은 남북한 공동번영이라는 보다 적극적인 경제적 호혜관계를 이룸으로써 보다 공고한 평화체제를 구축하려는 구상이다.[60]

화해협력정책의 원칙은 ① 대화를 통한 문제 해결, ② 남북 신뢰 우선과 호혜주의, ③ 남북 당사자 원칙에 기초한 국제협력, ④ 국민과 함께하는 정책이다. 이를 위해 단기, 중기, 장기적인 추진 전략을 세웠는데, ① 단기적으로 북한 핵 문제의 평화적 해결, ② 중기적으로 한반도 평화체제 구축, ③ 장기적으로 동북아 경제 중심의 추진이다.[61]

---

[59] 김근식, "노무현 정부의 평화번영정책: 구상과 현실 그리고 과제", 「통일문제연구」 16호 1호(2006), 5-25.

[60] 이기동, "노무현 정부와 이명박 정부의 대북 접근방식 비교", 「북한연구학회보」 Vol. 12, No. 2(2008), 272.

참여정부는 제2차 북핵 위기 직후에 출범하였다. 그래서 노무현 대통령은 취임사에 북핵 불용, 대화를 통한 평화적 해결, 우리의 주도적 역할을 참여정부의 북핵 문제 해결 3원칙으로 제시하였다. 북핵 위기로 인한 북미 간의 긴장을 중재하는 역할로 2005년 정동영 통일원 장관으로 하여금 방북하여 김정일 위원장을 만나 대북 중재안을 제시하였다.

2006년 7월과 10월 북한이 장거리 미사일 발사와 핵 실험을 실행한 이후에도 대북포용정책에 입각한 대미 외교를 통해 대북 강경 압박책을 구사하는 조지 부시(George Walker Bush) 행정부를 설득하고 6자 회담을 중심으로 핵 폐기를 위한 노력을 기울였다. 마침내 극적으로 북한은 "모든 핵무기와 현존 핵계획을 포기"하고 미국은 남한에 핵무기가 없다는 것과 "핵 또는 상용무기로 북한을 공격하거나 침공할 의사가 없다"는 것을 명시한 9.19공동성명을 도출하는 성과도 올렸다.[62] 2007년 2월에는 6자 회담에서 2.13합의를 통해 북한의 핵 시설 폐쇄와 불능화, 핵 사찰 수용, 중유 등 경제적 지원을 이끌어 내었다.

노무현 대통령은 2007년 10월 2일 도보로 군사분계선을 넘어 10월 4일까지 평양을 방문하여 김정일 국방위원장과 정상회담을 가졌다. 2000년 남북정상회담에 이어 두 번째 남북정상회담이다. 이 회담의 결과로 10월 4일 남한과 북조선 양측은 8개 조항의 「2007년 남북정상선언문」을 발표했다. 핵심적인 내용은 3단계 통일안이며, 첫 단계로서 "남과 북은 군사적 적대관계를 종식시키고 한반도에서 긴장완화와 평

---

61 통일부 편. 『통일백서』(서울: 통일부 통일정책실. 2004). 35: 이창헌. "노무현 정부 대북정책의 성과와 평가". 「정치정보연구」 Vol. 11. No. 1(2008). 79.
62 노무현 정부의 2차 북핵 위기 대처 과정에 관해서는 제2장 7을 참조할 것.

화를 보장하기 위해 긴밀히 협력하기로 하였"으며, "정전체제를 종식시키고 **항구적인 평화체제**를 구축해 나가야 한다는 데 인식을 같이하고", "민족경제의 균형적 발전과 공동의 번영을 위해 경제협력사업을 공리공영과 유무상통의 원칙에서 적극 활성화하고 지속적으로 확대 발전"시켜 나가며, "민족의 유구한 역사와 우수한 문화를 빛내기 위해 역사, 언어, 교육, 과학기술, 문화예술, 체육 등 사회문화 분야의 교류와 협력을 발전시켜 나가기로 하였다."[63] 이처럼 제1차 남북정상회담(김대중·김정일)이 남북한의 정치적 적대관계의 종식에 합의한 데 이어, 제2차 남북정상회담(노무현·김정일)은 군사적 적대관계의 종식까지 모색하게 된 것은 매우 중요한 성과라 할 수 있다.[64]

2007년 11월 노무현 정부는 남북 관계발전 '기본계획'을 수립하였다. 2008년부터 2012년까지 '5개년 계획'으로, 6.15선언과 10.4선언을 통해 남북이 합의한 사항을 추진할 계획이 반영되어 있다. ① 한반도 비핵화 실현, ② 한반도 평화체제 구축, ③ 남북경제공동체 초기 단계 진입 등 7가지를 전략목표로 상정하고, 10.4선언의 남북 간 협력 사업들을 추진 과제로 명시했다.

노무현 정부의 대북정책의 주요 목표는 한반도의 평화체제 구축을 지향하는 남북한 군사적 긴장 완화에 둔 것으로 평가된다. 실례로 노무현 정부 시기에 남북한 국방장관회담과 장성급군사회담 및 군 실무회담이 5년간 총 29회 개최되었다. 이는 김대중 정부 시대의 16회에 비하면

---

63 이 책 부록 "7. 남북 관계 발전과 평화번영 선언(10.4선언, 2007)" 전문을 참고할 것.
64 정주신, "제2차 남북정상회담 이후의 남북 관계 전망", 「동북아연구」 Vol. 23, No. 1 (2008), 63.

2배에 달한다. 그 외의 남북 교류협력을 위한 정치, 경제, 인도, 사회문화 부분의 남북회담을 다 합치면 169회[65]에 이른다. 이는 김대중 정부의 55회[66]에 비하면 3배가 많은 수치이다.

노무현 정부 시기의 남북 교역을 통한 통상의 규모 역시 역대 정부에 비해 크게 증가하였다. 교역 규모에 있어서도 5년간 7억 2천 달러에서 17억 달러의 교역이 이루어졌다. 교역 구조도 다양하였다.[67] 남북교역 초기에는 해외 중개상을 통한 간접 교역이었으나, 1990년 중반부터 남북 교역 당사자 간의 직접 교역이 증가하였다. 특히 2005년 9월 '남북경제협력협의사무소'가 개소된 이후 남북 간 직접 교역이 늘어났고, 2007년 개성공단 입주 업체의 생산품과 북한산 농수산물의 반입이 증가되면서 남북 간의 통상 규모가 크게 증폭하였다.

노무현 정부는 2006년 6월 남북경제협력추진위원회 12차 회의에서 남측은 8,000만 달러 상당의 경공업 원부자재를 유상 제공하고, 전체 비용의 3%를 북측은 아연괴와 마그네시아크링커 등으로 상환하며, 잔여분은 연 이자율 1%, 5년 거치 10년 상환 조건으로 상환하기로 합의하였다. 남측은 인도적 차원에서 매년 최소 2,600억 원에서 최대 3,800억 원에 이르는 대북 식량차관을 제공하고[68] 그 대가로 이산가족 상봉을 받아내는 비등가적 상호주의를 추진하였다.[69] 이 역시 이명박 정부에

---

65 이창헌, "노무현 정부 대북정책의 성과와 평가", 「정치정보연구」 Vol. 11, No. 1(2008), 84. 노무현 정부 시기 남북회담 통계표 참조.
66 같은 책, 87. 김대중 정부 시기 남북회담 통계표 참조.
67 이명수, "북핵문제와 우리 정부의 대응 – 노무현, 이명박 정부의 북핵정책 비교연구", 351.
68 박재민, "김대중 정부 시기 남북한 간 상호성에 관한 연구", 「국제정치논총통일문제연구」, 제43집 1호(2003), 322
69 이기동, "노무현 정부와 이명박 정부의 대북 접근방식 비교", 「북한연구학회보」 Vol. 12,

들어오면서 중단되고 말았다.

남북 간의 통행을 위한 사업도 본격적으로 추진되어 남북 간의 도로와 철도 연결 사업이 결실을 보았다. 동해선 도로는 2004년 12월에 개통되었고, 철도는 2005년 12월 동해선 궤도 부설공사가 완료되었다. 2007년 5월에는 남북한을 연결하는 경의선과 동해선에 남북의 열차가 시범 운행하였다. 같은 해 12월에는 문산-봉동 간 화물열차가 정기적으로 운행되었다.[70] 노무현 정부가 들어서고 5년 동안 남북 인적 왕래는 1만 3천 명에서 16만 명으로 증가하였다.[71]

남북 공동번영의 정책 목표를 달성하기 위해 노무현 정부는 인도적 분야의 대북지원에도 정책적 지원을 아끼지 않았다. 우선 북한의 식량 증산을 돕기 위한 대북 비료지원은 2003년부터 2007년까지 총 160만 톤(5,119억 원)에 이른다. 한국 정부 차원의 식량차관은 남북협력기금에서 마련하였는데, 그 금액은 총 6,300억에 달한다. 국제기구를 통해 2003년과 2004년에 옥수수를 각각 10만 톤씩 지원했고, 2007년에도 1.5만 톤을 지원하였다. 영유아를 위한 긴급의료지원도 2003년부터 2007년 사이에 총 2,603만 달러가 된다. 2007년에는 북한의 수해 복구를 위해 374억 원 규모의 건설장비와 자재를 지원하였고, 민간단체와 더불어 중장기 경제자립 기반 지원을 위해 총 137.6억 원을 지원하였다.[72]

No. 2(2008), 278.

70 이창현, "노무현 정부 대북정책의 성과와 평가", 88.

71 이명수, "북핵문제와 우리 정부의 대응 – 노무현, 이명박 정부의 북핵정책 비교연구",「한국동북아논총」Vol. 48(2008), 351.

72 이창현, "노무현 정부 대북정책의 성과와 평가", 89.

남북 간의 인적 교류 차원에서 이산가족 교류 역시 노무현 정부 시기에 상봉인원이 14,600명으로 늘어났다. 이산가족 교류는 생사 확인, 서신 교환, 화상 상봉, 방북 상봉으로 이루어졌다.[73]

노무현 정부는 장관급 회담 등 남북대화 채널을 통해 지속적인 대북 설득과 국제적 협력을 병행하여 6자 회담의 성사를 뒷받침하였다. 북미 관계의 위기 국면을 협상 국면으로 전환하여 6자 회담을 추진하였다. 또한 남북 간의 개성공단과 금강산 육로관광, 경의선 철도 연결 등의 남북 경협사업이 꾸준히 진행되는 등 남북대화가 일상화·제도화되었다. 그로 인한 인적·물적 교류 또한 증가한 것이다. 이를 기반으로 2007년 10월 4일 2차 남북정상회담이 개최되었고, 6.15 공동선언의 이행로드맵이라고 할 수 있는 '2007 남북정상선언'이 발표되었다.[74]

어쨌든 북한이 김대중·노무현 정부와 2차에 걸쳐 정상회담을 하였다는 것은 북한이 남한을 적대적 상대가 아니라 화해협력과 평화번영의 파트너로 받아들인 것이며, 다른 한편으로 북한체제의 발전 전략의 틀을 전환한 것이라고 평가할 수 있다. 남한 역시 민간교류, 개성공단, 금강산 관광, 각종 대북지원을 통해 북한과의 3통을 통한 소통과 통합을 위한 의지가 확고함을 보여주었다.

이처럼 노무현 정부는 북핵 문제로 남북 관계와 한미관계가 경색되는 분위기에서도 북한과의 군사적 긴장관계 해소를 위한 수차에 걸친 군사회담을 열어 남북 간의 인적·물적 교류를 가능하게 하고 확대시켜 왔다. 그리고 "대북 대화의 채널을 구축하는 등 남북 관계를 제도적으로

---

73 같은 책, 90.
74 "참여정부의 통일정책", http://contents.archives.go.kr.

진전시키는 동시에 평화와 남북경협, 남북 관계와 6자 회담 그리고 남북
미 관계를 선순환구조로 발전시킨 것 또한 큰 성과로 평가[75]받고 있다.

75 이명수, "북핵문제와 우리 정부의 대응 - 노무현. 이명박 정부의 북핵정책 비교연구", 346.

6

이명박·박근혜 정부의 흡수통일론과
북한 핵실험

1) 이명박 정부의 '비핵 개방 3000'의 통일정책

이명박 당선자는 대통령직 인수위원회 시절 이미 통일부 폐지를 검토하는 것으로 알려지자, "통일 관련 첫 주요 정책으로 통일부 폐지안을 내놓는 몰역사적인 모습"에 대해 "통일부 폐지는 용납할 수 없는 반통일·반헌법적 폭거"라는 여론의 반발로 취소하였다.[76] 통일부 폐지론자를 통일부 장관으로 임명하여, 다시 한 번 파란을 일으키는 등 통일정책의 일대 정책적 전환을 예고하였다.[77]

이명박 정부의 통일정책은 「2008년 통일부 국정업무 보고」에 자세히 명시되어 있는데, '상생·공영의 남북 관계'를 위한 3대 목표와 12대 과제로 제시되어 있다.[78] 3대 목표는 '비핵·개방·3000'(북한 비핵화 유도)과 상생경제 협력 확대(한반도 경제선진화 기여)와 호혜적 인도협력 추진

---

[76] "통일부 폐지는 시대착오적 반통일 폭거", 「한겨레」 2008. 1. 17. 통일부를 없애고 외교통일부를 만들겠다는 대통령직 인수위원회의 발표는 평화통일이라는 역사적 과제를 가볍게 여기는 이명박 대통령 당선인의 인식을 그대로 보여준다.

[77] "통일부 폐지론자가 통일부 장관으로", 「국민일보」 2009. 2. 9.

[78] 나종만, "이명박 정부 대북정책의 문제와 과제", 「국제정치연구」 Vol. 11, No. 2(2008), 1-19.

(남북 주민의 행복 추진)으로 되어 있지만 그 핵심은 '비핵·개방·3000' 구상이다.[79]

이 구상은 2007년 2월 이명박 대통령 후보의 공약으로 처음 발표되었으며, 2008년 1월 당선 후 대통령 인수위는 '비핵·개방·3000' 실현을 위해 400억 달러 대북국제협력기금을 마련한다는 계획을 발표하였다.[80] 2009년 8월 14일에는 ① 핵 시설 불능화 완료, ② 핵 폐기 이행, ③ 핵 폐기 완료 등 3단계로 구분해 '비핵·개방·3000' 구상의 이행계획을 세웠다고 발표했다.[81]

1단계에서는 남북 경제공동체 실현을 위한 협의에 착수하고 남북경협을 위한 법적·제도적 장치를 마련하고, 핵 시설 불능화가 검증을 통해 확인되면 '남북 경제공동체 실현을 위한 고위급 회의' 등을 설치해 남북 간 협의를 본격화한다는 것이다.

핵 불능화 조치 이후 북한의 기존 핵무기와 핵 물질의 폐기 이행 과정이 순조로우면 2단계로 넘어가 경제, 교육, 재정, 인프라, 생활 향상 등 대북 5대 개발 프로젝트를 추진하되 그중 교육, 생활 향상 등 우선 시행이 가능한 내용부터 가동한다는 구상이다.

이어 3단계에서는 5대 개발 프로젝트를 본격 가동시켜 400억 달러의 국제협력자금을 조성하여 '300만 달러 이상 수출기업 100개 육성', '30만 산업인력 양성', 북한 경제는 현재 1인당 소득 500달러 기준으로 매

---

79 통일부, "2008년도 통일부 업무보고", http://www.unikorea.go.kr 이러한 구상에 따라 ① 실용과 상생의 추구, ② 원칙에 철저한 유연한 접근, ③ 국민합의에 기반을 둔 투명한 정책, ④ 남북협력과 국제협력의 조화를 대북정책의 추진 원칙으로 제시하였다.
80 "이명박, '北핵 폐기·개방 땐 소득 3000弗 가능'", 「서울신문」2007. 2. 7; "'비핵·개방·3000' 실현 위해 400억 달러 대북국제협력기금 마련한다", 「국민일보」2008. 1. 4.
81 "정부 '비핵·개방·3000' 이행 3단계 제시", 「서울신문」2008. 8. 15.

년 15~20%의 성장(평균 17%)을 지속해야 10년 뒤 국민소득 3000달러 경제로 도약할 수 있다는 것이다.[82] 이러한 '선 핵 폐기-후 경제지원' 정책은 미국이 일관되게 주장한 대북정책에 동조하는 정책적 전환으로 평가된다.

"비핵·개방·3000" 구상에 따르는 전략목표로 제시한 내용을 보면, 노무현 정부가 명시한 '한반도 평화체제 구축'이라는 항목은 빼고 그 의미가 모호한 '새로운 한반도 평화구조 창출'이라고 했으며, '한반도 비핵화'도 '북한 비핵화'로 대체했다. '한반도 평화체제 구축'이 빠진 것은 북한이 이 문제를 적극적으로 제기했기 때문이다. '한반도 비핵화'를 '북한 비핵화'로 대체한 것도, 북한이 이를 '미국 핵우산 제거'와 연결시키고 있다는 현 정부의 시각이 반영돼 있다. 통일부 관계자는 이에 대해 "한반도 비핵화는 북한 비핵화로 완성된다고 본다"고 하였다. '북한의 핵 포기를 전제로 한 남북경협' 방침을 분명히 명시한 것으로 사실상 '선 비핵화'를 선언한 것이다.

이명박 정부는 2007년 11월 노무현 정부에서 만들었던 남북 관계발전기본계획(기본계획)을 2010년 2월 25일 수정하여 공개했다. 2005년 1월 제정된 남북 관계발전법에 따라, 통일부 장관이 5년마다 수립하도록 돼 있는 기본계획을 2년 4개월 만에 바꾼 것이다.[83] 이명박 정부가 이를 대폭 손질한 변경 안을 내놓음에 따라 김대중-노무현 정부 10년간의 대북정책의 일관성을 포기한 것이다.

---

82 "2007 대선 유권자와 함께하는 정책검증 - 한나라 이명박 후보 ③ 비핵·개방·3000", 「한겨레」 2007. 8. 28
83 "통일부, 대북정책에서 'DJ-노' 색깔 빼기 완성", 「오마이뉴스」 2010. 2. 26

2009년 6월 16일 한미정상회담에 앞서 '한·미 동맹 미래비전' 성명
안을 준비했던 워싱턴 백악관의 관리들은, "한·미는 동맹을 통해 자유민
주주의와 시장경제 원칙에 입각한 평화통일에 이르도록 함으로써 한반
도의 항구적 평화를 확립시키는 것을 목표로 한다"고 하였다. 그러나
'자유민주주의와 시장경제'라는 용어는 북한의 입장에서 보면 북한의
체제를 정면으로 부정하는 의미이다. 한미정상회담 선언문을 통해 지
난 2000년과 2007년 두 차례 남북 정상회담의 공동선언을 번복하고
한·미 정부의 목표가 다시 '흡수통일'로 정책전환을 선언한 것이다.[84]

이명박 대통령은 2009년 9월 21일 유엔총회 참석차 미국을 방문하여
'북핵문제 해결을 위한 일괄타결안(Grand Bargain)을 밝혔다. 미국무부
동아태 차관보인 커트 캠벨(Kurt Campbell)조차 "솔직히 모르겠다"는
반응이어서 적지 않은 파장이 일었다. 한미 간에조차 이명박 정부의 일괄
타결안과 미국이 주장해 온 '포괄적 패키지'(comprehensive package)
가 조율되지 않은 것으로 알려졌다.[85] 그래서 정부는 '포괄적 패키지'라
는 용어 대신에 '포괄적 접근법'(comprehensive Approach)이란 용어
로 사용할 것을 제안하기도 하였다.[86]

2009년 11월 19일 한미정상회담 후 기자회견 모두 발언에서 이명박
대통령은 "북한 핵 문제의 해결을 위해 본인이 그랜드 바겐(Grand Bar-
gain)으로 제시한 일괄 타결이 필요하다는 데 전적으로 공감하고, 그

---

84 "이명박 정부는 흡수통일을 원하나?",「한겨레」2009. 7. 27.

85 류길재, "북핵문제의 성격과 해결을 위한 전략 구상",「한국과국제정치」Vol. 25, No.
  4(2009), 93-95.

86 "정부, 포괄적 패키지 → '포괄적 접근법'… 미국과 용어변경 협의",「국민일보」2009.
  8. 25.

구체 내용과 추진 방안에 대해 긴밀히 협의해 나가기로 하였습니다"고 밝혔다.[87]

물론 10년간의 대북포용정책이 북핵 문제를 완전히 해결하지 못하였기 때문에 논란의 여지가 없는 것은 아니지만, 외형적으로는 남북 간의 긴장관계를 해소하고 화해협력과 평화번영을 물꼬를 튼 것만을 부정할 수 없다. 그런데 이명박 정부는 김대중과 노무현 정부의 대북포용정책을 이어받겠다는 공식적인 언급이 없었다. 대신 남북 최고지도자가 어렵게 합의한 6.15 공동선언과 10.4정상선언의 계승과 이행 여부에 관해서도 부정적인 입장인 것으로 알려져 있다.[88]

이명박 정부는 지난 10년간의 '선 남북 관계 개선-후 통일실현'이라는 대북포용정책을 포기하고 '비핵·개방·3000'이라는 새로운 정책 기조를 통해 '선 핵 폐기-후 경제지원'이라는 대북강경정책으로 선회한 것으로 평가된다. 이명박 정부의 이러한 정책적 전환에 관해서 주봉호 교수는 "현 정부가 유행처럼 즐겨 쓰는 '잃어버린 10년'보다는 '지워버린 10년'이라는 말이 더 알맞을 것 같다"[89]고 하였다. 이명박 정부의 통일정책에 관한 여러 쟁점과 비판을 종합적으로 살펴보려고 한다.

(1) 이명박 정부가 기존의 대북 관계 설정을 무력화하고 새로운 대북 관계를 수립하려면 엄청난 거래 비용을 지불해야 한다는 비판이다. 제도와 정책의 경로 규정적 변화에는 반드시 거래 비용(transaction cost)

---

87 "한미 정상회담 공동기자회견 모두발언 전문", 「머니투데이」 2009. 11. 19.
88 "이명박 정부, 흡수통일 주장, 1990년대 YS 정부와 같다", 「한겨레」 2009. 6. 19. 임동원 전 통일부 장관은 흡수통일을 주장한 정권으로 김영삼 정권과 이명박 정권을 꼽았다.
89 주봉호, "이명박 정부 대북정책의 방향과 과제", 「국제정치연구」 Vol. 11. No. 2(2008), 8.

과 기회 비용(opportunity cost)이 소요된다. "예컨대 6.15 공동선언과 10.4정상선언을 부정하는 대신 새로운 합의와 선언을 창출하기까지는 막대한 비용을 부담할 수밖에 없다"는 지적이다.[90] 만약이 정책 변경을 추진하는 과정에서 발생하는 비용이 정책 변경에 따른 혜택보다 적을 경우 그 정책은 실패로 판명될 것이 자명하다.

무엇보다도 이명박 정부가 새로운 합의를 만들어 내려면 먼저 남북 간에 이미 합의한 문서를 이행한다는 전제가 서야 한다. 정권이 바뀔 때마다 과거의 최고지도자들 간의 합의마저 부정할 경우 다시 새로운 합의를 도출할 수 없다. 이명박 정권의 이러한 대북정책 기조의 변화에 대해 정책의 대상자인 북한은 "북남관계 기본원칙을 밝힌 7.4공동성명과 조국통일의 대강(大綱)인 6.15 공동선언과 그 실천강령인 10.4선언을 부정하는 것"[91]으로 여겨 이명박 정부의 대북 제안을 전면 거부하였다. 그러므로 "이명박 정부가 김정일 정권과 남북 관계를 진전시키려면 과거 합의문에 대한 이행의지 표명이 전제되어야 한다"는 지적을 면키 어렵다.[92] 그래서 이재정 전 통일부 장관은 "남북 경제에 대한 합의 등을 버리면 그게 무슨 실용이냐"고 토로했다. "정부 정책이 ABR(Anything But Roh, 노무현 정부와 반대라면 뭐든지 좋다) 아니냐"[93]고 비판했다.

90 이기동, "노무현 정부와 이명박 정부의 대북 접근방식 비교", 「북한연구학회보」 Vol. 12. No. 2(2008), 271.
91 「로동신문」 2008. 4. 1.
92 주봉호, "이명박 정부 대북정책의 방향과 과제", 14.
93 "이재정 '남북 경제 합의 다 버렸다. 그게 무슨 실용이냐'. 「경향신문」 2008. 6. 12.

정책＼정부	김대중	노무현	이명박
명칭	대북화해협력 정책	평화번영 정책	비핵 · 개방 · 3000 (상생 · 공영 정책)
추진원칙	① 한반도 평화를 파괴하는 일체의 무력 도발 불용, ② 일방적 흡수통일 배제, ③ 남북 화해협력의 적극 추진	① 대화를 통한 문제 해결, ② 남북신뢰 우선과 호혜주의, ③ 남북당사자 원칙에 기초한 국제협력, ④ 국민과 함께하는 정책	① 실용과 상생의 추구, ② 원칙에 철저한 유연한 접근, ③ 국민합의에 기반을 둔 투명한 정책, ④ 남북협력과 국제협력의 조화
추진전략	① 남북화해협력, 국가연합, 국가통일 수립의 3단계 접근, ② 한보-경협의 병행 추진 속에서 화합협력 사업에 집중	① 단기적으로 북한 핵 문제의 평화적 해결, ② 중기적으로 한반도 평화체제 구축, ③ 장기적으로 동북아 경제 중심의 추진	① '비핵 · 개방 · 3000' (북한 비핵화 유도), ② 상생 경제 협력 확대(한반도 경제 선진화 기여), ③ 호혜적 인도협력 추진(남북주민의 행복추진)

(2) 이명박 정부가 대북 관계에 있어서도 실용주의 노선을 택하려고 한다면, 실제로 정책 대상인 북한이 현실적으로 수용할 수 있는 실용적 대북정책을 제시하여야 한다. 그러나 '비핵 · 개방 · 3000' 정책은 '핵을

---

94 성경륭, "김대중-노무현 정부와 이명박 정부의 대북정책 추진전략 비교: 한반도 평화와 공동번영 정책의 전략, 성과, 미래과제", 「한국동북아논총」, Vol. 48(2008), 290-291.

포기하고 개방하라'는 북한이 수용할 수 없는 일방적인 주장만 반복하는 냉전시대의 논리에서 벗어나지 못한 것이다.[95] 그리고 "북한을 실질적으로 변화시켜 온 김대중·노무현 정부의 실용적인 대북포용정책과 달리 오히려 북한의 개혁과 개방을 막는 반실용적·이념적 대북압박전략임을 드러내고 있다"[96]는 비판을 받고 있다.

주봉호 교수는 "현 정권이 말하는 실용은 전임 정권을 이념정권으로 규정하고, 자신은 대척점에 서겠다는 또 다른 이념이 되었다. 지금까지 보여준 친미 외교나 반(反)햇볕정책은 어디를 보아도 이념적 대안이지 실용은 아닌 것이다"[97]고 하였다. 그리고 실용이든 이념이든 한 방향으로 치우친 것은 바람직하지 못한 것이다.

(3) 북한이 핵을 포기하는 대가로 바라는 체제 안정 보장을 남한 정부가 해 줄 수 없다는 것이다. 북한은 미군의 주둔과 남한 내의 '미국의 핵무기 반입'에 대해 체제 위협을 느끼고 있기 때문이다.

> 력대 남조선 '정권'은 미국이 우리 민족을 수십 수백 번 몰살시키고도 남을 위험천만한 핵무기를 제 땅에 뻐젓이 전개해 놓은 데 대해 우려는커녕 오히려 두둔해 나섰을 뿐 아니라 미국의 북침핵전쟁책동에 적극 가담해 나섰다.[98]

95 나종만, "이명박 정부 대북정책의 문제와 과제", 「국제정치연구」 Vol. 11, No. 2(2008), 9.
96 성경륭, "김대중-노무현 정부와 이명박 정부의 대북정책 추진전략 비교: 한반도 평화와 공동번영 정책의 전략, 성과, 미래과제", 303.
97 주봉호, "이명박 정부 대북정책의 방향과 과제", 「국제정치연구」 Vol. 11, No. 2(2008), 8.
98 같은 글.

북한의 핵뿐 아니라 미군에 의한 남한 내의 핵무기 배치 여부도 거론하여야 한다는 주장이다. 북한이 핵을 개발하는 것은 미국이 북한체제를 부정하고 그 붕괴를 획책하기 위해 국지전을 비롯한 다양한 적대적 전략을 사용할 경우를 대비한 자위 수단이라는 점을 고려하여야 한다. 북한의 핵무기가 남침용이라는 여론도 있지만, 북한은 핵 무장의 동기가 미국의 대북 침략을 대비한 것이라고 주장하여 왔다.

이처럼 북한으로서는 핵무기 개발이 최고의 국가 이익 즉 북한체제의 실질적 안전과 존립의 기반을 동시적으로 확보하려는 수단이기 때문이다. 북한의 주장처럼 "조선반도의 비핵화는 철두철미 미국의 대조선 핵정책과 밀접히 연관"되어 있는 것이다.[99] 북한이 핵 포기의 대가로 바라는 것은 미국 및 일본과의 국교 정상화, 종전선언을 통한 평화체제 구축, 자립경제 실현 등이다.[100] 그런데 이 중에서 남한 정부가 해 줄 수 있는 것은 지극히 제한적이다. 북한의 대미, 대일 관계 개선과 평화체제 구축을 위해 지원하는 것과 경제 협력의 일부를 담당하는 것뿐이다.

(4) 북한이 핵을 포기하는 대가로 바라는 북한 경제 개발을 남한 정부가 해 줄 수 없다는 것이다. 북핵 타결과 동시에 10년 안에 북한의 국민소득을 3000달러 수준으로 끌어올리겠다는 '비핵·개방·3000' 구상은

---

99 "북한의 핵 억제력 강화는 미국의 자업자득". (2009년 9월 4일 남북공동선언실천연대 성명). 북한은 편지에서 "우리는 대화에도 제재에도 다 대처할 수 있게 준비되어 있다"며 "만약 유엔 안전보장이사회가 어느 길이 조선반도 비핵화와 세계의 비핵화에 더 이로운가를 똑바로 판단하지 못하고 지금의 사태(제재)를 지속시킨다면 우리는 이미 표명한 대로 또 다른 자위적인 강경대응 조치들을 취하지 않을 수 없게 될 것"이라고 말하여 추후 지속적으로 오바마 행정부의 책임 있는 행동을 요구할 것임을 밝혔다.

100 이명수, "북핵문제와 우리 정부의 대응 – 노무현, 이명박 정부의 북핵정책 비교연구", 「한국동북아논총」 Vol. 48(2008), 349.

북한이 자체적으로 설정한 2012년 강성대국의 목표에도 못 미치는 수치라는 것이다. 김정일은 이미 김일성 탄생 100주년이요 인민군 창설 50주년이고 김정일이 70세가 되는 2012년에 북한의 국민소득을 2500~3000달러 높인다는 목표를 세우고 경제개혁과 개발에 박차를 가하고 있으며,[101] 2009년에 4%에 가까운 경제 성장[102]을 이루었고 국민소득을 1000달러 수준으로 끌어올렸기 때문이다.[103] 그런데 10년 후에 북한 경제가 3000달러 수준이라면 그때의 남한 국민소득의 최소한 4만 달러 이상은 될 것이므로 북한이 12배가 넘는 남북 간의 소득 격차에 만족한 리가 없다는 비판이다.[104]

국제적인 경기 침체가 지속되는 상황에서 북한의 국민소득 3000달러를 보장해 줄 수 있는 400억 달러의 국제적 지원이 가능하겠느냐는 질문이다. 최근의 그리스를 비롯한 동유럽의 국가 부도 경고의 국제경제 위기 상황으로 볼 때 국가 채무의 중압을 겪고 있는 미국과 일본과 같은 한반도 이해 당사자들이 주도해야 할 400억 달러 대북국제협력기금 확보도 쉽지 않을 것으로 보인다.[105] 무엇보다도 북한은 남한과 국제사회의 경제적 지원에 대해 "미국의 식민지 예속경제나 가지고 감히 우리

---

101 "북한의 주력방향은 '경제'"「내일신문」2009. 10. 21.

102 "북한경제, 제재 불구 회복신호",「내일신문」2009. 10. 1.

103 "북한 경제수준, 베트남보다 높아?",「한겨레」2009. 6. 29. 한국은행이 추정한 2008년 북한의 1인당 국민소득은 117만 원이다. 남한의 평균 원-달러 환율(1102.6원)을 적용하더라도 어림잡아 1000달러가 넘는 수준이다.

104 노정선, "창조적 평화와 통일전략". 정원범 편,『평화운동과 평화선교』(서울: 한들출판사, 2009), 259

105 "美. 日. EU 재정악화, 경제회복 최대 장애물로 부상",「동아일보」2010. 2. 5; "美 카네기 재단 작년 20國 분석/주요국 이번엔 나랏빚 경계령",「세계일보」2010. 2. 5. 2009년 통계로 미국의 국가부채는 국내총생산(GDP)의 84%이고 일본은 218%라고 한다.

의 자립경제와 우리 인민생활을 시야비야하며 '선심'을 쓰는 듯이 가소롭게 놀아대는 것이야말로 일종의 정치만화"라고 비난하였다.

　이명박 정부가 선-비핵화를 조건으로 대북 봉쇄정책을 계속할 경우 북한이 필요로 하는 경제적 지원의 창구가 중국과 러시아로 대체될 수밖에 없을 것이다. 벌써 이러한 조짐은 여러 형태로 나타나고 있다.[106] 그러므로 북한으로서는 '비핵·개방·3000' 구상은 북한이 염려하는 비핵과 개방에 따른 현실적 리스크를 전혀 무시한 '남한 정부의 허황된 꿈'이라고 반발할 수밖에 없는 것이다.

　(5) 이명박 정부가 북핵에 올인하는 것은 안보 불안감 때문이지만, 군사 안보적인 측면에서 북핵이 완전 폐기된다 하여도 북한이 보유한 재래식 군사력 수준만으로도 단기적으로 '서울을 불바다'로 만들고 남는다. 따라서 이명박 정부의 핵 완전 폐기를 통한 일괄타결안(grand bargain)은 만약 북한이 비핵화를 천연(遷延)시키고 개방을 하지 않는다면, 남북 관계의 개선을 위한 노력을 하지 말자는 것이냐는 비판을 받고 있다.[107] 북한의 핵무기에 강박되면 될수록 한국은 북한의 핵 강공 정책에 노예가 될 것이라는 지적도 없지 않다. 따라서 북핵 문제가 일괄 타결된다고 해서 복잡다단한 대북 문제가 모두 해소되는 것은 아니다.

　(6) 이명박 정부의 비핵화 우선 정책은 "2006년 2.13합의와 10.3합의 이후 6자 회담의 구도하에서 진행되고 있는 비핵화의 이행 3단계를 무시"[108]하고 있다는 비판이다. 그동안 여러 차례의 6자 회담을 통해

---

106 이 책 5장 3. 참조
107 류길재, "북핵문제의 성격과 해결을 위한 전략 구상", 92.
108 성경륭, "김대중-노무현 정부와 이명박 정부의 대북정책 추진전략 비교: 한반도 평화와 공동번영 정책의 전략, 성과, 미래과제", 302.

1단계의 핵시설 폐쇄 단계를 거쳐 2단계인 핵시설 불능화 단계의 후반부에 있기 때문이다. 이처럼 북핵 문제를 6자 회담의 틀 안에서 단계적으로 추진하고 있는 과정에서 북한의 비핵화를 전제로 한 일괄타결 방안을 새롭게 제시한다는 것은 정서적·논리적으로 설득력이 떨어진다는 비판이다.[109] 북핵 문제는 한반도와 관련되어 있는 6자가 모두 이해관계가 있는 문제임에도 불구하고 그리고 핵 문제를 풀기 위해 6자 회담의 이행사항이 실현되고 있는 과정에서 북핵을 비롯한 북한 경제지원을 남한이 일방적으로 추진하려는 것은 그동안의 6자 회담 합의와 상충되거나 무시한 것이며 현실적으로 가능성이 약한 것이라는 비판이다.

(7) 미국이 북핵 문제에 대해 "대북유화정책으로 선회한 것도 모르는 전략적 무지의 소치"[110]라는 비판이다. 조지 부시(George Walker Bush) 행정부가 일방적인 선 핵 폐기를 목표로 추진한 대북강경정책이 오히려 북한의 핵 문제를 악화시킨 결과로 나타나자 오바마 정부가 대북유화정책으로 선회하였는데, 이명박 정부의 북핵 정책의 기조는 미국의 부시 정부 초기의 대북강경정책으로 회귀하여 추종하는 오류를 범하는 결과를 가져오고 있다는 지적이다.[111]

오바마 정부의 대북정책 역시 6자 회담의 틀 안에서 북미 양자 접촉을 통해 비핵화를 진전시켜 나가는 외교적 방식을 견지할 것으로 전망된다. 남한 정부가 북핵 문제를 단독적으로 해결해 줄 수 없는 복잡한 동북

---

109 나종만, "이명박 정부 대북정책의 문제와 과제", 10.
110 성경륭, "김대중-노무현 정부와 이명박 정부의 대북정책 추진전략 비교: 한반도 평화와 공동번영 정책의 전략, 성과, 미래과제", 302.
111 이명수, "북핵문제와 우리 정부의 대응 - 노무현, 이명박 정부의 북핵정책 비교연구", 「한국동북아논총」 Vol. 48(2008), 353.

아 국제질서 상황에서 핵 문제가 해결되어야 남북 관계를 개선하겠다는 이명박 정부의 대북정책이 남북 관계를 봉쇄하여 아이러니컬하게도 6자 회담이 진행되고 북핵 문제가 해결되는 시점에서는 남한 정부가 개입하고 발언할 수 있는 입지를 스스로 축소시키는 결과를 초래하게 될 것이라는 전망이다.

(8) 이명박 정부의 대북정책은 결과적으로 "북한의 강력한 반발과 남북 관계 악화를 초래했다"는 지적을 받고 있다. 아무리 좋은 통일정책이라도 통일 문제는 상대가 있는 것이므로 북한이 거부하는 정책을 실효가 없기 때문이다. 북한은 2008년 4월 1일 논평을 통해 이명박 정부의 '비핵·개방·3000' 구상에 대해 "우리의 '핵 완전 포기'와 '개방'을 북남관계의 전제조건으로 내건 극히 황당무계하고 주제넘은 넋두리로서 민족의 리익을 외세에 팔아먹고 대결과 전쟁을 추구하며 북남관계를 파국에로 몰아넣는 반통일 선언"이라고 반박하였다.[112] 북한에 있어서는 개방의 리스크가 있는데도 불구하고 이명박 정부가 정책 대상으로서의 북한체제의 결정적인 문제를 무시함으로써 남북 관계의 심각한 균열을 초래하고 북한으로 하여금 통미봉남 전략으로 전환하게 했다는 지적이다.[113]

참여정부 시절 북한의 대남사업을 총괄한 최승철 전 북한 노동당 통일전선부(통전부) 수석부장이 2008년 '대남정책 실패'의 책임을 지고 처형당했다고 한다.[114] 남한 새 정부의 대북정책에 대한 '오판'과 남측의

---

[112] 「노동신문」 2008. 4. 1.
[113] 나종만. "이명박 정부 대북정책의 문제와 과제". 「국제정치연구」 Vol. 11. No. 2(2008), 11.
[114] "대남사업 총괄 北 최승철 처형". 「경향신문」 2009. 5. 19.

햇볕정책이 북한 사회에 미친 영향 등에 대해 북한 당국이 책임을 물은 것이라고 한다. 이처럼 이명박 정부의 대북정책의 비일관성으로 인해 남북대화를 추진해 온 북한의 온건파의 입지를 약화시킨 결과를 가져 왔으니 그 부작용 또한 당분간 회복하기 어려울 것으로 예상된다. 2009년 9월 30일 북한은 이명박 정부의 '일괄타결안'(Grand Bargain) 에 대해 비판하면서 "미국의 반공화국 적대시 정책 철회가 없이 우리의 핵 포기에 대해 운운하는 것은 허황된 꿈"이라면서 "핵 문제는 전 조선 반도와 세계의 비핵화가 실현될 때에라야 진정으로 해결될 수 있다"고 언급하였다. 그리고 "조선반도의 핵문제는 철두철미 조미(북미) 사이 에 해결하여야 할 문제"라고 주장하였기 때문이다.[115]

이명박 정부가 집권한 지 1년도 채 안 된 2008년 12월 11일 남북 관계 전문가 134명은 공동성명을 내고 "강경기조로 흐르고 있는 대북 정책을 전환하라"고 정부에 촉구했다. '이명박 대통령에게 드리는 호소 문'에서 "최근 남북 관계가 경제 분야에서까지 파국으로 치닫고 있다"며 "최근의 극단적 대립상황은 합의사항을 일방적으로 깬 북한뿐 아니라 대북강경책을 펴고 있는 현 정부에도 그 책임이 있다"고 밝혔다. 이들은 6.15 공동선언과 10.4 선언의 이행 거부, 대북 식량지원 등 인도적 지원 외면, 유엔에서의 대북 인권공세와 함께 정책 당국자들의 감정적이고 자극적인 발언 등을 사태 악화의 주요인으로 지적했다. 이에 대한 대책 으로 6.15선언과 10.4선언 이행을 위한 고위급회담 제안, 남북경협 정 책지원 프로그램의 제시, 조건 없는 대북 인도적 식량지원, 통일·외교라

---

115 류길재, "북핵문제의 성격과 해결을 위한 전략 구상", 「한국과 국제정치」 Vol. 25, No. 4(2009), 107.

인의 전면 쇄신, 북한의 '남북 관계 봉쇄 조치' 철회 등 5개 항의 정책적 전환을 제시했다.[116]

나종만 교수는 이명박 정부의 대북정책 과제를 다음과 같이 지적하였다.

> 현재의 상황과 미래의 전망을 고찰하면 현 정부의 한미동맹전략과 '비핵·개방·3000 구상'은 전면적으로 재조정될 필요가 있다. 한미동맹은 동북아 다자적 구도와 조화되어야 하고, '비핵·개방·3000 구상'은 남북 관계 발전과 병행될 수 있도록 획기적으로 전환되어야 한다. 이를 위해선 우선적으로 남북기본합의서뿐만 아니라 6.15 공동선언과 10.4선언을 큰 틀에서 계승하고 남북 간 신뢰를 회복하여야 한다.
> 남북 관계 발전과 북핵 문제 해결은 동시적, 병행적, 선순환적인 것이 되어야 한다. 선후관계, 주종관계가 되어서는 안 된다. 더 나아가서 남북 문제, 북핵 문제, 한미동맹, 동북다자관계가 전체적으로 동시적, 병행적, 선순환적인 것이 되도록 대외정책적 조정과 조율을 해가야 한다.[117]

이명박 정부는 통일부를 해산하려 했으며, 김대중과 노무현 정부의 통일정책을 대북 퍼주기라고 비난하고, 민주평통이라는 헌법 기관을 통해 6.15 남북공선언과 10.4 남북공동선언을 폄훼하였다.[118] 이명박

---

116 "통일·외교라인 전면 쇄신을", 「경향신문」 2008. 12. 11.
117 나종만, "이명박 정부 대북정책의 문제와 과제", 「국제정치연구」 Vol. 11, No. 2(2008), 17.
118 "김대중-노무현 정부와 이명박 정부의 대북정책 추진전략 비교: 한반도 평화와 공동번영 정책의 전략, 성과, 미래과제", 「한국동북아논총」, Vol.48(2008), 285-311.

제5장 | 역대 정부의 통일정책과 그 쟁점에 대한 신학적 이해 317

정부가 들어서면서 금강산 피격 사건(2008.7.11), 천안함 침몰 사건(2010.3.26)이 이어지자 5.24 조치(2010)로 대북 관계 단절을 선언하였다.[119] 북한은 '비핵 개방 3000'을 '반통일선언'이라고 반발하였고, 11월 23일에는 북한은 연평도 포격을 감행하였다. 결과적으로 김영삼 정부 이후 일관되게 추진해온 단계적 통일정책을 전면 수정하여 전격적 흡수통일론으로 선회하여 통일정책의 비일관성이라는 중차대한 문제와 더불어 통일정책의 남남갈등을 더욱 부추기게 되었다.[120]

2) 박근혜 정부의 '한반도 프로세스'의 통일정책

2013년 2월 25일 박근혜는 대한민국의 제18대 대통령에 취임하였다. 북한은 대통령이 취임하기 13일 전, 2013년 2월 12일 함경북도 길주군 풍계리 지역에서 제3차 핵실험을 감행했다. 박 대통령은 2월 25일 취임사에서 북한이 "핵을 내려놓고 평화와 공동발전의 길로 나올 것"을 촉구하고 "확실한 억지력을 바탕으로 남북 간에 신뢰를 쌓기 위해 한걸음한걸음 나아갈 것"이라 했다. 이는 이명박 정부의 북한의 선 비핵화와 흡수통일정책의 기조를 계승한 것이었다.

박근혜 정부는 역대 정부가 추진해 온 대북정책의 약점은 극복하고 장점을 수용하면서 '당근과 채찍'을 함께 활용하는 통합적인 접근을 모

---

119 5.24 조치의 내용은. 첫째 북한 선박의 남측 해역 운항을 전면 불허. 둘째 남북교역 중단, 셋째 국민의 방북을 불허. 넷째 대북 신규 투자 불허, 다섯째 대북 지원사업을 원천적으로 보류이다.

120 이기동, "노무현 정부와 이명박 정부의 대북 접근방식 비교", 「북한연구학회보」 Vol.12, No.2(2008), 269-288.

색하였는데, 그것이 바로 핵심적 키워드(key word)라고 할 수 있는 '한반도 신뢰 프로세스'이다.[121]

박근혜 정부의 '한반도 신뢰프로세스'의 목표·원칙·기조·추진 과제

목표: 남북 관계 발전, 한반도 평화 정착, 통일 기반 구축

원칙: 균형 있는 접근, 진화하는 대북정책, 국제사회와의 협력

기조: ① 튼튼한 안보에 기초한 정책 추진 ② 합의 이행을 통한 신뢰 형성 ③ 북한의 '올바른' 선택 여건 조성 ④ 국민적 신뢰와 국제사회와의 신뢰에 기반

과제: ① 신뢰 형성을 통한 남북 관계 정상화 ② 한반도의 지속가능한 평화 추구 ③ 통일 인프라 강화 ④ 한반도 평화통일과 동북아 평화협력의 선순환 모색

박근혜 정부가 북한 정권의 붕괴를 원하면서 동시에 북한과의 신뢰 회복을 한다는 것은 모순이다. 북한 정부의 붕괴를 목적으로 하는 남북 교류나 남북교류가 적을 도울까 두려워한다면 신뢰구축은 시작조차 할 수 없다. 이런 의미에서 김정은의 장기집권을 염두에 둔 정책이 되어야 한다. 이것이 신뢰의 시작이기 때문이다.[122]

2013년 3월 8일 조선민주주의인민공화국은 유엔 안전보장이사회의 대북 제재 결의안에 반발하여 남북 불가침 합의(1991) 폐기와 판문점

---

121 변창구, "박근혜 정부의 한반도 신뢰프로세스와 통일외교", 「통일전략」 14/2(2014): 변창구, "박근혜 정부의 대북정책", 「통일전략」 15/3(2015), 150.
122 하상식, "박근혜 정부 대북정책의 특징과 과제", 「대한정치학회보」 22/4(2014), 140.

남북 직통전화 단절을 선언했다. 개성공단에 관해서도 조선민주주의인민공화국의 위협이 계속되었고, 개성공단 근로자의 신변 안전 문제가 벌어졌다. 정부는 4월 26일, 류길재 통일부 장관이 개성공단 내의 잔류인원에 대한 철수를 결정하였다.[123]

2014년 1월 6일 신년 기자회견에서 박근혜 대통령은 통일비용에 대한 국민들의 우려와 관련해서 "통일은 대박"이라며 통일이 우리 경제 대도약의 기회가 될 것임을 강조했다.[124] 그러나 우리만 '통일 대박'을 생각할 것 아니라, 북한도 '통일 대박'이라 생각하도록 해야 한다. 우리의 '대박'이 상대방에게 '쪽박'이 된다면 평화적·점진적 통일은 우리의 희망일 뿐이다.[125]

2014년 2월 남북 고위급 접촉이 다시 이루어져 이산가족 상봉을 다시 추진하고, 상호 비방을 중지하자는 합의를 이루었으며, 2월 하순 금강산에서 우리 측 이산가족 82명이 북측 가족 178명을 상봉했고, 이어 북한 가족 88명이 우리 측 가족 357명을 상봉했다.

2014년 3월 28일 박 대통령은 독일 드레스덴에서 "한반도 평화통일을 위한 구상"이라는 제하의 연설에서 평화통일 기반 구축을 위한 3대 제안을 발표했다. 그것은 남북한 주민들의 인도적 문제 해결, 남북한 공동 번영을 위한 민생 인프라 구축, 남·북 주민 간 동질성 회복이다.

박근혜 대통령은 '3대 제안'을 담은 독일 드레스덴 선언을 하였으나 이를 사전에 북한에 전달하지 않았다. 서재정 존스홉킨스대 교수는 김

---

123 이에 따라 27일, 개성공단에 체류하고 있던 126명이 철수했고, 29일에 나머지도 철수하기로 결정했다. 그러나 남은 잔류인원 50명 중 43명만 귀환 허가를 받았다.
124 김형빈·김두남, "박근혜 정부 통일정책의 쟁점과 과제", 「통일전략」 16/3(2016.9), 129.
125 하상식, "박근혜 정부 대북정책의 특징과 과제", 「대한정치학회보」 22/4(2014), 140.

대중 대통령은 베를린 선언(2000년 3월 10일)의 경우 이틀 전에 판문점을 통해 북측에 전달하였으며, 그 결과 3개월 뒤 6.15 남북정상회담으로 이어진 것과 비교된다고 하였다.[126] 그래서 '3대 제안'은 북한과의 사전 교감도 없이 북한이 파트너라는 점을 고려하지 않은 진정성이 결여된 통일 공세이며 외교적 수사라는 비판을 받았다.

북한은 박근혜 대통령의 제안은 흡수통일론이라고 비난하였다. 4월 24일 북한의 조국평화통일위원회(조평통)은 박 대통령이 말하는 '통일'은 "외세를 업고 일방이 타방을 먹는 체제대결"이며 "체제대결은 곧 전쟁"이라며 박 대통령에게 "평화통일을 바라는가, 전쟁을 바라는가 대답해야 한다"라고 촉구했다. 그리고 "조선반도 비핵화를 실현하자면 미국 핵무기와 침략군대를 철수시켜야 하며 미국의 핵 위협부터 제거해야 한다"며 박 대통령이 한미군사훈련을 중단하는 용단을 내려야 하며 오는 8월 을지 프리덤 가디언 연습 중단을 선포할 용의가 있는지 답할 것을 요구했다. 그리고 7.4공동성명과 6.15, 10.4선언 이행 의지가 있는지, 5.24 조치를 철회할 생각이 없는지 등에 대해 열 개의 공개질문을 하였다.[127] 이에 대해 정부는 북한의 기존 입장의 반복이므로 답변할 가치 없다고 발표했다. 통일을 하자는 남북이 서로 대응하는 현실이 이러하니 안타까운 노릇이다. 통일대박론에 주장한 1년이 지난 후 이에 대한 반대 여론이 45%에서 53%로 껑충 뛰었다.[128]

2014년 5월 20일 우리 해군이 서해 NLL을 넘어온 북한 함정(경비정

---

126 "북한을 통일의 파트너로 보지 않는 박근혜", 「프레시안」 2014.04.10.
127 "北 조평통, '박 대통령, 평화통일이냐 전쟁이냐 답하라'는 등 10개항 질의", 「세계일보」 2014.4.23.
128 "통일대박론 반대 45%에서 53%로 껑충", 「미디어투데이」 2015.07.01.

2척, 단속정 1척)에 경고 사격을 했고, 22일에는 북한이 연평도 근해 NLL 남쪽에 초계 임무 중이던 우리 해군 함정의 150m 근방에 2발의 포격을 가했고, 이에 우리 함정이 NLL 북방에서 초계중이던 북한 함정 근처에 5발 대응 사격을 했다.

2014년 제69주년 광복절 경축사에서 박 대통령은 "통일 준비는 시대적 소명"이라면서 북한에 대해 하천·산림 관리 공동 협력사업, 이산가족 상봉, 남북한 광복 70주년 공동기념 문화사업 준비 등 남북이 실천 가능한 사업부터 행동으로 옮기자는 작은 통일론을 제안하였다.

2015년 1월 12일 신년기자회견에서 '남북 정상회담' 성사 여부에 대해 "평화통일의 길을 열기 위해 필요하다면 누구라도 만날 수 있다"며, 적극적인 대화 의지를 거듭 밝혔다. 다만 "비핵화가 해결이 안 되면 평화통일을 이야기할 수 없다"며, 북핵 문제 해결을 위해 남북 간이나 다자협의를 통해 대화로 풀어 나가자는 입장을 밝혔다.

박근혜 정부는 출범 이후 한반도 신뢰 프로세스, DMZ세계평화공원, 동북아평화협력 구상, 유라시아 이니셔티브(Eurasia Initiative), 통일대박론, 드레스덴 선언, 통일준비위원회의 출범 등 대북통일정책과 관련된 다양한 정책 선언과 구상들을 발표하였다. 이러한 구상들에 대해서 국제사회로부터는 원칙적 수준의 지지를 얻어내었으나, 가장 중요한 당사자인 북한은 이러한 일련의 구상들이 흡수통일론에 불과하다고 강력히 비판함으로써 남북 관계는 전혀 개선될 조짐을 보이지 않았다.[129]

이러한 여러 제안에도 불구하고 박근혜 정부 들어 남북 관계는 다시 냉전시대로 회귀하였다. 박근혜 정부에서 남북 관계는 갈등과 경쟁만

---

129 변창구, "박근혜 정부의 대북정책", 「통일전략」 15/3(2015), 165.

있고 교류와 협력은 거의 전무하였다. 노태우 정부의 '민족공동체통일 방안'(1989)에 포함된 '남북 교류 → 남북 연합 → 완전 통일'의 3단계 통일 방안은 김영삼, 김대중, 노무현 정부를 통해 이어져 왔지만, 이명박·박근혜 정부는 이러한 정책을 계승하지 않고 북한 붕괴나 북한 비핵화를 전제로 하는 흡수통일론으로 기울어졌다. 북한은 경우 당국의 통일정책이 일관성을 보이고 있으나, 남한 정부의 성격에 따라 통일정책이 바뀌는 등 정책의 일관성을 유지하지 못했다. 역대 정부 통일정책을 요약하면 다음과 같다.

■ 역대 정부의 통일정책의 비일관성과 남남 갈등

3단계 연합제 평화 통일 노선	북한붕괴 전격 흡수통일
■ 조봉암의 평화통일안	■ 이승만의 북진통일안
■ 노태우, 김영삼의 3단계 통일안	■ 박정희의 반공국시 통일안
■ 김대중의 3단계 연합제 통일안 (6.15선언) 햇볕정책, 무력도발과 흡수통일 불추구 ■ 노무현의 3단계 평화체제 통일안(10.4선언), 항구적 평화체제와 평화협정	■ 이명박의 흡수통일안(비핵 개방 3000) 조건적 봉쇄정책, 북한붕괴 대비 작전계획 수립 ■ 박근혜의 흡수통일안(신뢰 프로세스 구축) 종북몰이와 통일대박의 병진정책

3) 이명박·박근혜 정부 시기의 북한 핵실험

북한의 김정일은 국제사회의 비난과 제재에도 독자적으로 핵 개발 프로그램을 진행하여, 2006년 10월 9일 풍계리 핵 실험장에서의 1차 핵실험이 성공했다고 공식 발표했다. 미국 지질조사국과 일본 지진 당국은 리히터 규모 4.2의 지진을 검출하여 북의 주장이 사실일 가능성이 높아졌다. 2007년 2월 13일 6자회담이 진행되어 '2.13합의'가 맺어졌다. 합의 주요 내용은 북한의 핵시설 폐쇄, 핵 불능화, 핵사찰 수용, 및 중유 100만 톤 상당의 에너지 지원 등이었다. 이로 인해 북한은 영변의 원자력 발전 냉각탑을 폭파하였다. 2.13 합의사항은 이행 시한을 넘기고 지켜지지 않았다. 이명박 정부 시기인 2009년 5월 29일 북한은 2차 핵실험을 강행하였다. 북한이 핵무기를 개발하는 이유를 경제지원을 획득하기 위한 목적, 대미 수교 협상용으로 보는 시각, 또는 미국을 위협하여 한미동맹을 폐기하게 만들고 주한미군을 철수시킴으로써 한반도 적화통일을 달성하기 위함이라는 시각이 있다.

2011년 북한 정권을 이어받은 김정은은 2013년 이후 '선 핵개발, 후 경제발전'이라는 '핵·경제발전 병진노선'을 국가정책으로 설정하였다. 북한은 박근혜 대통령 임기 초인 2013년에서 2016년까지 3차례의 핵실험이 이어졌고, 문재인 정부가 2017년 5월 10일 출범한 이후 9월 3일에 6차 핵실험을 하였다.

북한의 6차 핵실험 일지

1차: 2006년 10월 9일, 1Kt(플라토늄)
2차: 2009년 5월 29일, 2-6Kt(플라토늄), 유엔 안보리 결의안 1874호 채택(2009. 6. 12)
3차: 2013년 2월 12일, 6-7t(고농축 우라늄 추정), 유엔안보리 결의안 2094호(3. 8), 한미 간 맞춤형 억제전략 합의
4차: 2016년 1월 6일, 6Kt(핵증폭 분열탄 추정), 개성공단 폐쇄(2. 10), 유엔 안보리 대북제재 결의안 2270호(3. 28)

5차: 2016년 9월 9일, 10Kt(핵증폭 분열탄 추정),

6차: 2017년 9월 3일, 50kt~70kt(증폭 핵분열탄 또는 수소탄)130

　냉전 이후 역대 정부에서 추진된 대북정책은 비핵화에 초점을 두고 있었지만, 북한의 핵 능력이 더욱 고도화됨으로써 실효적이지 못했던 것으로 평가할 수 있다. 이에 부과하여 북한의 군사적 도발은 이명박 정부 이후 더욱 강화되고 있어 대북정책의 실효성에 의문이 제기될 수밖에 없는 상황이다.

　박근혜 정부 경우 북핵문제로 파생된 '선 비핵화 원칙'이 신뢰프로세스 전략의 발목을 잡고 있다. 김정은 정권은 '핵·경제 병진노선'을 채택하며, '선 핵개발, 후 경제발전'을 모색하였기 때문이다.

　2015년이 되자 김정은은 탈상 3년을 계기로 고위급 접촉 재개는 물론 남북 정상회담도 못 할 이유가 없다고 신년사를 밝혔다. 1월 20일 북한 정부·정당·단체 연합회의에서 채택한 남북 대화 촉구 호소문을 청와대, 대한적십자사 등에 보내면서 남북 관계 개선을 위해 대북전단 살포 중단 및 한미훈련 중단 등 한국 정부가 받아들일 수 없는 조건을 내걸었다.

---

130 "김정은의 풀 베팅, 핵보유국 선언 후 미와 직거래", 「국민일보」 2017.09.04.

7

문재인 정부의 평화 공존·공동 번영 정책과 남북 및 북미 정상회담

1) 문재인 정부의 통일정책

2017년 3월 10일 박근혜 대통령의 탄핵이 선고 되어, 2017년 5월 9일 치러진 대선에서 당선된 문재인 대통령은 7월 6일 독일 베를린 쾨르버 재단 초청 연설을 통해 새 정부의 한반도 평화 구상을 밝혔다. 문 대통령은 '항구적 평화 정착'을 위해 △ 6.15 공동선언, 10.4 정상선언 이행 △ 북한 체제 보장하는 비핵화 추구 △ 남북 평화체제 △ 한반도 '신경제 지도' 본격화 △ 비정치적 분야 교류협력 확대 등을 5대 정책과제로 내세웠다.

문재인 정부는 이명박·박근혜 정부가 추진해 온 북한의 붕괴를 바라지도, 흡수통일을 추진하지도, 인위적 통일을 추구하지도 않을 것이라고 선언하였다. 이른바 '대북 4노(No) 원칙'을 재확인하며, 북한 정권을 안심시키려 애썼다. 불과 이틀 전 북한이 대륙간탄도미사일(ICBM) 발사 실험을 했음에도 문 대통령은 "(오히려) 대화의 필요성이 과거 어느 때보다 절실해졌다"고 강조하며 "언제 어디서든 김정은 위원장과 만날 용의가 있다"고 말하기도 했다.

아울러 당장 실천할 5대 정책과제도 동시에 제안했다. △ 10월 4일

이산가족 상봉 및 성묘 △ 북한의 평창겨울올림픽 참가 △ 군사분계선의 적대행위 중단 △ 남북대화 재개 △ 비정치적 교류협력 사업은 정치·군사적 상황과 분리 등이다.[131]

문재인 정부의 한반도 정책의 2대 비전은 '평화 공존'과 '공동 번영'이다. '평화 공존'은 그 자체가 평화통일로 나아가는 과정으로 보고 있다.[132] 문재인의 한반도 정책: 3대 목표, 4대 전략, 5대 원칙은 다음과 같다.

문재인 정부의 통일정책의 비전, 목표, 전략, 원칙

2대 비전: '평화 공존'과 '공동 번영'

3대 목표: ① 북핵문제 해결 및 항구적 평화 정착 ② 지속 가능한 남북 관계 발전 ③ 한반도 신경제공동체 구현.

4대 전략: ① 단계적·포괄적 접근 ② 남북 관계와 북핵문제의 병행 추진 ③ 제도화를 통한 지속가능성의 확보 . ④ 호혜적 협력을 통한 평화적 통일기반 조성

5대 원칙: ① 우리주도는 한반도 문제 해결 ② 강한 안보를 통한 평화 유지 ③ 상호존중에 기초한 남북 발전 ④ 국민과의 소통과 합의 존중 ⑤ 국제사회의 협력을 통한 통일 추진

문재인 정부의 통일정책의 가장 큰 특징은 북한 붕괴에 따른 즉각적

---

131 "문 대통령의 '베를린 선언', 남북대화로 결실 맺기를", 「한겨레신문」 2017.07.06.
132 문재인, 『문재인의 한반도 정책』(서울: 통일부, 2017), 24-27.

흡수 통일이 아닌, 김대중·노무현 정부의 통일정책인 단계적 포괄적 접근을 채택한 것과 남북 관계와 북핵문제의 병행 추진하는 전략이다. 지난 이명박 정부의 비핵개방 3000은 북한이 비핵화를 추진하면 전폭적인 경제지원을 통해 국민소득 3,000불에 이를 수 있는 정책을 추진함을 뜻했다. 그러나 이점은 북한으로 하여금 양자택일 혹은 선택의 구도로 오인하게 하여 북한의 핵 개발을 막지 못했다. 이에 반해 문재인 정부의 한반도 정책은 4대 전략을 뒷받침하는 강한 실천방법으로 무엇보다도 흡수통일을 방지하고 한반도 문제에 대한 국제사회의 참여와 협력을 통한 신뢰를 획득하며 북한에 대한 독점적 위치를 주장하기 전에 국제사회와의 협력적 위치를 담보함을 의미한다.[133]

2) 문재인·김정은 남북 정상회담

2012년 등장한 김정은 정권은 핵 문제에 대한 '벼랑 끝 전술'(Brink-manship)을 여전히 구사하여 남북 관계 및 북미관계를 압박하고 있고, 이는 김정은 정권과 그 수뇌부는 핵 보유만이 정권의 안정적인 유지와 지속을 담보하는 것으로 믿고 있는 것으로 보인다.[134] 2015년이 되자 김정은은 부친의 탈상 3년을 계기로 고위급 접촉 재개는 물론 남북 정상회담도 못 할 이유가 없다고 신년사를 통해 밝힌 데 이어, 1.20 북한 정부·정당·단체 연합회의에서 채택한 남북대화 촉구 호소문을 청와대,

---

133 문재인, 『문재인의 한반도 정책』, 30-31.
134 이신욱, "문재인정부의 통일정책과 경제통합", 「한국지방정부학회 학술대회 논문집」 2017/4(2017), 2-3.

대한적십자사 등에 보내면서 남·북 관계 개선을 위해 대북 전단 살포 중단 및 한미훈련 중단 등 한국 정부가 받아들일 수 없는 조건을 내걸었다.

반면 북한은 2016년 1월 제4차, 9월 제5차 핵실험을 단행했고, 문재인 정부 수립 이후 미사일 도발을 지속하여 위협 수위를 고조시켰으며, 급기야 2017년 9월 3일 제6차 핵실험을 시행하여 수직적 핵 확산의 고도화로 대응하였다. 북한의 핵실험과 연이은 미사일 도발은 한반도 긴장상황을 고조시키고 제3차 북핵위기를 불러오고 여기에 반발한 미국과 동맹국들의 대북 압박훈련은 지속적으로 전개되고 있다.

2017년 7월 6일 문재인 대통령은 독일 순방 중 베를린 구시청 연설에서 한반도의 냉전 구조를 해체하고 항구적인 평화 구조를 정착시키기 위한 현 정부의 방향을 제시하고, 언제 어디서든 "북한의 김정은 위원장과 만날 용의"가 있으며, "핵 문제와 평화협정을 포함해 남·북한의 모든 관심사"에 대해 논의할 수 있다고 하였다. 그러나 북측은 이에 대해 "궤변"이라 비난하면서 문 대통령의 베를린 구상을 일축하였다. 같은 해 9월에는 북측이 제6차 핵실험을 단행하였고, 북-미관계가 급격히 악화되면서 한반도 전쟁 위기가 조성되었다.

2018년 1월 1일 김정은 국무위원장이 신년사에서 "평창올림픽의 성과적 개최를 기대하면서 올림픽 대표단 파견을 포함한 조치를 취할 용의가 있으며, 이를 위해 북·남 당국이 시급히 만날 수도 있을 것"이라 언급하였다. 4월 27일 남·북 정상의 단독 회담이 끝난 뒤에는 문재인 대통령과 김정은 위원장은 평화의집 1층 로비에서 판문점 선언문에 각각 서명하였다. 선언문 발표 전 문재인 대통령은 모두 발언을 통해 "북측이 먼저 취한 핵 동결 조치는 대단히 중대한 의미를 가진다"며, "한반도의 완전한 비핵화를 위한 소중한 출발이 될 것"이라고 밝히고, '핵 없는 한반도'의 실현이 양 정상의 공동 목표임을 확인하였다. 이어 김정은 위원장은 "하나의 핏줄과 역사, 문화와 언어를 가진 북남은 본래처럼 하나가 돼 끝없는 번영을 누릴 것"이라며, "역대 합의처럼 시작만 뗀 불미스러운 역사를 되풀이하지 않도록" 반드시 좋은 결실이 맺어지게 노력할 것을 확언하였다.[135] "판문점 선언"(4.27 선언)의 주요 내용은 다음과 같다.

1. 남북 관계의 획기적인 개선 및 발전으로 공동 번영과 자주적 한국의 재통일을 앞당김
   — 합의의 철저한 이행 및 실천을 위한 고위급 실무회담 지속
   — 개성 남북공동연락사무소 설치
   — 다방적 협력과 교류 왕래 및 접촉
   — 남북 적십자 회담과 8월 15일 이산가족·친척 상봉 진행
   — 동해선 및 경의선 철도와 도로 연결 및 현대화

2. 군사적 긴장상태 완화 및 전쟁 위험의 실질적 해소
   — 일체의 적대행위 전면 중지
   — 서해 북방한계선 일대를 평화 수역으로 지정
   — 군장성급 회담을 통하여 군사적 상호 보장 대책 수립

3. 항구적이며 공고한 한반도 평화체제 구축

---

135 "2018년 제1차 남북정상회담", 「위키백과」 https://ko.wikipedia.org/

— 불가침 합의

— 단계적 군축

— 2018년 정전협정 65주년 맞이하여, 미국, 중국과 긴밀히 협력하여 종전 선언 후 평화 협정 전환

— 완전한 한반도의 비핵화를 위하여 남북이 공동 노력

　2018년 5월 26일 판문점 통일각에서 대한민국 대통령 문재인과 조선민주주의인민공화국 국무위원장 김정은의 제2차 남북정상회담이 열렸다. 문재인 대통령은 다음 날 오전 10시 청와대에서 제2차 남북정상회담 결과를 직접 브리핑했다. 북미정상회담 관련하여 "우리 두 정상은 6.12 북미정상회담이 성공적으로 이뤄져야 하며, 한반도의 비핵화와 항구적인 평화체제를 위한 우리의 여정은 결코 중단될 수 없다는 점을 확인하고, 이를 위해 긴밀히 상호협력하기로 하였습니다"고 하였다. 그리고 4.27 판문점 선언 조속한 이행 재확인하고 이를 위해 남북 고위급 회담을 오는 6월 1일 개최하고, 군사적 긴장 완화를 위한 군사당국자 회담과 이산가족 상봉을 위한 적십자 회담을 연이어 갖기로 합의하였다고 밝혔다. 아울러 "앞으로도 필요한 경우 언제든지 서로 통신하거나 만나, 격의없이 소통하기로 하였다"고 하였다.[136]

　9월 18일에는 제3차 남북정상회담이 이어졌는데, 비핵화를 포함하여, 군사, 경제, 이산가족 등 다양한 분야의 합의가 '9.19 평양 공동선언'으로 발표 되었다. 그 내용을 요약하면 다음과 같다.[137]

136 "2018년 제2차 남북정상회담", 「위키백과」 https://ko.wikipedia.org/
137 "2018년 제3차 남북정상회담", 「위키백과」 https://ko.wikipedia.org/

비핵화 분야

비핵화 분야는 동창리의 엔진시험장과 대륙간 탄도 미사일 발사대를 유관 기관 참관 아래 영구적으로 폐기하며, 미국의 상응 조치에 따라 영변의 핵 시설 역시도 영구적 폐기를 약속하였다.

군사 분야

군사 분야는 판문점 선언 이행합의서에 대한 부속 합의서를 채택하여 군사 공동 위원회를 가동한다. 남북 간에 한국전쟁 유해 공동 발굴을 합의 하였다. 또한, 남북 공동 경비 구역(JSA) 내의 완전한 비무장화로, 기존에 탄창을 갈아 끼우다가 사격하는 등의 우발적인 무력 충돌 가능성을 제거하며, 향후 북측지역에 민간인도 출입 가능하도록 하는 등이 평양 공동 선언문에 포함되었다.

경제 분야

경제 분야는 비핵화 관련된 조건과 여건 마련되는 것에 따라, 올해 안 서해 및 동해선 철도와 도로 착공식을 하며, 서해 경제특구와 동해 관광특구를 개설한다. 그리고 개성공단과 금강산 관광을 정상화한다.

이산가족 분야

이산가족 분야는 이산가족 상시 면회소 설치하며, 향후 화상 상봉을 추진한다.

문화 체육 분야

문화 체육 분야는 2032년 하계올림픽 남북 공동개최, 10월 중 평양예술단 서울 공연 등이 합의되었다.

국방부는 2018년 11월 11일 남북 군사당국이 제3차 남북정상회담에서 선언한 '군사 분야 합의'에 따라 비무장지대 내 시범 GP 철수를 시작하였다. 남북은 GP 철거현황 상호 통보하고 11월 말에 GP 철거 완료한 이후 12월 중 상호검증을 하기로 했다. GP 감시카메라 GOP로 이전하고 철거 GP 일부 구조물 역사관에 보존하기로 검토하였다.[138]

3) 김정은·트럼프 북미 정상회담

트럼프 미국 대통령이 취임한 후 전임 오바마정부의 대북정책인 '전략적 인내' 정책을 폐기하고, 보다 적극적인 개입정책으로 반향을 전환하여 '최대의 압박과 관여'(Maximum pressure and engagement) 정책을 천명하였다. 이런 대북 정책 변화에 따라 2018년 6월 12일 싱가포르에서 미국과 조선민주주의인민공화국 간의 최초의 정상회담이 개최하고 다음과 같은 내용의 합의문을 발표하였다.[139]

2018 북미정상회담 합의문(6.12)

한반도의 평화체제 건설에 관한 의제에 대하여 포괄적이고 면밀하며 진실성 있는 의견 교환을 기록하였다.

---

138 "강원도 철원 시범철수 대상 GP 상부구조물 폭파로 철거(종합)", 「연합뉴스」, 2018.11.15.
139 "2018년 북미정상회담", 「위키백과」 https://ko.wikipedia.org

미국의 트럼프 대통령은 북한에 체제안전보장을 약속하였고, 김정은 국무위원장은 단호하고 확고하게 한반도에서의 완전한 비핵화를 약속하였다. 한반도의 비핵화를 통하여 완전한 평화 구축에 대해서 북미 정상이 공식적으로 합의를 하였다.

북한이 미국에 북미 정상회담 의제로 요청하였던 한반도 평화협정 체결은, 남북 간에 2018년에 체결된 4·27 판문점 선언 구체적 실행을 추진한다는 명시적인 내용으로 함축되었다.

미합중국과 조선민주주의인민공화국은 전쟁포로와 전시행방불명자에 대한 유해발굴과 신원 기확인자(이미 확인된 사람)에 대한 즉각적인 유해송환을 합의하였다.

북한과 미국 양국 국민들의 평화와 번영을 향한 염원에 부합하면서 새로운 북미관계를 수립하기로 약속하였다.

북한은 북미 정상회담을 위해서, 5월 24일 풍계리 핵 실험장과 6개의 핵 실험 장소가 있는 터널을 순차적으로 폭파 철거하였다. 7월 24일 미국에 약속한 대로 토천 근처에서 소해 로켓 발사 시험장을 철거하기 시작했다고 발표하였다. 우여곡절 끝에 2019년 2월 27~28일 베트남 하노이 메트로 폴 호텔에서 열린 김정일 위원장과 도날드 트럼프 미국 대통령과의 2일간의 제2차 북미정상 회담은 양자가 합의점을 찾지 못해 결렬되었다.

도날드 트럼프 대통령과 마이크 폼페이오 국무장관은 정상회담 후

기자 회견에서, 2019년 2월 28일 목요일 백악관은 정상회담이 짧게 끝났으며 합의에 이르지 못했다고 발표했다. 트럼프 대통령은 북한이 경제 제재 조치를 중단하기를 원했기 때문에 정상회담이 중단됐다고 밝혔다. 몇 시간 뒤 북한은 11건의 유엔 제재조치 중, 북한은 2016년과 2017년에 부과된 5건의 제재조치가 미국 측에서 해제되기를 요청하였음을 발표하였다. 북한이 영변의 주요 원자력 시설을 "영구적으로 그리고 완전하게" 해체할 것을 제안했으며, 미국에 추가 보상 조치 없이는 상호 합의가 이루어질 수 없음을 확인했다.[140]

제2차 북미정상회담 결렬된 후 2019년 6월 30일 제3차 북미정상회담이 긴급하게 성사되어 판문점에서 열렸다. 트럼프는 이날 오후 3시 45분에 군사분계선을 넘어 현직 미국 대통령으로서 최초로 조선민주주의인민공화국 땅을 밟은 대통령이 됐다. 제3차 북미 정상회담에서는 별도의 합의문이 없었다. 마이크 폼페이오 미국 국무장관은 9월 6일 인터뷰에서 "모든 나라는 스스로를 방어할 주권을 갖는다"며, 북한이 핵을 포기할 경우 미국은 북한의 안전 보장을 제공할 것이라는 메시지를 내놓았다. 2019년 9월 9일 최선희 북한 외무상은 미국 측이 조미(북미) 쌍방의 이해관계에 다 같이 부응하며 우리에게 접수 가능한 계산법(완전한 비핵화 대 체제안전 보장)에 기초한 대안을 가지고 나올 것이라고 믿고 싶다면서, 2019년 9월말 미국과 실무 협상 의지가 있음을 발표하였다.[141]

2019년 10월 현재 3차 북미 정상회담을 저울질하고 있는 실정이다.

---

140 "2019년 2월 북미정상회담", 「위키백과」 https://ko.wikipedia.org
141 "2019년 6월 북미정상회담", 「위키백과」 https://ko.wikipedia.org

북한은 경제조치 해제를 요구하고 미국은 핵시설의 폐기를 요구하는 사이에서 접점을 찾으려고 암중모색하는 형국이다.

8
통일정책의 주요 쟁점에 대한
신학적 이해

통일을 위한 대북정책의 핵심주제는 크게 네 가지로 대별된다. 이 네 가지 주제에 대한 민주정부 10년 통일정책과 이명박 정부의 통일정책의 비교한 후 기독교적 입장을 대안을 제시하려고 한다.

1) 통일의 당위성 대 통일의 실용성

통일의 당위성에 관한 철학적 입장으로서 통일을 한민족의 당연한 의무라는 사명감에서 접근하느냐 아니면, 통일을 남북 당사자 간의 이해관계에 준하여 실용적인 목적에 따라 접근하느냐 하는 기본적인 접근방식에 대한 논의이다. 대북정책의 철학과 관련된 문제라고 볼 수 있다.[142] 윤리학에서 선을 행하는 것이 언제 어디서 무엇을 어떻게 왜하든지 간에 인간의 마땅히 행하여야 할 당위라고 보는 의무론적 입장과 이와 달리 선을 행하는 이유는 '최대 다수의 최대 행복'이라는 목적을 이루기 위한 것이라는 목적론적 입장이 그대로 통일철학에 적용될 수 있다.
민주정부 10년 동안의 포용정책의 통일철학이 통일을 한민족의 당

---

142 같은 책, 274.

위요 의무로 여긴 전자의 입장이었다면, 이명박 정부의 실용주의 정책의 통일철학은 통일이 남한 정부의 실제적인 이익에 부합하는 점을 우선시하는 목적론적 입장이라고 할 수 있다.

노무현 정부는 남북화해와 평화번영은 당위적인 과제이므로 남북한이 활발한 경제협력과 사회문화 교류를 진행하다보면 신뢰가 쌓이고 그 여파가 다음 단계인 정치 군사적 협력으로 파급될 것이라는 입장이었다. 그러나 이명박 대통령은 2008년 9월 한 포럼에서 "북한과 화합하고 북한을 개방 쪽으로 이끌겠다는 햇볕정책은 원칙적으로 좋다"면서도 "문제는 결과가 우리가 생각하는 방향으로 나오지 않는다"고 지적하였다.[143] 이명박 정부의 대북정책이 목적지향적인 공리주의 철학에 입각해 있다는 것은 실용주의 노선이라는 정책적 지침에서도 드러난다. 이명박 정부가 노무현 정부의 정책을 이른바 '퍼주기와 일방적인 끌려다니기'라고 비판하는 것도 이런 맥락에서 이해될 수 있다.

기독교 신학적인 입장에서 보면 통일신학은 원칙적으로 목적론적 실용주의라기보다는 의무론적 당위론에 가깝다. 「민족의 통일과 평화에 대한 한국기독교회선언」(88선언)에서도 평화통일은 '하나님의 명령'이요 '선교의 사명'이므로 신앙의 문제로 규정하고 있다.

우리 한국 교회는 그리스도인들 모두가 평화를 위하여 일하는 사도로 부름을 받았음(골 3:15)을 믿으며, 같은 피를 나눈 한 겨레가 남북으로 갈라져 서로 대립하고 있는 오늘의 이 현실을 극복하여 통일과 평화를 이루는 일이 한국 교회에 내리는 하나님의 명령이며, 우리가 감당해야 할 선교적 사명

---

143 같은 책, 275.

(마 5:23-24)임을 믿는다. …

정의롭고 평화로운 하나님의 나라가 임하도록 우리 그리스도인들은 평화
와 화해의 복음(엡 2:14-17)을 실천해야 하며, 동족의 고통스러운 삶에 동
참해야 한다. 이 일을 감당하는 것이 곧 민족의 화해와 통일을 이룩하는데
있으므로 우리는 통일에 대한 관심과 노력이 바로 신앙의 문제임을 인식한
다.[144]

따라서 통일신학적인 견해에서 양자택일을 한다면 이명박 정부의 실
용주의 정책보다는 김대중과 노무현 정부의 대의적(大義的) 입장에 서야
할 것이다. 동족의 고통스러운 삶에 동참하고 민족의 화해와 평화통일을
이루는 일은 당위적인 신앙의 문제요, 선교의 사명이요, 하나님의 명령
으로 고백하기 때문이다. 기독교 장로인 이명박 정부의 공리적 실용주의
노선은 기독교 통일신학이 지향해 온 것과 상당히 거리가 있어 보인다.

2) 포용정책 대 봉쇄정책

적대적 대북 관계를 해소하기 위해 우선적으로 택할 수 있는 것이 포용
정책(engagement policy)이냐 봉쇄정책(containment policy)이냐는
쟁점이다.[145] 대북포용정책은 군사적으로나 경제적으로 열세에 있는 상

---

144 이 책 부록의 "2. 민족의 통일과 평화에 대한 한국기독교회선언(88선언)" 전문을 참고할
   것.
145 오수열, "김대중 정부의 대북정책과 금강산사업의 평가", 「한국동북아논총」 Vol. 25
   (2002), 133. 물론 불개입정책(Dissengagement policy)도 포함될 수 있지만, 분단
   으로 인한 기회비용이 현저한 남한으로서 북한의 제반 상황을 먼 나라의 일로 개입하지
   않을 수 없는 것이 현실이다.

황에서는 북한이 자발적으로 개혁과 개방으로 나설 수 있도록 우호적인 여건을 만들어 주고 남한이 북한 정권의 붕괴를 획책하거나 흡수통일 및 무력통일의 의도가 전혀 없다는 선언을 통해 북한의 신뢰를 회복하여 북한의 변화를 유도하자는 유연한 전략을 내포하고 있다. 대북포용 정책은 '남북 교류협력의 확대 → 북한의 자발적 개혁과 개방 유도 → 북한의 연착륙을 통한 통일 여건 조성'을 목표로 하고 있다.[146] 군사력의 우위를 확보하여 상대방을 봉쇄, 고립시키는 전략보다는 우호적인 개입정책을 통해 상호협력의 장으로 불러들여야 한다는 철학을 바탕으로 하고 있다.[147]

이명박 정부의 '비핵·개방·3000' 정책은 북한의 핵 폐기가 완료되지 않는 상황에서는 일체의 대북 교류나 협력을 금한다는 입장이다. 실제로 이명박 정부는 북한의 금강산 및 개성 관광 재개의 요구를 안보문제의 해결이 전제되지 않으면 허용할 수 없다는 강경한 입장을 일관하고 있다. 이에 북한이 강력히 반발하여 금강산 및 개성 관광 해지를 통보하고 2010년 4월 13일에는 한국 정부와 한국관광공사가 금강산 내에 소유한 5곳의 부동산을 동결[148]한 지경에 이르게 되었다.

햇볕정책에 대한 가장 큰 비판은 대북 관계에서 당근과 채찍 중 당근만을 사용하는 유화적인 정책이라는 지적이다. 햇볕정책은 군사력을 비롯한 힘의 이용을 포기하고 모든 문제를 대화와 협상으로 해결하려는 '이상주의'라는 것이다.[149] 그러나 봉쇄정책을 통해 북한의 붕괴나 흡수

---

146 성경륭, "김대중-노무현 정부와 이명박 정부의 대북정책 추진전략 비교: 한반도 평화와 공동번영 정책의 전략, 성과, 미래과제", 291-292.
147 하상식, "대북포용정책 10년의 성과와 한계", 45.
148 "금강산 南 부동산 北, 5곳 동결 강행", 「국민일보」 2010. 4. 14.

통일을 유도하는 것이 현실적인 대안이 될 수 없으며, 오히려 북한으로 하여금 체제 유지를 위한 통제를 강화하고 개방과 개혁을 지연시키는 빌미를 주게 된다. 결과적으로 봉쇄정책은 북한 주민들에게 더 많은 고통이 가중되는 악순환이 그동안 계속되어 왔다는 점을 부인할 수 없다.[150]

그러므로 기독교 신학적인 입장에서 포용정책과 봉쇄정책 중 양자택일을 해야 한다면 전자를 선택할 수밖에 없는 것이다. 「민족의 통일과 평화에 대한 한국기독교회선언」(88선언)에서는 공산 정권에 대한 적개심을 가진 것과 북한 동포들의 고통에 대해 무관심한 것조차 죄로 규정하고 고백하였다.

> 남한의 그리스도인들은 반공 이데올로기를 종교적인 신념처럼 우상화하여 북한 공산정권을 적개시한 나머지 북한 동포들과 우리와 이념을 달리하는 동포들을 저주하기까지 하는 죄(요 13:14-15, 4:20-21)를 범했음을 고백한다. 이것은 계명을 어긴 죄이며, 분단에 의하여 고통 받았고 또 아직도 고통 받고 있는 이웃에 대하여 무관심한 죄이며, 그들의 아픔을 그리스도의 사랑으로 치유하지 못한 죄(요 13:17)이다.[151]

따라서 기독교의 입장에서는 포용정책을 지지할 수밖에 없는 것이다.

---

149 김근식, "김대중 정부의 햇볕정책: 회고와 전망", 「한국과국제정치」 Vol. 18, No. 2 (2002), 105.
150 오수열, "김대중 정부의 대북정책과 금강산사업의 평가", 133.
151 이 책 부록의 "2. 민족의 통일과 평화에 대한 한국기독교회선언(88선언)" 전문을 참고할 것.

3) 유연한 상호주의 대 경직된 상호주의

앞에서 살펴본 것처럼 분단과 6.25전쟁은 겪으면서 남북은 모두 무력통일정책을 경쟁적으로 추진하여 왔다. 7.4 남북공동선언으로 인해 선언적인 의미이긴 하지만 남한의 북진통일론이나 북한의 해방혁명론(적화통일)이 포기된 것으로 보아야 한다. 7.4공동선언은 자주, 평화, 민족대단결이라는 통일원칙과 더불어 "크고 작은 것을 막론하고 무장도발을 하지 않으며 불의의 군사적 충돌 사건을 방지하기 위한 적극적인 조치를 취하기로 합의"하였기 때문이다. 1992년 한반도 비핵화 공동선언을 통해 이러한 평화통일의 의지를 더욱 공고하게 합의하였다.

김대중·노무현 정부 10년 동안 경제 위기를 겪고 있는 북한에 대한 지원이 여러 방식으로 확대되었으나, 북핵 문제는 근원적으로 해결되지 않았다. 북한에 대한 경제지원은 일방적인 퍼주기라는 비판이 끊이지 않았다. 그래서 이명박 정부는 남북 관계를 근원적으로 재고하여 상호공영의 상호주의를 주장하기에 이르렀다. 여기에는 남북 관계를 국가 간의 일반적인 국제관계의 문제로 보느냐 아니면, 민족 간의 특수한 문제로 국내 문제로 보느냐는 근원적인 질문이 함축되어 있다. 국가 대 국가 간의 일반적인 국제관계일 경우는 상호주의라는 협상의 기본원칙을 적용하여야 한다.

박정희 정부가 7.4 남북공동선언(1972)을 통해 남북이 합의한 조국통일원칙 중 셋째 항은 "사상과 이념, 제도의 차이를 초월하여 우선 하나의 민족으로서 민족적 대단결을 도모하여야 한다"는 것이다. 그리고 "쌍방은 끊어졌던 민족적 연계를 회복하며 서로의 이해를 증진시키고 자주적 평화통일을 촉진시키기 위하여 남북 사이에 다방면적인 제반교류를 실시하기로 합의하였다." '자주·평화·민족대단결'의 원칙을 통해 분단체제 하의 남북 관계를 자적이고 평화적으로 해결해야 할 민족 내부의 특수한 문제로 합의한 것이다.

　노태우 정부의 1988년의 민족자존과 번영을 위한 대통령 특별 선언 (7.7선언) 역시 대결과 적대관계에 있는 북조선을 통일과 번영의 동반자로 인정하며, 민족 간의 화해와 교류를 추진하겠다고 선언하였다. 특히 남북기본합의서(1991)에는 남북 관계가 나라와 나라 사이의 관계가 아닌 통일을 지향하는 '특수관계'라는 것을 명시하였다.

> 다각적인 교류·협력을 실현하여 민족 공동의 이익과 번영을 도모하며, 쌍방 사이의 관계가 나라와 나라 사이의 관계가 아닌 통일을 지향하는 과정에서 잠정적으로 형성되는 특수관계라는 것을 인정하고 평화통일을 성취하기 위한 공동의 노력을 경주할 것을 다짐하면서…[152]

　그리고 남북기본합의서(1991) 제3장 15조에도 남북 간의 경제 교류는 민족 경제의 내부 교류라고 명시하였다.

> 남과 북은 민족 경제의 통일적이며 균형적인 발전과 민족 전체의 복리 향상을 도모하기 위하여 자원의 공동 개발, 민족 내부 교류로서의 물자 교류, 합작투자 등 경제 교류와 협력을 실시한다.[153]

　10.4남북정상선언(2007)에서도 "남과 북은 경제협력을 위한 투자

---

[152] 이 책 부록의 "3. 남북기본합의서(1992)" 전문을 참고할 것.
[153] 같은 글.

를 장려하고 기반시설 확충과 자원개발을 적극 추진하며 민족 내부 협력사업의 특수성에 맞게 각종 우대조건과 특혜를 우선적으로 부여"[154] 하기로 하였다.

김대중·노무현 정부 역시 남북 관계를 민족 내부의 특수한 관계로 보고 유연한 상호주의의 정책을 견지하였다. 유연한 상호주의는 비동시성, 비등가성, 비대칭성의 특징을 갖는다.[155] 비동시성은 지금 주고 나중에 받을 수 있는 의미이며, 대북지원은 '일방적 퍼주기'가 아니라, '장기적 투자'라는 것이다. 비등가성은 가시적인 경제적 지원을 통해 불가시적인 긴장 완화라는 기회비용을 줄일 수 있다는 의미이다. 비대칭성이라는 것은 남북 간의 국력을 비교하여 우위에 있는 남한이 더 많은 것을 북한에 지원하는 것이 당연하다는 의미이다.

그럼에도 불구하고 이명박 정부는 "줄 것을 주고, 받을 것은 받겠다"는 상호주의의 원칙을 표명하였다. 이명박 정부의 대북정책 본질은 자신들이 주문처럼 반복했던 '퍼주기'와 '끌려 다니기'를 피하고, 경직된 상호주의에 입각하여 '북한 길들이기'와 '버릇 고치기'를 훨씬 더 중요한 정책의 우선순위로 내 세우고 있는 것이다.[156] 그리고 "북한이 요청할 경우"에만 대북 인도적 식량 지원을 하겠다는 조건을 내세웠다.[157] 남북 관계를 민족개념을 강조하는 특수 관계로 보지 않고, 국가적 개념을 강조하는 일반적인 관계로 설정하고 남북 간의 협력을 철저히 경제비용

---

154 이 책 부록의 "7. 남북 관계 발전과 평화번영 선언(10.4선언, 2007)" 전문을 참고할 것.
155 김근식, "김대중 정부의 햇볕정책: 회고와 전망", 114-115.
156 김근식, "이명박 정부 2년 남북 관계 돌아보니", 「프레시안」 2010. 2. 24.
157 이기동, "노무현 정부와 이명박 정부의 대북 접근방식 비교", 「북한연구학회보」 Vol. 12, No. 2(2008), 278.

을 따져 일정한 조건이 충족되는 조건하에서 실용적으로 추진하겠다고 밝힌 것이다. "먼저 주고 나중에 받는 선공후득의 정책노선에서 동시출납 즉 남북이 하나씩 주고받는 쪽으로 대북정책의 패러다임을 바꾸겠다고 선언"[158]한 것이다.

이러한 연계전략이 그 목적을 달성하려면 두 개의 조건이 충족되어야 한다. 하나는 쌍방이 같은 이해관계를 갖고 있는 사안이 대칭적으로 존재하여야 하고, 다른 하나는 쌍방이 서로 신뢰할 수 있는 관계 형성이 되어 있어야 한다. 특히 남한에 대한 북한의 신뢰가 무너지고 남한이 북한 핵을 포기했을 때 북한이 원하는 모든 것을 일시에 제공할 수 없는 조건하에서는 동시출납의 일괄타결안은 남북 간의 더 큰 불신과 경색을 가져올 가능성이 큰 것으로 보인다. 이러한 일방적인 연계전략을 지속적으로 강경하게 추구할수록 그에 비례하여 그 역효과를 초래할 것이라는 전망이다.[159]

노무현 정부의 유연한 상호주의가 기대한 만큼 북한의 우호적인 응답을 이끌어 내지 못한 일방주의라는 비판을 받아 왔지만, 이명박 정부의 조건부 상호주의는 남북 관계가 우호와 신뢰가 형성되어 있지 않은 경우 실제로 상호주의조차 작동되기가 불가능한 한계에 봉착하게 된다는 보다 심각한 문제를 지니고 있는 것이다.[160]

한국기독교교회협의회(KNCC)가 주도한 민족의 통일과 평화에 대한 한국기독교회선언(88선언)에서도 남북 관계를 민족공동체로 보고

---

158 이명수, "북핵문제와 우리 정부의 대응 – 노무현, 이명박 정부의 북핵정책 비교연구",
「한국동북아논총」 Vol. 48(2008), 351.
159 같은 책, 352.
160 이기동, "노무현 정부와 이명박 정부의 대북 접근방식 비교", 278.

'동족의 고통스러운 삶에 동참하는 것'은 그리스인의 평화와 화해의 복음을 실천하는 길이라고 천명하였다. 그리고 "민족 자주성을 실현할 수 있으려면 남북한 국민이 각각의 사상, 이념, 제도의 차이를 초월하여 남북한 국민 스스로가 같은 운명체로서 하나의 민족이라는 사실을 상호 분명하게 확인할 수 있어야 한다"고 하였다. 평화와 통일의 희년선언 (1995) 5항에서는 조건적이고 경직된 상호주의를 거부하고 "남북은 이제 이 잘못된 상호주의의 이데올로기에서 벗어나, 내편에서 먼저 실천함으로써 상대방의 실천을 유도해 내는, 일방적, 선제적 실천으로 나아가야 한다"고 명시하였다.

정주영 회장이 금강산 관광사업을 추진한 것은 단지 당장의 경제적인 실익만을 위한 것이 아니라, 자신이 북한 출신으로 남북 간의 화해와 평화에 기여하는 평화사업의 성격을 가지고 수행한 것이라고 보아야 한다. 따라서 기독교의 입장에서 남북 관계를 민족 간의 특수관계로 볼 수밖에 없으며, '경직된 상호주의'보다는 '유연한 상호주의'를 지지할 수밖에 없다고 여겨진다.

4) 정경분리 및 병행정책 대 정경연계정책

통일정책 추진 전략 수립에 있어서 북핵 문제와 경제지원을 비롯한 제반 남북 교류를 분리하여 추진하는 정경분리원칙과 양자를 병행하되 남북 교류를 우선적 과제로 보는 정경병행원칙과 양자를 연계하여 북핵 문제 타결 없는 남북 교류를 금지하는 '정경연계원칙'이 제기되었다. 김대중 정부의 화해협력정책이나 노무현 정부의 평화공존정책은 한반도의 평화증진을 위한 북핵 및 안보 문제와 남북의 경제 및 제반 교류를 분리하거나 병행하는 정책을 통해 선순환을 이끌어 내는 정경분리 또는 정경병행정책이라 할 수 있다.

이명박 정부의 '비핵·개방·3000' 정책의 기본 취지는 선(先) 핵 폐기 후 경제 지원이라는 안보노선을 우선시하는 일괄타결식 정경연계정책이다. 선 비핵화(핵 완전 폐기)를 최우선으로 두는 이명박 정부의 대북정책은 '주(主) 안보 확보와 북핵 폐기-종(從) 남북 교류협력의 연계라는 양자 주종연계접근 전략으로 평가된다.[161]

남북 간의 경제력과 군사력에 있어서 남한이 월등히 우월한 입장에 처해 있는 현 상황에서 제3자의 입장에서 보면 강자인 남한의 안보 문제보다는 약자인 북한의 안보가 더욱 취약한 실정이다. 그래서 북한은 핵무기를 안보와 정권 유지의 지렛대로 사용하고 있는 것이다.

김근식은 이명박 정부의 지금까지의 대북정책은 대북정책 자체에 대한 명확한 원칙도 없이, 사안에 따른 다분히 정서적이고 감정적인 단호한 원칙 대응만 존재하는 주객전도의 대북 입장일 뿐이었다고 평가한다. 북이 순순히 굴복하고 있다는 평가 역시 자신의 단호함에 매몰된 채 주관적 기대만을 내세우고, 완전히 굴복할 때까지 기다리면 된다는 자기정당화의 대북강경을 부추기는 허장성세의 자의적 정세판단이라고 비판하였다. 이어서 이명박 정부의 통일정책의 문제점을 다음과 같이 지적하였다.

이명박 정부는 출범하자마자 지난 10년 정부를 부인하면서 햇볕정책과 화

---

161 성경륭, "김대중-노무현 정부와 이명박 정부의 대북정책 추진전략 비교: 한반도 평화와 공동번영 정책의 전략, 성과, 미래과제", 285.

해협력정책을 근본부터 부정하고자 했다. 김대중 정부의 햇볕정책과 노무현 정부의 평화번영정책을 '퍼주기'와 '끌려 다니기'라 폄하하고 지난 10년의 화해협력정책이 잘못된 것임을 전제했다. 대북정책의 원칙에서 포용이냐 고립이냐의 결정은 하지 않은 채로 결코 퍼주지 않고 절대 끌려 다니지 않겠다는 단호한 감성적 원칙만을 내세운 것이다.[162]

민족의 통일과 평화에 대한 한국기독교회선언(88선언)에서도 통일은 민족의 공동선을 실현하는 것이므로 인도주의적인 배려와 조치가 최우선적으로 시행되어야 한다고 선언한 것이다.

통일은 민족이나 국가의 공동선과 이익을 실현하는 것일 뿐 아니라 인간의 자유와 존엄성을 최대한 보장하는 것이어야 한다. 국가나 민족도 인간의 자유와 복지를 보장하기 위해서 있는 것이며, 이념과 체제도 인간을 위해 존재하는 것이기 때문에 인도주의적인 배려와 조치의 시행은 최우선적으로 고려되어야 하며, 다른 어떠한 이유로도 인도주의적 조치의 시행이 보류되어서는 안 된다.[163]

위의 네 가지 분석의 틀로 볼 때 이명박 정부의 통일정책은 모든 면에서 이전 정부가 10년 동안 유지해 온 통일정책의 근간을 뒤집은 것이라고 볼 수 있다. 이명박 정부의 통일정책은 그동안 한국기독교교회협의회

---

162 김근식, "이명박 정부 2년 남북 관계 돌아보니", 「프레시안」 2010. 2. 24.
163 이 책 부록의 "2. 민족의 통일과 평화에 대한 한국기독교회선언(88선언)" 전문을 참고할 것.

(KNCC)를 중심으로 기독교계가 제시한 통일노선과도 거리가 먼 것으로 분석된다.

남북 관계는 민족 내부의 특수한 관계이므로 북에 줄 것은 주면서 퍼주지 않고 잘 주어야 하고, 북과 만나서 협상할 것은 하면서 끌려 다니지 않고 당당하게 임하면 되는 것이다. 그러나 안 주고 안 만남으로써 포용기조를 포기하는 것은 그야말로 원칙만 있고 대북정책은 실제적인 내용이 없는 비실용적인 공허한 정책이라는 지적을 면할 수 없게 된 것이다.

김대중·노무현 정부 10년 동안은 햇볕정책이라는 큰 데두리 안에서 일관된 통일정책이 지속되어 남북 관계의 큰 진전을 이루었다. 성격을 달리하는 이명박 정부가 들어서면서 남한의 통일정책은 큰 변화를 겪고 있다. 이전 정부 10년간 평화구축 노력과 남북 협력의 공과를 평가하여 이후의 보다 나은 대북정책을 수립하는 것은 차기 정부의 과제이겠지만, 기존 정부의 성과들을 송두리째 무시해 버리고 새로운 정부가 일방적으로 통일정책을 선회하는 것은 정책의 일관성과 효율성을 떨어뜨리는 것으로 그 심각한 폐해와 후유증을 남길 것이다.[164] 따라서 대북정책과 관련하여 여야 간의 의견 수렴이 가능한 정책적 성향을 가진 사람들 그리고 보수단체와 진보단체 중 의견을 수렴이 가능한 단체들이 모여 초당적인 대북정책을 만들거나 탈이념적 정책관을 공유할 필요가 있다는 주장이 제기된다.[165]

---

[164] 나종만, "이명박 정부 대북정책의 문제와 과제", 「국제정치연구」 Vol. 11, No. 2(2008), 15.
[165] 이기동, "노무현 정부와 이명박 정부의 대북 접근방식 비교", 「북한연구학회보」 Vol. 12, No. 2(2008), 285.

그래서 한국기독교교회협의회는 민족의 통일과 평화에 대한 한국기독교회선언(88선언)을 통해 통일정책을 수립하는 데 있어서 1972년 남북 간에 최초로 합의된 7.4남북공동성명에 나타난 자주, 평화, 사상·이념·제도를 초월한 민족적 대단결의 3대 기본원칙과 더불어 두 가지 원칙을 추가로 제시하였다. 그 하나가 "통일을 위한 방안을 만드는 모든 논의 과정에는 민족 구성원 전체의 민주적인 참여가 보장되어야 한다"는 민중 참여의 원칙이다.

정부당국이 남북한 양쪽에 관한 정보를 독점하거나 통일논의를 독점하여서는 안 되며, 남북한 국민이 통일논의와 통일정책 수립 과정에 주체적으로 자유롭게 참여할 수 있도록 언론의 자유를 보장하고, 통일문제의 연구 및 논의를 위한 민간기구의 활동을 제도적으로 현실적으로 보장하여야 한다.[166]

이명박 정부는 민족 구성원들의 민주적 참여를 배제한 일방적인 통일정책 수립과 통일정책의 비일관성으로 인한 남북 관계 경색의 책임을 면하기 어려울 것이다.

---

166 이 책 부록의 "2. 민족의 통일과 평화에 대한 한국기독교회선언(88선언)" 참조.

제 6 장

3통 확대를 통한
통합적 통일의 과제

1
3통 확대를 통한
독일의 통일 사례

독일 통일의 경우도 통상, 통행, 통신의 3통의 확대가 기반이 되어서 마침내 통일이 이루어졌다고 보아야 한다.

동·서독은 1949년 분단된 지 2년이 되는 1951년 교역에 관한 베를린 협정을 맺고 양독 간의 교역을 국가 간의 교역이 아니라, '지역 간의 교역'으로 규정하고 일체 관세를 부과하지 않기로 쌍방이 합의하였다. 1951년 교역 첫해에 이미 서독은 1,200만 마르크의 상품을 팔았고 1,500만 마르크의 동독 제품을 사들였다. 이러한 동·서독 간의 경제교류는 3통의 출발이요 촉매가 되었다.

1969년 10월 28일 서독 총리 빌리 브란트는 시정 연설을 통해 '동방정책'을 제시하였는데, 동·서독은 "1민족 2국가"이므로 동독을 국가로 존중하면서도 서독과 동독 간의 특수한 관계를 고려하여 "서독 정부에 의한 동독의 국제법적 인정은 고려될 수 없으며, 동독과 서독은 서로 외국이 아니다"고 하였다.[1] 1970년 3월 19일 빌리 브란트 수상의 제안으로 제1차 동·서독 수상회담이 열려 동·서독 간의 우호관계를 선언하고 경제교류에 합의하였다. 이로써 동·서독 간의 교역량이 점점 불어나

---

[1] "동방정책", http://ko.wikipedia.org.

1988년에는 서독이 동독에 대한 수출이 75억 마르크 수입이 71억 마르크에 달하였다. 교역은 처음부터 서독 대 동독의 환율을 1:4로 유지하며 비교적 수지 균형을 이루면서 발전하여 왔다. 점차 동독의 경제가 피폐하여 구조적 취약점이 나타나면서 서독은 저리 차관과 합작 투자 등으로 적극적인 경제 지원을 제공하여, 동독의 대외 상환능력을 유지하도록 간접적으로 도왔다. 1989년 통독 직전에는 서독이 매년 8억 마르크 규모의 경제지원을 통해 동독이 동구권에서 제1의 경제수준을 유지할 수 있었다.[2] 1990년 통일 이후에는 경제, 화폐, 사회통합조약을 통해 서독은 동·서독 간의 화폐의 교환 비율을 1:1로 인하하여 막대한 통일비용을 부담하겠다는 확신을 동독인들에게 보여주어 신속한 통일 추진의 동력을 확보하였다.[3]

동서 베를린도 분단되어 서로 통행을 통제하다가 1961년 8월 13일에 베를린 장벽을 세워 통행을 완전히 차단하였다. 그러다가 1970년 5월 21일 동·서독 제2차 정상회담을 열었고, 1971년 4월에는 4대국 베를린 협정과 동·서독 간의 베를린 협정을 체결하여 동독을 통과하는 서베를린 여행이 원칙적으로 자유화되었다. 1971년 12월에는 친족 간의 자유 방문을 합의하였다. 1972년에 동·서독 간의 기본조약을 체결한 후 운송, 서신, 통신, 문화교류 등의 협약이 체결되어 동·서독 간의 주민은 제한 없이 자유 왕래가 가능하였다.[4]

2 김영한, "독일통일과 교회의 역할", 기독교학문연구회 엮음, 『민족통일과 한국기독교』(서울: 한국기독학생회출판부, 1994), 97.
3 채구목, "한국 통일을 위한 독일통일의 교훈", 「한국사회학」 제30집 겨울호(1996. 12), 855.
4 같은 책. 844.

1973년 9월 18일 동·서독의 동시 유엔 가입 이후, 1974년 외교관계 수립이 체결되어 대표부가 개설되었다. 1983년에는 서독이 10억 마르크를 제공하여 국경에 설치한 자동화기를 철거하게 하였으며, 동·서독 간에 합법적인 이주를 추진하였다. 1984년 9억 5천만 마르크의 차관을 제공하였기 때문에 서독으로의 합법적 이주자가 35,000명으로 늘어났다. 동·서독 간에 이주도 합법화하였기 때문에 통신과 통상은 자동적으로 가능하게 된 것이다. 그 결과 1972년 동·서독 간의 기본조약 체결 후 1987년까지 동독을 방문한 서독인이 550만 명이었고 서독을 방문한 동독인은 340만 명이었다.[5]

동·서독은 통행과 동시에 통신이 개통되었다. 1971년 9월 30일 동·서독 간 우편교류 및 전화교류에 합의하여 유선통신이 개통되었다. 1976년에 우편통신협정을 정식 체결하였고, 1983년에는 우편교류개선협정을 체결함으로써 양독 간의 통신이 획기적으로 증가하였다. 1985년에는 1,600만 전신통신이 이뤄졌고, 1987년에는 서독에서 동독으로 보낸 편지가 7,500만 통이었고, 소포는 2,400만 건이나 되었다. 또한 동독에서 서독으로 보낸 편지는 9,500만 통이고 소포는 900만 건에 이른다.[6]

분단 초기에는 동독이 서독의 텔레비전이나 라디오 시청을 금지하였으나 실효를 거두지 못하였고 결국 1961년에는 70% 이상의 동독 시민이 서독의 텔레비전을 시청하고 있음이 밝혀졌다. 결국 양독 간의 매스

---

5 황홍렬. "한반도에서 나눔과 평화를 위한 교회의 과제", 「평화와선교」 2집(2004. 11), 198; 채구목. "한국 통일을 위한 독일통일의 교훈". 844. 1972년 이후 1990년 통일 전까지 동·서독 간의 방문객이 연평균 1,100만 명이었다고 한다.
6 김영한, "독일통일과 교회의 역할", 98.

미디어의 교류 기본조약을 1973년에 체결하여 양독 간에 서로 특파원이 상주하도록 허용하였다.[7] 이어서 1974년에는 동·서독 간에는 스포츠 교류, 문화 축제와 예술 공연 교류와 기술협력을 위한 과학, 기술, 정보, 문화협력, 환경협력 등에 관한 협정이 무수히 이루어졌다. 그리고 동·서독 교회 간의 통일을 위한 꾸준한 노력도 독일 통일의 큰 밑거름이 되었다.[8]

독일의 동·서독 관계는 외형적으로는 '정부 대 정부' 방식이었지만 실질적으로는 서독 교회와 동독 민간단체들이 담당했다. 동독 정부도 서독 교회와 동독 자치단체를 오가는 돈·물품을 계속 묵인했다. 동독은 물자를 받으면 아무런 제한조건 없이 이를 국제시장에 되팔아 외화를 확보했다. 그 결과 1963~89년 26년간 서독은 이를 통해 정치범 3만 3,755명을 데려오고, 25만 명의 이산가족을 상봉시켰다. 사용된 금액은 17억 3,000만 달러(약 1조 8,400억 원)였다.[9]

그리하여 1990년 10월 3일에 분단 40년 만에 통일을 완성할 수 있었던 것은 이처럼 통신, 통행, 통상의 3통을 통한 소통과 통합의 노력이 분단 직후부터 축적되었기 때문이었다.[10]

---

7 같은 책, 99.
8 같은 책, 102-105; 박명철, "독일통일에 비추어본 우리의 통일", 「기독교사상」 제462호 (1997. 6), 40-53; 정종훈. "독일교회에 비추어 본 한국교회의 통일의 과제". 「제8회 기독교통일학회 학술포럼」(2009. 11. 14), 61-77.
9 "서독, 돈·현물 지원-동독, 정치범 석방·이산상봉 '화답'". 「국민일보」 2015.10.03.
10 홍진석, "독일 통일은 40년간의 분단 극복 노력 산물", 「통일한국」 제301호(2009. 1), 70-73.

> ▸ 동 · 서독 통일 과정의 3통 소통의 역사

1951년		동·서독 교역협정
1970년		제1차 동·서독 수상회담
1971년	4월	동·서독 통과 통행협정
	9월	우편 및 전화 교류 합의(9. 30)
	12월	동·서독 친족 방문
1972년		기본조약(운송. 서신. 통신. 문화교류)
1973년		언론사 상호 취재
	9월	유엔 동시 가입(9. 18)
1974년		상주 대표부 교환 설치
1974년		스포츠, 문화. 예술, 기술 교류협정

독일 통일에 관한 여러 연구들이 지적하는 것처럼 상호 평화 공존을 수립하고 3통을 통한 상호 소통과 통합을 위한 교류의 확대를 기반을 쌓은 후 그 다음 단계인 정치적 통합의 단계로 접어들 수 있는 것이다.[11]

대만과 본토로 분단되어 있는 중국의 경우를 보아도 통일국가라는 원대한 목표를 달성하기 위해 먼저 3통과 4류 정책을 추진하고 있다. 중국은 1979년 1월 대만에 대해 3통(통상. 통항. 통우) 및 4류(경제, 문화, 체육, 과학·기술 교육 교류)정책을 제의하였다. 3통은 중국과 대만 양안 간의 전면적인 직접 교역(通商), 수송(通航), 서신 왕래(通郵)를 뜻한다. 중국은 "대만은 중화인민공화국의 신성한 영토의 일부이며, 조국통일의 대업을 완수하는 것은 대만 인민을 포함한 전 중국인의 신성한 책임"

---

11 채구묵, "한국 통일을 위한 독일통일의 교훈". 861.

이라고 헌법에 규정하고 있다. 통일 문제와 관련 홍콩에 적용했던 '1국 2체제' 원칙을 고수해 왔으며, 대만이 독립을 추진할 경우 무력침공도 불사하겠다고 천명해 왔다. 그런데 2008년 중국은 양안 회담을 통해 재개해 신삼통(新三通) 시대를 예고하고 있다. 이른바 신삼통(직항·관광·환전) 시대가 실제로 이루어지면 양안 간의 교류는 급속히 증가할 것으로 전망된다.

남북한이 60년간의 분단체제를 극복하고 통일국가라는 최종 목표를 이루기 위해서 반듯이 3통 확대를 통해 통일의 기반을 조성하여야 한다. 1990년 8월 1일 「남북교류협력에 관한 법」(법류 제4239호)이 제정되어 남북 간의 왕래, 물건의 반출·반입, 교역, 협력사업, 수송장비 운행 등 각종 행위를 위하여 특정인이 일정한 요건을 갖추어 신청하면 심사를 하여 허가할 수 있도록 하였다.

남북기본합의서(1991)에는 남북화해와 불가침 조약과 함께 "다각적인 교류·협력을 실현하여 민족공동의 이익과 번영을 도모"하기로 선언하였다. 이러한 교류·협력을 위한 구체적인 사업 내용을 다음과 같이 추진할 것을 합의하였다.

제16조 남과 북은 과학기술, 교육, 문화예술, 보건, 체육, 환경과 신문. 라디오, 텔레비전 및 출판물을 비롯한 출판·보도 등 여러 분야에서 교류와 협력을 실시한다.
제17조 남과 북은 민족구성원들의 자유로운 왕래와 접촉을 실현한다.
제18조 남과 북은 흩어진 가족·친척들의 자유로운 서신거래와 왕래와 상봉 및 방문을 실시하고 자유의사에 의한 재결합을 실현하며, 기타 인도적으로 해결할 문제에 대한 대책을 강구한다.

제19조 남과 북은 끊어진 철도와 도로를 연결하고 해로, 항로를 개설한다.

제20조 남과 북은 우편과 전기통신교류에 필요한 시설을 설치, 연결하며, 우편·전기통신 교류의 비밀을 보장한다.

제21조 남과 북은 국제무대에서 경제와 문화 등 여러 분야에서 서로 협력하며 대외에 공동으로 진출한다.[12]

6.15 남북공동선언(2000)에서도 "남과 북은 경제협력을 통하여 민족경제를 균형적으로 발전시키고 사회, 문화, 체육, 보건, 환경 등 제반 분야의 협력과 교류를 활성화하여 서로의 신뢰를 다져나가기로 하였다"(4조). 또한 10.4남북정상선언(2007)에서 남북 간의 교류협력을 다음과 같이 합의하는데, 그 구체적인 내용은 다음과 같다.

5. 남과 북은 민족경제의 균형적 발전과 공동의 번영을 위해 경제협력사업을 공리공영과 유무상통의 원칙에서 적극 활성화하고 지속적으로 확대 발전시켜 나가기로 하였다. …

남과 북은 개성공업지구 1단계 건설을 빠른 시일 안에 완공하고 2단계 개발에 착수하며 문산-봉동 간 철도화물수송을 시작하고, 통행·통신·통관 문제를 비롯한 제반 제도적 보장조치들을 조속히 완비해 나가기로 하였다. 남과 북은 개성-신의주 철도와 개성-평양 고속도로를 공동으로 이용하기 위해 개보수 문제를 협의·추진해 가기로 하였다.

남과 북은 안변과 남포에 조선협력단지를 건설하며 농업, 보건의료, 환경보호 등 여러 분야에서의 협력사업을 진행해 나가기로 하였다. 남과

---

12 이 책 부록 "3. 남북기본합의서(1992)" 전문을 참고할 것.

북은 남북 경제협력사업의 원활한 추진을 위해 현재의 '남북경제협력추진위원회'를 부총리급 '남북경제협력공동위원회'로 격상하기로 하였다.

6. 남과 북은 민족의 유구한 역사와 우수한 문화를 빛내기 위해 역사, 언어, 교육, 과학기술, 문화예술, 체육 등 사회문화 분야의 교류와 협력을 발전시켜 나가기로 하였다. 남과 북은 백두산 관광을 실시하며 이를 위해 백두산-서울 직항로를 개설하기로 하였다. 남과 북은 2008년 북경 올림픽경기대회에 남북응원단이 경의선 열차를 처음으로 이용하여 참가하기로 하였다.

7. 남과 북은 인도주의 협력사업을 적극 추진해 나가기로 하였다. 남과 북은 흩어진 가족과 친척들의 상봉을 확대하며 영상 편지 교환사업을 추진하기로 하였다.[13]

이처럼 여러 차례에 걸쳐 합의한 남북 간의 다각적인 교류협력은 통행, 통관, 통신을 통해 이루어진다. 따라서 이러한 '3통'을 통한 남북 간의 소통과 통합이 통일 기반 조성의 최우선 과제가 아닐 수 없다.[14] 제4장에서 다룬 연합제 통일이나 연방제 통일 목표를 달성하고 통일 이후 남북의 실제적인 통합 역시 궁극적으로 3통 확대의 기초 위해서 이루어질 수 있는 것이기 때문이다. 따라서 통일은 3통을 통한 소통과 통합의 축적 위에 이루어지는 것이므로 통일운동은 3통 운동으로 구체화되어야 한다.

---

13 이 책 부록의 "7. 남북 관계 발전과 평화번영 선언(10.4선언, 2007)" 전문을 참조할 것.
14 "밀월 접어든 중국. 대만 '나의 시장' 탄생시킬까", 「위클리조선」 2008. 6. 17.

2
금강산 관광과
개성 관광을 통한 통행

그동안 남·북 관계에서 금강산·개성 관광과 개성공단을 중심으로 이뤄진 3통의 역사와 이명박 정부 이후 3통의 불통의 위기를 살펴보고 이어서 3통을 통한 통합적 통일의 과제를 살펴보려고 한다.

남·북 분단 이후 민간인 통행은 문익환 목사(1989. 3. 25)와 임수경 학생(1989. 6. 30)의 방북으로 물꼬를 트게 되었다. 1990년 8월 1일 「남북교류협력에 관한 법」(법류 제4239호)이 제정되어 남·북 간의 왕래, 물건의 반출·반입, 교역, 협력사업, 수송 장비 운행 등 각종 행위를 위하여 특정인이 일정한 요건을 갖추어 신청하면 심사를 하여 허가할 수 있도록 하였다. 그리하여 금강산 관광(1998. 11. 18)과 개성 관광(2007. 12)이 성사되어 남한 민간인들의 북한 통행이 활발하게 진행되어 왔다.[15]

정주영 전 현대그룹 명예회장이 1989년 1월 방북하여 금강산 관광 및 시베리아 공동개발 의정서와 금강산관광개발의정서를 체결한 후 9년이 지난 1998년 6월에는 소 500마리를 몰고 방북하여 금강산 관광을 위한 기본 계약서를 체결하였다. 마침내 1998년 11월 18일에 금강호가

---

15 "금강산 관광의 역사", http://www.mtkumgang.com.

첫 출항함으로써 본격적인 금강산 관광이 시작되었다.[16] 2003년 9월에 금강산 육로관광이 실시되면서 해로관광은 2004년 1월 중단되었다. 2004년 7월 금강산 당일관광과 1박 2일 관광을 시작했고 2005년 6월 금강산 관광객이 100만 명을 돌파하였다. 금강산 관광이 중단된 2007년 9월 말까지 남한의 관광객 160만 명 이상이 북한을 방북하는 인적 교류와 통행이 이루어진 것이다.

이명박 정부 출범 직후인 2008년 7월 11일 관광에 나섰던 박왕자 씨가 북한군 초병에게 총격을 받아 희생되는 사건이 발생하였다. 이 사건 이후 남한이 요구한 금강산 사건에 대한 사과와 진상규명, 분명한 재발방지책 마련, 국제 수준의 신변보장 제도화 등 3대 조건이 이루어지지 않아 금강산 관광은 중단되고 말았다.

개성 관광은 2000년 현대아산과 북측이 맺은 공업지구건설에 대한 합의서와 2007년 백두산 및 개성 관광에 대한 합의서를 바탕으로, 현대아산이 통일부에 관광사업 승인을 받은 후 사업이 진행되었다. 2005년 8월에는 3회에 걸쳐 개성 시범관광을 실시한 후 2007년 12월 5일 본격적으로 육로로 군사분계선을 지나 고려 오백 년 도읍인 개성의 문화유적을 둘러보는 개성 관광을 개시하였다.[17] 관광 시작 1년 만에 11만 명이 다녀온 개성 관광은 동해의 금강산과 더불어 남·북 인적 교류의 장으로 자리 잡고 있었다.

---

16 초기에는 금강산 관광지역 내에 숙박시설이 없어 유람선이 금강산 앞 장전항에 배를 댄 후 낮에 금강산 관광을 하고 밤에는 다시 유람선으로 돌아와 숙박을 하는 4박 5일 관광으로 진행되었다.

17 "금강산 관광 안내", http://www.hyundai-asan.com. 송도삼절 중 하나인 박연폭포, 충신 정몽주의 혼이 깃든 '선죽교'와 '숭양서원', 고려청자 등 고려시대의 유물을 전시하고 있는 고려박물관, 왕건왕릉, 공민왕릉 등을 개성 관광에서 볼 수 있다.

    그런데 2008년 2월 이명박 정부가 들어서면서 기존의 두 차례에 걸친 남·북정상회담의 합의 정신을 무시하고 '비핵·개방·3000'이라는 새로운 대북정책을 일관되게 주장하자 2008년 12월 1일 북한이 남·북 간 육로 통행 제한 등을 담은 이른바 '12.1 조치'로 금강산 관광에 이어 개성 관광도 취소되었다.

    북한 「로동신문」은 2008년 12월 1일자 '북남관계파탄의 책임을 모면할 수 없다'는 제목의 논평에서 군사분계선을 통한 모든 육로 통행을 엄격히 제한·차단하는 12.1중대조치와 관련하여 이 조치를 하게 한 장본인이 남측 정부라 하면서 강하게 비난했다. "집권하기 바쁘게 6.15 공동선언과 10.4선언을 짓밟고 그 이행을 공공연히 거부해 나선 자들이 누구인가?" 또한 "반민족적인 '비핵, 개방, 3000'과 '상생, 공영'이라는 허울을 씌워 '새로운 대북정책'으로 광고하며 이미 이룩된 북남합의들을 짓밟고 있는 장본인은 또 누구인가?" 반문하며 남·북 합의 파탄의 책임을 남측에게 추궁하였다.[18]

    남·북 정부 간의 이견 조정 실패로 금강산 관광이 교착상태에 빠지자 현정은 현대그룹 회장이 2009년 8월 17일 김정일 위원장을 만나 5개항을 합의하였다.

  1) 금강산 관광 조속재개 - 김정일 위원장의 특별조치에 따라 관광에 필요한 모든 편의와 안전 철저 보장
  2) 군사분계선 육로 통행과 북측 체류지역 원상회복
  3) 개성 관광 재개 - 개성공단 활성화

---

18 "北신문, '12.1조치를 하게 한 장본인은 이명박 정부', 「통일뉴스」 2008. 12. 1.

4) 백두산 관광 시행

5) 추석 이산가족 상봉[19]

현정은 회장은 귀국 기자회견에서 '고 박왕자 씨 사건'과 관련해 "김 위원장이 '앞으로 절대 그런 일이 없을 것'이라고 말했다"고 전했다.

금강산 관광 중단 1년 7개월이 지나고, 개성 관광이 중단된 지 1년 2개월 지난 후 2010년 2월 8일 개성·금강산 관광 재개를 위한 남·북 실무회담이 개최되었다. 우리 측은 고(故) 박왕자 씨 피격사건 진상규명, 재발방지책 마련, 관광객 신변안전 보장을 위한 제도적 장치 완비 등 '3대 선결과제'가 관광 재개에 앞서 철저히 해결돼야 한다는 입장을 밝혔다. 3대 선결과제 해결을 위해 박왕자 씨 사건 현장에 대한 당국자 방문, 남·북 간 출입·체류 합의서 보완 등 구체적인 조치들이 이행돼야 한다는 입장을 전달했다. 이에 대해 북측은 '3대 과제는 이미 해결됐다'는 입장을 밝히며 조속히 관광을 재개할 필요성을 주장했다. 진상규명과 관련 '군사통제구역에 무단 침입한 박 씨가 초병의 정지 요구에 불응하다 총격을 받고 사망했다'는 설명과 함께 '사건 당시 현대아산 관계자들이 현장을 확인하고 시신을 인도해 간 것으로 충분하다'는 종전 입장을 고수하였다. 북한 측은 2009년 8월 김정일 국방위원장이 현정은 현대그룹 회장과의 면담에서 박 씨 사건의 재발 방지를 약속한 만큼 재발방지책 및 신변안전 보장 방안은 더 논의할 필요가 없다는 입장을 피력했다.[20] 북측은 우리 측의 '3대 선결과제' 요구를 사실상 거부함으로써

---

19 "북, 금강산 '동결 스티커'에도 구경만 하는 정부",「오마이뉴스」2010. 4. 13.

20 "北, '3대 선결과제' 요구 사실상 거부",「연합뉴스」2010. 2. 8. 천해성 통일부 대변인은

남·북 실무회담은 결렬되었다.

남·북 실무회담이 무산된 이후 이명박 정부는 남측 불교신자 4천여 명이 낸 금강산 신계사 순례를 위한 방북 신청을 '남·북 정세가 좋지 않다'는 이유로 2010년 2월 19일 불허하였다. 조계종 총무원 관계자는 이와 관련하여 "통일부의 '선 정부-후 민간'이라는 대북 관계 기조에 대해서는 십분 이해하지만 접촉을 하루 앞두고 불허를 통보한 것은 납득할 수 없는 처사"라며 불만을 표시한 후 "현재의 남·북 경색을 풀기 위해서라도 통일부가 민간 교류에 대해 조금은 유연한 자세를 보여줄 것을 촉구한다"고 덧붙였다.[21]

북한은 2010년 1월에는 나선경제무역지대법을 개정하면서 중국이 나진과 선봉 지역에서 특혜를 받아 영위할 수 있는 사업에 '관광'을 추가한 것으로 알려졌다. 3월 4일에는 "남한 당국이 금강산과 개성관광을 계속 막으면 관광사업과 관련한 합의와 계약을 모두 파기하겠다"는 조선아시아태평양평화위원회 대변인 담화를 보도하였다. 18일에는 통일부와 현대아산에 대남 통지문을 보내 "금강산 관광지구 내 남측 부동산에 대한 조사를 실시하겠다"며, "금강산 관광 지구 내 모든 남측 부동산의 소유자·관계자들은 25일 금강산을 방문하라"고 요구했다. 그리고 "남측 관광객이 들어오지 못하는 경우 4월부터는 새로운 사업자에 의해서 금강산과 개성지구에 대한 해외 및 국내관광이 시작될 것"이라고 경고했다. 이 날 성명에 대해 통일부는 보도 자료를 통해 "북한의 일방

"북측은 우리 요구에 대해 전향적 입장을 표명하지 않았으며, 기존에 밝힌 입장대로 이야기했다"고 전했다.

[21] "정부, 불교신자 4천명 방북 '불허' 논란". 「뷰스앤뷰스」 2010. 2. 19.

적 조치는 사업자 간 계약 및 당국 간 합의 위반은 물론 국제규범에도 어긋나는 것으로 즉각 철회돼야 한다"고 반박했다. 이어 "금강산·개성 관광 문제는 당국 간 대화를 통해 해결돼야 한다"며 "북한의 이번 조치에 따른 모든 책임은 북한에 있다는 것을 다시 한 번 밝힌다"고 덧붙였다.

북한이 2010년 4월 1일부로 무조건 금강산 관광 재개를 요청하였으나 남한 정부가 이에 대해 아무런 반응을 보이지 않자, 북한은 3월 25일부터 31일까지 금강산 지구 내 부동산 조사를 실시한 후 "북남관계개선의 의지도 전혀 없으며 오직 대결에 미쳐 있다는 것을 최종 확인했다"며 "남조선 당국의 자산인 금강산 면회소와 한국관광공사 소유의 문화회관, 온천장, 면세점을 동결하고 그 관리 인원을 추방한다"고 밝혔다. 그리고 부동산 조사에 입회하지 않은 "현대증권, 이든상사, 평안섬유공업주식회사의 사업권을 박탈하고 그 관계자들의 금강산 출입을 불허하겠다"고 하였다. 이어 "남조선 당국에 의해 현대와의 관광 합의와 계약이 더이상 효력을 가질 수 없게 되었으므로 곧 새로운 사업자에 의한 국내 및 해외 금강산 관광이 시작될 것"이며 "우리의 성의 있는 노력을 우롱, 모독하고 공동선언의 정신과 민족의 지향에 배치되게 대결의 길로 계속 나가는 경우 개성공업지구사업도 전면 재검토되게 될 것"이라고 경고했다.[22]

남한 측이 아무런 반응을 하지 않자 북한은 4월 13일 남한 소유의 부동산 동결 조치를 취하였다. 금강산 관광 지역 내의 남한 정부와 한국

---

22 " 北 금강산 南자산 동결, 관리원 추방", 「조선일보」 2010. 4. 9; "北, 금강산에서 남한당국 추방, 외국과 관광사업", 「프레시안」 2010. 4. 9.

관광공사 소유의 면회소와 소방서, 온천장, 문화회관, 면세점 건물의 주요 출입문 열쇠 구멍과 문틈에 '동결'이라고 적힌 스티커를 부착하고 관리인을 추방하였다.[23]

북한은 현대아산에 독점권을 줬던 관광사업의 틀을 바꾸고 4월 12일 부터 중국인 단체 관광을 받기로 한 수순을 밟았다.[24] 이즈음 중국 광둥(廣東)성 중국청년여행사는 홈페이지를 통해 평양과 개성, 휴전선, 금강산, 원산 등을 관광하는 6일 일정의 북한 관광 프로그램을 소개한 것이 알려졌다.[25] 따라서 북한이 우리 정부와 현대아산 측에 금강산 관광사업자를 바꿀 수 있다고 통보한 것은 관광사업 상대방을 남한에서 중국으로 교체하는 것을 염두에 둔 조치라는 해석이 설득력을 얻고 있다.

금강산과 개성 관광은 남·북의 두 지역 관광 문제에 그치지 않는다. 그것은 동북아 평화와 직결된 상징성을 지니고 있다. 지금처럼 상대를 인정치 않고 일방적인 논리만을 고집하는 태도로는 동북아 평화와 안정에 기여할 수 없다. 남·북은 상대를 인정하고 배려하는 차원에서 소통을 단절시키는 것은 문제가 아닐 수 없다.[26]

2010년에 4월 접어들어 북한이 중국과 대대적인 경협사업을 추진하고 있는 가운데 북한 경제의 중국 의존 현상은 더욱 심해질 것으로 보인다. 이런 상황에서 금강산 관광사업마저 중국에 내줄 경우 남·북 관계가

23 "北. 금강산 南 부동산 동결 강행 중국 동포 4명 추방령", 「국민일보」 2010. 3. 13.
24 "北. '4월부터 새 사업자와 관광사업", 「연합뉴스」 2010. 3. 18.
25 "北. 금강산 관광 새 파트너는 중국?", 「한국일보」 2010. 3. 20. 비용은 1인당 6,280위안 (한화 104만 원)이다.
26 고승우, "금강산. 개성 관광은 재개돼야 한다 – 남북이 이룩한 과실, 중국이 가져가서야", 「미디어 오늘」 2010. 3. 19.

급속히 악화될 뿐 아니라 최근 북한의 경제개방 분위기에서 우리만 소외될 가능성도 있다는 지적을 받고 있다.[27]

이명박 정부가 들어선 후 2009년 북한의 육로 통행 제한조치와 제2차 북핵 실험 등 남·북 간 긴장 고조에 따른 방북 자제 등으로 북한 방문자 수가 2008년 대비 35.3% 감소(120,862명)하였다. 정부의 통계에 따르면 1989년~2009년 말까지 총 742,300명 왕래하였으나 방북 734,565명이고 방남 7,735명에 불과하다.[28] 이처럼 남한 사람들의 방북자 수는 북한 사람들의 방남의 수에 비해 94분의 1에 불과하다. 상호방문의 비대칭성의 문제도 극복되어야 한다.

동·서독의 경우 1972년에 동·서독 간의 관계정상화를 명문화한 '통행조약'을 체결한 후 1987년까지 동독을 방문한 서독인이 550만 명이었고 서독을 방문한 동독인은 340만 명이었다.[29] 30년 가까이 이처럼 많은 인원이 상호 방문하고 이로써 3통이 확산되어 1990년 마침내 통일을 이룰 수 있었다. 따라서 남·북한도 서로 통행을 확산하여야 한다. 방북자 수가 늘어나는 만큼 방남자 수도 늘어나야 남·북 간의 쌍방 통행이 확대되고 이를 통한 통합적 통일에 다가갈 수 있을 것이다. 그럼에도 불구하고 이명박 정부에 들어서 대북 통행이 실제로 차단되어 있는 안타까운 현실이다.

27 양영권, "금강산 관광사업도 중국에 넘어가나", 「머니투데이」 2010. 3. 19.

28 통일부, 「대북정책 이렇게 해 왔습니다」(서울: 통일부, 2010), 19.

29 황홍렬, "한반도에서 나눔과 평화를 위한 교회의 과제", 「평화와선교」 2집(2004. 11), 198.

3
개성공단을 통한
통상

    남·북 경제 교류협력 사업으로 2005년 문을 연 개성공단은 분단 이후 최대 규모의 남·북 상생 프로젝트이다. 개성공단은 군사분계선 북쪽에서 약 10km쯤 떨어져 있으며, 서울에서도 육로로 1시간이면 닿는 매우 가까운 거리에 있다. 총 2,000만 평의 부지 위에 800만 평의 공단과 1,200만 평의 배후 도시를 계획하고 있다. 이 중 공장 면적은 800만 평이며, 생활, 관광, 상업 구역 등이 1200만 평에 달한다. 리빙아트, 신원 등의 기업들이 2004년 말 입주하여 생산을 시작하였다.[30]

    남·북 철도의 연결도 2003년 6월 14일 이루어졌다.[31] 도로는 4차선으로 철도와 마찬가지로 통일대교~군사분계선~개성공업지구를 연결하는 구간을 남측과 북측이 각각 따로 공사를 담당하여 2004년 11월 30일에 공사가 완료되었다.

    개성공단 사업은 2007년에 1단계 조성[32]을 완료한 상태였으나, 2단

---

30 "개성공단 발자취". http://www.hyundai-asan.com.
31 철도는 단선으로 남측이 문산에서 군사분계선까지 12km를 공사했고, 북측이 군사분계선에서 개성까지 15.3km를 공사했다.
32 개성공단 1단계 사업은 현대아산(개성사업단)과 한국토지주택공사(남북협력사업처)가 남측의 사업 주체로, 지도총국과 개성공업지구 관리위원회가 북측의 사업 주체로 활동하고 있다.

계 조성은 이명박 정부가 들어서면서 그 계획이 중단된 것이다.

> 2단계가 825만m²(250만 평)인데 개성공단은 경공업 업계에 큰 희망을 줘요. 해주공업지구는 우리 중화학 공업에 기여할 것이고, 조선산업도 마찬가지예요. 우리나라에는 배를 만들 자리가 없다는 것 아닙니까. 남포와 안변 두 군데에 조선산업단지를 만들기로 하고 현지조사까지 다 끝냈어요. 그런데 이런 논의가 다 수면 아래로 가라앉았습니다. 개성공단은 1단계는 잘 진행되고 있지만, 2단계 준비 작업이 안 되고 있어요.[33]

제2차 남북정상회담(2007. 10. 4)에서는 특히 개성공단을 확충하고 해주 지역과 주변 해역을 포괄하는 '서해평화협력특별지대'를 설치하고 한강 하구 공동이용 등을 적극 추진해 나가기로 하였다. 남·북 경협 강화를 통해 개성공단 등을 통한 통상과 통관도 점차 확대되어 왔다

그러나 이명박 정부가 들어서면서 대북정책의 기조가 바뀌어 6.15 남북공동선언(2000)과 10.4남북정상선언(2007)을 원점에서 재검토하겠다고 밝히고, '비핵·개방·3000'이라는 봉쇄정책으로 전환하자 북한은 이에 반발하여 개성공단을 봉쇄하는 12.1조치를 취하였다. 북한「로동신문」은 2008년 12월 1일자 '북남관계파탄의 책임을 모면할 수 없다'는 제목의 논평에서 군사분계선을 통한 모든 육로 통행을 엄격히 제한·차단하는 조치를 밝히고, 이 조치를 하게 한 장본인이 이명박 정부라 하면서 강하게 비난했다. "집권하기 바쁘게 6.15 공동선언과 10.4선언을 짓밟고 그 이행을 공공연히 거부해 나선 자들이 누구인가?" 또한

---

33 이재정, "남북 경제 합의 다 버렸다. 그게 무슨 실용이냐", 「경향신문」 2008. 6. 12.

"반민족적인 '비핵·개방·3000'과 '상생·공영'이라는 허울을 씌워 '새로운 대북정책'으로 광고하며 이미 이룩된 북남합의들을 짓밟고 있는 장본인은 또 누구인가?"라고 하면서 남·북 합의 파탄의 책임을 남측에게 돌렸다.[34] 북한은 12.1조치로 남·북을 이어주던 모든 육로를 막았으나 개성공단은 몇 가지 제한 조치를 두는 선에서 예외로 하였다. 개성공단의 남측 상주인원을 880명으로 제한했고 개성공단 입·출도 하루 6회에 회당 250명으로 한정시킨 것이다.[35]

북측은 2009년 또다시 한미 간의 '키 리졸브' 합동군사훈련(3월 9-20일)을 빌미로 개성공단 물품 생산을 위한 원자재·생산품의 운반을 원천봉쇄하였다. 2009년 3월 9일 오후 3, 4, 5시 세 차례에 걸쳐 귀환할 예정이던 80명이 이날 밤늦게까지 귀환하지 못했다. 이날 오전 개성공단에 들어가려던 남측 인원 726명의 방북도 무산됐다. 따라서 개성공단 체류자 573명의 신변 문제가 현안으로 부상했다.[36] 2008년 3월 27일 북한은 개성공업지구 내에 있는 대한민국 정부 공무원 11명의 철수를 요구했으며, 이에 대응해 대한민국 정부는 일부 공기업 직원들을 제외한 공무원들을 3월 27일 0시 55분에 철수시켰다.

2009년 3월 30일에는 개성공단에서 3년째 장기 체류 중인 미혼의 현대아산 기능직 남자 직원 유모(44) 씨가 "존엄 높은 우리 공화국의 정치체제를 비난하고, 여성 종업원을 변질·타락시켜 탈북을 책동했다"는 이유로 북한 측에 억류되기도 하였다.[37]

---

34 "北신문. '12.1조치를 하게 한 장본인은 이명박 정부', 「통일뉴스」 2008. 12. 1.
35 "개성공단 체류자 573명 억류 등 신변안전 우려", 「경향신문」 2009. 3. 9.
36 "개성공단 억류 되풀이 방지대책 세워라", 「서울신문」 2009. 3. 16.
37 "개성공단 억류 대남 전면강공", 「내일신문」 2009. 3. 31.

2009년 5월 15일 북한의 중앙특구개발지도총국은 개성공업지구 내에 있는 대한민국 기업들에게 주어지던 모든 특혜의 무효화를 선언하였다. 북한은 이명박 정부가 6.15선언의 계승 의지가 없다고 판단하고, 6.15 남북공동선언의 합의로 시작된 개성공단에 대하여 "6.15 공동선언을 부정하는 자들에게 6.15의 혜택을 줄 수 없는 것은 자명한 이치"라고 주장하였다.[38] 북한은 6.15 남북공동선언을 존중하지 않는 이명박 정부에게는 6.15 정신에 따라 제공된 특혜를 박탈할 수밖에 없다는 논리를 편 것이다. 그리고 개성공단 개설 초기에 남·북 간에 합의한 내용을 무시하고 토지 임대료를 5억 달러로 올리고, 북한 노동자의 임금도 월 평균 임금 78달러에서 4배 정도인 300달러로 올려 달라고 요구하였다.[39] 그러나 이러한 무리한 요구를 거두어들이고 원래 합의대로 5%의 인상안을 제시해 옴으로써 2009년 9월 1일의 개성공단 육로 통행 정상화와 7일의 남북경제협력협의사무소의 활동을 재개가 이루어졌다.

2009년 12월 기준 개성공단 입주업체는 모두 117개이며, 개성공단 북측 근로자 수는 전년 같은 기간에 비해 9.3% 증가한 4만 2561명으로 조사됐다. 그리고 연간 총 생산액은 2억 5600만 달러로 2008년 2억 5142만 달러에 비해 약 1.8% 증가했다. 반면 2009년 개성공단 입주기업들의 총 수출액은 2860만 달러로 2008년의 3584만 달러에 비해 약 20% 감소했다. "2008년 12월부터 2009년 8월까지 진행된 북한의 일방적인 통행 제한 조치로 해외 수주액이 급감했기 때문"이라고 한다.[40]

---

38 "북한, 개성공단 계약 무효 선언",「연합뉴스」2009. 5. 16.
39 "北, 민간인 억류 국제사회 역풍 우려 ",「서울신문」2009. 3. 11. 통일부에 따르면 2009년 3월 현재 개성공단 내 입주한 97개의 남측 기업에 북측 노동자 3만 8000여 명이 근무하고 있다. 개성공단 내 북한 근로자 1인당 임금은 사회보장비를 포함해 월평균 73달러이다.

통일부의 통계에 따르면 남·북 교역액도 2009년은 16억 7,908만 달러로 2008년 대비 약 7.8% 감소(반입 9.34억 달러, 반출 7.45억 달러)하였다.[41] 이명박 정부는 남한과 북한이 공을 들여 온 기존의 개성공단조차 유지하지 못하면서 한강 하구에 인공 '나들섬' 900만 평의 경협 단지 조성을 공약하였으나 북한의 반응은 냉담하였다.[42]

이명박 정부의 실용 외교도 북한을 상대로는 작동 중지 상태이다. 남·북 교류는 2008년 7월 11일 금강산 관광객 피살 사건 이후 뒷걸음 중이다. 2009년 남·북한 사람이 오간 횟수는 2008년보다 35%가 줄었다. 인도적 대북지원도 637억 원으로 2008년의 절반 수준이다. 북한 지하자원 개발은 아예 논외이다. 경협과 통상 확대를 통해 북한에 많이 투자해 놓을수록 유사시 우리가 주장할 게 많아지는 법인데 이처럼 "넋 놓고 있다간 중국에 북한 땅을 통째로 넘겨줄 수도 있다"는 한탄이 절로 나오는 실정이다.[43]

2010년 남·북 경협의 규모는 연 20억 달러 정도다. 1992년에 2억 달러로 시작해 2007년 18억 달러로 늘었다. 그러다가 2008년 남·북대화가 공식 중단되면서 구조적인 변화가 일어난다. 절대적인 교역량 자

---

40 "지난해 개성공단 생산액 증가", 「파이낸셜뉴스」 2010. 2. 9.
41 통일부, 『대북정책 이렇게 해 왔습니다』(서울: 통일부 통일정책실, 2010), 20; "남북 갈등 때마다 기업인들 도구화… 정경분리 원칙 지켜야", 「한국경제」 2010. 4. 1. 2010년 4월 현재 개성에는 4만 명 이상의 북한 근로자가 우리 기업에서 일을 하고 있다. 4인 가족을 기준으로 보면 16만 명의 북한 주민이 한국 기업이 주는 월급을 받고 산다. 개성 인구를 대략 40만 명으로 보면 3분의 1이 우리 기업의 영향 아래 있다.
42 "2007 대선 유권자와 함께하는 정책검증 ― 한나라 이명박 후보 ③ 비핵·개방·3000", 「한겨레」 2007. 8. 28. '나들섬'은 한강과 임진강, 예성강이 서해로 유입되는 인천 강화군 교동도 북동쪽 비무장지대 한강 하구 퇴적지 일대에 여의도 면적의 10배에 해당하는 약 900만 평의 인공 섬을 만들어 남·북경제협력단지를 조성하겠다는 구상이었다.
43 이재정, "MB 실용외교 북한엔 왜 침묵하나", 「중앙일보」 2010. 3. 23.

체가 줄어들진 않았다. 그 사이에 중국은 북한과의 교역 규모를 30억 달러로 늘렸다. 상대적으로 중국이 북한에 경제적으로 미치는 영향력이 급속히 커지고 있다.[44]

이명박 정부가 들어선 후 남·북 간의 경협이 교착 상태에 빠져 있는 상황에서 북한은 '남방 루트'라고 할 수 있는 대남, 대미, 대일 관계 개선의 문이 닫히자, 중국 및 러시아와의 관계 개선을 통한 '북방 루트' 개척에 적극 나서고 있다. 여기에는 중국과 러시아에 나진항 장기사용권 부여와 두만강 개발계획 재개, 중국 자본에 의한 신압록대교 건설과 압록강 하구 섬 개발, 외자 유치를 겨냥한 조선대풍그룹 설립 그리고 러시아와의 철도 연결 및 가스 파이프라인 공사 등이 포함되어 있다.

북한은 중국과 러시아에게 라진항 부두사용권을 제공하여 경협 활성화의 새로운 돌파구를 마련하려는 것으로 알려졌다. 리룽시(李龍熙) 지린(吉林)성 연변조선족자치주 당위원회 부서기는 2010년 3월 8일 "북측이 라진항 3호 부두를 50년간 사용할 수 있는 권리를 러시아에 제공했고 과거 중국에 제공했던 제1호 부두사용권에 대한 10년간 추가 연장을 적극 검토하고 있다"고 밝혔다.[45]

북한은 라진항을 개방하고 이를 동력으로 라진과 청진, 김책, 신의주, 함흥, 원산, 남포 등으로 개발을 확대한다는 계획이 있는 것으로 알려졌다. 중국도 이미 라진항으로 이어지는 자국내 '창지투'(長吉圖, 창춘-지린-도문) 개방 선도구 사업을 확정한 바 있으므로 라진항 개방으로 수십 년간의 '꿈'이 실현된 만큼 이를 바탕으로 동북 3성의 상품을 태평양으

---

44 "남북 갈등 때마다 기업인들 도구화… 정경분리 원칙 지켜야", 「한국경제」 2010. 4. 1.
45 "러에 50년 사용권… 中에 10년간 연장 검토", 「동아일보」 2010. 3. 8.

374 통일을 위한 기독교 신학

로 보낼 기반시설 건설에 본격적으로 착수할 것으로 보인다. 그리고 2015년 완공을 목표로 창춘과 훈춘을 잇는 고속도로 건설에도 박차를 가하고 있다. 또한 2020년까지 훈춘을 중심으로 창춘·지린·연길·도문 일대를 동북아 물류기지로 개발해 북한과 러시아와의 무역을 대폭 확대한다는 계획이다. 이처럼 중국 쪽으로 바닷길과 땅 길이 더 열릴수록 북한의 자원은 '중국 블랙홀'에 더 쉽게 빨려들 것이다.

러시아도 북한으로부터 50년간 진항 제3호 부두의 사용권을 획득하고, 두만강 개발 사업 및 북-러와 중-러 철도·도로 연결 그리고 가스 파이프라인 건설 등 경제협력에도 적극 나서고 있다. 라진항이 북·중 간에 국제물류기지로 개발되면 사할린과 시베리아산 원유 및 천연가스를 라진항으로 보내 주변국으로 판매할 수 있는 통로가 될 것이다.[46] 실제 북한과 러시아는 2009년 7월 라진-하싼 철도 복원과 라진항 개선에 합의하고 같은 해 말 1억 4천만 유로를 출자키로 한 것으로 알려졌다.

북한의 외자유치 창구 역할을 하고 있는 조선대풍국제그룹의 고위관계자는 "차후 라선 특별시와 청진항을 잇는 일대가 북한-중국-러시아를 잇는 동북아 물류·교역의 중심지로 개발될 것"이라고 밝혔다.

북한이 이처럼 북·중·러 경제협력 강화로 '활기'를 찾게 되면 한반도 비핵화를 위해 북한을 '견인'할 수단도 줄어들게 되어서 북핵 6자 회담 구도에도 영향이 불가피할 전망도 나온다.[47] 유엔의 대북제재는 다른 국가와 북한의 은행 간 거래까지 사실상 차단하는 것이어서 '제재조치'

---

46 정욱식, "2012년을 향해 손잡는 북한-중국-러시아",
   http://blog.ohmynews.com/ wooksik/324837(2010. 3. 24).
47 "러에 50년 사용권… 中에 10년간 연장 검토", 「동아일보」 2010. 3. 8.

로 그 효력이 막강했지만 일단 중국의 라진항에 대한 기반시설 투자로 위안화와 달러가 공급되면 그 효과는 반감될 수밖에 없어 보인다. 아울러 북·중·러 삼국 간 경제협력의 밀착도가 높아지고 장기화되면 한국으로서도 부담이 적지 않을 전망이다. 라진항 개방이 라·선 개발로 확대되고 신의주 특구 공동개발로 이어지면 북한의 중국 의존도가 갈수록 커질 것이고 이럴 경우 한반도 통일 구도에도 영향이 불가피해질 것으로 보이기 때문이다.[48] 정욱식도 이 점을 지적하였다,

> 이러한 경협 확대는 단기적으로는 대북 제재의 실효성 약화를 가져와 대북 압박을 통한 6자 회담 재개와 비핵화 실현을 목표로 하는 한미일 3국의 전략적 결함을 부각시키고 있다. 또한 중장기적으로 북한 경제의 중국으로의 예속화에 따른 남북한 경제공동체 건설 가능성 및 남한의 유라시아 대륙 진출 위축 그리고 통일비용의 상승을 초래할 수 있다.[49]

이정철 교수는 "북중 경제 관계가 깊어지면 산업 표준이 중국식으로 정착되어 남·북 협력이나 통일 국면이 올 경우 엄청난 비용을 감수해야 한다"고 지적했다.[50] 이처럼 미국과 한국의 '봉북'(封北)으로 북한이 중국과 러시아 쪽으로 기운다면 남한에서 주도적으로 봉북을 풀지 않는 한 경색된 남·북 관계를 풀 수 없다고 지적하였다.

---

48 "北, 中 라진항 사용함의 파장 클 듯", 「연합뉴스」 2010. 3. 8.
49 정욱식. "2012년을 향해 손잡는 북한-중국-러시아",
   http://blog.ohmynews.com/wooksik/324837(2010. 3. 24).
50 "'북방 돌파구' 찾는 北, '통미봉남'보다 심각한 사태 전개, 南의 정치·경제적 위상 약화
   불가피", 「프레시안」 2010. 3. 14.

2009년 3월 개성 공단이 폐쇄 되기 전 까지 4만 명 이상의 북한 근로자가 우리 기업에서 일을 하고 있다. 4인 가족을 기준으로 보면 16만 명의 북한 주민이 한국 기업이 주는 월급을 받은 것이다. 개성 인구를 대략 40만 명으로 보면 3분의 1이 우리 기업의 영향 아래 있었다.[51]

개성 경협과 개성 관광으로 대남 잠수함 기지로 이용되던 고성항은 남측 국민들이 숫하게 기념사진을 찍어 가는 관광지가 되었고, 유사시 서울과 수도권의 가장 큰 위협이 되었던 개성주변 군 시설 및 주요 무기들은 10~15km가량 후방 배치된 것으로 실제 확인되었다. 이는 전쟁 발발 시 북한 군대의 대응능력을 10분 이상 지연시키는 효과를 낳고, 방어에 접어들었을 때는 사실상 개성을 포기한 것과 다름없다고 군사전문가들은 말한다.[52] 이처럼 개성 경협은 경제적 측면 외에도 군사적 측면에서 긴장 완화를 통한 분단 비용의 엄청난 절감 효과를 지니고 있었다.

그럼에도 불구하고 남·북 교류는 한반도 비핵화 문제 해결 없이 별도로 추진할 수 없다는 이명박 대통령의 비현실적인 대북전략으로, 금강산 관광과 개성 공단에 확보된 남·북 교류협력의 성과물이 서서히 침몰하고 말았다. 이명박 정부에 들어와서 다양한 경제 교류협력 사업들은 '북한 퍼주기'라는 이데올로기적 편견에 따라 거의 좌초한 것이다.

---

51 같은 글.
52 "개성공단사업은 '평화의 경제 살리기' 사업(1)" 「뉴스앤조이」 2008. 12. 16.

4
통신을 통한
소통의 과제

남북 간의 소식을 서로 전하는 통신은 우편 및 유무선 통신으로 크게 나눌 수 있지만, 전파의 송수신, 팩시밀리와 컴퓨터를 통한 통신 등 모든 개인적 통신수단을 포함한다. 경우에 따라서는 신문, 라디오, 텔레비전 등과 같은 대중매체도 통신수단으로 볼 수 있다.

그동안 남북 간의 통상과 통행은 어느 정도 진척을 보여 왔지만, 남북 간의 자유로운 통신은 차단·금지되어 있다. 「남북교류협력에 관한 법률」(1990. 8. 1)에도 "남한의 주민이 북한의 주민 등과 회합·통신 기타의 방법으로 접촉하고자 할 때는 통일원 장관의 승인을 얻어야 한다"(제9조)고 규정되어 있다. 다만 남북 교류·협력을 촉진을 위하여 우편 역무 및 전신 통신 역무 등을 제공할 수 있도록 허용하고 있다.[53]

7.4 남북공동선언(1972) 5항에서 처음으로 "돌발적인 군사사고를 방지하고 남북 사이에 제기되는 문제들을 직접 신속 정확하게 처리하기 위하여 서울과 평양 사이에 상설 직통 전화를 놓기로 합의"하였고, 남북 기본합의서(1991) 13조에는 "남과 북은 우발적인 무력충돌과 그 확대

---

53 오준근, "남북 나눔에 관련된 현행법제의 내용 및 문제점과 그 개선 방안", 남북나눔위원회 편, 『민족통일을 준비하는 그리스도인』(서울: 두란노, 1995), 232-333.

를 방지하기 위하여 쌍방 군사당국자 사이에 직통전화를 설치·운영한다"고 명시하였다. 이러한 합의에 따라 남북 간의 군사적 비상통신망이 개통되었으나 이마저 소통과 불통을 오락가락하여 왔다.

특히 남북기본합의서 20조에서 "남과 북은 우편과 전기통신교류에 필요한 시설을 설치·연결하며, 우편·전기통신 교류의 비밀을 보장한다"고 천명한 지 20년이 지났지만, 아직도 남북 간의 통신 교류는 아무런 진척이 없는 실정이다.

2007년 11월 제2차 남북정상회담에서 "남과 북은 흩어진 가족과 친척들의 상봉을 확대하며 영상 편지 교환사업"을 추진하기로 하였으나 아직 시행되지 않고 있다. 일반 민간인들의 통신은 말할 것도 없고 남북 이산가족 사이에도 편지 왕래나 인터넷을 통한 이메일 통신조차 이루어 지지 않고 있다. 심지어 그간의 남북 간의 핫라인조차 단절된 상태이니 통신을 위한 집중적인 노력이 필요하다고 하겠다.

비공식적인 휴대전화 통신은 북한의 휴대전화 보급으로 인해 가능하여졌다. 북한에서는 10년 전부터 휴대전화가 사용되었다고 한다. 2004년 발생한 용천역 폭발사고 이후 금지[54]했던 휴대전화 서비스가 2009년 3월에 풀리면서 사용자가 크게 늘어 2010년 3월에는 12만 명에 달하며 이는 북한 전체 인구의 200분의 1 수준이라고 한다.[55] 2010년 말에는

---

[54] 2004년 4월 22일 평안북도 용천군에서 열차 폭발로 200여 명이 사망하고 1천 500여 명이 부상하는 사고가 발생했는데 이 사고가 김정일 국방위원장 암살기도라는 소문이 퍼지고 사고 관련 내용이 휴대전화를 통해 외부로 유출되자 북한에서 휴대전화 사용이 전면 금지됐다고 한다.
[55] "北 휴대전화 사용자 12만 명", 「동아일보」 2010. 3. 21. 북한이 2008년 12월 15일 이집트 통신회사인 '오라스콤 텔레콤'과 25 대 75 비율로 투자해 '고려링크'를 설립, 유럽에서 많이 쓰는 GSM 방식으로 평양에서 먼저 휴대전화 서비스를 시작했고 북한에서 사용되는 휴대전

31만 명, 2011년 말에는 56만 8천 명으로 매년 2배 또는 그 이상으로 북한 내 휴대전화 가입자 수가 늘어날 것으로 전망된다.[56]

북한에서는 휴대전화로 북한 관영 '여명망'이라는 인터넷에 접속이 가능하며, 사용자 이름과 비밀번호를 입력하면 노래도 들을 수 있고 신문도 볼 수 있으며 문자메시지 주고받기도 할 수 있다. 이러한 북한의 휴대전화기는 중국 접경 지대에 중국이 세워놓은 기지국을 통해 북한의 국경 지대와의 통화가 가능하다. 처음에는 주로 북한 탈북자들이 북한의 친지나 가족들과 통화하기 위해 휴대전화를 사용한 것이다. 탈북자 80~90%가 함경북도 등 국경 지역 출신이라 이들과 연결된 북한 주민들도 대부분 국경 지역에 몰려 살기 때문이다. 탈북자들은 중국 휴대전화를 사서 접경 지역에서 활동하는 사람들을 통해 북한 내 가족이나 친지에게 전달한 뒤 안부를 묻고 돈도 보낸다고 한다.[57]

이들 사이의 통화 내용은 중국의 휴대전화를 통해 그대로 한국에 전해질 수 있게 된 것이다. 2009년 2월 창간된 북한 전문 민간매체 '열린북한통신'은 1년간 이러한 통화를 통해 입수한 600여 건의 북한 소식을 보도했다. 그중에서 김정일 뇌졸중, 김정은 후계설, 개성공단 임금 4배 인상 요구, 7.7 디도스 공격 북한 배후설 등은 국내외 언론이 일제히 인용 보도했다.[58]

화 대부분은 중국산이라고 한다.

56 "북한, 휴대전화 가입자 10만 넘어", 「오마이뉴스」 2009. 10. 1.

57 "北 휴대전화 사용 200명중 한 명꼴", 「세계일보」 2010. 3. 22. "북한 측 요구로 북한에 수출되는 휴대전화 기기에는 전화를 켜면 김정일이라는 이름이 고딕체로 굵게 뜨도록 설계돼 있으며, 내장한 일정표 상에 김일성과 김정일 부자의 생일 외에 다른 '명절'은 명시하지 못하도록 하고 두 사람의 생일을 '대김(大金), 소김(小金)'으로 표시하고 있다"고 덧붙였다고 한다.

세계적 특종이 된 북한 화폐개혁 소식 역시 2009년 11월 30일 오후 4시 7분 'NK(북한)지식인연대'가 처음 보도한 지 1시간 후 '데일리NK(북한)' 역시 "10월 30일 오후 2시부터 화폐교환을 실시했다고 전해왔다"고 보도했다. 이처럼 남한의 국가정보원이나 통일부 또는 북한의 공식 보도 등에 의존했던 북한 뉴스 시대가 바뀌고 있다. 탈북자 기자들을 고용하고 국내 탈북자 네트워크와 북한 내부 소식통을 확보한 북한 전문 매체들이 북한 뉴스의 새로운 공급처로 부상했기 때문이다. 김흥광 NK지식인연대 대표는 "민간 차원의 대북정보 수집 활동이 활발해지면서 '철의 장벽'이라는 북한 내부 소식이 봇물처럼 터져 나오고 있다"고 말했다. 손광주 데일리NK 편집인은 "서울에서 북한(중국 접경 지역)으로 전화가 된다"며 "여기 사무실에 앉아 북한 사람들과 직접 통화하며 기사를 쓰고 있다"고 말했다. 실시간 북한 뉴스 시대가 마침내 열린 것이다.[59]

남·북 간의 공식적인 각종 통신은 아직 요원하다. 남·북은 2010년 2월 1일 열린 제4차 개성공단 실무회담에서 우리 측은 개성공단에 국한된 것이긴 하지만 '3통' 개선을 제안하였고, 그중 통신의 경우 광케이블을 활용, 공단 내 인터넷 망을 조기에 개통하자고 제의했다. 북한 측은 3통 문제의 개선 필요성에 공감하면서도 '통행을 포함한 3통 문제는 군사실무회담에서 협의하면 된다'면서 임금 인상 및 숙소 건설부터 협의하자고 제안했다.[60] 결국 양측은 향후 남북군사실무회담에서 3통 문

58 "북한 정보, 이제 民이 주도… 휴대전화가 뚫었다", 「국민일보」 2010. 1. 14
59 김흥광 NK지식인연대 대표는 데일리NK, 좋은벗들, 열린북한통신, NK지식인연대, 자유북한방송, 자유아시아방송(RFA) 등이 10개 정도의 매체가 있다고 한다.
60 "북, '先임금논의' 고집. 개성회담 합의 불발", 「연합뉴스」 2010. 2. 1. 통행과 관련하여

제를 협의하고, 숙소와 근로자 임금 문제는 개성공단 실무회담 트랙에서 계속 협의해 나가기로 하였으나 아직 별 진전이 없는 상태 이다.

북한이 개혁과 개방으로 나오고 남북한의 통합적 통일을 이루기 위해서는 우편과 전기통신의 교류를 비롯한 휴대전화와 인터넷을 통한 통신이 개통되어야 한다. 각종 통신이 개통되는 날이 오면 남북 간의 소통과 통합에 큰 진전을 이룰 수 있기 때문이다.

현재 하루 중 오전 8시 30분부터 오후 5시까지 방북 11개 시간대, 귀환 10개 시간대 중 신청한 시간대에만 다닐 수 있게 돼 있는 '지정시간 통행제'를 '1일 단위 통행제'로 변경, 신청한 날짜에는 어느 시간대든 다닐 수 있도록 하는 방안을 제안했다. 이를 위해 정부는 전자출입체계(RFID)를 조속히 도입하자고 제의했다. 통관에 관해서는 전수 검사 방식에서 선별 검사 방식으로 전환하자고 제안하였다.

5
이명박·박근혜 정부의 3통 정책의 문제점

남북기본합의서(1991) 제3장에는 남북 간의 민족내부교류로서 통상, 통신, 통행에 관해 다음과 같이 합의하였다.

① 물자교류, 합작투자 등 경제교류(15조)

② 과학·기술, 교육, 문학·예술, 보건, 체육, 환경과 신문, 라디오, 텔레비전 및 출판물을 비롯한 출판·보도 등 여러 분야에서 교류(16조)

③ 민족구성원들의 자유로운 왕래와 접촉(17조)

④ 흩어진 가족·친척들의 자유로운 서신거래와 왕래와 상봉 및 방문 실시 (18조)

⑤ 끊어진 철도와 도로를 연결하고 해로, 항로 개설(19조)

⑥ 우편과 전기통신교류에 필요한 시설을 설치·연결과 통신 비밀 보장(20 조)

이명박 정부 집권 이후 박근혜 정부 동안 3통을 통한 남북 교류는 거의 단절되었다. 그 근거로 참여연대는 2009년 이명박 정부의 남북협력사업 승인 건수와 남북회담 건수는 2007년 대비 10분의 1 수준에 불과하다고 지적하였다.

지난 2년간 남북 관계, 남북교류는 거의 단절되어 왔습니다. 2009년 이명박 정부의 남북협력사업 승인 건수와 남북회담 건수는 2007년 대비 10분의 1 수준에 불과합니다. 특히 2009년 사회문화 협력 사업은 단 한 건도 승인되지 않았고, 사회문화 분야 남북회담도 단 한 번도 개최되지 않는 등 정치·군사적 분야의 남북 관계 위기가 사회문화 남북교류에 지대한 영향을 미쳤음을 확인할 수 있었습니다. 냉랭한 남북 관계는 인도적 지원조차 가로막았습니다. 관련 남북회담은 2년간 단 2회밖에 개최되지 않았으며, 2009년 인도적 지원액은 2007년도의 7.5% 수준에 불과했으며, 남북협력기금 집행액도 2007년도의 10%에도 미치지 못했습니다.[61]

상황이 이처럼 전개되었기 때문에 이명박 정부 출범 이후 남북의 정치, 경제, 사회·문화적 통합이 크게 후퇴했다는 진단 결과가 나왔다. 서울대 통일평화연구소는 "2007년 270.9였던 '남북통합지수'가 2008년 209.5로, 61.4포인트(22.6%) 떨어졌다"며 "'남북 통합율'도 27%에서 21% 수준으로 낮아졌다"고 밝혔다. 경제통합지수는 2007년 37.8에서 2008년 30.8로 낮아졌다. 사회·문화통합지수는 2007년 58.6에서 42.5로 상대적으로 소폭 하락했다. 이 분야 지수 하락도 1993년 이후 처음이다. 특히 정치통합지수는 50.3에서 14.4로 "급진적으로 후퇴"한 것으로 분석됐다. "현 정부가 지난 10년 동안 펼쳐진 대북정책을 전면 재검토하며 남북대화보다 '비핵화'를 우선시하는 등의 사정이 작용해 정치부문의 과잉 단절이 일어나고 있다"고 설명했다. 특히 정치통합 부문의 악화가 다른 영역의 악화를 견인하는 구실을 하고 있다고 연구

---

61 "이명박 정부 2년 평가 이슈리포트", (참여연대. 2010. 2. 22).

소 쪽은 지적했다.[62]

2010년 2월에도 북측이 중국 베이징(北京)에서 산림녹화사업 협의를 이유로 청와대와의 접촉을 타진한 것으로 전해졌다. 2010년 1월 18일 구성된 이명박 대통령 직속 사회통합위원회는 2010년 역점사업으로 '보수와 진보가 함께하는 북한 산림녹화' 등 10대 핵심과제를 제시하였다. 고건 위원장은 "북한에 국민 한 사람이 한 그루의 나무를 심는 과정에서 이념대립이 해소되고 사회통합이 이뤄질 것"이라고 하였다.[63] 통일부도 적극적 모습을 보였던 산림녹화 사업에 대해 북이 적극 호응하자마자 이명박 정부는 순식간에 태도를 바꿔 이를 거부했다. 조계종에서 추진하는 금강산에서의 민간급 대규모 법회도 통일부는 뚜렷한 이유 없이 불허했다. 자발적으로 모금한 대북지원 민간단체의 방북 승인도 번번이 철회 권고되고 있다.[64]

6.15 공동선언실천 남측위원회 언론본부가 남·북 언론교류 행사를 위해 2010년 2월 25일 개성에서 북측 언론본부와 실무접촉을 가질 예정이었으나 통일부는 23일 "현 남북 관계 상황과 안전보장, 질서유지 등을 고려"해 실무접촉을 불허한다고 밝혔다. 통일부는 2009년 2월에도 남북 언론분과위원회의 기사교류에 대해 "국가안전보장, 질서유지 또는 공공복리를 해칠 명백한 우려가 있다"는 이유로 불허 결정을 내린 바 있다.[65]

62 "MB정부 들어 '남북통합지수' 20% 하락", 「한겨레」 2009. 8. 12. 두 번째 남북정상회담이 열렸던 2007년 남북통합지수(270.9)는 지수 측정이 시작된 1989년 이래 최고점에 이르렀고, 처음으로 모든 영역에서 '협력도약기'(통합 3단계)로 올라선 바 있다.
63 "북한 산림녹화를 핵심과제로 내놓은 사회통합委", 「동아일보」 2010. 1. 19.
64 "정부, 불교신자 4천명 방북 '불허' 논란" 「뉴스앤뉴스」 2010. 2. 19.
65 "통일부, 올해도 남북 언론교류 '불허'", 「미디어오늘」 2010. 2. 24. 남측언론본부에 따르면,

남측언론본부는 "기사교류가 어떻게 국가안보와 공공질서, 공공복리를 저해한다는 것인지 그리고 이번 남북언론교류가 현 남북 관계 상황과 안전보장, 질서유지 등에 무슨 저해가 되는지 정부는 납득할 수 있게 밝혀야 할 것"이라며, 이명박 대통령을 향해 "통일부 장관의 명백한 직무유기 행위를 더이상 묵과해서는 안 되며 통일부 장관을 즉각 파면시켜야 할 것"이라고 비판했다.

심지어 참깨와 꽃게 등 8가지 북한산 농수산물의 수입 한도를 2009년에 비해 크게 낮춘 것으로 파악되었다. 통일부 고시에 따르면 정부가 2010년도 반입 한도를 상정한 북한산 농수산물 17개 품목 가운데, 꽃게와 새우, 오징어, 땅콩 조제품, 참깨가루 등의 한도물량이 전년의 절반으로 줄었다. 이에 대해 통일부 당국자는 한도를 현실에 맞게 조정한 것이라고 설명했지만, 대북 제재 국면과 관련이 있다는 관측이 나왔다.[66]

무엇보다도 민간단체의 인도적 대북지원 마저 북핵과 연계하여 관련자의 방북 승인도 불허하였다. 물자 반출 역시 단순한 구호품 즉, 분유, 구급약, 의약품 정도로 한정되고 있으며 그 밖의 건설 장비나 개발지원 장비는 반출이 금지되었다. 예를 들면 등대복지회의 경우 학용품, 단순 의료품, 식량만 북으로 보내고 있으나 원산에 지으려던 빵공장 설비는 인천항에 묶여 있는 상태였다. 국수 기계, 빵 기계, 콩우유 기계를 보내면 빵을 만들어 하루에 5,000-6,000 명을 먹일 수 있고, 국수도 하루에

남북언론본부는 북측언론본부와 만나 △경술국치 100년 관련 공동 사업 △6.15 공동선언 10돌 기념 공동 사업 △아태통신사 연합기구(OANA) 정상회의에 조선중앙통신사 대표 초청 등 남북 언론교류와 관련한 사업 등을 논의할 예정이었다.
66 "8개 북한산 농수산물 쿼터 대폭 축소", 「매일경제」 2010. 3. 21.

3000명 정도 가능한데 이 기계들이 반출 허가를 받지 못해 인천항에 보관되어 있었다. 2009년 11월 현재 북으로 가지 못하고 인천항에 묶여 있는 지원 물자는 7개 단체의 약 24억 원 분량이었다.[67]

이처럼 통일부가 자의적으로 '시급성과 효과성 등을 종합적으로 고려해 물자 반출을 승인'하여 대북지원이 유보되는 사례가 빈번하고, 결과적으로 대북지원 민간단체들의 활동이 축소되고 있어서 많은 대북단체들이 고사 직전에 놓여 있는 실정이었다. 45개의 인도적 대북사업 민간단체들이 모여 만든 대북협력민간단체협의회의 권용찬 사무총장은 약 90개의 민간단체 중 절반 이상이 이미 고사 상태이며 더이상 사업계획을 세울 수도 없는 형편이라고 하였다.[68] 여러 방식으로 호소하여도 정부는 아무런 공식적인 반응이 없자 2010년 4월 5일에는 4월 15일까지로 시한을 정하고 정부의 분명한 입장 표명을 다시 요구하였다.[69]

이러한 상황을 종합해 볼 때 '비핵·개방·3000'이라는 이명박 정부의 대북정책 기조에 따라 남북의 3통 불통 시대로 접어든 것이다. 남북교류는 물론 인도적 지원조차 선 북핵 폐기 정책에 종속되었기 때문이며, "대북정책에서 원칙을 견지했다"는 정부 측의 자족적이고 자의적인 평가와는 달리 정치적 목적에 의해 인도적 접근조차도 가로막히는 무원칙한 대결적 접근이었음을 보여준다.

통일부가 2009년 주요 정책의 관리 과제를 5단계로 나눠 자체 평가한 결과 '남북 간 사회·문화 교류' 분야가 최하위인 '미흡' 판정을 받았다.

---

67 염규현, "MB정부, 인도적 지원과 북핵 연계 대북 민간 지원 단체 고사 중", 「민족21」 제104호(2009. 11), 99.
68 같은 글, 100.
69 "북민협, 선별반출 해제 다시 요구", 「CBS」 2010. 4. 6.

2007년 자체평가가 시작된 이후 가장 낮은 수치이다. 2007년 만점에 해당하는 100점을 받았던 '사회·문화 교류' 분야는 현 정부가 들어선 2008년에는 중간 점수인 '보통'을 받았다. 2003~2008년 100여 건이 승인됐던 남북 간 사회문화 협력사업은 2008년 1월 8일 이후 신규사업이 한 건도 없어 '낙제점'을 받았다. 또 농수산 협력 추진은 2009년 업무보고에서 남북 관계 전환 시 남북공동영농사업 등을 추진하겠다고 밝혔지만 별다른 성과를 내지 못했다.[70]

이명박 정부에 들어와서 그나마 지난 10년 동안 김대중·노무현 정부를 통해 점진적으로 이루어 놓은 3통마저 불통인 상태이다. 공산 국가인 중국과 러시아와 베트남과도 통행·통상·통신이 자유로운데 북한과의 관계에서만 3통이 불통인 상태를 탄식하지 않을 수 없다.

현대경제연구소의 통계조사 보고서에 따르면 2009년 7월 현재 남북 관계에 대해 응답자의 78.7%가 '우려되는 상황'이라고 말해 '우려할 상황이 아니다'는 응답 21.3%의 4배 가까이 됐다고 한다. 정부의 현대북정책에 대해 응답자의 55.2%는 '유연성이 필요'하다고, 26.0%는 '전면 수정이 필요'하다고 응답해, 전체의 81.2%가 현 정부의 대북정책 전환을 바라고 있다고 한다.[71]

한마디로 단절된 남북 소통으로 국민들의 불안만 높아지고 있는 상황이며, 남북 관계는 더욱 어려운 위기 국면으로 접어들 것이라고 경고하였다.

---

70 "통일부, 우리가 봐도… 남북 사회·문화 교류 '미흡'",「경향신문」2010. 3. 17.
71 "김성조, 현대경제연구원 보고서 맹비난하며 현대에도 경고",「뷰스앤뉴스」2009. 8. 5. 전국의 성인남녀 520명을 대상으로 전화면접 여론조사를 실시한 결과이다.

이명박 정부가 앞으로도 일반적인 선 핵 폐기 요구 등 냉전적 정치군사정책을 앞세워 사회문화, 인도적 교류를 후순위로 미룬다면 신뢰구축은커녕 남북 관계는 더욱 어려운 상황에 놓이게 될 것이며, 위기는 더욱더 해결하기 어려워질 것으로 보입니다.[72]

---

72 "통일부, 올해도 남북 언론교류 '불허'. 「미디어오늘」 2010. 2. 24.

6

3통을 통한 소통 확대와
통합적 통일의 과제

이재정 전 통일부 장관은 남북통일은 단순한 제도적 통합(統合)이 아니라 남북이 하나로 소통(疏通)하는 일이라는 뜻에서 '통일(通一)'이 되어야 한다고 하였다.[73] 남북이 이념·사상·체제의 장벽을 극복하고 통일을 이루기 위해서는 우선적으로 남북 간의 다방면의 실제적인 '소통'이 이루어질 수 있도록 구체적인 실천 과제로써 '3통 확산'을 통한 '사회통합 운동'을 전개해야 할 것이다.

사회 통합은 서로 다른 두 사회가 하나로 합치는 것을 의미하는데 두 가지 의미와 측면으로 구분된다. 체제 통합 혹은 제도 통합과 의식 통합 또는 인간 통합이다. 사회학자 파슨(T. Parson)에 의하면 제도적 수준에서의 사회 통합은 사회체계의 구성요소들이 전체 체계를 지나치게 위협하지 않고 서로 공존 균형을 유지하면서 외부의 환경에 대해서도 체제의 독특성을 보유해 나가는 상태를 말한다. 그러나 개인적 수준에서의 사회 통합은 제도적 수준에서의 역할 기대가 개인의 가치지향 유형으로 내면화하는 것을 의미한다.[74]

---

73 이재정, "남북 경제 합의 다 버렸다. 그게 무슨 실용이냐", 「경향신문」 2008. 6. 12.
74 T. Parson. *The Social System* (New York: The Free Pr. 1951), 333, 42, 350; 김병로,

통일은 체제 통합과 의식 통합이 동시에 이루어지는 방향으로 나아가야 한다. 지난 70여 년 간의 분단 상태가 종식되어 통일된 이후에 남북의 이질적인 체제와 제도가 하나로 통합되어도 남북한 주민들의 의식이 통합되어 '더불어 살아가는 삶의 방식'을 정착시켜야 진정한 의미에서 통일국가를 이룰 수 있기 때문이다. 그리고 제도적 통합을 이루기 위해서도 남북이 3통의 활성화를 통해 의식 통합과 사회 통합이 어느 정도 이루어져야 가능하기 때문이다.

제도적 통합에 관해서는 통일목표에 관한 논의 들이 6.15 남북공동선언에서 어느 정도 합의되기도 하였다. 그 구체적인 실천 과제는 3통을 통한 남북 간의 소통과 통합의 확대로 이루어지는 것이다. 소통을 통한 통합이 절실한 것은 남북이 70여 년 동안 서로 이질적인 사회구조를 형성하여 왔기 때문에 갑자기 통일이 되어도 이 이질성을 통합하는 데는 많은 시간이 필요하기 때문이다. 대체로 남북 사회구조는 다음 몇 가지 점에서 차이를 보인다.

첫째, 남북한은 자본주의와 사회주의 체제를 대결구도로 인식하는 경향이 있다. 북한은 비경쟁적인 사회생활에 익숙해 있기 때문에 경쟁적인 시장경제 제도에 적응하기 어려울 것으로 예상된다.

둘째, 남북한은 대조적인 계층 구조를 이루고 있다. 남한의 계층 구조는 중산층의 인구가 양적으로 축소되어 가는 가운데 부의 편재로 계층의 양극화를 이루고 있다. 북한의 주민의 소득 수준은 남한 하위 50%에 해당하는 분포를 형성하고 있다.[75]

"남북사회 통합 문제", 기독교학문연구소편, 『민족통일과 기독교』(서울: 한국기독학생출판부, 1994), 219.

셋째, 남북한의 가치 신념체계가 대조적이다. 남한은 개방성과 개인주의를 인정하는 사회인데 반하여 북한은 폐쇄적이고 국가 주체성 즉 집단주의적 가치를 중시하는 사회이다.

그러므로 통일의 궁극적 목적이 단순히 체제상 물리적인 하나 됨이 아니라, 분단된 민족 간의 불신을 제거하고 신뢰를 심으며 미움을 사랑으로 바꾸는 민족 발전과 민족 복리 증진에 있다면 남북 주민 간의 심리적·정신적 일체감을 형성하는 사회 통합은 통일 이후에도 더 없이 중요한 의미를 지닌다고 하겠다.[76]

민족의 통일과 평화에 대한 한국기독교회선언(88선언)에서는 민족의 분단이 장기화되면서 남북은 서로 "서신 왕래도, 방문도, 통신도 두절된 양쪽은 한 땅덩어리 위에서 가장 멀고 이질적인 나라"가 되었다고 하였다. 그러나 "이념과 체제가 달라 생활방식, 사고방식, 가치관이 이질화되었다고 하지만, 민족과 문화의 동질성에 비한다면 이질적 요소는 극히 적은 부분에 불과"할 것이다.

이러한 이질적인 차이를 서로 배우며 장점을 공유하는 방식으로 극복하기 위해서는 통일 이전뿐 아니라 통일 이후에도 3통을 통한 소통과 통합의 확대가 불가피하다. 그러므로 통합적 통일을 위한 실제적인 과제는 3통의 확대이므로 한국 교회가 통상, 통행, 통신으로 대별 되는 모든 부분의 남북 간의 소통에 적극 참여하여야 할 것이다.[77]

75 이장호, "남북통일의 문화 심리적 장애 요인", 『남북장벽을 넘어서: 통일과 심리적 화합』 (한국심리학회, 1993년도 통일문제학술심포지엄, 1993. 6. 11-12).
76 같은 책, 222.
77 이 책 부록의 "2. 민족의 통일과 평화에 대한 한국기독교회선언(88선언)"을 참고할 것.

제 7 장

좌우합작의 건국이념과
통일 이후의 통일신학의 과제

1

대한민국의 건국이념 및
좌우합작의 통일 대안과 삼균주의

1) 대한민국 임시정부의 건국강령과 삼균주의

남북한의 이질적인 체제로 인해 남북이 지향하여야 할 통일한국의 이상에 대한 그림이 막연한 것으로 보인다. 그러나 앞길을 잃었거나 앞길이 막막할 때에는 원점으로 돌아가 다시 출발하는 것이 최선이다. 좌우 합작으로 만들어진 대한민국 임시정부의 건국이념인 삼균주의(三均主義)에서 남북한 공히 공유할 수 있는 통일한국의 이상을 찾을 수 있다.[1]

1910년 한일강제병합 이후 일제의 철권통치가 강화되면서 우리 민족은 마치 이집트에서 노예살이 하던 이스라엘 백성들처럼 정치적 억압, 경제적 착취, 민족적 차별 그리고 종교적 박해를 당하였다. 1919년 3일 운동이후 일본제국과는 전혀 다른 나라 대한민국을 세우기로 열망하여 임시정부 수립을 주도해온 단체들이 통합되어 그해 4월 11일 대한

---

[1] 허호익, "4·19혁명과 이스라엘 및 대한민국의 건국이념", 한남대 기독교문화연구소 편, 『국가기념주일설교』(서울: 한들출판사, 2009), 44-57; 허호익, "대한민국 임시정부의 건국이념인 삼균주의와 통일한국의 이상", 「대전신학대학보」 제80호(2000.3. 30), 4: 허호익, 『통일을 위한 기독교신학』, 335-348.

민국임시정부가 상해에 세워졌다.

1939년 일본이 진주만을 급습하고 미국을 상대로 태평양 전쟁이 일으키자 많은 국내외 지도층들은 일본의 막강한 군사력에 압도되어 일본으로부터의 독립은 불가능한 환상이라고 생각하고 친일로 돌아서는 경향들이 생겨났다. 이 즈음 대한민국임시정부의 김구(1876-1949)와 조소앙(1887-1957) 등은 일본이 아무리 막강한 군사력을 가지고 있지만, 침략을 일삼는 나라는 언젠가는 망할 수 밖에 없다는 신념으로, 언젠가는 조국이 독립되고 새 나라를 건설하리라는 희망을 버리지 않았다.

일본이 대동아공영과 내선일체(內鮮一體)를 앞세우면서 정치적으로 억압하며 조선 사람들을 노예로 삼고, 온갖 공출로 경제적으로 착취하고, 한글을 말살하는 등 민족적으로 차별하며 그리고 신사참배를 강요하여 종교적으로 박해하는 등 온갖 탄압을 직접 겪은 선각자들은 일본제국과는 전혀 다른 나라 대한민국을 세우기로 열망하였다. 그러나 해외 독립운동가들 사이에도 독립국가의 이상에 대한 좌우 이념논쟁으로 큰 갈등을 겪었다.[2] 다행히도 조소앙이 삼균주의를 주장함으로써 좌우 합작의 가능성이 열린 것이다.[3]

---

2 신우철, "건국강령(1941.10.28) 연구- '조소앙 헌법사상'의 헌법사적 의미를 되새기며", 「중앙법학」 Vol. 10, No. 1(2008), 76-87.: 조소앙, 『소앙집』(1932), 84-85; 강만길 편, 『한국근대사상가선집 6: 趙素昻』(서울: 한길사, 1982), 311-312.: 정용대, "조소앙의 삼균주의와 민족통일노선", 「정신문화연구」 제27권 제4호(2004, 12), 76.; 정학습, "일제하 해외 민족 운동의 左右 합작과 三均主義", 「사회와역사」 1권(1986, 12) 159-203; 정학습, "일제하 해외 민족 운동의 좌우합작과 삼균주의", 「사회와 역사」 1(1986), 161-203. 민족혁명당, 한국국민당, 한국독립당의 정책 노선과 삼균주의를 기초로 좌우 합작 과정에 대한 연구 참고 할 것.

3 정영훈, "민족고유사상에서 도출된 통일민족주의−삼균주의와 신민족주의를 중심으로−", 「단군학」 40(2019), 145-155. 정영훈은 조소앙의 삼균주의가 민족 고유의 홍익인간 사상·균평홍방론·삼일사상에 기초해 있다고 분석하였다.

삼균주의는 조소앙에 의해 1920년대 말에 기본 구상이 세워지고, 1931년 임시정부의 '대외선언'에서 체계가 정립되었다. 1941년 10월 28일 대한민국 임시정부는 좌우합작의 이념적 통합을 실질적으로 보여주는 삼균주의에 입각한 '대한민국건국강령'을 제정 공포했다.[4] 총강 제 2조에는 다음과 같이 삼균주의의 이상이 잘 드러나 있다.

제1조 우리나라는 우리 민족이 반만년 이래로 공통한 말과 글과 국토와 주권과 경제와 문화를 가지고 공통한 민족정기를 길러 왔다.

제2조 우리나라의 건국정신은 삼균제도에 역사적 근거를 두고 있으니… 수미균평위(首尾均平位)라야 흥방보태평(興邦保泰平)하리라 하리라 하였다. 이는 사회 각층의 지력과 권력과 부력의 가짐을 고르게 하여 국가를 진흥하며 태평을 보전, 유지하려 함이니 홍익인간과 이화세계하자는 우리 민족의 지킬 바 최고의 공리이다.

제3조 우리나라의 토지제도는 국유의 유법(遺法)을 두었으니 선현의 통론한바 '준성조지공분수지법(遵聖祖至公分授之法)하여 혁후인사유겸병지폐(革後人私有兼病之弊)라 하였으니 이는 문란한 사유제도를 국유로 환원하라는 토지혁명이다. 우리 민족은 옛 규칙과 새 법을 참작하여 토지제도를 국유로 확정한 것이다. …

제5조 대한민국 임시정부와 임시헌장 10조를 창조 발포하였으니 이는 우리 민족의 자력으로 이족(異族) 전제(專制)를 전복하고 5천년 군주정치의 구각(舊殼)을 파괴하고 새로운 민주제도를 건립하여 사회의 계급을 소멸하는 제일보의 착수였다.

---

4 한시준, "대한민국임시정부와 삼균주의", 「사학지」(단국대학교) 9(2014), 209-318.

제6조 임시정부는 13년[1931년] 4월에 대외선언을 발표하고 삼균제도의
　　　　건국원칙을 천명하였으니, 이른바 '보통선거 제도'를 실시하여 정권
　　　　을 균히 하고 국유제도를 채용하여 이권을 균히 하고 공비(公費)교
　　　　육으로써 학권을 균히 하며, 국내외에 대하여 민족자결의 권리를
　　　　보장하여서 민족과 국가의 불평등을 혁제(革除)할지니 이로써 국내
　　　　에 실현하면 특권계급이 곧 소망(消亡)하고 소수민족의 침몰을 면하
　　　　고, 정치와 경제와 교육의 권리를 헌지(軒輊)[5]가 없게 하고 동족과
　　　　이족(異族)에 대하여 또한 이렇게 한다.[6]

이처럼 "임시정부는 이상에 근거하여 혁명적 삼균제도로서 복국하
고, 건국을 통하여 일관한 최고 공리인 정치, 경제, 교육의 균등과 독립,
민주, 균치의 3종 방식을 동시에 실시할 것"(제7조)임을 만방에 천명하
였다. 특히 제3장 건국 제2조는 삼균제도의 구체적 시행지침을 자세히
제시하고 있다.

삼균제도를 골자로 한 헌법을 시행하여 정치, 경제, 교육이 민주적 시설로
실제상 균형을 도모하며 전국의 토지와 대생산기관의 국유화가 완성되고
전국 학령아동의 전수가 고등교육의 면비수학이 완성되고 보통선거 제도
가 구속 없이 완전히 실시되어 전국 각 동, 리, 촌과 면, 읍과 도, 군, 부와
도의 자치조직과 행정조직과 민중단체와 조직이 완비되어 삼균제가 배합,

---

5 '헌지(軒輊)'는 수레가 앞이 높고 뒤가 낮은 것을 '헌(軒)'이라 하고, 앞이 낮고 뒤가 높은
　것을 '지(輊)'라 하는데, 여기서는 고저와 우열을 비유하는 것이다.
6 신우철, "건국강령(1941. 10. 28) 연구 - '조소앙 헌법사상'의 헌법사적 의미를 되새기며",
　「중앙법학」 Vol. 10, No. 1(2008), 76-87.

실시되고 경향 각층의 극빈계급에 물질과 정신상 생활정도와 문화수준을 높이어 보장되는 과정을 건국의 제2기라 함.[7]

좌우를 아우르는 새로운 대한민국 건국의 이상으로 채택된 삼균주의 이념은 '정치의 균등'(참정권), '경제의 균등'(수익권), '교육의 균등'(수학권)으로 구성되어 있다. "삼균제도라는 것은 정치적으로 인민이 균등히 참정권을 가지는 일이며, 경제적으로는 인민이 균등히 수익권을 가지는 일이며, 교육적으로는 인민이 균등히 수학권을 가지는 일"이라고 하였다.[8] 이 삼균의 각 항목을 하나의 축으로 삼고 개인과 개인 사이의 평등, 민족과 민족 간의 평등, 국가와 국가 간의 균등을 다른 축으로 삼아 두 가지 이상의 차원에서의 삼균을 강조하였다. 즉, 정치·경제·교육에 있어서의 균권(均權)·균부(均富)·균학(均學)이라는 축과 인균(人均)·족균(族均)·국균(國均)이라는 축을 통합한 이중적 삼균사상이 반영된 것이 '대한민국건국강령'이다.

'대한민국건국강령'의 삼균제도는 일제의 제국주의적 통치를 종식시키고 동시에 독립운동 주체들이 좌우대립을 극복할 수 있는 대안이었다. 다시 말하면 삼균주의는 식민주의, 자본주의, 공산주의가 존재하는 국제사회에서 내부적으로 한민족의 동질적 발전을 도모하고, 외적으로 한민족이 인류의 공헌체로 존재할 가치를 이론화한 것이다.[9]

(1) 삼균제도는 일본제국과 달리 정치적 억압과 경제적 착취와 교육

---

7 같은 책, 76-87.
8 "대한민국건국강령", http://www.gcomin.co.kr/static/426/F425392.html.
9 정용대, "조소앙의 삼균주의와 민족통일노선", 「정신문화연구」 제27권 제4호(2004. 12), 76.

적 차별이 없는 그러한 새로운 나라를 건설하려는 더 높은 이상을 담은 것이다. 삼균주의(三均主義)는 조소앙에 의해 1920년대 말에 기본 구상이 세워지고, 1931년 임시정부의 '대외선언'에서 체계가 정립되었다. 조소앙이 삼균주의를 최초로 전면에 내세운 「한국독립당 근상(近象)」(1931)을 살펴보면 일제식민지 지배로 인해 민족과 민족이 균등하지 못한 약소민족의 피압박과 피통치의 상황을 타개하기 위한 식민지 침탈의 종식과 민족독립의 이상을 담고 있다.[10]

> 독립당이 표방하는 주의는 과연 어떤 것인가. 그것은 개인과 개인(人與人), 민족과 민족(族與族), 국가와 국가(國與國)가 균등한 생활을 하게 하는 주의이다. … 무엇으로 민족과 민족이 균등을 이룰 것인가? 민족자결을 자타 민족에게 적용하여 소수민족과 약소민족이 피압박·피통치의 지위로 빠지지 않게 하는 것이다. 무엇으로 국가와 국가가 균등을 도모할 것인가? 식민정책과 자본제국주의를 무너뜨리고, 약소국을 겸병하거나 공격하는 전쟁 행위를 근절시켜 모든 국가로 하여금 서로 간섭하거나 침탈할 수 없도록 함으로써 국제생활에 있어서 평등한 지위를 갖게 하는 것이다. 나아가 사해일가(四海一家)·세계일원(世界一元)을 궁극적인 목적으로 한다.[11]

1940년경에 발표된 「한국독립당 당의해석(黨議解釋)」에는 일본

---

10 조소앙은 1940년 민족주의자들의 단일정당조직으로 조선혁명당·한국독립당·한국국민당 등 3당을 한국독립당의 이름 아래 통합하여 집행위원장에 추대되었으며, 임시정부 국무회의의 주석으로 선출되었다.
11 조소앙, 『소앙집』(1932), 84-85; 강만길 편, 『한국근대사상가선집 6: 趙素昻』(서울: 한길사, 1982), 311-312.

의 제국주의적 지배에 대한 대안으로 "현 단계의 우리의 임무는 민족 전체가 단결하여 우리의 원수 일본을 우리 강토에서 내쫓고 우리 국토를 완전히 광복"[12]하는 것이라고 하였다.

(2) 삼균주의는 자본주의 체제의 근본 모순을 지적하고 그 대안으로써 계획경제와 경제적 균등을 주장하고 토지와 대생산기관의 국유화를 실천과제로 제시한다. 「한국독립당 당의해석」에는 "현재 자본주의 국가 내에는 두 가지 대모순이 있다. 이는 곧 생산의 집체적 무정부 상태와 분배의 불합리·불균등성이다"고 지적하고, 소수 자본가·지주의 욕망을 달(達)하기 위하여 국가자본 일체를 상품화하여 놓고 사회적 필수 여부를 불문하고 개인이익 중심에서 계획 없는 생산을 경행(競行)하고 있는 점을 비판하였다. 그리고 "이러한 모순으로 인하여 대지주·대자본가가 세계의 정치·경제·군사를 임의로 좌우 지배케 되었고, 절대다수의 무산 대중은 기아에 헤매며 죽어 쓰러지게 되었다"고 분석하였다. 이러한 모순의 원인이 '생산과 분배의 불합리함'에 있으므로, 이를 제거하는 방법으로 '토지와 대생산기관을 국유로 하여 국민의 생활권을 균등'하게 할 것을 대안으로 주장하였다.

이와 같은 사회적 모순은 오직 경제상의 생산과 분배의 불합리함에 원인한 것이다. 불합리하다는 것은 경제생산성의 무계획성과 분배의 불균등을 의미하는 것이다. 본당은 이에 감(鑑)하여 인민생활과 국가존재의 기석(基石)인 경제제도를 합리화하기 위하여 생산의 국가사회적 지도 및 계획조정과 분배의 민족적 합리성을 구하는 경제의 균등을 주장한다. … 간단히

12 강만길 편, 『한국근대사상가선집 6: 趙素昻』, 199-200.

말하며 그 요점은 토지와 대생산기관을 국유로 하여 국민의 생활권을 균등화함에 있다.[13]

(3) 삼균주의는 봉건주의와 사회주의처럼 양반이나 노동자 농민과 같은 특정 계급이 권력을 독점하는 비민주적인 제도에 대한 대안으로 정치권력의 균등을 제시한다. 한국이 일본에 의해 침탈당한 원인은 복잡다단한 것이지만, "간단히 말하면 중대한 원인은 이조 5백년을 통하여 존재하였던 소위 양반·당인 간의 정치적 불균등" 때문이라고 전제하고 '정치균등'을 새로운 대안으로 제시한 것이다.

본당은 이족(異族)의 손으로부터 우리의 정권을 완전히 광복한 후에서는 어떠한 계급으로 하여금 정권을 전람(專攬)케 하려 하지 아니하고. 다시 말하면 이조시대의 양반과 같은 새 특권계층을 만들어 내지 아니하고 광복한 정권을 국민전체에게 돌리어 균등히 향유케 하려한다. … 사회주의 소련에서는 노동전정(勞農專政)을 실시하고 있다. 본당이 주장하는 정치적 균등은 어떠한 계급의 독재전정을 요구하지 아니하고 오직 진정한 전민적(全民的) 정치균등을 요구하는 것이다.[14]

그리고 사회주의 역시 소련의 경우처럼 노동자 농민을 중심으로 한 무산계급이 독재를 통해 정치적 균등을 저해하는 요소임을 분명히 지적하였다.

---

13 같은 책. 202-203.
14 같은 책, 202.

(4) 삼균주의는 당시의 독립운동 세력 사이의 좌우 대립을 극복하고 좌우합작을 모색하여 '사회적 민주주의와 사회적 시장경제'라는 '제3의 길'을 통한 새로운 대한민국을 건설하려고 한 것이다.[15]

1920년대 후반부터 독립운동 진영은 좌우파로 나눠지면서 첨예한 갈등을 드러내었다. 삼균주의는 좌우로 나눠진 독립운동 세력을 하나로 모으려는 대안으로 제시된 것이므로 현실적으로는 자본주의를 전제로 하되 그 위에 약간의 사회주의적 요소를 가미한 우익 입장의 좌우절충사상이었다고 보인다. 따라서 자본주의와 사회주의 각각의 단점을 극복하고 장점을 극대화하기 위한 대안으로 삼민주의를 제시한 것이다. 서구식 자본주의의 경제적·교육적 불평등과 공산주의의 정치적인 반민주 독재에 대한 대안이 필요했기 때문이다.

조소앙은 정치적 평등의 주요 수단은 보통선거제를 통한 자유민주주의 방식을 제시하고, 경제적 평등을 위해 '토지와 대생산기관의 국유제' 실시를 제안하였다.[16] 이처럼 자본주의와 사회주의의 이데올로기가 첨예하게 대립되어 가는 세계정세를 간파하고 양이데올로기를 수렴하는 새로운 대안으로 삼균주의를 대한민국의 건국 이상으로 제시한 것이다. 따라서 삼균주의는 일본제국주의의 식민지 지배를 종식하기 위해 일체의 계급과 당파를 떠나 "좌우익의 사상적 대립을 극복해 보고자 하는 시도"로 평가된다.[17]

---

15 주봉호. "조봉암과 진보당: 제3의 길", 「동아시아문화학회 2009년도 추계국제학술대회 자료집」, 501-509.
16 당시에는 좌우대립을 해소하기 위한 민족유일당운동이 전개되다가 좌절되어 가는 시기였다. 조소앙은 좌·우익의 극심한 대립상황을 겪으면서 중국 쑨원(孫文)의 삼민주의(三民主義)와 캉유웨이(康有爲)의 대동사상(大同思想)·무정부주의·사회주의 등 여러 사상들을 참고하여 좌우 절충적 정치사상을 제시함으로써 그 대립을 타개하고자 한 것이다.

(5) 정영훈은 조소앙의 삼균주의가 민족 고유의 홍익인간사상·균평홍방론·삼일사상에 기초해 있다고 분석하였다.[18] 삼균주의는 조소앙은 1913년 신규식의 주선으로 상해에 망명한 이래 대종교인들과 깊이 교유하였으며, 대종교인들과의 상의 속에 「대동단결선언」(1917)과 「대한독립선언서」(1919)를 기초하기도 했었다. 젊은 시절부터 그는 국수보전론을 주창했었다. 민족에 고유한 국수가 보전되어야만 민족적 생존발전이 가능하다고 보는 것이다. 그는 단군의 건국을 실제했던 사실로 생각하였으며, 단군시대에 이미 영토·주권·어문·경제와 민족정기를 갖춘 독자적 민족으로 출발하였다고 생각하였다. 해방후 환국해서는 '단군성적호유회(聖蹟護維會)를 결성(1949)하여 단군의 유적을 보존하는 운동에 나서기도 했었다.[19]

조소앙은 고조선의 건국정신 역시 평등을 기조로 하였다고 본다. 특히 두 가지의 근거를 든다. 단군신화에 나오는 홍익인간론과 「신지비사」에 나오는 균평홍방론(均平興邦論)이 그것이다.[20]

조소앙은 '홍'은 '널리' 또는 '균등'이라는 뜻이며, 홍익인간을 인간세상(국가)을 균등하게 운영하라는 의미로 이해하였다. '우리민족이 지킬 바 최고 공리'로의 홍익인간은 세상을 균등하게 다스리라는 명제로 받아들여졌던 것이다. 이같이 이해된 홍익인간은 삼균주의의 '역사적 근거'의 하나가 된다.[21]

17 정학습, "일제하 해외 민족 운동의 左右 합작과 三均主義", 「사회와역사」 1권(1986. 12) 159-203.
18 정영훈, "민족고유사상에서 도출된 통일민족주의 – 삼균주의와 신민족주의를 중심으로 – ", 「단군학」 40(2019), 145-155.
19 위의 글, 145-146.
20 위의 글. 147.

조소앙은 「신지비사」에 나오는 서경, 중경, 남경(한양) 세 수도(三京)가 "저울의 머리와 꼬리처럼 수평을 이루어야"한다는 언급을 신분·계층을 초월한 균등을 촉구한 것으로 해석한다. 「신지비사」의 핵심취지는 '균평홍방론'이라는 것이다.[22]

정영훈은 조소앙의 정치·경제·교육 삼균론의 연원은 대종교의 삼일사상이라고 한다. 대종교의 영향을 받은 조소앙이 대종교에서 말하는 삼일신(三一神) 신앙 즉, 조화주·교화주·치화주를 안호상 등이 이미 정치·교육·경제 영역으로 해석한 바 있으므로, 그 영향을 받은 것이라는 주장이다.[23]

2) 해방 이후 좌우합작의 통일대안과 삼균주의

삼균주의에 입각한 건국강령은 해방 이후 자본주의 이념과 사회주의 이념의 대립으로 분단된 조국의 통일 이상으로 새롭게 제시되었다. 조소앙은 해방된 조국이 외세의 분점으로 인해 국토가 분단되고 대내적으로 좌우 대립의 이념적 갈등을 겪게 되자 반탁운동, 남한단독정부 반대운동, 남·북협상운동 그리고 단정(單政) 참여를 전제로 한 사회당 활동 및 국회의원 활동을 통해 대한민국 임시정부의 강령에 따라 조국의 자주적이고 평화적인 통일과 좌우를 아우르는 삼균주의를 정착시키려고 노력하였다.[24] 1946년 조소앙은 "해방 1주년과 삼천만의 진로"라는 글

---

21 위의 글, 145.
22 위의 글, 149-150.
23 위의 글, 150-152.
24 강만길, "민족운동·삼균주의·조소앙", 『한국근대사상가선집 6: 趙素昻』, 326.

에서 "국토의 통일로서 민족의 단결을 완성하게 될 것이며, 민족의 통일로 조국의 독립을 완성할 수 있을 것"이라고 주장하고 38선과 점령형태의 미군정으로 인해 국토의 통일도 민족의 독립도 이루지 못했으므로 이것이 '이중적 모순의 표현'이라고 하였다.[25]

1946년 12월에는 '삼균주의 청년동맹선언'을 통해 한국의 학생 청년 남녀는 "삼균주의에 근거한 청년자결 노선을 밟아 좌·우익을 지양·통일하여 민족의 위기를 바로잡아 나가기 위하여" 다음과 같이 선언하였다.[26]

1. 반의타(反依他) 민족자결의 독립국가, 민주정부, 균등사회를 건설·보위하겠으며 과학적 노농문화(勞農文化)를 신 건설함에 분투하겠다.

2. 균학균교(均學均教)의 국비의무적 균지교육제 건설에 분투하면서 빈민학회(貧民學會) 조직을 통하여 무식한 노농청년을 유식하게 혁명하겠다.

3. 균선균치(均選均治)의 전민공화적 균권정치제 건설에 분투하면서 빈민연맹조직을 통하여 무력한 노동청년을 유력하게 혁명하겠다.

4. 균식균로(均食均勞)의 국유계획적 균부경제제 건설에 분투하면서 빈민조합 조직을 통하여 무산한 노농청년을 유산하게 혁명하겠다.

5. 인여인(人如人), 족여족, 국여국이 균영호조(均營互助)할 수 있는 세계의 화평과 안전에 적극적으로 노력하겠다.[27]

25 같은 책, 257.
26 정용대, "조소앙의 삼균주의와 민족통일노선", 88.
27 강만길 편, 『한국근대사상가선집 6: 趙素昻』, 243.

1948년 3월 7일에 발표한 '삼균주의 학생동맹선언'에서도 비슷한 주장을 통해 "삼균주의를 통한 민족통일"을 염원하였다. 그리고 해방 후 미소 양군이 분점하고 있는 과도기에서 독립된 통일국가를 건설하는 노력으로 "양방의 내재적 모순, 즉 교육·정치·경제의 대립된 이념을 삼균주의로써 통일간계에 추진시켜서, 토지·인민·주권의 불가분의 원칙을 충실히 집행하여, 독립국가, 민주정부, 균등사회를 정식정권의 형태로 전변케 하는 방면으로 투쟁하여야 한다"[28]고 주장하였다.

1948년에 발표한 "남북협상 안에 대하여"라는 글에서 조소앙은 조국의 통일을 위하여 "내부의 대립을 해소함으로써 외부의 모순을 극복하여 영토불가분의 원칙과 민족과 주권의 비의타적인 독립운동을 철저히 집행"하자고 제안한다. 따라서 남·북이 통일되고 외세로부터 독립된 '신정부의 형식은 과학상 지력을 경제상 부력과 함께 각 층급에 골고루 배급주기 위하여 선결 문제로 정치상의 권력은 어느 한 계급에 독점되지 않고 공민 각개의 기본적 균형을 완성"하는 방안으로 추진되어야 한다고 주장하였다.[29]

그리고 "통일과업의 전망"이라는 글에서 "남북분열이 외군분점이란 외부적 원인에서 개시되어 사상대립의 내부적 모순을 조장한 결과로 소위 양단 분열 형태를 3, 4년 계속하게 된 것"이라고 분석하고 삼균주의를 통해 사상적·이념적 대립을 극복하고 통일 방식에 대해서는 무력통일이나 의타적인 외교통일론이 아니라 남·북의 모든 정당 사회단체들이 통합하는 자주적인 '화평통일론'을 주장하였다.[30]

---

28 같은 책, 247.
29 조소앙, "남북협상안에 대하여", 「서울신문」 1948. 4. 20.

조소앙은 1950년 5월 30일 선거에 출마하여 전국최다득표로 국회위원에 당선되어 그의 삼균주의를 실현해 볼 기회를 가졌으나 6.25전쟁으로 그 뜻을 펴지도 못하고 9월에 납북되었다. 조소앙은 납북 후에도 삼균주의에 입각한 민족통일을 위해 활동한 것으로 전해진다. 조소앙은 북한 노동당 가입을 거부하고 안재홍과 함께 '재북평화통일촉진협의회'에 참가하여 민족통일을 위한 활동을 전개하였고 그 실현을 유언으로 당부하였다고 한다.[31]

대한민국 임시정부의 강령인 삼균주의는 민족독립운동 전선뿐 아니라 해방 이후 좌우노선 대립을 지양하고 민족통일운동의 새로운 방향을 제시한 것으로 평가된다. 노농독재정권과 자본가의 전횡을 모두 비판하고 민족 전체 구성원의 정치·경제·교육상의 균등을 실현하려고 하였다.[32] 자본주의와 사회주의 각각의 단점을 극복하고 장점을 극대화하기 위한 대안으로 삼균주의를 제시한 것이기 때문이다.

해방 직후 국가형성 초기에 어떤 대안보다 치열하게 사회적 민주주의, 사회주의적 시장 경제, 평화통일을 결합하여 '제3의 길'을 모색한 조봉암(1898-1959)의 평화통일정책도 내용적으로는 조소앙의 삼균주의를 계승하고 있다.[33] 그는 1948년 5월 10일 총선거에 출마하여 제헌국회의원으로 당선되었고, 1948년 5월 제헌국회에서 헌법기초위원으

30 강만길 편, 『한국근대사상가선집 6: 趙素昻』, 261-262.
31 정용대, "조소앙의 삼균주의와 민족통일노선", 91.
32 강만길, "민족운동·삼균주의·조소앙", 332.
33 박명림, "한국민주주의와 제3의 길: 민주주의, 사회적 시장경제 그리고 평화통일의 결합 - 조봉암 사례연구",『죽산 조봉암 전집 6』(서울: 세명서관, 1999), 109-118; 주봉호, "조봉암과 진보당: 제3의 길",「동아시아문화학회 2009년도 추계국제학술대회 자료집」, 501-509.

로 선출되었다. 북한은 1946년 3월 5일 토지개혁에 대한 법령을 공포하여 "무상몰수, 무상분배"하였으나. 농민은 사실상 토지의 소유권토지의 소유권 아닌 경작권만 받았다. 북한의 토지 개혁은 남한의 토지 개혁을 촉구하는 계기가 되었다.

이승만 대통령은 조봉암에게 토지 개혁의 전권을 주고 초대 농림부 장관으로 임명하였다. 조봉암은 농림부 장관으로 재임하면서 농지개혁을 주도하여 소수의 대지주들에게 집중된 농지를 농민들에게 유상 분배하였다. 농민이 아닌 자의 토지와 자경하지 않는 자의 토지 그리고 3정보 이상 소유한 토지에 대해서 지주에게 토지 평가액의 1.5배에 상당하는 금액을 연간 30%씩 5년 분할 상환하는 조건으로 유상몰수·유상분배한 것이다. 토지개혁으로 조그만 땅떼기를 갖게 된 수많은 자영 농민들의 자발적 중노동과 창의력 그리고 그 말릴 수 없는 교육열이 오늘날 대한민국의 자본주의 경제 발전의 기적을 만든 에너지의 원천이 되었다는 평가를 받고 있다. 이처럼 남북이 모두 경제적 균부를 토지 개혁으로 시행한 것이다.

조봉암은 1956년 무소속으로 제3대 대통령 후보로 출마하여 이승만의 절반에 해당되는 득표를 했다. 1956년 11월 진보당을 창당, 위원장에 선출되어 정당활동을 한 것이 간첩죄에 해당한다는 누명을 받아 1959년 7월 31일 사형에 처해졌다. 2011년 1월 20일 대한민국 대법원은 재심에서 조봉암의 간첩 혐의에 대해 무죄 선고했다. 이로써 조봉암은 1959년 사형당한 이래 52년만에 복권되었고, 이승만 정권이 자행한 대표적 사법살인의 희생자로 기록되었다.

좌파와 우파, 분단과 통일, 이상과 현실의 대립을 극복하려한 삼균주의는 탈냉전 이후의 서구의 제3의 길 논의와 사회민주주의 부활 그리고

2차에 걸친 남북정상회담 이후 조성된 남북 화해와 평화통일을 향한 전향적 상황에서 다시 조명되어야 할 중요한 통일논의 지침이라고 여겨진다. "왜냐하면 삼균주의의 재평가는 과거의 문제가 아니라 미래의 '대안의' 문제"이기 때문이다. 한국적인 특수성과 세계적인 보편성을 조화시키면서 보혁 논리를 적절하게 수렴하고, 자유와 평등이라는 토대를 안고 출발한 대한민국임시정부의 강령인 삼균주의는 과거를 통합이념으로서가 아니라 미래의 이대올로기로서 남북 분단의 민족적 갈등을 지양하고 21세기 통일한국을 실현하는 제3의 민족통일노선으로 재조명되어야 한다.[34]

삼균주의는 해방 이후 남북으로 나누어진 남한과 북한이 모두 수용하여 통일조국의 이상으로 내세울 수 있는 대한임시민국의 건국정신이라고 할 수 있다. 그런데도 불구하고 현재까지 그 정신이 제대로 알려지지도 않았고 실천되지 않는 것 같아 안타깝기 그지없다.

---

34 정용대, "조소앙의 삼균주의와 민족통일노선", 93.

2
이스라엘 계약공동체의 건국 이상과 통일 이후의 통일신학의 과제

1) 초기 이스라엘 계약공동체의 건국 이상

대한민국의 건국이념인 삼균주의 이상은 초기 이스라엘 공동체의 건국 이상과 놀랍게도 일맥상통하고 있다. 출애굽 이후 왕정을 시작하기 이전 200년 동안의 초기 이스라엘 계약공동체가 사사 중심의 지방자치의 느슨한 부족동맹을 맺은 것은 정치적 권력을 균등하려는 것이다. 그리고 가나안 정착 이후 역사적으로 최초의 토지 분배를 시행한 것은 '많이 거둔 자도 남지도 않고 적게 거둔 자도 모자라지 않는'(출 16:17-18) 만나의 경제신학을 실현함으로써 경제적 이권을 균등히 하려는 것과 일치한다. 다만 오직 하나님만 섬기고 그의 계명을 가르치고 지키겠다는 것은 교육적인 학습권의 균등과 차이는 있으나 보편적 종교교육을 강조했다는 점에서 상응하는 것으로 여겨지기 때문이다.

성서를 조금만 주의 깊이 있게 살펴보면 하나님께서는 당시의 고대 근동에 인접하였던 다른 나라들과 분명히 다른 '거룩한 백성의 제사장 나라'(출 19:6)를 건국하려고 노예살이 하던 히브리인들을 찾아와 그들을 해방시켜 가나안 땅으로 인도하여 새로운 건국이념에 따라 초기 이스라엘 계약공동체를 세운 것임을 알 수 있다.

이집트에서 400여 년간 노예생활의 정치적 억압과 강제노동으로 인한 경제적 착취와 산아 제한의 민족적 차별과 하나님께 드리는 제사조차 허용하지 않은 종교 말살의 암울한 상황에서 여호와 하나님은 그의 종 모세를 세워 이스라엘 백성들을 이집트에서 해방시켜 광야로 인도하도록 하셨다. 그리고 노예근성에 젖어 있는 이들을 광야에서 다 죽게 하시고 새로 태어난 신세대들로 하여금 가나안에 진입하여 이스라엘을 건국하게 하셨다.

하나님은 왜 이스라엘 백성을 이집트에서 탈출시켰을까? 이스라엘을 '제사장 나라로 삼아 그들을 거룩한 백성'(출 19:6)으로 삼기 위해서이다. 새 나라 새 백성을 건설하기 위해서인 것이다. 새 나라 새 백성이 되기 위해서는 그 당시 이스라엘 백성들이 노예살이한 이집트는 물론이고 가나안에 거주하던 6부족과 같은 나라가 되어서는 안 된다. 새 나라 새 백성이 되려면 적어도 3가지 제도 즉, 종교제도, 정치제도, 경제제도가 다른 나라와는 혁명적으로 달라야 하였다.

초기 이스라엘 계약공동체는 고대 근동의 다른 종교처럼 대성전이나 제사장 제도가 없었다. 광야 40년과 사사시대 200여 년 동안 그들의 종교적 표상은 이동식 천막인 성막(聖幕, tabernacle)에 집중되어 있었다. 히브리서의 전승에 의하면 성막에서 가장 거룩한 장소인 지성소에 안치한 법궤 안에 계약공동체의 가장 중요한 상징물 셋을 넣어두었는데, 십계명 두 돌 판(출 25:16)과 만나 항아리(출 16:33)와 아론의 싹 난 지팡이(민 17:4)라고 한다.

거기에는 금으로 만든 분향제단과 온통 금으로 입힌 계약의 궤가 있었고 그 궤 속에는 만나를 담은 항아리와 싹이 돋은 아론의 지팡이와 계약이

새겨진 석판들이 들어 있었습니다.(히 9:4 공동번역)

　성막 지성소에 세 가지 상징물을 두게 한 것은 종교사적으로 일대
혁명적인 사건이라고 할 수 있다. 당시의 다른 모든 종교의 성전에도
지성소가 있었지만 그 지성소에는 그들이 만든 신상(神像)을 두었다는
것과는 너무나 대조되기 때문이다. 성막 지성소의 이 세 가지 상징물은
이제까지 서구 신학자들이 별로 주목하지 않았지만, 이스라엘 초기 계
약공동체가 지향하여야 할 종교적·정치적·경제적 이상을 의미한다.
　(1) 첫째 상징물은 시내 산 계약 조문인 십계명 두 돌판이다. 십계명
두 돌판을 지성소에 둔 것은 이스라엘 백성들을 이집트의 노예생활에서
해방하여 주시고 그들을 하나님의 백성으로 삼아 주신 것에 감사하여
하나님의 계약의 말씀을 이스라엘 백성 모두에게 가르치고 목숨을 다해
지키도록 하기 위한 것이었다.
　새 나라 새 백성은 우선 그들이 섬기는 신이 달라야 한다. 다른 나라에
는 무수한 신들을 섬기지만 이스라엘은 오직 하나님만을 섬기는 나라,
종교제도가 혁명적으로 다른 나라를 세워야 하는 것이다. 그래서 하나
님은 이스라엘 백성과 친히 계약을 맺으시고 나는 너희 하나님이 되고
너희는 내 백성이 되리라고 하였다. 모세를 중재로 시내 산에서 계약을
맺고 그 계약 조문인 십계명을 두 돌판에 새겨 주시고 성막 지성소 언약
궤 안에 보관하도록 하였다.
　따라서 야웨종교는 율법의 종교라 할 수 있다. 가나안의 자연 종교와
달리 풍요와 다산을 기복하는 '제사 행위'보다 야웨의 사랑과 공의의
계약의 말씀을 가르치고 지키는 '순종의 행위'에 우선을 두었던 것이다.
사람과 하나님과의 올바른 관계를 말씀 중심의 종교제도로 확립한 것이

다. 그래서 예언자들은 "순종이 제사보다 낫고 듣는 것이 수양의 기름 보다 낫다"(삼상 15:22)는 초기 이스라엘 종교제도의 이상을 제시한 것이다.

존 캅(J. Cobb)은 보여주는 종교로서 제사 종교와 들려주는 종교로서 말씀 종교를 각각 '눈의 종교'와 '귀의 종교'로 구분하였다.[35] 초기 이스라엘의 계약공동체 종교적 지향은 신전 중심의 제사가 사가 아니고 말씀에 대한 순종이라는 계약종교의 이상을 담은 것이다. 자연종교에서처럼 신의 편애를 받는 특출한 개인이 신에게 순응하는 개인적 의존관계가 아니라, 이스라엘 백성과 후손 전체와의 공동체적인 계약관계인 것이다. 이처럼 이스라엘 백성은 하나님의 말씀을 가르치고 지키는 것을 중요하게 여겨 왔기 때문에 오늘날에서 와서도 유대인들의 교육의 열정과 방식이 특별한 것으로 평가받는 것이다.

따라서 고대 근동의 원시 자연 종교와 이스라엘의 계약 종교의 차이를 도식화하면 다음과 같다.[36]

▶ 초기 이스라엘과 고대 근동의 종교제도 비교

초기 이스라엘 계약공동체의 종교제도	고대 근동 자연 종교의 종교제도
계약의 말씀을 들려주는 귀의 종교	제사와 보여주는 눈의 종교
소명과 배타적 계약신앙	자연적 순응관계
역사적 은혜와 복종의 조건적 쌍무관계	일방적 주종관계
공동체적 계약신앙	개인적 의존관계
사랑과 정의의 인격적 계약신앙	풍요와 다산의 주술적 기복관계

35 J. Cobb, 김상일 역, 『존재구조의 비교연구 – 과정 신학의 기독교 이해』(서울: 전망사, 1980), 134.
36 허호익, 『성서의 앞선 생각』, 175-215. 이에 대한 자세한 내용은 제9장 "시내 산 계약과 계약의 하나님"과 제10장 "초기 이스라엘 계약공동체의 종교제도"를 참고할 것.

(2) 둘째 상징물은 아론의 싹이 난 지팡이다(민 16:17-28). 아론의 지팡이를 둔 것은 누가 이스라엘을 통치할 것인가 하는 문제로 이스라엘 백성 사이에 논쟁이 생겼을 때 12지파 중 하나님이 택한 아론 가문의 레위 지파처럼 하나님이 택한 자들이 하나님의 목자가 되어 다른 나라의 왕처럼 '백성을 종으로 부리는 것'이 아니라 '백성의 종'이 되어 섬기라는 의미를 담고 있다(왕상 12:7).

초기 이스라엘 계약공동체가 가나안에 정착할 즈음에는 대체로 세 종류의 정치체제가 존재하고 있었다. 즉, 이집트와 메소포타미아의 절대군주제와 가나안 도시국가의 봉건군주제와 블레셋과 같은 군사독재 체제였다. 제사장 나라 거룩한 백성이 되려면 종교제도뿐 아니라 정치제도도 달라야 한다. 당시의 평균적인 정치제도로서 이집트의 절대군주제나 가나안 도시국가의 봉건군주제나 블레셋의 군사동맹체의 모순을 잘 알고 있었던 이스라엘 계약공동체는 전혀 새로운 정치제도를 선택하여야 했던 것이다.

그래서 하나님은 여호수아를 중재자로 삼아 12지파의 지도자들로 하여금 오직 야훼만을 왕으로 섬기기로 다짐하고 세겜 계약을 통해 신정정치적 지파 연합 체제를 택하게 한 것이다(삼상 8:7, 시 5:2). 12지파 중에 모세와 아론의 레위지파에게 하나님이 제사장 직분을 주어 이스라엘의 백성 가운데서 하나님의 통치의 대리자로 삼은 것을 인정하게 된다. 이러한 레위 지파의 지도력을 계승하여 계약공동체는 가나안에 정착하였을 때 군주제를 도입하지 않고 느슨한 지파 연합의 사사제도를 200년 간 지속하였던 것이다.

사사제도의 이상은 통치자는 백성을 종으로 삼는 지배의 통치자 (ruling king)가 아니라 백성의 종이 되어 백성을 섬기는 목자와 같은

통치자(servant king)라는 정치적 이상을 반영한 것이다. 사람을 지배
와 억압의 대상으로 보지 않고 섬김과 돌봄의 대상으로 보려는 정치적
이상을 실현하려는 것이었다. 그래서 갓월드(N. K. Gottwald)가 분석한
것처럼 초기 이스라엘 계약공동체는 고대 근동의 중앙집권적 '절대군
주제' 대신 지방 분권적 '느슨한 부족동맹'이라는 정치제도를 택한 것이
다.[37] 이 양자를 도식화하면 다음과 같다.[38]

▶ 초기 이스라엘과 고대 근동의 정치제도 비교

초기 이스라엘 계약공동체의 정치제도	고대 근동의 절대군주제의 정치제도
지방분권의 느슨한 지파연합의 사사제	중앙집권적 군주제
하나님의 신정통치의 대리자	왕이 곧 신으로서 통치
한시적 비세습제	세습적 종신제
징세권, 징집권, 부역권 없음	징세권, 징집권, 부역권 있음
수도 중앙정부 상비군 없음	수도 중앙정부 상비군 있음
백성을 섬기는 종(servant king)	백성을 억압하는 지배자(ruling king)
율법에 따른 봉사의 정치	자신의 뜻에 따른 강압정치
하나님이 택하고 백성이 뽑은 자	스스로 왕으로 자처함

(3) 셋째 상징물은 만나를 담은 항아리이다. 만나 항아리는 이스라엘
백성들이 광야에서 40년 동안 지내면서 하나님이 주신 일용한 양식을
의미하는데 이는 '많이 거둔 자도 남지 않고 적게 거둔 자도 모라라지'

---

37 N. K. Gottwald/김상기 역, 『히브리 성서 I』(서울: 한국신학연구소, 1987), 340-342.
38 허호익, 『성서의 앞선 생각 (1)』, 239-279. 자세한 내용은 제12장 "12지파 연합과 계약공
동체의 정치적 이상"과 제13장 "초기 이스라엘의 군주제도"를 참고할 것.

않은 경제적 평등의 이상을 제시한 한 것이다.

이집트에서의 노예생활을 통해 그들이 겪었던 가장 큰 고통과 모순은 많이 거둔 자와 적게 거둔 자 사이의 빈부 격차였다. 바로의 궁전에는 먹을 것이 차고 넘쳐 났지만, 노예들의 막사(幕舍)는 초근목피의 궁핍이었다. 부익부 빈익빈의 경제적 불평등은 모든 땅을 자기들의 것으로 독점한 절대군주들의 착취에서 비롯되었다. 그리고 이집트에서 노예생활을 할 수밖에 없었던 근본적인 이유가 여기에 있었다.

그래서 가나안에 정착하면서 이스라엘 백성들은 그들이 차지한 토지를 12지파별로 그리고 각 지파에서는 확대가족별로 제비를 뽑아 분배하였다. 이 또한 인류 역사 최초의 토지혁명이 일어난 사건이라 할 수 있다. 이스라엘 외의 다른 모든 나라에서는 왕이나 소수의 귀족이 모든 땅을 독점 소유해 대부분의 백성들이 소작농으로 농사를 짓고 소작료를 착취당하는 공납제 생산양식이었다. 이에 반하여 광야 40년 동안 "많이 거둔 자도 남음이 없고 적게 거둔 자도 부족함이 없이"(출 16:18) 공평하게 나눠 먹었던 것을 기억하며 누구나 자기 땅에서 자유롭게 농사지을 수 있는 '자유농민농업제'를 채택하였다. 이처럼 평화(平和)는 곡식(禾)을 나라 안의 모든 사람(口)에게 공평(平)하게 나눌 때 이루어지는 것으로 풀이된다.

볼프는 고대 근동 지방의 토지의 대부분은 세 가지 방식의 영지(領地)로 수용되었다고 한다. 봉건군주들이 군사력을 통해 차지하여 세습시킨 봉건세습 영지(patrimonial domain)와 군주들이 사제에게 하사한 성직자 영지(prebendal domain) 그리고 귀족이나 지주계급의 매매 영지(merchantile domain)이다.[39] 군주들은 자기 땅을 소유한 농민과 일반 대중에게 현물세와 강제 부역 및 징병 등의 무거운 부담을 부과하였다. 결과적으로 농민들은 채무로 인해 토지 소유의 이동이 생겨나고 독립적인 생산 수단을 박탈당한 후 대토지의 경작자로 고용되거나 혹은 소작농으로 전락하고 말았다. 더이상 땅을 소유하지 못한 채 소작한 많은 부분이 공납으로 강요당함으로 자유농민들이 감소하게 된 것이다.

그래서 갓월드가 분석한 것처럼 초기 이스라엘 계약공동체는 고대 근동의 왕의 땅을 소작하고 공출하는 '공납제 생산양식' 대신 분배받은 자기 땅에서 자유롭게 농사를 짓는 '자유농민농업제'라는 경제제도를 택한 것이다.[40] 이 양자의 특징을 도식화하면 다음과 같다.[41]

▶ 초기 이스라엘과 고대 근동의 경제제도 비교

초기 이스라엘 경제제도	고대 근동의 경제제도
자유농민 농업제	공납제 생산양식
백성에게 토지분배	군주와 귀족의 영지 독점
레위지파 토지소유 금지	지배계층 토지 과다소유
토지매매 금지	토지매매 가능
남지도 모자라지도 않게	빈익빈 부익부
자유로운 노동과 평등한 분배	부국강병의 국가발전

그러나 사사시대가 내우외환으로 위기를 겪자 '다른 나라처럼' 왕정이 도입되고 사울이 왕(BC. 1020-1000)으로 제비 뽑힌다. 그러나 사울 뒤를 이어 왕으로 뽑힌 다윗의 아들 솔로몬이 혁명을 일으켜 왕권을

---

39 Eric R. Wolf, *Peasants* (Englewood Cliffs, N. J.: Prentice-Hall, 1966), 50-54.
40 N. K. Gottwald/ 김상기 역, 『히브리 성서 I』, 328-329.
41 허호익, 『성서의 앞선 생각(1)』, 217-237. 자세한 내용은 제11장 "토지분배와 계약공동체의 경제제도"를 참고할 것.

세습한 후 왕권 강화를 위해 중앙집권적 통치가 도입되고 지방분권의 정치적 이상을 사라지게 된다. 그리고 솔로몬의 아들 여로보암은 '백성을 섬기는 왕'이라는 정치적 이상과 달리 '백성을 종으로 삼는 폭군'으로 변질되고 그 여파로 남북이 분열되고 만다. 그리고 북왕국의 멸망에 이어 남왕국의 멸망으로 바벨론 포로기를 맞게 된다. 포로 후기의 에스라와 느헤미야의 종교개혁은 이러한 초기 이스라엘 계약공동체의 이상을 회복하려는 몸부림이었다.[42] 이스라엘의 왕정과 더불어 등장한 예언자들은 이러한 이상의 계승자들인 것이다.

이처럼 성막 지성소의 계약의 궤 안에 보관된 이 세 가지 상징이야말로 십계명에 함축된 천지인의 삼중관계의 조화의 구체적인 상징이라는 사실에 주목해야 할 것이다. 계명 두 돌판은 하나님과의 바른 관계를 상징하고, 만나 항아리는 물질과의 바른 관계를 상징하고, 아론의 지팡이는 인간과의 바른 관계를 상징하는 것이기 때문이다.[43] 따라서 하나님을 어떤 분으로 믿느냐에 따라 종교제도가 달라지고, 인간을 지배의 대상으로 보느냐 섬김의 대상으로 보느냐에 따라 정치제도가 달라지고, 물질을 독점할 것인가 분배할 것인가에 따라 경제제도가 달라지기 때문에 이 세 가지 상징을 통해 이러한 계약공동체의 종교적·정치적·경제적 이상을 표상한 것이다.[44]

---

42 같은 책, 336-338.
43 허호익, "천지인 신학의 성서적 신학적 근거 모색: 한국신학은 한국적이고 신학적인가?", 「문화와신학」 3(2008), 11-40.
44 허호익, 『성서의 앞선 생각』(서울: 한국장로교출판사, 1998), 195-196. 이 세 가지 상징은 이제까지 서구 신학자들이 별로 주목하지 않았지만, 이스라엘 초기 계약공동체가 지향하여야 할 이상 즉, 하나님과의 바른 관계, 사람과의 바른 관계 그리고 물질 또는 자연과의 바른 관계에 대한 중요한 상징이라고 생각한다.

구약의 약속을 성취하러 오신 예수의 가르침의 핵심도 이러한 내용을 담고 있다. 예수는 공생애를 시작하면서 가버나움 회당에서 읽은 이사야 61장 1절의 내용을 통해 자신의 사역의 목표를 다음과 같이 제시하였다.

주님의 성령이 나에게 내리셨다. 주께서 나에게 기름을 부으시어 가난한 이들에게 복음을 전하게 하셨다. 주께서 나를 보내시어 묶인 사람들에게는 해방을 알려주고 눈먼 사람들은 보게 하고, 억눌린 사람들에게는 자유를 주며 주님의 은총의 해를 선포하게 하셨다(눅 4:18 공동번역).

이 구절의 핵심적인 내용은 마리아 찬가(눅 1:45-55)와 누가복음 6장 20-21절의 말씀 자료에도 드러나 있다. 예수의 전향적인 가르침은 율법주의적인 외식하는 종교에서 주님을 두려워하는 자들에게 자비를 베푸는 '자비와 은혜의 종교'로, 강자의 억압의 정치에서 보잘것없는 약자가 존중받는 '섬김의 정치'로, 부자의 착취의 경제에서 배고픈 가난한 자가 배불리 먹는 '평등의 경제'로 일대 변혁이 일어나는 종말론적 구속사의 대안이라고 할 수 있다.

예수께서 선포한 '하나님의 나라'도 이러한 하나님의 뜻이 그대로 드러나 있다. 우리가 교회를 통해 이 땅에 하나님의 나라를 확장하려는 것도 하나님의 뜻에 따라 전쟁과 정치적인 억압이 없는 세계, 현저한 빈부 격차와 경제적인 착취가 없는 세계, 문화적으로 차별과 적대가 없는 세계를 이루려는 것이다.[45] 이처럼 초기 이스라엘의 계약공동체가 성

---

45 허호익, 『예수 그리스도 바로보기』(서울: 한들, 2003), 250-373. 하나님의 나라와 유대교

정의 지성소에 안치한 3가지 상징물이 표상하였던 3가지 건국정신이나 예수 그리스도의 가르침의 핵심도 대한민국 임시정부의 건국 이상인 삼균주의와 상응하는 것으로 볼 수 있다.

2) 통일 이후의 통일신학의 과제

6장 1절에서 살펴 본 것처럼 '대한민국건국강령'(1941)에 나타난 삼균제도는 일본제국과 달리 정치적 억압과 경제적 착취와 교육적 차별이 없는 그러한 새로운 나라를 건설하려는 더 높은 이상을 담은 것이다. 이 강령에는 우리가 마음에 새기고 대대로 물려주어야 할 건국 정신과 이상이 담겨 있다. 그런데도 불구하고 현재까지 그 정신이 제대로 알려지지도 않았고 실천되지 않는 것 같아 안타깝기 그지없다.

따라서 남북이 하나 되어 통일한국을 이루기 위해서는 정치적으로 민주와 인권이 보다 신장되고, 경제적으로 빈부 격차가 가급적으로 줄어들고, 모두가 능력에 따라 필요한 교육을 받을 수 있는 그런 나라를 세우려는 것을 통일의 이상과 목표로 삼아야 할 것이다. 그것이 대한민국 임시정부가 꿈꾸었던 삼균주의의 이상이요 성서의 초기 이스라엘 계약공동체의 건국 이상이요 예수의 가르침의 주요 내용이기 때문이다.

1장 5절에서 살펴본 것처럼 기독교는 '잘사는 사람만 더 잘사는' 우파적인 자본주의나, '모두가 못사는' 사회좌파적인 공산주의와는 전적으로 다른 것이다. 이 양자의 모순을 극복하기 위해서 '좌로나 우로나 치우

종교제도(7장), 하나님의 나라와 하나님의 통치(8장), 하나님의 나라와 가난한 사람들(9장)에서 그 구체적인 내용을 자세히 다룬 것을 참고할 것.

치지 않고' 하나님의 뜻에 따라 '모두가 잘사는 사회'를 이 땅에 구체적으로 실현하는 제3의 길이 모색되어야 한다.[46] 안병무는 하나님의 나라의 실현이라는 관점에서 볼 때 "자본주의 체제도 맞지 않고, 공산주의 체제도 안 된다고 생각한다. 제3의 체제가 이룩되어야 한다. 그것은 경제와 권력이 평등하게 최대한으로 잘 분배되는 사회체제일 것이다"[47]고 하였다. 박순경 역시 기독교는 제3의 입장에 서야 한다고 주장한다. 자본주의의 병폐와 공산주의 병폐를 모두 극복할 수 있는 제3의 길이 아니고서는 분단을 극복하고 통일에 이르기 어렵기 때문이라고 하였다.[48]

한국기독교교회협의회가 채택한 '평화와 통일의 희년선언'(1995) 5항은 "한(조선)반도 통일의 바람직한 방향"을 제시하고 있는데, 원칙과 방향이 없는 무조건적인 통일을 조급히 서두르는 것도 민족의 삶과 장래를 위해 바람직하지 않으므로 남북의 현 체제가 지니고 있는 "단점과 문제점들을 보완하는 것"이어야 한다고 밝혔다. 민족통일이 나아가야 할 세 가지 방향을 제시하였는데 이를 요약하면 다음과 같다.

① 함께 사는 통일(共生的 統一)
체제의 연합이든 연방국가이든, 결코 어느 한쪽이 지배자로 군림하거나 다른 한쪽이 열등국민으로, 식민지로, 죄인으로 추락하는 통일이 되지 않도록, 공생의 원칙과 구조를 철저히 지켜야 한다.

---

46 허호익, "좌파와 우파를 넘어서 '모두가 잘 사는 사회', 「목회자신문」 2005. 7. 27.
47 안병무, "한국적 그리스도인 상의 모색", 『민중신학을 말한다』(서울: 한길사, 1993), 302: 이신건, "이데올로기와 민족희년의 과제 – 한국신학의 자본주의 이해와 통일비전", 「한국기독교신학논총」 12(1995), 158에서 재인용.
48 박순경, "한민족의 신학", 『민중신학을 말한다』, 181: 이신건, "이데올로기와 민족희년의 과제 – 한국신학의 자본주의 이해와 통일비전", 160에서 재인용.

② 서로 배우며 닮는 통일(收斂的 統一)

남과 북은 이제까지는 자본주의와 사회주의, 자유와 평등, 개방성과 주체성을 이분법적으로 나누어 대결해 왔으나, 이제는 민족공동체를 이루어 가는 과정에서 양자의 장점을 변증법적으로 종합하면, 단점은 지양하고 극복해서 서로를 비슷하게 만드는 수렴적인 통합을 이루어 내야 한다.

③ 새롭게 만드는 통일(創造的 統一)

남과 북은 모두 현행의 사회체제가 가진 문제들을 직시하고 반성해야 하며, 민족과 민중의 삶의 요구에 부응하기 위해서도 그 체제와 구조를 과감히 수정하고 개혁하지 않으면 안 된다.

좌우대립을 극복하고 좌우합작을 염원하여 삼균주의를 주장하였던 선현들의 뜻과 '평화와 통일의 희년선언'(1995)의 통일 방향은 큰 관련성이 있다고 보인다. 특히 평화와 통일의 희년선언에서 "남한의 자유민주주의, 자본주의적 경제발전, 개방적 세계화와 북조선의 인민민주주의, 사회주의적 경제체제, 민족적 주체사상이 서로 영향과 가르침을 주고받으며, 교류와 대화를 통해 배우며 닮아 간다면, 다른 민족이 이루어 내지 못한 발전적이며 수렴적인 통일을 우리 민족이 이루어 낼 수도 있을 것"이라고 밝힌 부분은, 통일의 방향이 좌우 이념을 수렴하려고 하였던 삼균주의 지향점과 다를 수 없다는 생각을 갖게 한다. 앞에서 살펴본 자본주의와 공산주의가 지향하였던 가치들의 장점을 서로 수용하고 단점들은 서로 지양하여 이상적인 통일국가의 방향을 잡아 가야 할 것이다. 그것은 또한 초기 이스라엘 계약공동체의 이상이기도 하기 때문이다.

초기 이스라엘 계약공동체의 이상과 삼균주의의 건국 정신에 비추어 공생적 통일, 수렴 통일, 창조적 통일을 이루기 위해서는 남·북의 실체를 그대로 인정하면서 남북이 각기 정치적으로 기본적인 자유와 인권을 누리는 사회로 나아가고, 경제적으로 '모두가 못살거나' 아니면 '누구는 잘살고 누구는 못사는 사회'가 아니라 '모두가 잘사는 사회'로 나갈 수 있도록 경제적 성장과 부의 분배가 균형 있게 실현되는 복지사회가 되어야 하는 것이다.

독일 통일의 사례를 분석한 채구묵은 한국이 통일을 달성하기 위해 필요한 중요한 과제는 남북한에 민주정부를 수립하는 것과 남북한 모두 경제력을 강화하고 우수한 사회보장제도를 실현하는 것이며, 개혁적인 사회화 과정을 적극 추진하는 것이라고 하였다.[49] 이 역시 삼균주의 이상과 상응하는 것으로 여겨진다. 따라서 통일의 과제는 남북한이 모두 삼균주의의 이상을 실현하는 것이라고 할 수 있다. 따라서 현재 남북한의 정치, 경제, 교육 상황을 삼균주의라는 관점에서 검토하고 삼균주의 이상에 비추어 통일을 위한 구체적인 과제를 따져 보려고 한다.

(1) 통일을 위한 균권의 과제

삼균주의 첫 번째는 모든 사람의 균등한 정치권의제도화이다. 모든 사람이 균등한 정치적 권력을 누려야 한다는 균권(均權)이라는 측면에서 보면 남한과 북한의 민주화와 인권의 문제가 대두될 수밖에 없다. 왜냐하면 남북한 "국민의 진지한 통일운동을 저해한 근원적인 원인이 양측의 독재 정부"[50]였기 때문이다.

---

49 채구묵, "한국 통일을 위한 독일통일의 교훈", 「한국사회학」 제30집 겨울호(1996. 12), 866.

이명박 정부가 들어선 지 반년도 못 되어 남한의 민주주의 크게 후퇴하였다는 비판이 제기되었다. 2008년 6월 11일 김대중 전 대통령은 이명박 정부가 민주주의를 크게 후퇴시켜 "과거 50년간 피를 흘려 쟁취한 민주주의가 역행하고 위태로워졌다"고 하소연하였다.[51]

2008년 12월에는 민주주의 후퇴하였다는 구체적인 통계도 제시되었다. 한 여론 조사에 의하면 사회적 평등의 민주화는 '후퇴했다'는 응답이 60.0%(매우 후퇴 20.4%, 다소 후퇴 39.6%)이며, 언론 자유에 대한 민주화 평가에서는 '후퇴했다'는 의견이 50.0%(매우 후퇴 16.3%, 다소 후퇴 33.7%)이고, 인권 분야에서도 민주화가 '후퇴했다'는 의견이 48.8%(매우 후퇴 13.2%, 다소 후퇴 35.6%)이고 그리고 시민 권리의 민주화는 '후퇴했다'는 의견이 47.5%(매우 후퇴 15.7%, 다소 후퇴 31.8%)이었다.[52]

이를 반영하듯 서울대 교수 124명은 2009년 6월 3일 기자회견을 갖고 "현정부 출범 이후 민주주의의 후퇴가 우려된다"며 "표현 및 집회·결사, 언론의 자유를 보장하라"고 촉구했다. 이들은 용산 참사, 주요 방송사 사장 임명을 둘러싼 갈등, 신영철 대법관 사태, 노 전 대통령 검찰 수사 등을 조목조목 지적하며 "정부의 근본적인 자기 성찰을 기대한다"고 목소리를 높였다. 중앙대 교수 68명도 이날 비슷한 취지의 시국선언문을 발표했다.[53]

따라서 남한 정부도 남북통일을 위해서는 더욱 민주적인 정부로 거듭나야 한다. 무엇보다도 통일정책의 일관성을 유지하고 통일정책 수

---

50 같은 책, 861.
51 "21세기 우리 정부의 바람직한 대북정책", 「오마이뉴스」 2009. 6. 19.
52 "이명박 1년 - 민주주의의 후퇴", 「경향신문」 2008. 12. 15.
53 "민주주의 후퇴 우려… 서울대 교수들 시국선언", 「SBS」 2009. 6. 4.

립에서 있어서 정부 주도가 아니라 일찍이 한국기독교가 88선언에서 제안한 것처럼 "통일을 위한 방안을 만드는 모든 논의 과정에는 민족 구성원 전체의 민주적인 참여가 보장되어야 한다"는 민주적 참여의 원칙이 지켜져야 할 것이다.

통일을 염두에 둘 때 더욱 심각한 것은 북한의 인권 문제이다. 북한은 1948년 9월 9일 '조선민주주의인민공화국강령'을 남녀평등과 선거권 실시, 무상교육제도 실시, 무상의료제도 실시를 선언하였다. 「로동당 강령」에는 "재산의 다소, 지식의 유무, 신앙 및 성별 여하를 불구하고 이십 세에 달한 조선인민들에게 동등한 선거권과 피선거권을 부여할 것"(7항)과 "전 조선 인민에게 언론·출판·집회·연설대회·시위운동·당조직·동맹조직 및 신앙의 자유를 보장할 것"(8항)을 명시하였다.[54] 그러나 북한의 선거제도는 요식 행위에 지나지 않았고 '조선민주주의 인민공화국'이라는 국호가 무색할 정도로 민주국가로서는 유래가 없는 김일성-김정일 부자세습을 감행했으며 3대 세습을 준비 중인 것으로 알려졌다. 1990년대에 들어 경제적 위기와 식량난과 에너지난이 겹치면서 내부적인 통제를 더욱 강화하여 자유와 인권의 사각지대로 알려고 있다.

미국은 '2009년 인권보고서'(2010. 3. 11)에서 "북한 정권은 표현과 집회, 결사의 자유를 부인하면서 거의 모든 부문에서 주민들의 삶을 엄격히 통제하고 있다"면서 "사법 절차를 거치지 않은 처형과 실종, 자의적인 구금, 정치범 체포, 고문 등이 계속되고 있으며, 여성 수감자들이 낙태를 강요당하거나 어떤 경우에는 아이들이 수용소에서 태어남과

---

54 박완신, 『통일의 길목』(서울: 엠마오. 1989), 191. 「로동당 강령」 전문 참고.

동시에 살해당하기도 했다는 얘기가 있다"고 전했다.[55] 보고서는 이어 "북한 정권이 사실상 모든 정보의 통제를 추진하고 있고, 독립적인 언론은 없으며, 고위 관계자 및 일부 엘리트에게만 인터넷 접속이 제한적으로 허용되고 있다"고 지적했다. 또 "진정한 종교의 자유도 없으며, 대중매체나 학교, 노동자 기구나 지역 기구들을 통한 조직적 세뇌도 이뤄지고 있다"고 비판했다. 이 밖에 보안기관인 인민보안성이 14만 4천 명의 인력을 통해 주민들의 정치적 성향 등을 조사하고 있고, 정부 기관의 모든 직급에서 수많은 뇌물 관련 사례가 NGO(비정부기구)를 통해 알려지고 있다고 전했다.[56]

북한은 '조선민주주의인민공화국'이라는 국호에 명실상부하게 민주주주의 제도화와 인민의 생존권과 더불어 기본적인 인권을 더욱 신장시키는 방향으로 나아가야 한다. 그래서 민족의 통일과 평화에 대한 한국 기독교회의 선언(88선언)에서는 "남북한 양측은 체제나 이념의 반대자들이 자기의 양심과 신앙에 따라서 자유롭게 비판할 수 있도록 최대한 허용하여야 하며, 세계인권선언과 유엔인권협정을 준수해야 한다"[57]는 사실을 분명히 하였다.

(2) 통일을 위한 균부의 과제

삼균주의 두 번째는 모든 사람의 균등한 경제권의 제도화이다. 대한민국임시정부 '건국강령' 3조 2항에는 "전국의 토지와 대생산기관의 국

55 "북한인권보고서", 주한미국대사관 자료정보센타
  (http://korean.seoul.usembassy.gov).
56 같은 글.
57 이 책 부록의 "2. 민족의 통일과 평화에 대한 한국기독교회선언(88선언)" 전문 참조.

유화가 완성되고"라는 내용이 있다. 모든 사람들의 평등한 경제력을 이상으로 삼은 균부(均富)라는 측면에서 보면 분단의 원인이 자본주의 경제제도와 공산주의 경제제도 사이의 이데올로기 갈등도 큰 몫을 했다고 보아야 한다. 통일은 자본주의 경제제도와 공산주의 경제제도 중 각각의 장점을 살리고 단점을 지양하는 방향으로 나아가야 할 것이다. 현재로는 국내외적으로 어려움을 당하고 있는 북한의 경제를 회상시키는 일이 시급한 반면, 남한은 중산층이 줄어들고 빈부 간의 격차가 점차 심화되어 가는 실정이므로 이에 대한 대안을 마련하는 것이 통일을 위한 실천적 과제이다.

북한은 1948년 9월 9일 '조선민주주의인민공화국강령'을 통해 친일파·지주 청산과 토지개혁 실시와 자원의 공동 생산과 공동 소유를 주장하였다. 「로동당 강령」에는 "지주들의 토지를 몰수하여 토지 없는 농민, 토지 적은 농민에게 무상으로 분배하며"(3항) 그리고 "공장, 광산, 철도, 운수, 채신기관, 기업소 및 문화 기간 기타를 국유화할 것"을 명시하였다.[58]

이러한 북한 사회주의 경제 개혁의 결과 1970년대까지는 남한보다 우월한 경제력을 확보하였으나 1990대 중반부터 심각한 경제적 위기를 겪어 왔다. 1990년대에 사회주의의 붕괴와 구소련의 해체로 원유 공급이 중단되고 무역이 급감하였으며 1995-96년 2년 연속된 대홍수로 인해 배급 체계가 마비됨으로 극심한 식량 위기를 겪었다. 그 결과 마이너스 성장을 계속하여 왔다. 북한이 경제적으로 어려움을 당하고 있는 원인을 한국 교회 희년선언은 다음과 같이 분석한다.

---

58 박완신, 『통일의 길목』, 191. 「로동당 강령」 전문 참고.

북조선은 오늘날 국내외적으로 많은 어려움을 겪고 있다고 보인다. 동구권의 해체와 변화로 우방과 시장을 잃어버렸으며, 교역의 감소로 원유와 식량, 생활필수품의 수급에 타격을 입고 있다. 그렇다고 자본주의 세계와의 교역이 자유로운 것도 아니며, 미국의 대북 수출입 제한은 그대로 살아있다. 일본과 서방 세계는 미국과 북조선의 관계가 정상화되지 않는 한 교역 관계를 개선할 수가 없다고 주장하고 있다. 더구나 북조선은 남·북 대결과 긴장으로 엄청난 군사비를 부담해야 하며, 남한이 군비를 줄이지 않는 한, 안보 때문에 군대와 무기를 줄이지도 못하는 상황에 놓여 있다.[59]

한국농촌경제연구원의 '2010년 북한의 식량 수급 전망'에 따르면 2009년 가을부터 2010년 여름까지 생산될 북한의 곡물 생산량은 정곡(도정한 곡물) 기준으로 380만~400톤이 될 것으로 추산됐다. 반면, 올해 북한의 곡물 소요량 추정치는 523만 톤이며,[60] 최소 소요량보다도 120만~140만 톤가량 부족하며 20만 톤 정도를 수입한다 해도 100만~120만 톤가량의 식량이 부족하다는 결론이다. 북한이 식량 수급을 맞추기 위해서는 한국과 미국, 중국 등에 기댈 수밖에 없다.

에너지난도 북한 경제를 옥죄는 요인이다. 주된 원인은 석탄 생산 감소다. 2007년 기준 북한의 전체 1차 에너지 가운데 석탄과 수력이 차지하는 비중은 무려 85%가 넘는다. 그러나 2008년 통계로 석탄 생산량은 2506만 톤으로 1990년에 비해 24.4% 감소했다. 외부에서 전량

---

59 이 책 부록 "5. 1995 평화와 통일의 희년선언" 전문을 참조할 것.
60 "북한, 올해 식량 100만 톤 이상 부족할 듯", 「한국일보」 2010. 3. 9. 이 중 식용은 406만 톤이며, 나머지는 사료용(30만 톤), 종자용(17만 톤), 가공용(12만 톤), 수확 후 손실량(58만 톤) 등이다.

수입해야 하는 석유도 고작 388만 배럴만 도입돼 1990년보다 79% 격감했다.

북한의 무역적자는 1998년 3억 2400만 달러를 기록한 후 2008년 15억 5500만 달러로 크게 늘었다. '자립적인 민족경제'를 지향하는 북한은 내수를 위해 수출이 아닌 수입에 더 큰 비중을 두고 있기 때문이다.

실제로 북한은 경제적 위기를 극복하기 위한 대안으로 일부 자본주의적 요소인 개인의 재산 소유권을 인정하고 이윤동기를 부여하여 생산성 향상을 기해 왔다. 북한 사회주의 헌법(1972)에 명시한 것처럼 "협동농장원들의 텃밭 경리를 비롯한 주민의 개인 부업 경리에서 나오는 생산물도 개인 소유에 속한다. 국가는 근로자들의 개인 소유를 보호하며 그에 대한 상속권을 법적으로 보장한다"(24조)고 하였다.

2008년을 기점으로 북한 경제가 약간 살아나기도 하였다. 한국은행 추정에 따르면 2008년 북한 경제는 전년대비 3.7%나 성장했다(실질 국내총생산(GDP) 기준)고 한다. 2008년 1년간 줄어든 대북지원금만 2억 달러(2400억 원)가 넘는다. 그리하여 북한 경제가 4% 가까운 성장을 기록한 것이다.[61] 한편으로 일부 자본주의 경제제도의 도입과 사유재산 허용으로 4%의 경제 성장을 이루는 과정에서 시장의 통제가 어려워지자 화폐개혁을 시도하였다. 2009년 11월 30일 전격 시행된 화폐개혁을 통해 북한은 구권과 신권의 교환 비율은 100 대 1로 정했으며 가구당 10만 원까지만 바꾸도록 했다. 그리고 11개 법률의 제·개정을 통해 경제에 대한 국가적 통제 시스템을 강화한 것으로 알려졌다.[62]

---

61 "북한경제, 제재 불구 회복신호", 「내일신문」 2009. 10. 1.
62 "북한 계획경제시스템 강화", 「부산일보」 2010. 3. 29.

여전히 북한의 국민소득은 낮은 편이다. 북한의 2007~2008년의 1인당 GDP는 유엔 통계국 추정치로 600~700달러 수준까지 떨어진 것으로 조사됐다.[63] 그러나 한국은행이 추정한 2008년 북한의 1인당 국민소득은 117만 원이다. 남한의 2008년 평균 원-달러 환율(1102.6원)을 적용하더라도 어림잡아 1000달러가 조금 넘는 수준이다.[64]

이런 상황에서 북한은 2010년부터 국가 발전의 기본 순서를 안보에서 경제로 바꾸기 시작했다. 김정일 국방위원장이 직접 나서 생활고에 시달리고 있는 민중을 다독이고 있다. "인민들이 흰 쌀밥에 밀가루로 만든 빵과 칼국수를 마음껏 먹게 하는 것"이 자신의 할 일이라는 다짐까지 할 정도다. 2012년을 목표로 달성해야 할 목표를 역사상 북한이 달성했던 최고의 생산량을 돌파하는 데 두었다. 2012년은 김일성 탄생 100주년이자 조선인민군 창설 50주년이고 김정일이 70세가 되는 뜻 깊은 해이기 때문이다. 곡물·전기·철강·시멘트·석탄 등 모든 경제 영역에서 80년대 후반에 달성했던 역사상 최고의 실적을 돌파하겠다는 것이다. 그렇게 되면 2012년에는 1인당 국내총생산(GDP)이 2500~3000달러에 이르게 된다고 한다.[65] 그러나 북한이 시장경제 요소를 확대 도입하지 않고 중앙집권적 경제정책과 군중운동으로 2012년까지 경제지표들을 달성할 수 있을지는 의심스럽다. 4년 만에 북한의 국민소득을 2배로 올린다는 것이 현실적으로 가능한 것으로 보이지 않는다는 전망이 우세하다.

---

63 "북한도 '대외의존 경제' 들어섰다", 「경향신문」 2009. 12. 7.
64 "북한 경제수준, 베트남보다 높아?", 「한겨레」 2009. 6. 29.
65 "북한의 주력방향은 '경제', 「내일신문」 2009. 10. 21.

현재 북한의 경제정책은 한마디로 체제 유지를 최우선으로 하는 가운데 부분적으로 시장경제 요소를 접목시키려는 '모기장식 개방전략'이다. 북한의 무역 의존도가 2008년에 와서 국내총생산(GDP) 대비 40%를 넘어섰지만, 북한의 대중국 무역의존도는 날로 증가하여 그 비율이 1999년 25%에서 2008년엔 73%로 확대됐다.[66] 중국은 북한 지원에 적극적이다. 2010년 2월 초 북한이 왕자루이(王家瑞) 중국 공산당 대외연락부장의 방북을 통해 연간 북한 GDP(미화 150억 달러)의 70%에 육박하는 미화 100억 달러 이상의 대형 외자유치를 성사한 것으로 알려졌다. 그중 60% 이상은 중국 자본이라고 한다.[67] 대한광업진흥공사는 북한 지하자원의 잠재 가치를 약 3700조 원으로 추산했다. 3000만 명에게 1억 원씩 나눠주고도 700조 원이 남는 돈이다. 그런데 북한의 지하자원 개발은 이미 중국의 독무대다. 외국과 개발 중인 지하자원 10개 중 7개는 중국 몫이기 때문에 북한 경제의 대중의존도는 점점 높아갈 수밖에 없는 실정을 바라보면서도 한국 정부는 북한의 핵 폐기만 촉구하고 그 외의 경제 교류에 따르는 실익에 대해서는 속수무책인 것이다.[68]

2008년에 들어서 북한의 경제성장률이 10년 만에 처음으로 남한을 추월한 것으로 추정됐다. 그러나 여전히 남북 간의 경제 격차는 현저한 수준이다. 2008년의 북한의 명목 국민총소득(GNI)은 27조 3472억 원

66 "북한도 '대외의존 경제' 들어섰다", 「경향신문」 2009. 12. 7.
67 "北 외자 100억 달러 유치… 내달 평양서 조인식", 「프레시안」 2010. 2. 15. 중국의 대형 은행 두세 곳과 복수의 다국적기업이 대풍그룹과 대북 투자협상을 사실상 마무리 지었으며, 북한 내 외자유치 사업은 평양-신의주 철도, 중국 투먼-라선특별시 철도, 평양 10만 세대 살림집 건설과 연관된 주택 건설, 항만 건설 등의 프로젝트별로 사업이 시작될 것이라고 한다.
68 이정재, "MB 실용외교 북한엔 왜 침묵하나", 「중앙일보」 2010. 3. 23.

으로 남한(1030조 6363억 원)이 북한보다 37.7배 많았다. 남한의 1인당 GNI는 2210만 4000원으로 북한의 1인당 GNI(117만 4000원)보다 18.1배 많았다. 대외무역 규모는 38억 2000만 달러로 남한이 224배나 많다.[69]

북한이 2012년까지 달성하려는 국민소득 2500~3000달러 목표를 실현하기 위해서 남한의 경제적 지원과 협력이 그 어느 때보다 절실한 시기이다. 북한은 현실적으로 대규모 투자 자본을 외부로부터 유입하여야 하는데 중국에 편중되어 있는 취약한 구조이다. 따라서 보다 신뢰성 있는 개방전략이 제시되고 개방의 대상을 다변화하여야 한다.

2010년 4월 중순 현재의 전망으로는 북한 당국이 개성공단의 계약 파기를 선언하고 4100억 원에 달하는 우리 기업들의 투자 자산도 동결 조치할 개연성이 다분하다. 그러나 개성공단을 비롯한 남북경협을 도외시한 개방 시도는 한계가 있을 수밖에 없다. 북한은 실질적 제도 개선으로 개혁·개방을 뒷받침해야 하며 어떤 경우든 남한의 투자에 대한 안전보장도 이뤄져야 한다.[70]

북한의 핵무기와 미사일 문제로 교착 상태에 빠진 북미관계 개선 없이는 북일관계, 남·북 관계의 개선도 힘든 상황이다. '선 핵 폐기-후 경제지원' 정책에 집착하는 이명박 정부하에서 남한 정부의 경제지원도 어려운 상황이다. 북한의 조기 붕괴에 따르는 엄청난 위험 부담을 사전에 해소하기 위해서는 이명박 정부의 실용적이고 유연한 대북정책이 무엇보다도 필요한 시점이다.[71] 개성공단 기업주들과 금강산 관광 사업

69 "북한경제성장률 10년 만에 남한 앞질러", 「아시아투데이」 2010. 4. 15.
70 개성공단을 통한 경협에 관해서는 이 책 5장 2절을 참고할 것.

자들은 "각종 남북 경제협력 사업이 활기를 되찾기 위해서는 정부가 대북정책의 원칙을 지키되 지금보다는 다소 유연한 태도가 필요하다"고 주장하고 있다.[72]

이러한 북한의 어려운 경제 상황을 해결하기 위해 평화체제를 구축하고 북한의 경제 발전에 협력하고 북한이 외교적 고립 상태애서 벗어나 세계 여러 나라들과 선린과 교역 관계를 맺을 수 있도록 도와주는 데 있다. 북한이 시급한 경제난을 해소하기 위해서는 경제 시스템을 재정비하고 경제 체질을 강화하여 생산성을 향상시키는 방향으로 나아가도록 개혁과 개방을 과감하게 시도하여야 한다. 그러기 위해서는 중국과 같이 자본주의적인 시장경제 시스템을 도입하여 경제성장률을 획기적으로 높여야 한다.

삼균주의의 균등이라는 관점에서 보면 남한의 경제도 문제가 없는 것이 아니다. 저소득층 가구의 적자폭은 더 커지고 있고 소득 격차도 더 벌어졌다. 소득 분배의 불균형 정도를 보여주는 지니계수는 2003년 0.277에서 2009년에는 0.293로 올라섰다. 지니계수가 1에 가까우면 빈부 격차가 크다는 뜻으로 빈익빈 부익부는 그만큼 더 뚜렷해진 셈이다. 특히 소득이 낮은 20%에 비해 상위 20%의 소득은 지난해 4.92배까지 높아졌다고 한다.[73] 따라서 우리나라도 소득 격차 확대가 경제사회 문제로 대두될 가능성이 높으므로 그 대안으로 ① 저소득 비정규직 증가에 대한 개선책, ② 체계적인 고령자 대책, ③ 소득 격차의 대물림 방지,

---

71 "급격한 정권붕괴 막기 위해선 점진적 개방 유도해야", 「한국경제」 2010. 4. 1.
72 "남북 갈등 때마다 기업인들 도구화… 정경분리 원칙 지켜야", 「한국경제」 2010. 4. 1.
73 "무너지는 중산층, 양극화 심화", 「한국경제TV」 2010. 3. 16.

④ 공평한 소득 재분배, ⑤ 재정 확보 방안 등이 시급한 것으로 알려졌다.[74]

통일 후 북한의 남북한 경제통합이 이루어지는 과정에서 가장 문제가 되는 것은 토지제도이다. 우선 토지의 소유 불균형과 양극화는 점점 심해지고 있다. 1980년부터 시작된 토지전산화가 완료되어 1988년 조사된 전국 민간토지의 소유 실태를 보면 상위 5%가 전체 토지의 65%, 상위 10%가 76%를 차지하고 있는 것으로 밝혀졌다. 토지 소유에 따른 빈부 격차에 충격을 받은 여론의 압도적인 지지로 그 다음해인 1989년 12월 30일 토지공개념 관련법인 개발이익환수법, 택지소유상한법, 토지초과이득세(토초세)법 등이 국회에서 통과되었다.[75] 택지상한제와 토초세는 조세저항이 많았으며, 토초세는 그 후 헌법재판소에서 위헌 결정을 받고 폐기되었다.

이러한 결과로 인해 토지 소유의 편중이 더욱 심화되었다. 2007년 10월 당시 행정자치부가 발표한 「2006년 토지소유 현황 통계」에 따르면 2006년 말 기준 우리나라의 토지 소유자 중 상위 1%(50만 명)가 민유지의 57%, 상위 10%(약 500만 명)가 민유지의 98.4%를 소유하고

---

74 "한은, '구조조정 재고해야 소득격차 준다', 「민중의 소리」2010. 3. 7. 한국은행의 통계에는 소득 상위 20%인 5분위의 소득이 하위 20%인 1분위의 5.76배로 늘어난 것으로 나타났다. 위 1분위 계층은 유일하게 적자를 기록했는데, 가구당 월평균 40만 8000원의 적자를 나타냈다.

75 박승, "개혁적인 토지정책, 땅과 빈부격차 고리 끊으려 도입한 '토지공개념', 「한국일보」2010. 3. 16. 개발이익환수법은 대규모의 토지개발에서 오는 개발이익을 토지소유자가 독점하지 못하도록 개발이익의 50%를 개발이익 부담금으로 환수하는 것이다. 택지상한제는 가구당 택지소유 한도를 서울의 경우 200평으로 하고 이를 초과하면 택지는 매년 초과면적지가의 7%, 나대지는 11%를 과징금으로 내도록 한 것이다. 그리고 토초세는 기업의 비업무용토지와 개인의 유휴토지에 대해 지가상승에서 오는 미실현 이익의 50%를 매 3년마다 계산하여 부과하는 금이다.

있는 것으로 나타났다.[76] 1988년 통계와 비교해 보면 20년 사이에 상위 10%가 민유지의 소유 비율이 76%에서 98.4%를 높아졌으니 토지 소유의 양극화는 더욱 심해진 것이다. 그리고 이명박 정부 2년 동안의 감세정책으로 실제로는 소득수준이 높은 상위 20%는 혜택을 받고 나머지 80%는 오히려 부담이 늘었다.

통일한국의 토지제도는 남한의 토지 투기와 북한의 비효율적 토지 배분, 이 두 가지를 동시에 극복할 수 있는 방향에서 대안이 모색되어야 하는데 남한과 북한의 토지제도의 단점을 동시에 극복하고 장점을 극대화할 수 있는 방안 중에 하나인 토지공공임대제를 통일 후 북한에 적용시켜야 한다는 주장이 제기되고 있다. 토지공공임대제를 사용할 경우 첫째, 토지가 최선으로 사용될 수 있으며, 둘째, 토지 배분과 관련한 부정부패가 없어질 것이며, 셋째, 정부 기구가 대폭 간소화 되며, 넷째, 기업의 진입장벽이 상당히 낮아지고, 공정한 경쟁이 정착되어 활기찬 시장경제가 정착될 수 있으며, 다섯째, 토지의 계획 기능을 제고하고 정부 재정의 자기 조달(self financing) 시스템을 가능하게 한다는 주장이다.[77]

(3) 통일을 위한 균학의 과제

삼균주의 세 번째는 모든 사람의 균등한 학습권의 제도화이다. 대한민국임시정부 '건국강령' 3조 2항에는 "전국 학령아동의 전수가 고등교육의 면비수학이 완성되고"라는 내용이 포함되어 있다. 먼저 균학(均

---

76 이태경, "시장 친화적 토지공개념, 反MB연대의 공통분모", 「프레시안」 2010. 3. 3.
77 남기업, "통일 후 북한토지 '공공임대제도'가 적절", 「오마이뉴스」 2008. 12. 10.

學)과 관련하여 남북이 처한 문제점들을 살펴보자.

북한의 교육제도 역시 삼균주의의 균등한 학습권에 비추어 평가할 필요가 있다. 북한은 1948년 9월 9일 '조선민주주의인민공화국강령'을 통해 무상교육제도 실시를 선언하고 「로동당 규약」에는 "재산형편과 신앙 및 성별을 불문하고 전조선 인민에게 공부할 권리를 보장"(10 항)[78]한다고 하였다. 북한은 국가계획사회이므로 교육 운영 전반도 국가계획에 의해 이루어진다. 북한은 과거의 전통적인 교육을 귀족계급의 유지를 위한 '부르주아 교육'으로 규정한다. 새로운 교육의 목표는 사회주의 사회 건설과 사회주의 체제 유지에 두고 있다.[79]

1977년 9월 5일 제정한 "사회주의 교육에 관한 테제"에서 사회주의 교육의 기본원리를 "사람들을 혁명과 건설에 주인답게 참가할 수 있는 사상과 지식과 건강한 체력을 가진 믿음직한 혁명인재를 키우는 것"이라고 하였다. 그리고 북한의 교육목표를 제시하는 '사회주의 교육사업의 4가지 기본원칙'에는 교육에서의 당성과 노동계급성의 구현, 교육에서의 주체의 확립, 교육과 혁명 실천과의 결합, 국가의 교육사업에 대한 조직 진행의 책임으로 되어 있다.[80]

김일성은 1980년 6차 노동당 보고서의 65%를 교육과 밀접한 내용으로 채울 정도로 사회 모든 영역에서의 교육적 과제를 강조하였다. 북한에서는 전체 주민이 모두 교육 대상이 되고 모든 조직과 단체는 교육 담당기관이 된다. 북한 지도자들이 이처럼 교육을 강조하는 것은 사회

---

78 박완신, 『통일의 길목』, 191, 「로동당규약」 전문 참고.
79 이종각, "북한 교육정책과 제도", 「초등우리교육」 제3호(1990. 5), 142-143.
80 호남신학대학교 편, 『기독교와 한반도 평화 정착』(서울: 한들, 1998), 234.

주의 혁명 과업을 수행하려면 공산주의 이념으로 무장한 새로운 인간을 만드는 정치적 과정이 필수적이며, 교육에 대한 중앙집권적 통제를 통하여 사회주의 체제를 유지할 수 있기 때문이다.

북한은 1959년 10월 인민교육 체제의 개편 이후 여러 차례에 걸친 교육정책의 개편을 통해 오늘날 유치원은 낮은 반과 높은 반 2년, 인민학교는 4년, 고등중학교는 6년, 대학 3-6년의 교육과정을 확정하였다. 그리고 1972년 9월부터 유치원 높은 반에서 고등중학교까지 11년을 의무교육을 단계적으로 실시하여 1975년부터 완전히 시행하고 있다.

북한은 그들의 교육제도를 학생의무노동제를 통해 노동과 생산을 결합시켜 놓은 '일하면서 배우고, 배우면서 일하는 제도'라고 자랑한다. 이처럼 교육의 사회화와 사회의 교육화가 잘 이루어져 교육의 일관성이 높고, 학교교육 또는 제도교육이 갖는 낭비성은 낮은 것으로 평가된다. 그러나 개인의 자유, 사상의 자유, 다양한 정보 입수의 자유 등은 배제되어 있어 교육의 자율성을 낮고 교육의 통제성은 높은 실정이다.[81]

북한에서는 출신성분과 당성에 따라 핵심계층, 동요계층, 적대계층으로 구분되는데, 교육에 있어서도 좋은 학교의 학생 선발에 있어서는 학부모의 "출신성분, 당성, 학업능력이 고려되지만 전자 2가지의 조건을 만족시킬 경우에 한하여 고려"되기 때문에 계층에 따른 교육기회의 차별이 현저하다. 북한은 1980년부터 정무원의 교육위원회 주관으로 '대학입시자격'을 치루는데 대학입학에 추천받은 자들은 대개 출신성분 1/3, 본고사 성적 1/3, 정치조직생활 점수 1/3로 평가받는다. 결국 대학 입시는 '출신성분이 좋은 사람끼리의 경쟁'이 되고 있는 실정이다.

---

81 같은 책, 146-147.

북한의 경우 사실상 대학에 진학할 기회가 졸업하는 당해 연도 한 번뿐이다. 그것도 입학정원의 5~10%만 당해 연도 졸업생에서 선발하고, 20%는 직장 경력자, 70%는 3년 이상 군 복무 경력자로 충원한다. 사실상 학업을 위한 진학 기회가 졸업 당해 연도로 제한되는 것이다.[82] 결국 "북한의 교육은 특수층과 특수 인력 확보를 위한 엘리트 교육과 대다수 인민을 위한 평등주의가 공존"[83]하는 것으로 판단되지만, 고등 교육의 기회 불균등과 차별화는 심각한 수준이다. 따라서 북한 교육제도 역시 삼균제도가 지향하는 균등한 학습권에 크게 미치지 못하고 있는 실정이다.

남한의 경우도 이명박 정부의 교육정책은 균등한 학습권이 아니라 교육의 경쟁력 강화와 수월성 확보에 두고 있다. 중·고등학교의 평준화를 폐기하고 고교등급제에 상응하는 조치들이 취해지고, 사교육비는 더욱 증가하게 되고 교육비의 양극화가 두드러지게 된 것이다.

자율고 도입이 기본적으로 부유층을 위한 정책이란 것은 부정할 수 없는 사실이다. 2010년 초에 터져 나온 자율고의 부정입학 사건도 따져 보면 자율고를 통해 평준화의 틀을 깨려는 무리한 시도가 본질적 원인임을 알 수 있다. 엄청나게 비싼 교육비를 감당할 수 있는 가정의 자제에게만 특별한 교육의 기회를 제공한다는 발상이 문제의 본질인 것이다. 자율고의 등록금이 1년에 1200만 원 내외라고 하니 부자들만 다닐 수 있는 학교라는 비난을 면키 위해 입학정원의 20%를 가난한 가정의 학생에게 배정하여 등록금을 면제해 준다고 했으나, 가난한 가정의 학생이

---

82 같은 책, 148-149.
83 같은 책, 148-149.

등록할 수 없었기 때문에 빚어진 문제이다.

만약 돈이 부족해 공교육이 부실해진 것이라면 당연히 정부의 부담으로 공교육의 수준을 전반적으로 높여야 한다. 이런 기본적 의무를 무시하고 돈 많은 사람들끼리 알아서 좋은 교육을 받으라고 내맡긴 데서 문제가 발생한 것이다. 돈 많은 사람만 밍크코트를 사서 입는 데 시비를 걸 사람은 없다. 그러나 돈 많은 사람만 질 좋은 교육을 받을 수 있다면 문제가 이만저만 심각한 것이 아니다.[84]

실제로 빈부 격차에 따른 사교육비의 양극화가 갈수록 커지는 것으로 나타났다. 2010년 2월 23일 통계청이 밝힌 '2009년 사교육비조사' 결과에 따르면 지난해 초·중·고등학교 학생 사교육비 총액은 21조 6000억 원으로 전년대비 3.4% 증가했다. 그리고 소득수준이 700만 원 이상 상위계층과 100만 원 미만 하위계층 간 사교육비 차이가 8.4배를 기록하는 등 교육비 양극화가 심화되고 있는 것으로 나타났다.[85] 이는 대한민국 임시정부의 선각자들이 이루려고 한 균등한 교육권의 실현이라는 이상과 거리가 먼 안타까운 현실이 아닐 수 없다.

초중교의 '무상급식' 문제도 균등한 학습권과 관련성이 없지 않다. 그동안 빈곤층의 자제에게만 '무료급식'의 혜택을 제공하였는데, 이러

---

84 이준구, "이명박 정부의 2년", 「프레시안」 2010. 3. 1.
85 "사교육비 21.6조 원, 소득수준 따라 8.4배 '양극화', 「이데일리」 2010. 2. 23. 학생 1인당 사교육비는 24만 2000원으로 2008년(23만 3000원)보다 3.9% 늘어났다. 특히 사교육을 받은 학생만을 대상으로 산출한 1인당 월평균 사교육비는 32만 3000원으로 전년대비 4.2% 증가했다고 통계청은 밝혔다.

440　통일을 위한 기독교 신학

한 차별적 급식으로 인해 자존심을 상하게 하는 일이 막기 위해 의무교육의 정신에 맞게 부유층 자제를 포함하여 모든 아이들에게 무상급식을 시행하자는 것이다. 티 없이 맑게 자라야 할 어린아이들이 인생의 출발점부터 그런 정신적 부담을 안고 자라나게 만들어서는 안 된다는 것이다.

용어상의 논쟁도 없지 않다. '무상급식'은 어떤 차별이나 대가도 없이 무상으로 제공되는 급식을 의미하고, 무료급식은 특정 대상자를 선발하여 돈을 받지 않고 '특별히' 제공되는 급식을 의미한다. 무상급식은 보편적일 수밖에 없고, 무료급식은 차별적일 수밖에 없다. 보편적 무상급식과 선별적 무료급식은 물질적으로 보면 같은 '급식'을 제공한다는 점에서 매우 비슷해 보인다. 선별적 무료급식은 대상자 입장에서 분명히 차이가 있으니 일정부분 대상자에게도 부담을 주는 '신고와 심사'가 요구된다는 점이다. 감수성이 예민한 아이들에게는 심리적 부담을 주거나 기를 죽일 수 있으므로 이른바 '상대적 박탈감'에 의해 무료급식을 회피하는 사례가 생기게 되는 것이다. 보편적 무상급식은 그 책임이 국가 혹은 지급 기관 등에 있는 반면, 무료급식은 책임에 의한 복지라기보다는 저소득층에 대한 '시혜'적 의미가 강하다. 대상자의 입장에서 무상급식이냐 무료급식이냐의 문제는 대단히 중요하지 않을 수 없다.

무상급식을 주장하는 것은 '아이에게 생존권을 보장하는 것은 사회의 책임'이므로 부와 가난에 대한 심사 없이 무조건 식사를 제공해야 하기 때문이라고 한다. 헌법 제31조 3항은 "의무교육은 무상으로 한다"고 명시하고 있다. 학교급식은 "의무교육으로 인해 발생하는 비용"이다.[86] "굶는 아이들이 불쌍해서 주는 밥"이 아니라, "국가가 줄 의무가 존재하기 때문에 주어지는 밥"인 것이다. 자라나는 아이들의 기를 죽이는 차별적인 무료급식을 통해 '눈치 밥을 먹이지 말자'는 것이다.

정부는 전국적으로 초·중학교에 무상급식을 실시할 경우 소요될 예산을 1조 9600억 원으로 보고 있다. 이 가운데 3600억 원은 지금도 저소득층을 대상으로 지원된다. 전국적으로 무상급식을 실시하려면 1조 6000억 원이 더 필요하다는 계산이다. 따라서 정부 여당은 예산상의 부담으로 지속 불가능한 '공약'(空約)이라고 주장하지만 시민 79%가 무상급식을 찬성하는 것으로 조사되었다.[87]

본질적으로 전면 무상급식의 실시 여부를 둘러싼 논쟁은 좌우의 이념대립과는 무관한 문제임에도 불구하고 무상급식을 "좌파적인 포퓰리즘"이라는 비난하기도 한다. 심지어는 한나라당에서조차 "경제적으로 여유가 있는 사람의 자녀 점심값까지 정부가 다 내줄 만큼 우리 정부가 한가하지 않다"고 주장하기도 한다. 학교급식 운동본부는 "선별적 무상급식으로 인해 상처받을 학생들을 위해 사회가 지불해야 할 비용은 무상급식 전면 시행 예산을 압도할 수도 있다"고 반박했다.[88]

이처럼 초등학교의 전면 무상급식 실시 문제가 보수와 진보 사이의 정책대결에서 중요한 상징적 의미로 등장하였다. 이준구 교수는 "양측 모두 초등학생에 대한 무상급식을 사회복지의 차원에서 접근하고 있는데, 그것은 잘못된 접근방식이라고 생각한다"며 '가치재'(merit goods)란 차원에서 접근해야 함을 강조했다. 그는 "가치재라는 것은 특정한

---

86 권영성, 『헙법학원론』(서울: 법문사, 2002), 616. "무상의 범위에 관해서는 법률이 정하는 바에 따른다는 무상범위법정설, 수업료만이 면제된다는 수업료무상설. 그 외에 교재·학용품 지급과 급식의 무상까지 포함된다는 취학필수비무상설 등이 있다. 취학필수비무상설이 다수설이고 또 타당하다."
87 "정책진단, 무상급식 공방 대해부 (상)", 「서울신문」 2010. 3. 22.
88 같은 글.

상품의 경우 모든 국민이 최소한 일정 수준 이상의 혜택이 돌아가게 만들어야 한다는 관점에서 정부가 직접 생산, 공급하는 상품을 뜻한다"며 "의무교육은 교육이 가치재의 성격을 갖기 때문에 정부가 개입하는 대표적 사례 중 하나다. 가치재의 성격을 갖는 상품의 경우에는 무상 배분이 원칙이다. 따라서 부유층 자제에 대한 무상급식이 하등 문제가 되지 않는다는 결론에 이르게 된다"고 지적했다. 이어 "따지고 보면 부유층이든 서민층이든 정말 공짜로 의무교육의 혜택을 받고 있는 것은 아니다. 이들이 내는 세금으로 의무교육과 관련된 비용이 충당되는 것이니만큼 공짜라고 말할 수 없다"고 하였다.[89]

삼균주의의 균등한 학습권이라는 이념에 비추어 보면 이러한 논쟁 자체가 얼마나 시대착오적 발상인가 하는 것을 알 수 있다. 대한민국 임시정부의 지도자들은 새로운 대한민국에서는 어떤 이유로든지 교육의 기회에 차별을 두지 않는 균등한 학습권의 이상을 실현하려고 했던 것이다. 무상급식의 문제를 다루는 대한민국의 정치지도자들은 대한민국 임시정부의 삼균주의 정신을 새롭게 인식할 필요가 절실하다고 여겨진다.

이처럼 삼균주의는 대한민국 임시정부의 건국강령일 뿐 아니라 해방후 좌우합작의 통일이념이며, 특히 성서가 가르치는 초기 이스라엘의 건국 이상과 예수의 가르침의 핵심과도 상응하는 것이다. 예수는 누구보다도 '가난한 자에게 복음'을 전하러 오셨고, 지배하고 군림하기 위해 오신 것이 약자들을 '섬기고 돌보기' 위해서 오셨고 이러한 하나님의 뜻을 천국복음을 가르치고 선포하기 위해서 오셨기 때문이다. 따라서 기독교 통일신학의 입장에서도 삼균주의는 좌우의 이념과 체제를 아

---

89 이준구, "무상급식이 무슨 좌파 포퓰리즘?", 「뷰스앤뉴스」 2010. 3. 12.

우르는 통일한국의 이상으로 새롭게 재조명할 수 있는 통일 이후의 통일신학의 과제라고 생각된다.

3
기독교 통일운동의 역사와
통일신앙운동의 과제

1) 한국 기독교 통일운동의 역사

분단 이후의 남북 관계의 전개 과정에서 주요한 역할을 해 온 한국기독교교회협의회(KNCC)를 중심으로 한 한국 기독교 통일운동의 역사[90]와 주요 선언문들을 살펴보려고 한다.[91]

해방과 더불어 분단을 겪었고 이어서 벌어진 6.25전쟁은 분단을 더욱 고착화시켰다. 이승만 정권은 '북진통일'을 내세워 평화통일을 주장하는 이들을 용공세력으로 몰았다.[92] 4.19 직후의 통일운동도 반공을 국시로 내건 5.16쿠데타로 무산되고 '평화통일' 논의는 이적행위로 매도하였다.[93] 1966년에는 한국기독교반공연맹이 창립되었고 '승공통

---

90 허호익, "한국기독교의 통일논의의 역사와 통일의 실천적 과제", 「한국기독교신학논총」 제61집(2009. 1. 15), 85-106.

91 한국기독교교회협의회 통일위원회, 『1980-2000년 한국교회 평화통일운동 자료집』(서울: 한국기독교교회협의회, 2000). 그리고 KNCC 홈피에서 아래 자료집을 참고할 것 『2004년 KNCC 평화통일정책협의회 자료집』, 『2006년 KNCC 평화통일정책협의회 자료집』, 『2007년 KNCC 평화통일정책협의회 자료집』, 『2008년 KNCC 평화통일정책협의회 자료집』

92 서중석, "이승만과 북진통일 – 1950년대 극우반공독재의 해부", 「역사비평」 31(1995/여름), 108-164.

일'이 대두되기도 하였다.[94]

1972년에 합의한 7.4공동성명의 자주, 평화, 민족대단결의 3원칙과 남북이산가족찾기를 위한 제1차 남북적십자회담(1972. 8. 30)은 기독교계의 평화통일 논의의 물꼬를 터 주었다.

1979년 조국통일해외기독자회가 발족하여 북한과의 대화를 시도한 끝에 1981년 6월 29일 평양에서 "조국통일에 관한 북과 해외 동포 기독자간의 대화"를 개최하기로 합의였다. 11월 3일부터 6일까지 스위스 비엔나에서 "조국통일에 관한 북과 해외 동포 기독자간의 대화" 참가자들은 "공동성명"(비엔나 선언, 1981. 11. 5)을 작성하기에 이르렀다.[95] 제2차 '조국통일을 위한 북과 해외동포기독신자간의 대화'는 12월 3일부터 5일까지 핀란드 헬싱키에서 모였으며 '헬싱키 선언'이 채택되었다.[96]

이에 자극을 받아 1982년 9월 16일 한국기독교교회협의회(KNCC) 산하에 통일문제연구원 운영위원회를 조직하였고 제34차 총회에서 "한국교회 평화통일 선언"(1985. 2. 28)을 하기에 이르렀다. 같은 해 2월의 아시아교회협의회의 성명에 이어 11월에는 세계기독교교회협의회는 '북한방문보고'를 발표하였다. 그 후 한국 교회가 채택한 통일 관련 선언 중 중요한 것들의 내용을 살펴보려고 한다.[97]

---

93 이만열, "한국기독교 통일운동의 전개 과정", 남북나눔연구원 편, 「민족통일을 준비하는 그리스도인」(서울: 두란노, 1994), 27-28; 이승환, "군사정권시기의 민간통일론", 「통일시론」 4(1999/11), 130-142.
94 김흥수, "한국교회의 통일운동의 역사에 대한 재검토", 「기사연 무크」 3(1988), 105.
95 한국기독교교회협의회 통일위원회, 『1980-2000년 한국교회 평화통일운동 자료집』, 25-26.
96 같은 책, 27-29.
97 같은 책, 45-50.

첫째로, 교단 차원에서는 예장 통합이 처음으로 "북한선교와 통일정책에 대한 보고서"(1986. 1. 20.-25)를 발표하였고 이어서 "한국통일문제에 관한 공동선언"(1986. 1. 22.-23)을 예장(통합)과 기장, 미국 장로교가 공동으로 발표하였는데 주요 내용은 다음과 같다.

- 우리는 우리 교회가 각자 처한 사회에서 적대감을 영구화하며 신뢰성 확립을 방해하는 "적대의식"을 극복해야 할 필요성을 확인한다.
- 우리는 우리 세 교회가 남북한의 화해와 통일의 문제가 목회와 선교의 우선적 과제임을 확인한다.
- 우리는 우리 교회가 교회에 속한 권속들에게 한국의 통일과 관계된 문제들을 교육할 책임이 있음을 확인한다.
- 우리는 각기 주체적인 입장에서 우리 교회가 서로 이러한 선교적 과제를 위하여 함께 기도하며 협의하며 일할 것임을 확인한다.[98]

대한예수교장로회(통합)는 1986년 1월에 "북한선교와 통일정책에 관한 보고서"를 작성하였고, 9월에는 북한전도 대책과 통일 문제에 대한 교단의 입장을 밝히고 「대한예수교장로회 신앙고백서」를 채택하였는데 이 고백서의 8장 '국가'의 6항에서 "조국의 통일과 남북의 화해와 평화의 정착"을 명시하였다.

우리는 분단된 조국이 그대로 계속되는 것이 하나님의 뜻이 아니며, 하나님은 하나가 될 것을 원하시고 계심을 믿는다. 그러므로 우리 그리스도인들은

---

98 같은 책, 60.

민족과 국가가 통일이 되어 전 국토와 온 국민이 하나님을 믿어 구원을 얻도록 전력을 다하여야 한다. 하나님은 개인이나 국민이 적대적 관계에 있는 것을 원치 않으신다. 모든 원수 관계를 없게 하고, 화해의 대업을 성취하신 예수 그리스도를 본받아 우리도 민족을 신앙과 자유의 토대 위에서 화해하고, 이 땅 위에 평화를 정착시키는 사명을 다해야 한다.[99]

비록 북한 선교의 관점을 강조하였지만, 교단 차원에서 처음으로 '북진 무력통일'이 아닌 원수관계의 화해와 평화통일의 사명을 선언한 점에서 주목할 만하다.

둘째는 한국기독교교회협의회(KNCC)가 채택한 '민족의 통일과 평화에 대한 한국기독교회 선언'(88선언)이다. 1985년부터 5차의 한반도 통일문제협의회를 거쳐 1988년 2월 29일 제37차 총회에서 채택한 이 선언은 '정의와 평화를 위한 한국교회의 선교적 전통'을 회고하고, '민족분단의 현실'은 이념체제가 낳은 죄의 열매이며 그 결과 한국 민족은 속죄양의 고난을 당하여 왔다고 밝혔다. 아울러 '분단과 증오에 대한 죄책고백'을 통해 분단은 동서냉전체제와 남·북한 사회체제 내의 구조악이 원인이었음에도 이웃을 사랑하지 못한 죄와 분단을 정당화한 죄를 고백하였다.

88선언은 민족통일을 위한 한국 교회의 기본원칙으로 1972년 남·북 간에 최초로 합의된 7.4공동성명에 나타난 1) 자주, 2) 평화, 3) 사상·이념·제도를 초월한 민족적 대단결의 3대 기본원칙과 더불어 두 가지

---

99 대한예수교장로회 총회출판국, 『헌법』(서울: 대한예수교장로회 총회출판국, 1987), 177-178

원칙을 추가하여 5대 원칙을 제시하였다. 그 하나는 "통일은 민족이나 국가의 공동선과 이익을 실현하는 것일 뿐 아니라, 인간의 자유와 존엄성을 최대한 보장하는 것이어야 한다"는 인도주의적 원칙이고, 다른 하나는 "통일을 위한 방안을 만드는 모든 논의 과정에는 민족구성원 전체의 민주적인 참여가 보장되어야 한다"는 민중 참여의 원칙이다.

1) 자주적 원칙(민족 우선의 원칙)
2) 평화의 원칙(평화 우선의 원칙)
3) 민족 대단결의 원칙(신뢰와 우선 교류의 원칙)
4) 인도주의 원칙(인도 우선의 원칙)
5) 민주적 참여의 원칙(민중 우선의 원칙)

'남북한 정부에 대한 한국 교회의 건의'를 통해 분단으로 인한 상처의 치유와 분단 극복을 위한 국민의 참여를 실질적으로 증진하고 사상·이념·제도를 초월한 민족적 대단결과 남·북한 긴장 완화와 평화 증진과 민족 자주성의 실현을 위한 여러 구체적 과제를 제시하였다.
　마지막으로 '평화와 통일을 위한 한국 교회의 과제'를 다음과 같이 명시하였다.

1) 한국기독교교회협의회는 1995년을 '평화와 통일의 희년'으로 선포한다.
2) 한국 교회는 '희년을 향한 대행진' 속에서 평화와 통일을 위한 교회갱신운동을 활발히 전개한다.
3) 평화와 통일의 희년을 선포하기 위하여 한국 교회는 평화와 화해의 결단

을 하는 신앙공동체로서 평화교육과 통일교육을 폭넓게 시행해 나갈
것이다.

4) 한국 교회는 평화와 통일을 선포하는 희년축제와 예전(禮典)을 통하여
신앙을 새롭게 하고 참다운 화해와 일치를 실천해 나간다.

5) 한국 교회는 평화와 통일을 위한 연대운동을 지속적으로 전개해 나간다.

이처럼 민족의 통일과 평화에 대한 한국기독교회선언(88선언)은 민
간에 의해 이룩된 최초의 본격적인 통일선언으로 민간통일운동에 지대
한 영향을 미쳤다. 88선언을 계기로 가정교회로만 존재하던 북한에서
공식적으로 평양의 봉수교회와 장충성당이 1988년에 세워졌고 1992
년에는 칠곡교회가 세워졌다.

88선언이 있은 다음해인 1989년 1월(1. 23.~2. 2.)에는 고 정주영
회장이 북한을 방문하여 민간인 교류의 첫 장을 열었다. 이후 남·북
간 민간 교류의 물꼬를 트기 위한 범민족대회 예비실무회담이 무산되자
3월 25일에는 문익환 목사가 정부의 허가 없이 전격적으로 평양을 방문
하여 김일성 주석을 두 차례 만나고, 4월 2일 '문익환·허담 공동성명'을
발표하였다. 한국기독교교회협의회(KNCC)는 이를 적극 수용한다는
성명을 발표하였으나, 교계 일각에서는 문익환 목사의 실정법 위반과
한국 교회의 대표성 여부를 문제 삼아 비판하는 성명을 발표하기도 하
였다.[100]

셋째는 남북 그리스도인들이 모여 제2차 글리온 회의에 채택된 "한
반도의 평화와 통일을 위한 글리온 선언"이다. 1988년 11월 23일부터

---

100 정성한, 『한국기독교통일운동사』(서울: 그리심, 2003), 292-293.

25일 남북기독교 대표들이 모인 글리온 회의에서 조선기독교도연맹
측과 합의한 8개항의 내용은 다음과 같다.[101]

1) 1995년을 "통일의 희년"으로 선포하고 매년 8.15 직전 주일을 공동기도
일로 지킨다.

2) 현재의 양체제의 존속이 보장되는 평화공존의 원칙에서 통일국가를 세
우기 위한 것으로 전개되어야 한다는 것을 확인한다.

3) 통일은 남북한 민족구성원 전체의 민주적 참여로 이루어져야 함이 기본
원칙임을 확인한다.

4) 현재의 분단의 고정화를 지향하는 어떤 정치적 대책이나 제안도 배제되
어야 한다.

5) 누적되어 온 적대감과 증오심을 극복하고 용서와 화해의 분위기를 형성
할 수 있도록 남북한 교회들이 각별히 노력할 것을 권고한다.

6) 남북 간의 군사적 대결을 지양하고 긴장을 완화시키기 위해서 엄청난
병력과 무기와 군사시설들이 대폭 감축되어야 한다.

7) 1천만 이산가족의 재회와 남북 간의 각종 교류는 인도주의적 요청으로
시급한 과제이다.

8) 세계교회협의회는 조선기독교도연맹과 한국기독교교회협의회와의 긴
밀한 협조 아래 한(조선)반도의 평화와 통일을 위해 계속 노력한다.

제2차 글리온 회의에서 남북기독교 대표들은 1995년을 '평화와 통

---

[101] KNCC 통일위원회, 『1980-190년대 한국교회 평화통일운동 자료집』, 148-149. 1차
글리온 회의는 1986년 9월 2일에서 5일 상하이에서 모였다.

일의 희년'으로 선포하였다. 그 결과 한국기독교회협의회가 '희년선언'(1995)을 하게 된 것이다.

1991년 9월에는 남북이 유엔에 동시 가입한 계기로 이를 전후하여 6.25전재의 배후 였던 소련과의 수교(1990. 9), 6.25전쟁에 참가한 중국과의 수교(1992. 8)가 이루어졌다. 1991년 12월 13일에 남북총리급 회담에서 채택된 '남북사이의 화해와 불가침 및 교류, 협력에 관한 합의서'와 12월 31일 서명한 '한반도의 비핵화에 관한 공동선언'은 그 내용에 있어서 88선언과 2차 글리온 선언의 내용이 결정적인 영향을 끼친 것으로 평가된다.[102] 이어서 1992년 1월 7일부터 14일까지 한국기독교 교회협의회의 총무 권호경 목사가 공식 방북하여 남북 통행의 물꼬를 텄다.[103]

1990년대에 접어들면서 보수진영에서도 민간 차원의 대북지원사업을 활발하게 전개하였다. 한국기독교총연합회 산하에 '사랑의 쌀 나누기 운동' 본부가 쌀 1만 가마(1990. 7. 3)를 북한에 지원하였고, 1992년에는 보수 진보 양진영이 연합하여 '평화통일을 위한 남북 나눔 운동'을 창립(1992. 12. 9)한 이후로 각종 대북지원사업을 통한 북한돕기운동이 한국 교회의 '제3의 통일운동'으로 자리 잡아 왔다. 북한돕기운동은 1995년 북한 수해 이후 초기의 쌀 나누기 차원에서 벗어나 탈북자 돕기, 감자·옥수수·밀가루 등 식량지원, 병원 개설과 의료지원, 분유지원 및 결식 아동 구호, 비료지원 및 농업시설지원 등으로 확대되었다.[104]

---

102 같은 책, 15.
103 같은 책, 504. 기독자 '남북기독교협의회' 평양 개최 관련 개최시기 등 실무문제 협의. 남북공동기도문 작성 및 봉수교회 주일예배 참석, 김주석 면담(92. 2. 17) 서울 개최 예정인 제41차 KNCC총회에 북측 기독자들을 초청하여 북측의 긍정적 반응을 얻었다.

넷째는 한국기독교교회협의회(KNCC)가 발표한 "1995년 평화와 통일의 희년선언"이다. 이 선언의 준비 과정에서 1995년 3월 28-31일 한반도 평화와 통일을 위한 제4차 기독교 국제협의회가 교토에서 개최되어 '통일희년을 맞는 한국기독교교회협의회와 조선기독교도연맹의 공동합의문'(제4차 글리온 회의)을 통해 8.15희년 공동예배를 판문점에서 함께 드리기로 약속하기도 했다. 또한 통일운동을 하다가 구속된 사람들의 석방이나, 장기수 송환, 팀스피리트 훈련과 같은 대규모 군사 훈련의 중지, 군비 축소, 이산가족의 재회와 방문을 위한 노력을 함께 하기로 하였다.

1993년 8월 15일에는 통일희년을 앞두고 '평화와 통일을 바라는 남북인간띠잇기대회'를 60개 단체와 공동 개최하여, 약 65,000명의 교인과 일반시민이 참여한 가운데 독립문에서 임진각까지(총 48km) 잇는 통일운동의 대중화를 가져왔으며, 민간이 주도하고 정부의 지원과 협력을 끌어내는 등의 새로운 통일운동 양식을 창출했지만 북측의 참여가 이루어지지 못하였다.[105] 그러나 1994년 7월 4일 김일성 주석의 사망이후 남북 관계가 다시 경색하여졌다. 1995년 8월 15일 통일희년행사를 원활히 치르지 못하였겠지만, 이 날 선언된 "1995년 평화와 통일의 희년선언"은 모두 6부분으로 되었는데 '희년의 선포와 신앙고백'과 '분단극복을 위한 남북 기독교의 노력'과 '동서 냉전의 해소와 남북의 화해'에 대하여 선언하고, '신뢰 형성과 평화체제 실현의 길'에서는 88선언에서 언급한 5가지 통일 원칙을 재확인하였다. 그리고 '한(조선)반도 통일의

104 정성한, 『한국기독교통일운동사』, 351-354.
105 같은 책, 508-509.

바람직한 방향'으로서 함께 사는 통일(共生的 統一), 서로 배우며 닮는 통일(收斂的 統一), 새롭게 만드는 통일(創造的 統一)을 제시하고 마지막 '희년정신의 실천과 교회의 과제'를 다음과 같이 선언하였다.

1) 평화와 통일에 대한 신앙고백운동
2) 남북 민간의 화해운동
3) 인도적 삶의 회복운동
4) 남북의 나눔과 더불어 사는 운동
5) 남북선교와 하나의 민족교회 형성운동

평화와 통일의 희년선언(1995) 이후 한국기독교교회협의회(KNCC)는 1997년 8월 26-30일에는 '북한식량난 실태조사단'을 두만강과 압록강 지역에 파견하였고 9월부터 KNCC 여성위원회가 중심이 되어 '평화의 쌀' 보내기 운동을 전개하여 이듬해 4월 15일에 평화의 쌀 43톤을 인천항에서 선적하였다.[106]

1998년 6월 고 정주영 회장이 소 500마리를 몰고 판문점을 거쳐 북한을 방북한 후, 9월 22-29일 KNCC 대표단 김동완 총무 외 6명이 조선기독교도연맹의 초청으로 평양을 방문하여 조선기독교연맹(KCF)과 회의를 갖고 '남북교회협의문'을 작성하여 발표하고 남북 교회의 실제적이 교류가 이루어지게 되었다. 1999년 6월 1일부터 9월 30일까지 KNCC 통일위에서는 북녘의 기독교인에게 '평화의 엽서 보내기 운동'을 실시하여 평화엽서를 120여 개 국내외 교회 및 기관에 배포하여 북

---

106 같은 책, 528.

한 동포 돕기운동으로 전개하였다.

2000년 6월 15일 김대중 대통령과 김정일 주석 사이의 제1차 남북정상회담이 이루어진 것은 계기로 한국 교회 진보와 보수를 대변한 한국기독교교회협의회와 한국기독교총연합회가 '8.15공동선언문'을 발표하여 오랜만에 한 목소리를 낼 수 있었다.

한국기독교총연합회는 1990년부터 북한 동포 돕기운동을 시작하고 1994년에는 탈북자 돕기를 병행하였다. 1996년 6월 16일 '북한교회재건위원회'를 구성하고 통일 후 10년 만에 무너진 북한 교회 1500개를 세우기로 하였다.[107] 그리고 북한 교회 재건운동 3대 원칙으로서 1) 남한의 모든 교회가 하나의 창구를 가져야 한다는 연합의 원칙, 2) 북한에 교파교회를 심지 않는다는 단일의 원칙, 3) 북한 교회의 주체성을 지켜준다는 독립의 원칙을 세웠다.[108] 그리고 1977년에는 북한 선교에 대한 관심을 담아 『북한교회재건백서』[109]를 발간하였다.

1988년 한국기독교교회협의회가 88선언을 발표한 후 보수진영에서도 통일에 대한 관심을 갖기 시작하여 1994년 12월 15일에는 116개 교단의 현직 총회장 명의로 "한국기독교평화통일 추진 협의회"가 발족하여 창립선언서를 통해 "교회조차 믿음보다도 불신을, 화해보다는 증오를, 평화보다는 전쟁을 미덕으로 오도한 일"에 동참한 결과 분단 구조를 고착화하는 반통일 세력이었다는 점을 인정하고 "통일을 위한 기독

---

107 대한예수교장로회총회 남북한선교협력위원회 북한문제연구소 편, 『북한기독교 총람 (1885-1995)』(서울: 우진사, 1995), 136.

108 한국기독교총연합회, 「북한교회의 재건」 11호(1997년 9-10월), 14-16.

109 한국기독교총연합회 북한교회회재건위원회, 『북한교회재건백서』(서울: 진리와 자유, 1997).

교인으로서의 사명을 다하지 못했음을 솔직히 고백하고 회개"하였다.[110] 그리고 1996년 12월 17일에 "한국 교회의 통일정책 선언"(96선언)[111]을 발표하였는데, 통일 그 자체를 목적으로 하기보다는 북한 선교를 위한 상황 형성을 위한 통일을 지향하는 것으로 평가되고 있다.

> 우리 민족의 통일은 복음에 대하여 오랫동안 닫혀 있었던 북한 선교의 문을 활짝 열게 할 것이다. 이런 점에서 우리 민족의 통일은 우리 주님께서 우리 민족에게 주신 지상 과제인 '북한에 교회를 재건하고 복음을 전한 것'과 직결되어 있음을 고백한다.[112]

1998년부터는 통일선교대학을 개설하여 통일 이후 북한 선교요원을 양성해 오고 있다. 아울러 남북교회협력위원회, 통일정책위원회, 북한동포돕기위원회를 구성하고 2000년에는 『한국교회통일정책백서』(2000년)를 발간하였다.[113]

그러나 제1장 1에서 살펴본 것처럼 북핵 문제가 전면에 부각된 2003년 이후 한국 교회는 통일 문제에서 오히려 뒷걸음치는 모습을 보여주었다. 대형 교회 목회자들 중의 일부는 툭하면 반(反)핵, 반(反)김정일, 반북을 이슈로 서울 시청 앞에서 정치 색깔이 짙은 대중 집회를 때로는 기독교 단독으로, 때로는 극우 보수 단체와 어울려서 개최했다. 이런

---

110 김동선, "민족통일과 북한선교", 호남신학대학교 편, 『기독교와 한반도 평화 정착』(서울: 한들, 1998), 176.
111 김명혁 편저, 『한국복음주의협의회 성명서 모음』(서울: 기독교교문사, 1998).
112 김동선, "민족통일과 북한선교", 177.
113 주도홍, "한국복음주의 교회의 통일 인식", 「한국개혁신학」 20권(2006), 171-191; 조은식, 『통일선교, 화해와 평화의 길』(서울: 미션아카데미, 2007), 13-19.

사태로 인해 그동안 보수와 진보세력의 갈등은 더욱 심화되었다.

한홍구 교수는 보수적인 기독교 단체들의 친미 반북 성향의 정치 집회를 예로 들며 "대형 교회가 반북한, 반통일, 반평화의 핵심적 역할을 수행하고 있다"고 말하고 "이런 교회가 어떻게 통일의 주역이 될 수 있나"고 반문하며 통일을 위한 한국 교회의 역할에 대해 회의를 제기했다. 이러한 지적에 대해 김근상 신부는 "교회의 형제들이 갈등을 증폭시키는 데 기여하는 게 부끄럽다"며 한 교수의 의견에 동감을 표면서도 "지탄받아 마땅한 사람들을 설득해 내는 게 또 하나의 교회의 역할이라고 본다"고 말했다.[114]

이처럼 한국 교회 내부에서 통일에 관한 입장의 차이를 어떻게 좁히는가 하는 것이 시급한 과제이다. 그동안 한국기독교교회협의회(KNCC)는 북한기독교연맹과의 줄기찬 대화를 시도한 공이 크지만 이제는 남한 내의 이념 갈등 해소와 반통일 세력에 대한 대책에도 관심과 노력을 기우려야 할 것으로 본다.

2) 낮아진 통일의식과 통일신앙운동의 과제

'우리의 소원은 통일'이라고 노래하지만 실제로 통일은 원치 않는 주변 국가와 국내 정치세력의 영향력이 더 컸기 때문에 광복 후 분단이 이루어졌고 70여 년간 지속되어 통일을 이루지 못하고 있는 것이다.[115]

2007년 여론 조사는 10년 전보다도 통일의식이 오히려 낮아진 것으

---

114 "반통일 반평화 한국교회가 한반도 평화를?", 「뉴스파워」 2007. 10. 8.
115 허호익, "민족통일에 대한 신학적 이해", 「연세신학회지」 제1집(1984.4), 70-90.

로 나타나 더욱 충격적이다. 통일연구원의 1994년 국민여론조사와 2007년 서울대 통일연구소의 통일의식조사 자료를 비교하면 통일이 필요하다는 의견이 1994년 91.6%에서 2007년에는 63.8%로 감소했으며, 필요 없다는 의견이 8.4%에서 15.1%로 늘어난 것으로 나타났다.[116] 2005년에 비해 북한에 대한 호감도는 20대와 30대에서 2년 사이에 각각 38.3% → 21.5%, 39.3% → 24.8%로 대폭 줄어든 반면, 미국에 대한 선호도는 33.5% → 46.7%, 36.4% → 46.8%로 급상승했다.[117] 통일에 관해서도 '속도를 조절해 추진해야 한다'가 52.8%로 가장 많았고 '통일을 하더라도 굳이 서두를 필요가 없다'는 26.0%, '가능한 한 빨리 이뤄져야 한다'는 9.1%에 불과했다.

서울대 통일평화연구소 '2009년 남북 관계와 국민의식' 조사 결과에 따르면 '통일이 얼마나 필요한가'라는 질문에 '매우 필요' 24.7%, '약간 필요' 31.1% 등 응답자의 55.8%가 '필요하다'고 답했다. 이는 2007년 (63.8%) 대비 급락했던 2008년(51.6%)에 비해 4.2%포인트 반등한 수치다. '통일이 남한에 얼마나 이익이 될 것으로 생각하는가'에는 전체의 53.2%가 '이익이 될 것'(매우 14.0%, 다소 39.2%)이라고 답해 3년간 응답 형태(55.8% → 47.5% → 53.3%)가 V자를 나타냈다.

이러한 통계에 대해 정은미 선임연구원은 "이명박 정부의 실용적 대북 접근론이 민족적 연대감에 인색하게 나타나자 국민들은 오히려 이전 정부 수준의 대북 교류와 관계 개선을 그리워하게 됐다"며 "국민들이 현재의 차가운 대북 관계에 굉장히 불안하고 익숙지 않다는 것을 알려

116 "1994-2007 국민통일의식 변화", 「세계일보」 2007. 10. 10.
117 "1994-2007 국민통일의식 변화", 「문화일보」 2007. 10. 12.

주는 신호"라고 말했다. 정부가 2008년 7월 관광객 피격 사망사건으로 중단된 금강산 관광 재개 조건으로 북측에 진상 규명과 재발 방지 약속을 요구하는 것에 대해서도 80.3%가 찬성했다. 바람직한 대북정책 방향으로는 '대화 추진'(51.4%) 의견이 가장 많았다. 통일연구원의 최진욱 박사는 "부정적 대북 인식이 햇볕정책 이전 수준으로 돌아갔다"며 "작년 북한의 2차 핵실험, 장거리 로켓 발사, 대청해전도 (조사에) 영향을 준 것 같다"고 말했다. 북한의 핵무기 포기 가능성에 대해서는 '낮다'는 대답이 90.8%에 달했다.[118]

통일연구원 통일교육협의회가 2010년 2월에 발표한 설문조사 결과에 따르면 북한에 대해 '긍정적'이라는 응답은 33.3%, '부정적'이라는 응답은 66.7%였다. 북한 주민에 대해 '긍정적'이란 응답은 48.6%, '부정적'이라는 응답은 51.4%였다.[119] '통일이 필요하다'는 응답은 70.3%로 '통일이 필요 없다'는 응답(29.7%)보다 훨씬 많았다. '통일이 필요하다'고 대답한 비율은 예년보다 5~10%포인트 높은 수준이었다. 북한을 '경계대상'(43.8%) 또는 '적대대상'(12.6%)으로 본다는 부정적 응답이 56.4%로, '협력대상'(22.5%) 또는 '지원 대상'(15.8%)으로 본다는 긍정적 대답 38.3%보다 많았다. 북한에 대한 부정적 인식이 절반을 넘어선 것은 1998년 이후 처음이다. 현재 남북 관계가 과거에 비해 '큰 진전이 없다'(53.1%)거나 '후퇴했다'(15.8%)고 생각하지만, 그 책임은 '북한에 있다'(51.5%)고 보는 것으로 나타났다. 한반도 주변국 중 가장

118 "북한 부정적 인식 햇볕정책 이전 수준", 「조선일보」 2010. 2. 21.
119 "중고생 70% '통일 필요하다', 「서울신문」 2010. 2. 4. 통일교육협의회는 여론조사 전문기관인 리서치앤리서치에 의뢰해 2009년 11월 13일부터 12월 4일까지 전국의 중·고등학교 학생 1083명을 대상으로 '청소년 통일의식조사'를 했다.

가깝게 느끼는 나라는 미국(68.2%)-북한(15.9%)-일본(8.7%)-중국(6.1%)-러시아(1.0%) 순으로 나타났다. 특히 미국은 지난해 59.9%에서 8.3%포인트 상승, 일부 언론에서 우려하던 '촛불집회로 인한 반미 정서의 확산'이 나타나지 않았다.[120]

통일정책 수립도 중요하지만 통일의 실제 당사자인 국민들의 통일 의식의 함양이 무엇보다 선결되어야 한다. 국민들의 통일 의식이 보잘것 없는 상태에서는 남북 정권 간에 아무리 협상을 거듭해도 통일은 오지 않는다. 국제정세가 아무리 호전돼도 소용없다. 아무리 잘된 통일 방안을 고안해 내도 그것은 한낱 무용지물에 불과하기 때문이다.[121]

우리가 해방 후에 경제 발전을 이룬 것은 국민 모두가 '우리도 한번 잘살아 보자'는 경제 발전에 대한 국민적 의식이 높았고 '새마을운동'을 통해 이러한 경제 발전 의식이 국민 저변에 확대재생산되었기 때문이다. 아무리 그럴듯한 통일정책을 세운다 하더라고 국민의 대부분이 통일을 바라지 않는다면 진정한 통일이 이루어지기 어렵다. 따라서 통일 논의 일단계는 통일 의식을 고양하는 것이다. 그리고 통일 의식은 통일과 관련 여러 쟁점에 대한 이론이나 지식을 알아야 가능한 것도 아니라는 점이다.

우리는 원래가 하나였으며 따라서 누가 뭐라 해도 기어코 하나가 돼야만 하겠다는 집념, 내 조국은 대한민국이나 인민공화국 중의 어느 하나가 아니오 남북을 포괄하는 한 나라라는 관념, 경제 발전도 좋고 주체사상도 좋지

---

120 "국민 56% "北은 경계·적대대상", 「서울신문」 2010. 2. 22.
121 이활웅, "통일의식과 통일 방안", 「코리언 스트릿 저널」 1988. 8. 11.

만 통일이 없이는 그게 다 빛 좋은 개살구에 지나지 않는다는 각성, 자본주의고 공산주의고 간에 그것이 통일에 방해가 되는 한 우리에게는 독약과 같은 것이라는 깨달음, 미국이고 소련이고 혹은 중국이고 일본이고 간에 우리의 통일을 방해하는 나라는 우리 민족의 벗이 아니라는 자각 그리고 통일을 이루되 결코 남에게 의지하지 않고 우리 자신의 힘으로 이루겠다는 결의. 이러한 의식과 자세를 갖추는 것이 말하자면 통일의식의 고양이다.[122]

'우리도 한번 통일을 이루어 보자'는 통일의 절대적 당위성에 대한 국민의식 교육이 요청된다. 한국 교회가 그동안 통일운동에 앞장서서 북한 교회와의 대화라는 선도적인 역할 수행한 것은 높이 평가하지만 이제는 더불어 효율적인 통일 의식 교육의 확산을 통한 대중 확보에 더욱 힘써야 할 것이다. 2003년 이후 교회 내의 이념 갈등이 첨예화하여 교계 내부가 좌우와 진보와 나눠져 있어 이러한 이념적 갈등을 해소하는 일이 시급하여졌기 때문이다.

한국 교회는 88선언을 통해 "평화와 통일의 희년을 선포하기 위하여 한국 교회는 평화와 화해의 결단을 하는 신앙공동체로서 평화교육과 통일교육을 폭넓게 시행해 나갈 것"을 다음과 같이 결의하였다.

(1) 한국 교회는 평화에 관한 성서연구와 신학연구 등 평화교육을 널리 보급하고, 각종 신학연구기관과 기독교교육기관은 이를 위하여 정보 교환과 연구를 촉진시킨다.

---

122 같은 글.

(2) 한국 교회는 민족통일에 대한 교회의 관심을 높이기 위하여 분단 구조 및 분단 역사에 대한 이해와 분단 문제에 관한 신학적 인식을 심화함으로써 민족 통일의 역사적, 신학적 당위성을 인식하게 하는 통일교육을 촉진시킨다.

(3) 한국 교회는 기독교신앙에 대한 신학적 성찰과 결단을 통하여 공산주의 이데올로기에 대한 학문적 이해를 넓히고, 이념적인 대화에 필요한 이데올로기의 연구와 교육을 촉진시킨다.[123]

이러한 평화교육·통일교육·이념교육과 더불어 "평화와 통일에 대한 신앙고백 운동"을 다음과 같이 제안하였다. 통일운동은 의식운동의 차원에서 신앙고백운동으로 끌어올리고 확산하여야 한다는 것이다.

평화와 통일을 이루는 것이 민족을 분단과 대결이라는 구조적 악에서 구원하는 길임을 신앙적으로 고백케 하며, 교회가 이를 선교적 사명감으로 추진하도록 하는 신앙고백운동을 범교회적으로 전개해야 한다. 예배와 성서연구, 교회학교교육, 평신도교육에 이러한 신앙고백들이 담겨지도록 해야 하며, 각급 신학교와 목회교육기관들은 신학적 연구와 교재, 예배의식 등을 개발하는 데 힘써야 한다. 평화통일 기도주일은 앞으로도 8.15 직전주일에 통일이 되는 날까지 남과 북, 해외에서 공동으로 지켜질 것이며, 기도와 신앙고백운동의 장이 될 것이다.[124]

---

123 이 책 부록의 "2. 민족의 통일과 평화에 대한 한국기독교회선언(88선언)" 전문 참조.
124 같은 글.

그러나 통일희년선언(1995)에서는 한국 교회의 통일을 위한 신앙운동이 일방적인 '북한 선교'라는 틀 속에서 진행되는 것을 자제하고 '북한 선교'라는 용어 대신, '남북 선교'나 '한(조선)반도 선교'라고 호칭을 제안하였다. 선교는 교회나 그리스도인의 수가 증가하는 것만을 의미하지 않으며, 바른 선교는 하나님의 나라가 이루어지는 데서 나타난다고 보기 때문에 우리는 남과 북이 모두 선교의 대상이 되어야 한다. 따라서 "북조선에서의 선교 활동은 교파의 차이를 넘어서 연합적으로 이루어져야 하고, 북조선의 그리스도인들이 중심이 되어 추진되어야 하며, 남북 양측에 하나의 민족 교회를 형성해 나가는 방향으로 발전되어야 한다"고 선언한 것이다.[125]

그러나 '하나님의 선교'라는 관점에서 단지 북한복음화를 통해 민족 교회를 형성하는 차원을 넘어서야 한다. 1940년대 좌우를 막론하고 민족 지도자들이 꿈꾸었던 균권·균부·균학의 삼균제도는 초기 이스라엘 계약공동체의 이상에 상응하며 예수의 하나님 나라 운동과 맥을 같이하는 정치제도, 경제제도, 종교 또는 교육제도의 이상을 담고 있으므로 통일 이후의 통합적인 통일신학의 과제로 삼아야 할 것이다.

민족의 독립을 위해 헌신한 선진들의 고귀한 뜻을 이어받아 민족 독립의 완성이요 제2의 건국인 조국의 통일을 위한 신앙운동이 더욱 활발하여지길 고대하는 심정이다.

---

[125] 이 책 부록의 "5. 1995 평화와 통일의 희년선언" 전문 참조.

부록

I. 7.4 남북공동선언(1972)

최근 평양과 서울에서 남북 관계를 개선하며 갈라진 조국을 통일하는 문제를 협의하기 위한 회담이 있었다.

서울의 이후락 중앙정보부장이 1972년 5월 2일부터 5월 5일까지 평양을 방문하여 평양의 김영주 조직 지도부장과 회담을 진행하였으며, 김영주 부장을 대신한 박성철 제2부수상이 1972년 5월 29일부터 6월 1일까지 서울을 방문하여 이후락 부장과 회담을 진행하였다.

이 회담들에서 쌍방은 조국의 평화적 통일을 하루 빨리 가져와야 한다는 공통된 염원을 안고 허심탄회하게 의견을 교환하였으며 서로의 이해를 증진시키는 데서 큰 성과를 거두었다.

이 과정에서 쌍방은 오랫동안 서로 만나보지 못한 결과로 생긴 남북 사이의 오해와 불신을 풀고 긴장의 고조를 완화시키며 나아가서 조국통일을 촉진시키기 위하여 다음과 같은 문제들에 완전한 견해의 일치를 보았다.

1. 쌍방은 다음과 같은 조국통일원칙들에 합의를 보았다.

   첫째, 통일은 외세에 의존하거나 외세의 간섭을 받음이 없이 자주적으로 해결하여야 한다.

   둘째, 통일은 서로 상대방을 반대하는 무력행사에 의거하지 않고 평화적 방법으로 실현하여야 한다.

   셋째, 사상과 이념, 제도의 차이를 초월하여 우선 하나의 민족으로서 민족적 대단결을 도모하여야 한다.

2. 쌍방은 남북 사이의 긴장상태를 완화하고 신뢰의 분위기를 조성하기

위하여 서로 상대방을 중상 비방하지 않으며 크고 작은 것을 막론하고 무장도발을 하지 않으며 불의의 군사적 충돌사건을 방지하기 위한 적극적인 조치를 취하기로 합의하였다.

3. 쌍방은 끊어졌던 민족적 연계를 회복하며 서로의 이해를 증진시키고 자주적 평화통일을 촉진시키기 위하여 남북 사이에 다방면적인 제반교류를 실시하기로 합의하였다.

4. 쌍방은 지금 온 민족의 거대한 기대 속에 진행되고 있는 남북적십자회담이 하루 빨리 성사되도록 적극 협조하는 데 합의하였다.

5. 쌍방은 돌발적 군사사고를 방지하고 남북 사이에 제기되는 문제들을 직접, 신속 정확히 처리하기 위하여 서울과 평양 사이에 상설 직통전화를 놓기로 합의하였다.

6. 쌍방은 이러한 합의사항을 추진시킴과 함께 남북 사이의 제반문제를 개선 해결하며, 또 합의된 조국통일원칙에 기초하여 나라의 통일문제를 해결할 목적으로 이후락 부장과 김영주 부장을 공동위원장으로 구성·운영하기로 합의하였다.

7. 쌍방은 이상의 합의사항이 조국통일을 일일천추로 갈망하는 온 겨레의 한결같은 염원에 부합된다고 확신하면서 이 합의사항을 성실히 이행할 것을 온 민족 앞에 엄숙히 약속한다.

1972년 7월 4일

서로 상부의 뜻을 받들어
이후락 김영주

II. 민족의 통일과 평화에 대한 한국기독교회선언(88선언)*

우리는 먼저 한반도에 그리스도의 복음을 보내 주셔서 우리로 하여금 예수 그리스도의 십자가 죽음과 부활을 알게 하시고, 그것을 믿는 우리를 당신의 자녀로 삼으사 구원해 주신 하나님의 은혜와 사랑에 찬양과 감사를 드린다. 또한 하나님의 성령이 한반도의 역사와 모든 믿음의 형제자매들 속에 함께 하셔서 온 교회가 민족의 해방과 구원을 위하여 하나 되어 일할 수 있도록 선교의 결단을 하게 해 주신 것을 감사드린다.

우리는 하나님이 만물을 창조하신 한 분 창조주(창 1:1)이심을 믿으며, 모든 인간이 당신의 자녀로 초대받았음(롬 8:14-17, 갈 3:26, 4:7)을 믿는다.

예수 그리스도는 '평화의 종'(엡 2:13-19)으로 이 땅에 오셨으며, 분단과 갈등과 억압의 역사 속에서 평화와 화해와 해방의 하나님 나라를 선포하셨다(눅 4:18, 요 14:27). 또한 예수 그리스도는 사람을 하나님과 화해하게 하시고, 인간들 사이의 분열과 갈등을 극복하고 해방시켜서 하나 되게 하시려고 고난을 받으셨으며, 십자가에 못 박혀 죽으시고 묻히셨으나 다시 부활하셨다(행 10:36-40). 예수 그리스도는 평화를 위하여 일하는 사람들을 축복하시면서 하나님이 그들을 자녀로 삼으실 것이라고 하셨다(마 5:9). 우리는 성령이 우리로 하여금 역사의 종말론적 미래를 보게 하시고 우리를 하나 되게 하셔서, 하나님의 선교사역에 참여하게 하신다(요 14:18-21, 16:13-14, 17:11)는 것을 믿는다.

---

* 1988년 2월 29일 선언하였으므로 '88선언'이라고도 한다.

이제 우리 한국 교회는 그리스도인들 모두가 평화를 위하여 일하는 사도로 부름을 받았음(골 3:15)을 믿으며, 같은 피를 나눈 한 겨레가 남북으로 갈라져 서로 대립하고 있는 오늘의 이 현실을 극복하여 통일과 평화를 이루는 일이 한국 교회에 내리는 하나님의 명령이며, 우리가 감당해야 할 선교적 사명(마 5:23-24)임을 믿는다.

이러한 우리의 기본적인 신앙고백에 입각하여 한국기독교교회협의회는 한국 교회와 세계 에큐메니칼 교회 공동체 앞에 민족의 통일과 평화에 대한 입장을 밝히고, 남북한의 정부 책임자들과 우리 민족 모두에게 기도하는 마음 으로 이것을 호소하는 바이다.

1. 정의와 평화를 위한 한국 교회의 선교적 전통

이 땅에 예수 그리스도의 복음이 전파된 지 1백여 년이 지나는 동안 공교회가 저지른 민족사에 대한 많은 허물에도 불구하고 한국 그리스도인들은 하나님 나라를 선포함으로써 이 땅에 살고 있는 백성들의 참 소망이었던 해방과 독립 을 실현하려고 애써 왔다. 우리 신앙의 선배들은 성령에 힘입어서 성경말씀이 명하는 대로(눅 4:18-19) 가난한 이들에게 복음을 선포하였고, 억눌린 백성에 게 자유와 자주의 희망을 심어 주었으며, 일제에게 노예가 된 한국 민족과 함께 고통을 나누며, 민족의 해방과 독립을 위하여 선교하여 왔다.

한국의 그리스도인들은 평화의 의미를 노예처럼 굽히고 복종하면서 얻는 안일이나 안정에서 찾지 않았다. 평화는 정의의 열매(사 32:17)이어야 했으 며, 민족의 독립이 없거나 인간적 자유를 누릴 수 없는 평화는 거짓 평화(렘 6:13-14)일 뿐이었다. 일본 제국주의가 우리나라를 식민지로 다스리던 때의 한국 교회의 평화운동은 곧 민족의 독립운동이자 노예 된 민족의 아픔에 동참하는 것이었고, 하나님 나라를 선포하고 그에 대한 믿음을 역사 속에서 실천해 나가는 민족해방 운동이었다.

1919년 3.1 독립운동에 한국의 그리스도인들은 앞장서서 참여하였으며, 일본 제국주의의 민족 말살정책에 저항하였고, 국가주의를 종교화한 일제의 신사참배 강요에 항거하여 순교의 피를 흘렸다.

1945년 남북분단 이후 남한의 그리스도인들은 분단의 현실 속에서 고통당하는 피난민들과 전쟁고아들과 희생자들을 돌보아 왔다. 또한 북한을 떠난 이산가족들과 교우들을 교회의 품안에 받아들였고 사랑으로 치유하여 왔다.

분단이 고착화되면서 나타난 군사독재정권은 안보를 구실로 인권을 유린하고 경제성장 논리로써 노동자와 농민을 억압했으며, 한국 교회는 이에 대하여 정의와 평화를 위한 신앙으로 저항하여 왔다. 1970년대와 80년대 한국 교회의 인권 및 민주화운동은 바로 이러한 정의와 평화를 위한 선교운동의 전통을 이어받은 것이다.

2. 민족분단의 현실

한반도의 남북분단은 현대 세계의 정치구조와 이념 체제가 낳은 죄의 열매이다. 세계 초강대국들의 군사적, 이념적 대결, 상호분쟁 속에서 한국 민족은 속죄양의 고난을 당하여 왔다.

1945년 제2차 세계대전이 끝나자 한국 민족은 일본 제국주의의 식민지 노예상태로부터 해방되었으나, 남북분단이라는 또 다른 굴레가 민족을 속박하기 시작하였다. 일본 제국주의 침략군대의 무장을 해제시킨다는 명목 하에 설정된 남북분단선은 소련과 미국의 냉전체제에 의하여 고착화되었고, 남북한에는 각각 서로 다른 정부가 수립되어 한반도에서는 지난 40여 년 간 군사적, 정치적, 이념적 갈등과 분쟁이 심화되어 왔다.

1950년 6월 25일 일어난 한국전쟁은 동족상잔의 비극을 낳았으며, 국제적 갈등은 극대화되었다. 제2차 세계대전 동안에 유럽 전 지역에 투하된 폭탄보다 더 많은 양의 폭탄이 투하되어 한반도는 초토화되었다. 이 전쟁에서 남한군 22만 명, 북한군 60여 만 명, 중공군 1백만 명, 미군 14만 명, 유엔군 1만 6천여만 명의 사상자가 났으며, 전쟁 중에 병으로 사망한 숫자를 포함하면 2백 50만 명이나 되는 군인들이 희생되었다. 남한 50만 명과 북한 3백 만의 민간인 사망자를 합치면 6백만의 피가 이 땅에 쏟아진 것이다(브리태니커 백과사전 1970년도 판 통계임). 그리고 3백만 명의 피난민과 1천만 명의 이산가족이 생겼다.

6·25를 전후하여 북한 공산정권과 대립했던 북한의 그리스도인들은 수난과 죽음을 겪어야 했으며, 수십만의 북한 그리스도인들이 납치되었고, 참혹하게 처형되기도 했다. 한편 공산주의 동조자들은 이념전쟁의 제물이 되었고, '부역자'라는 명목으로 사회에서 매장을 당하지 않으면 안 되었다.

전쟁으로 초토화된 한반도는 계속해서 동서 냉전체제의 국제정치적 갈등과 반목에 휘말렸으며, 이에 따라 남북한 간 군비경쟁과 상호불신, 상호비방과 적대감정도 점차로 증가되어 왔다. 한반도의 평화는 파괴되었고, 민족의 화해도 불가능한 것으로 여겨지게 되었다.

1953년 휴전 이후 일시적일 것으로 여겨졌던 '휴전선'이 영구불변의 '분단선'처럼 되면서 남북분단의 벽은 높아져 갔고, 남북한의 두 체제는 단절과 대결 속에서 적대적이고 공격적인 관계를 지속시켜 왔다. 남북한의 군비경쟁은 가속화되었고, 북한 병력 84만 명과 남한 병력 60만을 합하여 근 1백 50만 군대가 무장대치하는 상태에 이르게 되었으며, 한반도에 배치되었거나 겨냥되고 있는 핵무기는 이 땅을 없애 버리고도 남을 정도의 가공할 파괴력을 보유하기에 이르렀다.

민족의 분단이 장기화되면서 양체제에서 모두 안보와 이데올로기의 이름 아래 인권은 유린되어 왔으며, 언론과 출판, 집회와 결사의 자유는 억압되어 왔다. 그리고 서신 왕래도, 방문도, 통신도 두절된 양쪽은 한 땅덩어리 위에서 가장 멀고 이질적인 나라가 되었다. 남북한의 교육과 선전은 상호비방 일색이며, 상대방을 상호체제경쟁을 통하여 약화시키고 없애야 할 철천지원수로 인식하게 하고 있다. 따라서 남북한 국민들은 동족의 생활과 문화에 대하여 서로 무지할 뿐 아니라 서로 알아서는 안 되는 관계로까지 길들여져 왔다. 양체제는 같은 피를 나눈 동족을 가장 무서운 원수로 인식하게 하고 있는 것이다.

남북대화의 길은 1972년 이른바 7.4공동성명이 계기가 되어 트이기 시작하여 대화와 협력과 교류의 희망을 갖게 하였다. 1985년에는 남북적십자 회담이 재개되고 이산가족 고향방문이 이루어졌으나, 그 수는 극히 한정되었으며 대화와 협상은 끝없이 공전되고 있는 실정이다.

남한 그리스도인들은 1980년대 초반까지만 해도 북한에 그리스도인들과 교회가 있는지 없는지조차 확인할 수 없었고, 분단이 고착화되는 과정에서 북한 공산정권에 대하여 깊고 오랜 불신과 뼈에 사무치는 적개심을 그대로 지닌 채 반공 이데올로기에 맹목적으로 집착해 왔다.

3. 분단과 증오에 대한 죄책고백

한국의 그리스도인들은 평화와 통일에 관한 선언을 선포하면서 분단체제 안에서 상대방에 대하여 깊고 오랜 증오와 적개심을 품고 왔던 일이 우리의 죄임을 하나님과 민족 앞에서 고백한다.

1) 한국 민족의 분단은 세계 초강대국들의 동서 냉전체제의 대립이 빚은 구조적 죄악의 결과이며, 남북한 사회 내부의 구조악의 원인이 되어 왔다. 분단으로 인하여 우리는 "네 이웃을 네 몸같이 사랑하라"는 하나님의 계명(마 22:37-40)을 어기는 죄를 범해 왔다.

우리는 갈라진 조국 때문에 같은 피를 나눈 동족을 미워하고 속이고 살인하였고, 그 죄악을 정치와 이념의 이름으로 오히려 정당화하는 이중의 죄를 범하여 왔다. 분단은 전쟁을 낳았으며, 우리 그리스도인들은 전쟁 방지의 명목으로 최강 최신의 무기로 재무장하고 병력과 군비를 강화하는 것을 찬동하는 죄(시 33:1, 6-20, 44:6-7)를 범했다.

이러한 과정에서 한반도는 군사적으로 뿐만 아니라 정치, 경제 각 분야에서 외세에 의존하게 되었고, 동서 냉전체제에 편입되고 예속되게 되었다. 우리 그리스도인들은 이러한 민족 예속화 과정에서 민족적 자존심을 포기하고, 자주독립정신을 상실하는 반민족적 죄악(롬 9:3)을 범하여 온 죄책을 고백한다.

2) 우리는 한국 교회가 민족분단의 역사적 과정 속에서 침묵하였으며, 면면히 이어져 온 자주적 민족통일운동의 흐름을 외면하였을 뿐만 아니라 오히려 분단을 정당화하기까지 한 죄를 범했음을 고백한다. 남북한의 그리스도인들은 각각의 체제가 강요하는 이념을 절대적인 것으로 우상화하여 왔다. 이것은 하나님의 절대적 주권에 대한 반역죄(출 20:3-5)이며, 하나님의 뜻을 지켜야 하는 교회가 정권의 뜻에 따른 죄(행 4:19)이다.

특히 남한의 그리스도인들은 반공 이데올로기를 종교적인 신념처럼 우상화하여 북한 공산정권을 적개시한 나머지 북한 동포들과 우리와 이념을 달리하는 동포들을 저주하기까지 하는 죄(요 13:14-15, 4:20-21)를 범했음을 고백한다. 이것은 계명을 어긴 죄이며, 분단에 의하여 고통 받았고 또 아직도 고통 받고 있는 이웃에 대하여 무관심한 죄이며, 그들의 아픔을 그리스도의 사랑으로 치유하지 못한 죄(요 13:17)이다.

4. 민족통일을 위한 한국 교회의 기본원칙

정의롭고 평화로운 하나님의 나라가 임하도록 우리 그리스도인들은 평화와 화해의 복음(엡 2:14-17)을 실천해야 하며, 동족의 고통스러운 삶에 동참해야 한다. 이 일을 감당하는 것이 곧 민족의 화해와 통일을 이룩하는 데 있으므로 우리는 통일에 대한 관심과 노력이 바로 신앙의 문제임을 인식한다. 통일은 곧 민족의 삶과 세계 평화를 위협하는 분단을 극복함으로써 갈등과 대결에서 화해와 공존으로 나아가는 것이며, 마침내 하나의 평화로운 민족공동체를 이룩하는 것이다.

한국기독교교회협의회는 1984년 이래 수차에 걸친 협의 모임을 통하여 민족통일을 향한 한국 교회의 기본적인 원칙을 다음과 같이 설정하였다.

한국기독교교회협의회는 1972년 남북 간에 최초로 합의된 7.4공동성명에 나타난 ① 자주 ② 평화 ③ 사상·이념·제도를 초월한 민족적 대단결의 3대 정신이 민족의 화해와 통일을 위한 기본원칙이 되어야 한다고 믿는다. 또한 이와 함께 우리 그리스도인들은 최소한 다음과 같은 두 가지 원칙이 통일을 위한 모든 대화 및 협상, 실천 속에서 전개되어야 한다고 믿는다.

1) 통일은 민족이나 국가의 공동선과 이익을 실현하는 것일 뿐 아니라 인간의 자유와 존엄성을 최대한 보장하는 것이어야 한다. 국가나 민족도 인간의 자유와 복지를 보장하기 위해서 있는 것이며, 이념과 체제도 인간을 위해 존재

하는 것이기 때문에 인도주의적인 배려와 조치의 시행은 최우선적으로 고려되어야 하며, 다른 어떠한 이유로도 인도주의적 조치의 시행이 보류되어서는 안 된다.

2) 통일을 위한 방안을 만드는 모든 논의 과정에는 민족 구성원 전체의 민주적인 참여가 보장되어야 한다. 특별히 분단체제하에서 가장 고통을 받고 있을 뿐 아니라 민족 구성의 다수를 차지하고 있으면서도 의사결정 과정에서 늘 소외되어 온 민중의 참여는 우선적으로 보장되어야 한다.

5. 남북한 정부에 대한 한국 교회의 건의

이상의 원칙들에 입각하여 본 협의회는 다음과 같은 사항들이 실질적으로 하루 속히 이루어질 수 있도록 남북한 정부당국이 성의를 가지고 대하에 임해 줄 것을 촉구한다.

1) 분단으로 인한 상처의 치유를 위하여

(1) 무엇보다도 먼저 지난 40여 년간 분단체제에서 온갖 고생을 겪으면서 희생되어 온 이산가족들이 다시 만나서 함께 살 수 있도록 해야 하며, 어느 곳에서든지 당사자들이 살기 원하는 곳으로 자유롭게 옮겨 살 수 있도록 보장하여야 한다.

(2) 통일이 되기 전이라도 남북으로 갈라져서 사는 모든 사람들에게 일 년 중 일정한 기간 동안(추석이나 명절 같은 때) 자유롭게 친척과 고향을 방문할 수 있도록 허용해야 한다.

(3) 민족분단의 고정화 과정에서 불가피하게 나타날 수밖에 없었던 일시적 과오나 가족이나 친척이 특수한 전력을 갖고 있다는 이유 때문에 오늘날

까지도 사회적으로 부당한 차별을 받고 있는 사람들이 존재하는 현실은 즉각 타파되어야 한다.

2) 분단극복을 위한 국민의 참여를 실질적으로 증진시키기 위하여

(1) 정부당국이 남북한 양쪽에 관한 정보를 독점하거나 통일논의를 독점하여서는 안 되며, 남북한 국민이 통일논의와 통일정책 수립 과정에 주체적으로 자유롭게 참여할 수 있도록 언론의 자유를 보장하고, 통일 문제의 연구 및 논의를 위한 민간기구의 활동을 제도적으로 현실적으로 보장하여야 한다.

(2) 남북한 양측은 체제나 이념의 반대자들이 자기의 양심과 신앙에 따라서 자유롭게 비판할 수 있도록 최대한 허용하여야 하며, 세계인권선언과 유엔 인권협정을 준수해야 한다.

3) 사상·이념·제도를 초월한 민족적 대단결을 위하여

민족 자주성을 실현할 수 있으려면 남북한 국민이 각각의 사상, 이념, 제도의 차이를 초월하여 남북한 국민 스스로가 같은 운명체로서 하나의 민족이라는 사실을 상호 분명하게 확인할 수 있어야 한다. 이러한 상호 확인을 위해서는 남북한이 서로 굳게 신뢰할 수 있어야 한다. 따라서 서로를 신뢰할 수 있도록 하는 일은 남북통일을 위한 모든 노력의 가장 기본적인 출발점이 되어야 한다. 상호신뢰를 조성하기 위해서는 불신과 적대감을 낳는 모든 요소들이 제거되어야 함과 동시에 상호교류를 확대하여 상호이해의 기반을 넓히는 민족동질성을 시급히 회복시켜야 한다. 신뢰조성을 위한 모든 조치들은 분단극복에 있어 가장 본질적인 것이기 때문에 비록 남북한 정부 당국자 간의 회담이 진전되지 못하고 있거나 협상타결이 이루어지지 못하고 있을 때에라도 민간 차원에서는 추진될 수 있어야 한다.

(1) 남북한은 상호 적대감과 공격적 성향을 없애고, 상대방에 대한 비방과 욕설, 배타주의를 제거해야 한다. 또한 상대방의 이질적인 이념과 체제에 대한 극단적이고 감정적인 비난을 상호 건설적인 비판으로 전환시켜야 한다.

(2) 상호 이해의 증진을 위해서는 서로의 실상을 편견 없이 객관적으로 파악할 수 있어야 하기 때문에 교류, 방문, 통신이 개방되어야 한다.

(3) 민족 동질성 회복을 위하여 남북의 언어, 역사, 지리, 생물, 자연자원 등에 관한 학술분야에서 교류와 협동연구를 추진하고 문화, 예술, 종교, 스포츠 분야에서도 서로 교류하여야 한다.

(4) 남북한 간 경제교류는 민족의 이익에 부합될 뿐 아니라 상호 이해증진의 계기가 될 수도 있으므로 가능한 최대한 개방되어야 한다.

4) 남북한 긴장완화와 평화증진을 위하여

(1) 한반도의 전쟁방지와 긴장완화를 위해서는 하루 속히 전쟁상태를 종식시키는 평화협정이 체결되어야 하며, 이를 위해서 남북한 당국과 미국, 중공 등 참전국들이 휴전협정을 평화협정으로 전환시키고 불가침조약을 여기에 포함시키는 협상을 조속히 열어야 한다.

(2) 평화협정이 체결되고, 남북한 상호간에 신뢰회복이 확인되며, 한반도 전역에 걸친 평화와 안정이 국제적으로 보장되었을 때, 주한미군은 철수해야 하며 주한 유엔군 사령부도 해체되어야 한다.

(3) 과대한 군사력 경쟁은 남북한의 평화통일의 가장 큰 장애요인이며, 경제 발전에 있어서도 역기능을 하고 있다. 따라서 남북한은 상호간의 협상에 따라 군사력을 감축해야 하며, 군비를 줄여서 평화사업으로 전환시켜야 한다.

(4) 핵무기는 어떠한 경우에도 사용되어서는 안 되며, 남북한 양측은 한반도에서 핵무기의 사용 가능성 자체를 원천적으로 막아야 한다. 따라서 한반도

에 배치되었거나 한반도를 겨냥하고 있는 모든 핵무기는 철거되어야 한다.

5) 민족 자주성의 실현을 위하여

(1) 남북한 간 협상이나 회담, 국제적인 협약에 있어서 주변 강대국이나 외세의 간섭에 의존하는 일이 없어야 하며, 민족의 자주성과 주체성을 지켜 나가야 한다.

(2) 남북한 양측은 민족의 삶과 이익을 우선으로 하지 않고 오히려 이것에 배치되는 내용으로 체결된 모든 외교적 협상이나 조약을 수정하거나 폐기 하여야 하며, 국제 연합이나 동맹국들과의 관계수립이나 협약에 있어서도 남북한 상호간의 합의와 공동의 이익을 우선적으로 고려하여 반영시켜야 한다.

6. 평화와 통일을 위한 한국 교회의 과제

우리는 예수 그리스도가 '평화의 주'(골 1:20)이심을 믿으며, 하나님의 인간구 원과 해방을 위한 선교사역이 우리와 이념과 체제가 다른 사회 속에서도 이루 어지고 있음을 믿는다. 다른 사회체제 속에서 살고 있는 그리스도인들이 갖는 신앙고백의 형태와 교회의 모습이 비록 우리와 다르다 할지라도 우리는 그들 이 한 분이신 하나님, 한 분 그리스도에 매어 있으므로 우리와 한 몸을 이루는 지체들임(고전 12:12-26)을 믿는다.

세계 에큐메니칼 공동체는 최근 몇 년간, 놀랍게도 우리와 떨어져 있던 북한 사회 내의 신앙의 형제자매들과 접촉하고 그들의 소식을 알려옴으로써 우리의 이같은 확신을 더욱 굳게 하여 주었다.

우리는 다시금 이 한반도 역사 안에서 활동하시는 하나님의 해방 사역에 감사를 드리며, 어려운 상황 속에서도 꿋꿋하게 신앙을 지켜 나가고 있는 북한에 있는 믿음의 형제자매들에게 하나님의 은총과 축복이 함께 하시기를 기원한다.

이와 같은 고백에 입각하여 한국기독교교회협의회는 평화와 화해의 선교적 사명을 다하기 위하여 그리고 민족분단의 고통에 동참하고 통일로써 이를 극복해야 한다는 역사적 요청에 응답하기 위하여, 회개하고 기도하는 마음으로 평화와 통일을 위한 희년 선포운동을 다음과 같이 전개하고자 한다.

1) 한국기독교교회협의회는 1995년을 평화와 통일의 희년으로 선포한다

"주님의 성령이 나에게 내리셨다.
주께서 나에게 기름을 부으시어
가난한 이들에게 복음을 전하게 하셨다.
주께서 나를 보내시어
묶인 사람들에게 해방을 알려주고
눈먼 사람들은 보게 하고
억눌린 사람들에게는 자유를 주며
주님의 은혜의 해를 선포하게 하셨다."(눅 4:18-19)

2) '희년'은 안식년이 일곱 번 되풀이되는 49년이 끝나고 50년째 되는 해이다 (레 25:8-10)

희년은 '해방의 해'이다. 희년 선포는 하나님의 백성이 하나님의 역사적 주권을 철저히 신뢰하고, 그 계약을 지키는 행위이다. 희년은 억압적이고 절대적인 내외 정치권력에 의하여 이루어진 모든 사회적 갈등을 극복하여 노예

된 자를 해방하고, 빚진 자의 빚을 탕감하며, 팔린 땅을 본래의 경작자에게 되돌려 주고, 빼앗긴 집을 본래 살던 자에게 돌려주어 하나님의 정의를 바탕으로 하는 샬롬을 이루어 통일된 평화의 계약공동체를 회복하는 해(레 25:11-55)이다. 한국 교회가 해방 50년째인 1995년을 희년으로 선포하는 것은 50년 역사를, 아니 전 역사를 지배하시는 하나님의 역사적 현존을 믿으면서 평화로운 계약공동체의 회복을 선포하고, 또 오늘 한반도의 역사 속에서 그것을 이룩하려는 우리의 결의를 다지려는 데에 있다. 따라서 희년을 향한 대행진은 희년 대망 속에서, 민족사 안에서 역사하시는 하나님의 주권에 대한 우리의 믿음을 갱신하고, 하나님의 선교에의 부르심에 대한 우리의 결단을 새롭게 해나가는 과정이 되어야 할 것이다.

(1) 평화와 통일의 선교적 소명을 감당하기 위해서 한국 교회는 개교회주의와 교권주의를 극복하고 교회일치를 위한 선교적 협력을 더욱 강화해야 한다.

(2) 희년을 선포하는 한국 교회는 '참여'를 제약해 온 교회의 내적 구조를 갱신해야 한다. 따라서 여성과 청년을 포함하는 평신도의 선교사역에의 참여는 과감하게 개방되고 촉진되어야 한다.

(3) 한국 교회는 우리 사회의 경제적 사회적 정의를 실현하기 위하여 예언자적 역할을 계속해 나가야 한다.

3) 평화와 통일의 희년을 선포하기 위하여 한국 교회는 평화와 화해의 결단을 하는 신앙공동체로서 평화교육과 통일교육을 폭넓게 시행해 나갈 것이다

(1) 한국 교회는 평화에 관한 성서연구와 신학연구 등 평화교육을 널리 보급하고, 각종 신학연구기관과 기독교교육기관은 이를 위하여 정보교환과 연구를 촉진시킨다.

(2) 한국 교회는 민족통일에 대한 교회의 관심을 높이기 위하여 분단구조 및 분단역사에 대한 이해와 분단문제에 관한 신학적 인식을 심화함으로써 민족 통일의 역사적, 신학적 당위성을 인식하게 하는 통일교육을 촉진시킨다.

(3) 한국 교회는 기독교신앙에 대한 신학적 성찰과 결단을 통하여 공산주의 이데올로기에 대한 학문적 이해를 넓히고, 이념적인 대화에 필요한 이데올로기의 연구와 교육을 촉진시킨다.

4) 한국 교회는 평화와 통일을 선포하는 희년축제와 예전(禮典)을 통하여 신앙을 새롭게 하고 참다운 화해와 일치를 실천해 나간다

(1) 한국 교회는 평화와 통일의 희년을 기념하는 '평화와 통일 기도주일'을 설정하고 예배의식을 개발한다. 이 예배의식에는 통일을 위한 기도, 분단의 죄책고백, 소명과 결단, 분단의 희생자들과 분단민족을 위한 중보의 기도, 민족화합을 위한 신앙고백, 말씀선포(희년선포), 찬송과 시, 평화와 화해를 위한 성례전 등이 포함된다.

(2) 남북한 교회의 상호 왕래가 실현될 때까지 세계교회와 협력하여 평화와 통일의 희년을 남북한 교회가 공동으로 선포하도록 하고, '평화통일 기도주일'을 공동으로 지키는 일과 '평화와 통일을 위한 기도문'을 공동으로 작성하여 사용하도록 하는 일을 추진한다.

(3) 한국 교회는 세계 교회와의 협력을 통하여 이산가족의 생사확인, 서신왕래의 가능성 등을 모색하고 남북으로 헤어진 친척과 교우, 친구 찾기 운동을 전개한다.

5) 한국 교회는 평화와 통일을 위한 연대운동을 지속적으로 전개해 나간다

(1) '평화와 통일을 위한 희년'의 선포는 신앙고백의 행위로서 지속적으로

확대되는'평화와 통일을 위한 연대운동'으로 전개될 것이다. 이것은 개교회 차원에서, 교단적인 차원에서 에큐메니칼운동의 차원에서 포괄적으로 진행되어야 한다. 특별히 한국기독교교회협의회는 평화와 통일을 위한 신앙고백적 행동과 실천을 가맹교단뿐만 아니라 비가맹교단과 천주교를 포괄하는 차원에서 공동으로 해 나갈 수 있도록 노력할 것이다.

(2) 평화와 통일을 위한 선교적 소명은 한반도의 모든 그리스도인들의 보편적인 과제이므로 한국 교회는 북한 기독교 공동체의 신앙과 삶을 위하여 기도하며 남북한 교회의 상호교류를 위하여 노력할 것이다.

(3) 한반도의 평화와 통일은 동북아시아 평화뿐만 아니라 세계평화에 있어서도 하나의 관건이므로, 한국 교회는 한반도 주변의 미국, 소련, 일본, 중국 등 4개 국내의 기독교 공동체를 비롯한 세계교회들과도 긴밀하게 협의하여 연대운동을 전개해 나갈 것이다.

(4) 한국 교회는 타종교, 타운동들과의 대화를 확장, 심화시키고 평화와 통일을 위한 연대의식을 촉진시켜 공동연구와 연대활동을 전개해 나갈 것이다.

1988년 2월 29일

한국기독교교회협의회

III. 남북기본합의서(1992)*

남과 북은 분단된 조국의 평화적 통일을 염원하는 온 겨레의 뜻에 따라 7.4남 북공동성명에서 천명된 조국통일 3대원칙을 재확인하고, 정치군사적 대결상 태를 해소하여 민족적 화해를 이룩하고, 무력에 의한 침략과 충돌을 막고 긴장 완화와 평화를 보장하며, 다각적인 교류·협력을 실현하여 민족공동의 이익과 번영을 도모하며, 쌍방사이의 관계가 나라와 나라 사이의 관계가 아닌 통일을 지향하는 과정에서 잠정적으로 형성되는 특수 관계라는 것을 인정하고 평화 통일을 성취하기 위한 공동의 노력을 경주할 것을 다짐하면서 다음과 같이 합의하였다.

제1장 남북 화해

제1조 남과 북은 서로 상대방의 체제를 인정하고 존중한다.

제2조 남과 북은 상대방의 내부문제에 간섭하지 아니한다.

제3조 남과 북은 상대방에 대한 비방·중상을 하지 아니한다.

제4조 남과 북은 상대방을 파괴·전복하려는 일체행위를 하지 아니한다.

제5조 남과 북은 현 정전상태를 남북 사이의 공고한 평화상태로 전환시키기 위하여 공동으로 노력하며 이러한 평화상태가 이룩될 때까지 현 군사 정전협정을 준수한다.

제6조 남과 북은 국제무대에서 대결과 경쟁을 중지하고 서로 협력하며 민족

---

* 남북 사이의 화해와 불가침 및 교류협력에 관한 합의서(1991. 12. 13)

의 존엄과 이익을 위하여 공동으로 노력한다.

제7조 남과 북은 서로의 긴밀한 연락과 협의를 위하여 이 합의서 발효 후 3개 월 안에 판문점에 남북연락사무소를 설치·운영한다.

제8조 남과 북은 이 합의서 발효 후 1개월 안에 본회담 테두리 안에서 남북 정치분과위원회를 구성하여 남북화해에 관한 합의의 이행과 준수를 위한 구체적 대책을 합의한다.

제2장 남북 불가침

제9조 남과 북은 상대방에 대하여 무력을 사용하지 않으며 상대방을 무력으로 침략하지 아니한다.

제10조 남과 북은 의견대립과 분쟁문제들을 대화와 협상을 통하여 평화적으로 해결한다.

제11조 남과 북의 불가침 경계선과 구역은 1953년 7월 27일자 군사정전에 관한 협정에 규정된 군사분계선과 지금까지 쌍방이 관할하여 온 구역으로 한다.

제12조 남과 북은 불가침의 이행과 보장을 위하여 이 합의서 발효 후 3개월 안에 남북 군사공동위원회를 구성·운영한다. 남북군사공동위원회에서는 대규모 부대이동과 군사연습의 통보 및 통제문제, 비무장지대의 평화적 이용문제, 군인사 교류 및 정보교환 문제, 대량살상무기와 공격능력의 제거를 비롯한 단계적 군축실현문제, 검증문제 등 군사적 신뢰 조성과 군축을 실현하기 위한 문제를 협의·추진한다.

제13조 남과 북은 우발적인 무력충돌과 그 확대를 방지하기 위하여 쌍방 군사 당국자 사이에 직통전화를 설치·운영한다.

제14조 남과 북은 이 합의서 발효 후 1개월 안에 본회담 테두리 안에서 남북 군사분과위원회를 구성하여 불가침에 관한 합의의 이행과 준수 및 군사적 대결상태를 해소하기 위한 구체적 대책을 협의한다.

제3장 남북교류·협력

제15조 남과 북은 민족경제의 통일적이며 균형적인 발전과 민족 전체의 복리 향상을 도모하기 위하여 자원의 공동개발, 민족내부교류로서의 물자 교류, 합작투자 등 경제교류와 협력을 실시한다.

제16조 남과 북은 과학. 기술, 교육, 문학·예술, 보건, 체육, 환경과 신문, 라디오, 텔레비전 및 출판물을 비롯한 출판·보도 등 여러 분야에서 교류와 협력을 실시한다.

제17조 남과 북은 민족구성원들의 자유로운 왕래와 접촉을 실현한다.

제18조 남과 북은 흩어진 가족·친척들의 자유로운 서신거래와 왕래와 상봉 및 방문을 실시하고 자유의사에 의한 재결합을 실현하며, 기타 인도적으로 해결할 문제에 대한 대책을 강구한다.

제19조 남과 북은 끊어진 철도와 도로를 연결하고 해로, 항로를 개설한다.

제20조 남과 북은 우편과 전기통신교류에 필요한 시설을 설치·연결하며, 우편·전기통신 교류의 비밀을 보장한다.

제21조 남과 북은 국제무대에서 경제와 문화 등 여러 분야에서 서로 협력하며 대외에 공동으로 진출한다.

제22조 남과 북은 경제와 문화 등 각 분야의 교류와 협력을 실현하기 위한 합의의 이행을 위하여 이 합의서 발효 후 3개월 안에 남북경제교류협력공동위원회를 비롯한 부문별 공동위원회들을 구성·운영한다.

제23조 남과 북은 이 합의서 발효 후 1개월 안에 본회담 테두리 안에서 남북 교류·협력분과위원회를 구성하여 남북교류협력에 관한 합의의 이행 과 준수를 위한 구체적 대책을 협의한다.

제4장 수정 및 발효

제24조 이 합의서는 쌍방의 합의에 의하여 수정 보충할 수 있다.
제25조 이 합의서는 남과 북이 각기 발효에 필요한 절차를 거처 그 문본을 서로 교환한 날부터 효력을 발생한다.

1991년 12월 13일

남북고위급회담 남측대표단 수석대표
대한민국 국무총리 정원식

북남고위급회담 북측대표단 단장
조선민주주의인민공화국 정무원총리 연형묵

IV. 한반도 비핵화 공동선언(1992. 1. 20)*

남과 북은 한반도를 비핵화함으로써 핵전쟁위험을 제거하고 우리나라의 평화와 평화통일에 유리한 조건과 환경을 조성하며 아시아와 세계의 평화와 안전에 이바지하기 위하여 다음과 같이 선언한다.

1. 남과 북은 핵무기의 시험·제조·생산·접수·보유·저장·배비(配備)·사용을 하지 아니한다.

2. 남과 북은 핵에너지를 오직 평화적 목적에만 이용한다.

3. 남과 북은 핵재처리시설과 우라늄농축시설을 보유하지 아니한다.

4. 남과 북은 한반도의 비핵화를 검증하기 위하여 상대측이 선정하고 쌍방이 합의하는 대상들에 대하여 남북핵통제공동위원회가 규정하는 절차와 방법으로 사찰을 실시한다.

5. 남과 북은 이 공동선언의 이행을 위하여 공동선언이 발효된 후 1개월

---

* 1991년 12월 한반도 핵 문제를 협의하기 위한 세 차례의 남북 대표 접촉 끝에 양측 대표들은 한반도의 비핵화를 통하여 핵전쟁의 위험을 제거하고 조국의 평화와 평화통일에 유리한 조건과 환경을 마련하자는 공통된 취지에서 '한반도의 비핵화에 관한 공동선언'에 합의하였다. 남북은 전문과 6개항으로 된 '비핵화 공동선언'을 1992년 1월 20일 채택하고 1992년 2월 19일 6차 고위급회담(평양)에서 남북기본합의서와 함께 발효했다.

안에 남북핵통제공동위원회를 구성·운영한다.

6. 이 공동선언은 남과 북이 각기 발효에 필요한 절차를 거쳐 그 문본을
교환한 날부터 효력을 발생한다.

1992년 1월 20일

남북고위급회담 남측대표단 수석대표
대한민국 국무총리 정원식

북남고위급회담 북측대표단 단장
조선민주주의인민공화국 정무원총리 연형묵

V. 1995 평화와 통일의 희년선언

1. 희년의 선포와 신앙고백

"제 오십 년을 거룩하게 하여 전국 거민에게 자유를 공포하라."(레위기 25:10)

"주의 성령이 내게 임하셨으니 이는 가난한 자에게 복음을 전하게 하시려고 내게 기름을 부으시고 나를 보내사 포로 된 자에게 자유를, 눈먼 자에게 다시 보게 함을 전파하며 눌린 자를 자유케 하고 주의 은혜의 해를 전파하게 하려 하심이라."(누가 4:18-19)

이 땅의 그리스도인들은, 일제의 압박과 식민지 지배에서 해방된 지 50년이 되는 오늘, 다시금 분단의 사슬과 대결의 고통에서 민족을 해방시키고, 억압과 예속, 소외와 차별에서 민중을 해방시키는 기쁨의 해가 왔음을 선포하며, 평화와 통일의 희년이 한(조선)반도에 도래하였음을 널리 외친다. 우리는 한국기독교협의회와 조선기독교연맹이 그동안 함께 기도하며 준비해 온 평화통일 희년 예배를 남과 북의 모든 그리스도인들과 함께 드리면서, 정의와 자유를 선언하는 희년의 나팔을 높이 불고, 평화와 통일을 선포하는 희년의 종소리를 크게 울려, 삼천리금수강산 방방곡곡에 이 은총의 해를 널리 알리고자 한다.

우리는 이미 7년 전에 해방과 분단 50주년이 되는 올해를 평화와 통일의 희년으로 선포하였으며, 희년을 맞이하기 위한 대행진과 운동을 전개해 갈 것을 다짐하였다. 희년의 선포는 기쁨과 은총의 해를 주시려는 하나님의 약속에 대한 믿음의 표현이었으며, 평화와 통일을 이루려는 하나님의 선교에 동참하여 이를 실천해 가려는 우리의 결단이었다. 7년이 지난 오늘, 우리가 바라던 평화와 통일이 아직 이 땅에 온 것은 아니지만, 우리는 그동안 정치적 상황이나 사회적 의식면에서 커다란 변화가 일어났음을 경험하였으며, 이렇게 희년이 도래하는 과정을 체험케 하신 하나님의 은혜에 깊은 감사를 드린다.

그러나 기쁨의 해, 희년은 구약성서에서도 선포만으로 이루어지는 것은 아니었으며, 희년의 정신과 희년법을 지키고 실천해야만 성취될 수 있는 것이었다. 레위기에 기록된 희년의 법과 정신은 노예를 해방하고, 빚진 자를 탕감해 주며, 빼앗긴 땅을 돌려주고, 혹사된 땅을 쉬게 하여 인간과 자연을 불의한 사회구조에서 구원하며, 원래의 모습을 회복시키려는 하나님의 뜻에서 나온 것이었다.

그래서 희년의 선포는 해방을 의미했다. 희년은 노예 되었던 히브리 민중의 해방에 역사적 근거를 가지며, 억압과 착취의 불의한 지배 구조에서 인간을 주기적으로 해방시키려는 정신이 담긴 제도였다. 또한 희년의 선포는 화해를 의미했다. 지배자와 피지배자, 부자와 가난한 자가 다시금 평등한 관계 속에서 새롭게 화해하는 해가 희년이었다. 평등과 화해는 가진 자들이 기득권을 포기함으로써만 성취될 수 있었다. 그래서 희년의 선포는 정의를 의미했다. 노예의 해방과 부채의 탕감, 땅의 안식은 사회 정의와 생태계의 정의를 상징한다. 이러한 측면에서 보면 희년의 선포는 평화의 선포였다. 모든 억압과 소외와 갈등과 대결이 해소되는 새로운 평화 공동체가 탄생함을 의미했다.

그리고 이러한 희년은 예수 그리스도의 삶과 선교에서 구현되었으며, 가난한 자에게 기쁜 소식으로, 갇힌 자에게 자유함으로, 눈 먼 사람에게 보게 함으로, 주님의 은총의 해로 선포되었다. 해방과 분단 50년을 맞으며, 우리는 우리의 희년이 분단의 고통과 대결의 강요에서 민족이 해방되고, 원수된 관계에서 남과 북이 화해하며, 정의와 평화를 실현하는 민족 통일이 이루어질 때 맛볼 수 있는 기쁨과 축복이라고 믿는다. 이것이 1995년을 평화와 통일의 희년으로 선포한 이유이며, 이것이 우리의 신앙고백이다.

2. 분단 극복을 위한 남북 기독교의 노력

남과 북의 기독교가 특히 조국의 분단 극복과 평화통일을 선교적 과제로 삼고 적극적으로 노력하게 된 것은 1980년대에 와서였다. 70년대 민주화와 인권 운동에 매진했던 남한의 기독교는 80년 광주민중학살과 군사독재의 영구화 과정을 보면서, 분단 극복과 통일 없이는 민주주의와 인권의 실현이 불가능하다는 인식을 얻게 되었다. 이 문제를 처음으로 공개적으로 논의했던 것이 「분단국에서의 교회의 사명」이라는 주제로 1981년 6월 8-10일 서울 크리스챤 아카데미에서 열린 제4차 한국교회협의회에서였다. 1982년 2월에서는 한국기독교교회협의회 산하에 통일문제연구원을 설치했으나, 당국의 방해로 통일문제 연구 협의회를 개최할 수 없었다.

국내에서의 자유로운 통일 논의가 거의 불가능한 상황에서 남한의 기독교는 미국, 일본, 독일 등의 교회협의회를 통해 평화와 통일에 대한 기독교의 책임을 논해 왔다. 마침 1984년 10월 세계교회협의회(WCC)의 주최로 일본의 도잔소(東山莊)에서 개최된 「동북아시아의 정의와 평화협의회」는 한국 교회의 통일운동에 중요한 전기를 마련해 주었다. 도잔소 회의 보고서는, 무엇보다 분단이 한(조선)반도에서의 모든 악의 근원이 되는 원죄와 같은 죄악이며, 적대적인 분단과 과장된 원수상을 극복하고 남과 북의 만남과 교류를 통해 화해와 신뢰를 얻게 하는 것이 평화와 통일의 첩경이 된다는 인식을 심어준 중요한 문서였다.

북조선의 기독교도연맹은 비록 도잔소 회의에는 오지 못했으나 축전을 보내왔으며, 그 후로 해외 교회들과 세계교회협의회(WCC)의 주선으로 남북의 교회 대표자들이 한(조선)반도 밖에서 만나 협의할 수 있는 기회가 주어졌다. 1986년 9월 2~5일 스위스 글리온(Glion)에서 남과 북의 그리스도인들은 여러 가지 제한 속에서나마 처음으로 만나 성찬을 나누고, 성서를 연구하며, 평화와 통일에 대한 그리스도인들의 책임과 과제를 논의하였다.

또한 1985년 이후에는 서서히 국내에서도 교회가 통일협의회를 개최할 수 있게 되었으며, 교회협의회 통일위원회의 주최로 다섯 차례의 협의회와 연구모임을 거친 끝에, 드디어 한국 교회의 통일 문제에 관한 신학적 입장과 정책이 정리되는 선언문이 마련되었다. 이것이 1988년 2월 29일 한국기독교협의회 제37차 총회에서 채택되고 발표된「민족의 통일과 평화에 대한 한국기독교회선언」이었다.

이 선언은 분단을 구조악의 원인으로 규정하고, 바로 분단의 극복이 악에서의 구원이라는 뜻에서, 신앙의 문제요 선교적 과제라고 주장하였다. 그리고 이제까지 기독교가 분단체제 속에서 안주하였을 뿐 아니라, 분단을 유지하고 심화시키는 데 기여하였으며, 분단 극복을 위해 노력하지 못한 데 대한 죄책을 고백하였다.

이 선언은 또한 통일운동의 다섯 가지 원칙을 만들고 여기에 따른 정책적 건의들을 내놓아, 남과 북의 정부와 민간 통일운동에 커다란 자극을 주었다. 당국에 대한 정책 건의와 함께 교회의 책임과 과제도 새롭게 인식하여 구체적인 프로그램을 제시하기도 하였다.

이러한 남한교회의 인식과 선교적 사명감은 1988년 11월 제2차 글리온 회의에서 조선기독교도연맹 대표들과 공유되고 공감대를 형성하는 계기를 가졌다. 남북의 기독교는 비로소 1995년 평화와 통일의 희년을 함께 선포하고 매년 8.15 직전 주일을 남북 평화통일 공동기도주일로 함께 지키기로 하였으며, 평화와 통일을 위한 노력에 함께 연대할 것을 다짐하였다.

그 뒤로도 남북의 기독교 대표자들은 1989년 4월 워싱턴에서, 1989년 6월 베를린에서, 1989년 7월 모스크바에서, 1990년 9월 도쿄에서, 1991년 2월 캔버라에서 그리고 그 밖의 여러 곳에서 여러 가지 형태로 만남과 교류를 가졌으며, 신뢰와 우의, 신앙적 유대를 돈독히 다져왔다. 90년 12월의 글리온 3차 회의에서는 희년 5개년 공동사업계획을 만들어 추진하기로 합의하였으며, 지난 1995년 3월 「한(조선)반도 평화와 통일을 위한 제4차 기독교 국제 협의회」(일본, 교토)에서는 8.15희년 공동예배를 판문점에서 함께 드리기로 약속하기도 했다. 또한 통일운동을 하다가 구속된 사람들의 석방이나, 장기수 송환, 팀스피리트 훈련과 같은 대규모 군사훈련의 중지, 군비축소, 이산가족의 재회와 방문을 위한 노력을 함께 하기로 하였다.

우리는 남북 기독교의 이러한 공동노력들이 그동안 남북의 적대관계와 대결의식을 완화시키고, 분단 상황을 개선시키며, 평화를 증진시키는 데 적지 않게 기여하였으며, 또한 7.7선언을 비롯한 정부의 정책이나 남북 합의문에 반영되어 남북의 화해협력 시대를 여는 데도 한 역할을 하였다고 믿는다. 특히 우리는 북조선의 교회와 그리스도인들이 남한 교회와의 대화와 협력을 위해 그동안 여러 가지로 애쓰며 노력해 온 것을 마음속 깊이 감사하며, 분단 극복과 조국통일을 위한 부단한 결의와 불굴의 신앙심에 경의와 연대를 표한다.

우리는 북조선의 헌법이 93년 3월에 개정되면서 종교에 관한 조항이 변경되었음을 확인하였다. 즉 "모든 인민은 종교의 자유를 가진다. 동시에 종교에 반대할 자유도 가진다"는 이전의 조항이 "모든 인민은 종교의 자유를 가진다. 종교의 자유는 예배당의 건설과 예배의 자유로 보장된다"는 조항으로 바뀌었다. 아울러 92년 판『조선말사전』에는 종교에 관한 낱말 풀이가 크게 친 종교 쪽으로 바뀌었다. 예를 들어「선교사」라는 항목의 설명은 81년 판에는 "미제를 비롯한 제국주의자들이 예수교를 선전하며 보급한다는 명목으로 다른 나라에 파견하는 종교의 탈을 쓴 침략의 앞잡이"였으나, 92년 판에는 "기독교를 보급 선전할 사명을 띠고 다른 나라에 파견되는 사람"이라고 고쳐졌다.

1950년 남북 간의 전쟁 이후 북조선에서 교회당은 소멸하고 가정교회만이 존재해 왔으나, 80년대에 들어와 봉수교회와 장충성당이 세워지고, 92년에는 평양시 서쪽에 칠골교회가 세워졌다. 성경과 찬송가가 인쇄되고, 교역자를 양성하는 신학원이 열리게 된 것도 큰 변화였다. 우리는 북조선에 이러한 변화가 일어난 것을 크게 기뻐하며, 이를 하나님의 크신 역사와 축복으로 믿고, 이를 위해 부단히 노력해 온 북조선의 그리스도 형제자매들에게 감사와 존경과 사랑을 표한다. 이와 함께 단절된 남과 북의 가교를 만들기 위해 오해를 무릅쓰고 남과 북을 왕래하며 힘써 온 해외동포 그리스도인들과 세계 여러 나라 교회들에게 충심으로 감사와 동지애를 보낸다.

3. 동서 냉전의 해소와 남북의 화해

남과 북의 기독교가 1995년을 평화와 통일의 희년으로 선포한 1988년 이래, 국제 정세와 국내의 통일 환경은 급격한 변화가 일어났으며, 평화와 통일을 앞당기는 데 도움이 될 여러 가지 긍정적인 일들이 일어났다. 유럽의 평화운동과 소련의 페레스트로이카, 미·소의 전략핵무기 감축 등으로 진전된 탈냉전과 동서의 접근은 마침내 1989년에 베를린 장벽을 무너뜨리는 세기적 사건을 일으켰으며, 동구공산권이 붕괴하면서 동서 냉전체제가 해체되는 세계사적 변화를 가져왔다. 1990년에는 우리와 같은 분단국이었던 동서 독일이 분단 45년을 청산하고 통일되었고, 남북예멘이 분단 23년을 마감하고 통일을 이루었다.

냉전체제의 해소라는 세계적 변화는 동북아시아와 한반도에도 따뜻한 바람을 일으켰으며, 소련과 중국, 몽고, 베트남과의 북방외교를 진전시키게 하였고. 드디어 북조선과의 관계에서도 변화가 일어나게 하였다. 기독교의 1988년 통일선언으로 물꼬가 트인 민간통일운동과 통일 논의는 더 훨씬 더 활발해졌으며, 6공화국 정부는 그해 7월 7일 대결과 적대관계에 있는 북조선을 통일과 번영의 동반자로 인정하며, 민족 간의 화해와 교류를 추진하겠다는 대통령 특별선언을 발표하였다.

7.7선언 이후에 개선되고 완화된 정세는 남북대화를 재개시켰을 뿐 아니라, 예술단, 축구단, 고향방문단의 교류를 추진하게 하였으며, 민족의 화해와 남북 교류, 평화통일에 관한 무성한 논의를 각계에 불러일으켰다. 1988년 9월에는 한국정부의 통일 방안으로 신뢰구축과 교류협력, 남북연합, 통일 민주공화국의 세 단계를 거치는 「한민족공동체 통일 방안」이 마련되기도 하였다.

이산가족들이 간절한 북한 방문 요구와 남북 교류에 대한 각계의 폭발적인 요청과 주장들은 「남북교류협력에 관한 법률」(1990. 8)을 제정케 하였으며, 정부의 창구단일화 주장과 법률적 통제가 강화되자, 문익환 목사. 임수경 학생, 문규현 신부 등이 북조선을 방문하고 돌아와 형벌을 감수하는 신선한 충격을 일으키기도 하였다.

이러한 가운데에서도 정부의 북방정책은 좋은 성과를 거두어 소련과의 수교(1990. 9), 중국과의 수교(1992. 8)를 맺었으며, 1991년 9월에는 남북이 유엔에 동시 가입하는 결실을 보았다. 특히 1990년 9월부터는 분단사상 처음으로 남북 총리를 수석대표로 하는 남북고위급회담이 열렸고, 남북 간의 긴장완화와 평화정착, 교류증대를 위해 여러 차례 서울과 평양을 오가며 회합하였다. 마침내 1992년 2월에는「남북 사이의 화해와 불가침 및 교류협력에 관한 기본합의서」라는 역사적인 문서가 조인되었으며 또한 한반도에서 핵무기의 제조와 배치 사용을 금지하는「한반도 비핵화공동선언」도 서면 발표되었다.

실로「남북기본합의서」와「비핵화공동선언」은 남북의 분단을 극복하고 화해와 공존, 협력과 공영의 시대를 열어가는 데 초석이 되는 획기적 문서이며, 민족의 평화통일에 한 이정표를 세운 중대한 기록이었다. 우리는 이 합의서가 1988년 통일선언이 제의한 원칙과 정책들을 대부분 수용하고 더욱 구체화하였음을 기뻐하며, 이를 하나님께서 역사하신 것으로 믿고 희년을 향한 전진의 발걸음이 이루어진 데 감사와 찬양을 드린다.

그러나 이렇게 중요한 합의문이 남북 간에 서명되고 3년이나 지났건만, 아직 우리에게 화해와 협력의 시대는 오지 않고 있으며, 남북합의서는 전혀 실천되지 않고 있다. 남북 양측은 "서로 상대방의 체제를 인정하고 존중하며 내부문제에 대한 간섭을 하지 않고 비방 중상을 하지 않겠다"는 조항을 이행하지 않고 있으며 "보다 더 공고한 평화 상태로 전환하고 군사적 신뢰를 조성하며 단계적 군축을 실현하겠다"는 조항도 지키지 않고 있고, "민족 구성원들의 자유로운 왕래와 접촉이나 경제, 사회, 문화교류"에 관한 조항들을 만들어 놓고도 아직 추진할 기미를 보이지 않고 있다. 우리는 이 귀중한 역사적 합의문이 다시금 7.4공동성명처럼 휴지장이 되고 무효화되는 것이 아닌가 하는 우려를 떨쳐 버릴 수 없다.

남과 북은 화해와 신뢰구축을 말로만 선언했을 뿐, 진심으로 서로를 믿지 못하기 때문에, 서로가 적화통일과 흡수통일을 노리고 있다고 비난해 왔다. 그래서 평화협정이나 군비축소 대신 군사훈련과 군비강화를 도모했고, 국제무대에서 민족의 이익을 위해 공동으로 노력하는 대신「북핵제재론」이나「서울불바다론」으로 맞서다 한(조선)반도를 다시금 동족상잔과 파멸의 전쟁터로 만들 뻔한 위기와 긴장 속에 몰아넣었다.

다행히 지미 카터 전 미국 대통령의 중재로 남북정상회담의 길이 열리고, 전쟁위기 국면은 벗어나게 되었으나, 김일성 주석의 갑작스런 사망과 조문파동 등으로 남북대화는 또다시 단절되고 냉전 상태로 돌아서게 되었다. 북미회담과 경수로 협상 과정에서도 남과 북은 대화거절과 따돌림으로 일관해 결국 불신의 벽만 두꺼워지고 말았다.

우리는 해방 50주년, 즉 평화와 통일의 희년으로 경축해야 할 1995년 8월 15일에 남북이 뜻을 모아 전 국민적인 경축행사와 만남을 이루어 내지 못하게 된 것을 매우 유감스럽게 생각한다. 분단의 상처와 골이 깊게 파여 있는 현실을 안타깝게 바라보면서, 우리는 화해와 신뢰를 이루어 내지 못하는 민족의 현실을 실로 가슴 아프게 여긴다.

4. 신뢰 형성과 평화체제 실현의 길

우리는 좋은 합의문과 선언이 만들어지고도 실천되지 않고, 남북 관계가 다시 냉각되고 악화되는 근본 원인은 아직도 남북 상호간에 기초적인 신뢰가 형성되어 있지 못한 데 있다고 본다. 그리고 신뢰 부재의 가장 큰 이유는 합의문에서 주장하는 바와 남북의 국내정치, 즉 대북, 대남 정책이 일치되지 못하고 모순되어 있는 데 있다고 생각한다.

남북 양측은 서로 자기의 태도와 정책을 바꾸기 전에 상대방이 변하지 않았음을 먼저 탓한다. 북쪽이 적화통일을 포기하지 않았으니 남쪽도 대북정책을 바꾸지 못하겠다는 것이고, 남쪽이 흡수통일을 하려 하니 북쪽에서도 대남 봉쇄와 경계를 늦추지 못하겠다는 것이다. 이것은 매우 불행한 악순환의 논리이다. 남과 북은 이러한 논리에 사로잡혀 있으며, 상대방이 합의문을 실천하기 전에는 나도 하지 않겠다는 「부정적 상호주의」에 빠져들고 있다.

남북은 이제 이 잘못된 상호주의의 이데올로기에서 벗어나, 내편에서 먼저 실천함으로써 상대방의 실천을 유도해 내는, 일방적, 선제적 실천으로 나아가야 한다. 그러나 이러한 평화 우선적인 입장은 남북 양쪽에서 국가안보를 모르는 위험한 모험주의로 거부되고 있다. 그리고 남북 양측은 자기 쪽이 상대방보다 군사적으로 열세라고 생각하며, 침략과 정복을 당하지 않을 안전장치나 평화의 보장이 없다고 생각하고 있다.

그래서 우리는 오늘의 상황과 현실 속에서 남북이 진정한 화해와 신뢰를 이루고, 평화적 공존과 교류, 협력을 이루어 나가기 위해서는 무엇보다도 남북 사이에 이러한 불신과 체제 불안을 해소할 수 있는 안정된 평화체제를 실현하는 것이 급선무라고 생각한다.

우리는 독일 통일의 기초가 된 동·서독의 화해와 신뢰, 교류협력이 1972년에 체결된 기본조약을 통해 확실한 평화체제를 보장하고, 주권과 영토, 체제와 안보의 위험을 제거했을 때 실천되었다는 사실을 유념해야 한다. 동·서독은 전쟁을 치르지 않았지만, 남북한(조선)은 전쟁을 치렀기 때문에 휴전협정 체제와 같은 불안한 상태로는 군축이나 개방, 교류, 협력을 과감히 실천할수 없다는 점을 생각해야 한다.

더구나 북조선은 오늘날 국내외적으로 많은 어려움을 겪고 있다고 보인다. 동구권의 해체와 변화로 우방과 시장을 잃어버렸으며, 교역의 감소로 원유와 식량, 생활필수품의 수급에 타격을 입고 있다. 그렇다고 자본주의 세계와의 교역이 자유로운 것도 아니며, 미국의 대북 수출입 제한은 그대로 살아 있다. 일본과 서방세계는 미국과 북조선의 관계가 정상화되지 않는 한 교역관계를 개선할 수가 없다고 주장하고 있다. 더구나 북조선은 남북 대결과 긴장으로 엄청난 군사비를 부담해야 하며, 남한이 군비를 줄이지 않는 한, 안보 때문에 군대와 무기를 줄이지도 못하는 상황에 놓여 있다.

그래서 오늘의 상황 속에서 남북의 평화체제를 실현하는 길은, 남한과 비교해 상대적으로 어려움에 처한 북조선의 안전과 평화를 보장해 주고, 경제발전에 협력하며, 변화된 세계질서 속에서 고립되지 않고 세계 여러 나라들과 선린과 교역 관계를 맺을 수 있도록 도와주는 데 있다고 믿는다. 동북아시아의 공동안보체제를 이룩하기 위해서도 북조선이 조속한 시일 내에 미국, 일본과 수교를 맺는 것이 필요하며, 남북이 함께 주변 강대국들과 평화와 우호의 관계에 들어가는 것이 바람직하다.

이제 남북이 진정한 화해와 협력의 관계로 발전하기 위해 신뢰를 형성하고 평화체제를 실현하는 것이 필수적인 전제조건이라고 한다면, 이를 위해서 남북 양측의 정부가 특별히 취해야 할 정책과 조치들은 어떠한 것인가? 우리는 이미 1988년의 상황에서도 분단 극복과 통일을 위한 다섯 가지 원칙과 정책들을 제시한 바 있다. 우리는 오늘의 상황에서도 이 원칙들과 정책들이 타당한 것이라 믿으며, 이들의 어김없는 실천을 다시 한 번 촉구한다. 아울러 우리는 오늘의 상황 속에서 진정한 신뢰와 평화를 구축하기 위해, 이 원칙들에 따른 보다 구체적인 정책들을 다음과 같이 제의한다.

(1) 자주적 원칙(민족 우선의 원칙)

남북 양측은 무엇보다도 민족의 자주성과 이익을 먼저 생각하는 민족 우선의 원칙을 실천하고 견지해야 한다.

1) 남과 북은 냉전과 분단시대의 동맹관계를 재검토하고, 남북합의서를 바탕으로 민족자주적인 평화조약과 동북아공동보안협력체제를 구축해야 한다.

2) 민족의 자주성을 손상시키며 민족의 존엄과 권익에 어긋나는 한미방위
   조약과 조소군사조약 등이 조속히 개폐되어야 한다. 한반도의 전시작전
   권도 주한미군에서 한국군에 이양되어야 하며, 미 주둔군에 대한 한미
   행정협정도 조속히 개정되어야 한다.
3) 평화협정의 주체는 남북한(조선)이 되어야 하며, 미국과 중국 등 참전국
   들은 남북 당사자들의 협상과 합의를 준수하며 이를 지지하는 서명을
   해야 한다.

(2) 평화의 원칙(평화 우선의 원칙)

남북 양측은 분단국의 안보와 군사적 우위보다 남북의 공동안보와 민족의
평화를 우선적으로 추구하는 평화 우선의 원칙을 지켜야 한다.

1) 남북군사공동위원회를 조속히 발족시켜 휴전선의 비무장화와 단계적 군
   축을 협상하고, 일정과 계획을 만들어 실천해야 한다.
2) 남북군사공동위원회의 합의와 허락이 없이는 남북 쌍방은 어떠한 군비증
   강이나 신예 무기의 반입, 대규모 군사훈련도 실시해서는 안 된다.
3) 한(조선)반도의 비핵화를 철저히 보장하기 위하여 남북핵통제공동위원회
   는 조속히 전 국토에 대한 사찰과 검증을 실시하여야 하며, 주변 강대국들
   과의 협상을 통해 한(조선)반도의 비핵지대화를 실현시켜야 한다.

(3) 민족 대단결의 원칙(신뢰와 우선 교류의 원칙)

남북 양측은 단절을 극복하고 민족 동질성을 회복하며 민족 대단결을 이루
기 위해 사상과 제도의 차이를 넘어 남북의 교류와 방문, 통신과 회합을 우선
적으로 할 수 있도록 하여 신뢰와 화해의 기틀을 만들어야 한다.

1) 남과 북은 상대방을 반국가 단체나 적으로 규정하여 신뢰와 화해에 장애가

되고 있는 모든 법률체제를 개폐하여야 하며, 남한의 국가보안법이나 이에 상응하는 북조선의 법률들이 조속히 개폐되어야 한다.

2) 각종의 교류와 협력사업을 촉진시키기 위해 남북교류법과 창구단일화원칙 등이 현실에 맞게 시정되어야 한다.

3) 남북의 상호신뢰와 화해, 민족 대단결을 저해하는 비난이나 욕설을 중단해야 하며, 방송, 신문 등 언론매체가 허위, 과장, 왜곡 보도하는 것을 통제해야 한다.

(4) 인도주의 원칙(인도 우선의 원칙)

남북 양측은 분단국의 이념이나 체제보다 인간의 자유와 존엄, 인도주의적 입장을 우선적으로 존중하는 원칙을 견지해야 한다.

1) 남북 양측은 2촌 이내의 직계 이산가족(부부, 부모, 부자)의 재회와 재결합을 어떤 교류협력보다 우선적으로 실현시키고 70세 이상 노인 가족들의 자유로운 방문을 즉시 실시해야 한다.

2) 분단과 전쟁 이후 남북 양쪽에 본인의 의사에 반하여 부당하게 구속 억류되어 있는 모든 사상범과 장기수들을 석방하고 가족이 있는 곳으로 그들을 송환해야 한다.

3) 납치된 어부들과 자의에 의하지 않고 강제로 억류되어 있는 모든 피랍 인사들을 석방, 송환해야 한다.

(5) 민주적 참여의 원칙(민중 우선의 원칙)

남북 양측은 통일논의와 통일 방안의 결정 과정에 민족의 전 구성원들이 민주적으로 참여할 수 있도록 해야 하며, 특히 다수이면서 소외되기 쉬운 민중의 의사와 이익을 반영시키는 데 우선적으로 노력해야 한다. 근로계층과 여성, 청소년들의 의견이 존중되어야 하고 그들도 의견수립 과정에 참여할 수 있도록 해야 한다.

1) 민간통일운동의 자유로운 활동과 의사표현을 보장해야 한다.
2) 남북 관계의 문서와 정보를 모든 국민에게 정확하고 진실되게 공개해야 한다.
3) 비무장지대나 판문점공동경비구역 안에 남북 민간인들이 회합할 수 있는 장소와 건물 시설을 마련하고, 각계각층에서 다양하고 다원적인 통일논의와 의견수렴이 이루어지도록 해야 한다.

5. 한(조선)반도 통일의 바람직한 방향

남북의 화해와 협력 시대가 열리고 평화공존의 체제가 구축된다 하더라도, 민족분단의 장벽이 완전히 제거되고 하나의 통일된 국가와 민족공동체를 이루기까지 우리는 결코 통일의 희망과 노력을 포기하거나 늦추어서는 안 된다. 아무리 평화롭고 협력적인 남북연합이나 연방제라 하더라도 민족의 분단이 영구적이어서는 안 된다. 분단체제로는 완전한 평화를 이룰 수 없고, 또 민족의 꿈을 펼칠 수 없기 때문이다.

그렇다고 우리는 원칙과 방향이 없는 무조건적인 통일을 조급히 서두르는 것도 민족의 삶과 장래를 위해 바람직하지 않다고 생각한다. 우리는 그동안 전쟁과 정복에 의해 급격히 이루어진 베트남의 통일이 많은 불행과 희생, 인권유린을 가져온 것을 목격했고, 한쪽의 붕괴와 다른 쪽의 흡수로 이루어진 독일의 통일이 일방적인 지배와 식민지화를 가져와 많은 불평등과 부작용, 심리적 장벽과 갈등을 만드는 것을 보았다. 우리는 이미 1993년 4월에 베를린에서 열렸던 한독교회협의회를 통해 흡수통일의 후유증과 문제점들에 관해 진지하게 논의했으며, 여러 가지 충고와 교훈을 얻은 바 있다. 분단 50년의 비극과 고통을 치르고 이제 지구상에 유일하게 남은 분단국가로서 한국(조선)이 성취해야 할 통일은 다른 나라의 불행과 부작용을 되풀이하지 않는 것이어야 하며, 이들의 단점과 문제점들을 보완하는 것이어야 한다.

　그러나 우리는 바람직한 통일의 길이나 조국의 미래상이 쉽게 만들어질 수 있는 것이 아니며, 또 기성품처럼 이미 만들어 놓은 것들 중에서 선택할 수 있는 것도 아니라고 생각한다. 기존의 통일 방안들은 어떤 상황을 전제하면서 가상적으로 만들어 놓은 모델일 뿐이고, 토론과 협상을 위해 제안된 것이기 때문에 국제 정세와 국내 상황이 달라지면 변경되거나 수정될 수밖에 없다. 또한 통일 방안은 상황에 따른 국민적 논의와 민족적 합의를 거쳐 결정되어야 할 고도의 정치적 선택이기 때문에, 교회가 어떤 기독교적인 통일 방안을 만들어 낼 수는 없으며, 또한 그럴 필요도 없다고 생각한다.

　그럼에도 불구하고 우리는 통일이 이루어지는 방향과 그 정신에 대해서 무관심할 수 없으며, 그리스도인과 교회로서도 논의해야 하고, 의사 표시를 해야 한다고 생각한다. 왜냐하면, 통일이 민족의 삶과 운명에 중대한 영향을 미치는 일이고 그리스도인에게는 언제나 정의와 평화의 가치를 실현해야 할 윤리적·사회선교적 책임이 있기 때문이다. 이러한 뜻에서 우리는 그동안의 역사적 체험과 교훈을 토대로 한(조선)반도의 현실을 분석하면서, 민족의 통일과 미래에 관해 여러 가지 반성과 논의를 해왔다. 앞으로 보다 더 많은 연구와 구체적 토론이 필요하겠지만, 우리는 우선 민족통일이 나아가야 할 세 가지 방향을 다음과 같이 제시하고자 한다. 이것이 우리가 실천하려고 하는 희년의 정신과도 일치하는 것이라 믿기 때문이다.

(1) 함께 사는 통일(共生的 統一)

통일은 남과 북이 하나가 되는 것을 의미하지만, 하나가 되는 과정에 어느 한쪽이 희생되거나 고통을 당하는 일이 되어서는 안 되며, 양쪽이 같이 이기며 같이 사는 공생적인 통일이 되어야 한다. 역사 속에 있었던 많은 통일들이 힘에 의한 강압적인 것이었기 때문에. 한쪽이 다른 쪽을 정복하고 지배해 왔으며, 식민지로 만드는 통일이 되고 말았다. 이러한 통일들은 양쪽을 함께 살리는 통일이 아니었으며, 통일 후에도 그 민족의 구성원 모두를 행복하게 하거나 만족스럽게 하는 것이 아니었다. 우리의 통일은 양쪽의 합의에 의한 통일이어야 하며, 양쪽을 서로 살리는 상생(相生)의 통일이어야 한다.

원래 우리의 전통사상 속에는 상극(相剋)이 아니라 상생(相生)을 추구하려는 사상이 있었다. 이스라엘 민족이 하나님과 함께 계약을 맺으며 이룩하려 했던 공동체도 부자와 가난한 자, 주인과 노예 그리고 여러 지파와 종족들이 함께 살도록 하는 공생(共生)의 원리 위에 세워지는 공동체였다. 의인과 악인에게 똑같이 햇빛과 비를 내리시는 하나님의 사랑과(마태 5:45), 착한 아들과 방탕한 아들을 함께 품어 안으시는 아버지의 사랑을(누가 15:20) 강조하신 그리스도의 가르침도 모두 함께 사는 공생의 진리에 대한 가르침이었다.

이러한 믿음과 정신을 가지고 우리는 앞으로 실현해 갈 통일의 과정과 단계에서, 그것이 체제의 연합이든 연방국가이든, 결코 어느 한쪽이 지배자로 군림하거나 다른 한쪽이 열등국민으로, 식민지로, 죄인으로 추락하는 통일이 되지 않도록, 공생의 원칙과 구조를 철저히 지키는 데 최선을 다해 노력해야 한다.

(2) 서로 배우며 닮는 통일(收斂的 統一)

남과 북은 5천 년 동안 한 핏줄을 나누며 같은 언어, 습관, 문화를 지녀온

한 겨레이며, 겨우 50년 동안 분단되어 다른 제도와 사상을 가지고 살아왔다. 이념과 체제가 달라 생활방식, 사고방식, 가치관이 이질화되었다고 하지만, 민족과 문화의 동질성에 비한다면 이질적 요소는 극히 적은 부분에 불과할 것이다. 사상과 제도가 다른데 어떻게 통일해서 함께 사느냐는 걱정이 많으나, 이 차이는 서로 배우며 장점을 공유하는 방식으로 극복해 갈 수 있다고 믿는다. 세상의 모든 제도와 이념은 절대적인 것이 아니라, 다른 제도와 이념에서 배우며 서로 영향을 주고받은 것이었다. 자유주의와 사회주의도 이미 19세기로부터 서로 배우며 수렴해 왔고, 남에게서 배우며 발전하지 않는 폐쇄적인 제도나 이데올로기들은 소멸되고 말았다. 비록 남과 북은 이제까지는 자본주의와 사회주의, 자유와 평등, 개방성과 주체성을 이분법적으로 나누어 대결해 왔으나, 이제는 민족공동체를 이루어 가는 과정에서 양자의 장점을 변증법적으로 종합하면, 단점은 지양하고 극복해서 서로를 비슷하게 만드는 수렴적인 통합을 이루어 내야 한다.

무엇보다 서로의 강점을 존중해 주고, 약점을 보완해 주려는 자세가 중요하다. 남의 눈 속의 티는 보면서 제 눈 속의 들보는 보지 못하는(마태 7:3) 어리석음을 범해서는 안 되며, 믿음이 강한 자가 약한 자의 약점을 돌보아주며, 유대인과 이방인이 서로 받아들이듯(로마 15:1-17) 서로 받아들이는 자세를 갖도록 해야 한다. 그리고 개인과 사회는 하나님께로부터 각기 다른 은사와 신령한 선물을 받고 있다는(로마 12:6) 점도 철저히 인식될 필요가 있다.

계통이 다른 제도와 사상, 같은 환경과 조건에서 오래 살면 점차 비슷한 형태가 나타난다고 하며, 다른 제도와 사상, 문화도 삶의 양식과 틀이 비슷해지면, 즉 공동체적 삶이 이루어지면서, 서로 닮아 간다. 남한의 자유민주주의, 자본주의적 경제발전, 개방적 세계화와 북조선의 인민민주주의, 사회주의적 경제체제, 민족적 주체사상이 서로 영향과 가르침을 주고받으며, 교류와 대화를 통해 배우며 닮아 간다면, 다른 민족이 이루어 내지 못한 발전적이며 수렴적인 통일을 우리 민족이 이루어 낼 수도 있을 것이다.

(3) 새롭게 만드는 통일(創造的 統一)

우리의 통일은 단순히 갈라졌던 남과 북을 재결합시켜서 옛 모습으로 돌아가는 통일이 아니라, 새로운 것을 만들어 내며, 새로운 가치와 문화, 새로운 사회구조와 공동체를 창출해 내는 창조적인 통일이 되어야 한다. 50년 전 분단 이전의 조국은 비록 하나였으나, 민족적 자주성과 독립도, 자유와 민주도, 정의나 평화도 없었던 비참한 조국이었다. 이제 분단 50년의 시련과 고통을 겪으며 희년의 정신으로 통일될 조국은 모든 면에서 새롭게 태어나는 조국이어야 한다. "막힌 담을 헐고, 원수 된 것을 폐하시며, 이 둘을 자기 안에서 하나의 새 사람으로 만드셔서 평화를 이루신" 그리스도의 정신(에베소 2:14-16)과 "시대의 풍조를 본받지 말고 마음을 새롭게 함으로 변화를 받아서 선하고 완전한 것을 분별해 내는 태도"(로마 12:2)가 새롭게 만드는 통일의 정신적 기초와 방향이 되어야 하리라 믿는다.

이런 뜻에서 우리는 남북 양측의 현행 제도와 구조 중, 어느 한쪽의 것을 다른 쪽에 그대로 이행시키는 방식의 통일을 원하지 않는다. 우리가 적화통일이나 흡수통일을 반대하는 이유도 그것이 정의와 평화를 가져오는 통일이 아니기 때문일 뿐 아니라, 결코 조국을 새롭게 만드는 통일이 될 수 없기 때문이다. 남과 북은 모두 현행의 사회체제가 가진 문제들을 직시하고 반성해야 하며, 민족과 민중의 삶의 요구에 부응하기 위해서도 그 체제와 구조를 과감히 수정하고 개혁하지 않으면 안 된다. 우리 민족의 20세기는 핍박과 수난으로 점철되어 왔다. 우리의 통일은 과거로 돌아가는 것이 아니라 21세기의 지구촌에서 자존과 긍지를 갖는 민족공동체를 형성해 가는 데 목표를 두어야 한다.

분단의 아픔이 민족의 새로운 힘을 창출하는 모태가 되도록 서로 노력해야 한다.

6. 희년정신의 실천과 교회의 과제

이제「남북 사이의 화해와 불가침, 교류협력에 관한 기본합의서」가 만들어지고 남과 북이 화해와 협력 시대를 거쳐 통일 시대로 힘차게 매진해야 하는 90년대의 중턱에서, 평화선교의 사명을 가진 우리 그리스도인들과 교회가 해야 할 과제는 무엇인가?

남한의 교회들은 그동안 1988년 통일선언에서 제시한 과제에 따라 여러 차례 평화와 통일에 대한 협의회와 연구 세미나를 열어 왔으며, 평화교육과 통일교육에 기여했고, 평화통일 기도주일을 지키며, 남북 교회의 공동기도문을 만드는 등 많은 일들을 전개하여 왔다. 통일글짓기 대회나 인간띠잇기 대회와 같은 대중동원의 행사와 계몽운동을 통해 평화통일 의식화에도 노력했으며, 세계 교회들과 함께, 남북 교회의 만남도 여러 가지 형태로 이루어 냄으로써 조선기독교도연맹과의 깊은 유대와 결속을 만들어 왔다. 물론 우리가 발표한 많은 대정부 건의와 정책비판 성명들이 분단과 대결의 상황을 개선시키는 데 기여한 것도 사실이다.

그러나 지난 7년의 일들을 겸허하게 반성해 볼 때, 우리 교회와 그리스도인들은 평화와 통일을 위해 설정했던 과제들을 충실하게 실천하지 못했으며, 희년정신의 실천을 위해 성의와 헌신을 다하지 못했음을 고백한다. 무엇보다 우리는 이 사명감을 교회 전체의 것으로 보편화시키며, 희년운동을 범교회적으로 추진하는 일을 성공적으로 수행치 못했다. 남북 평화통일 공동기도주일이나 평화교육에 참여하는 교회는 아직 적은 수에 머물러 있다. 평화선교와 통일교육이 교회학교나 평신도교육, 신학교육에 충실히 반영되고 있지 못하며, 이에 대한 성서적, 신학적 연구도 미흡한 상태에 있다.

이제 희년을 맞이했지만, 아직 평화와 통일의 길이 저 멀리에 있는 오늘, 우리 교회가 힘써 해야 할 일은 우리가 이미 설정했던 과제들을 보다 철저하게 체계적으로 실천해 가며 보다 범교회적으로 추진해 가는 일이다. 그러나 우리 앞에 다가오는 1990년대 후반은 무엇보다 남북의 진정한 화해와 평화체제를 확립하는 시대가 되어야 하므로, 교회의 과제도 여기에 중점을 두어 계획되어야 하리라 생각된다.

이러한 문제의식과 전망을 가지고 오늘의 남북 관계와 교회의 현실을 바라보면서, 우리는 앞으로 5년 동안 교회가 특별히 힘써서 수행해야 할 과제를 다음과 같이 세운다.

(1) 평화와 통일에 대한 신앙고백운동

평화와 통일을 이루는 것이 민족을 분단과 대결이라는 구조적 악에서 구원하는 길임을 신앙적으로 고백케 하며, 교회가 이를 선교적 사명감으로 추진하도록 하는 신앙고백운동을 범교회적으로 전개해야 한다. 예배와 성서연구, 교회학교교육, 평신도교육에 이러한 신앙고백들이 담겨지도록 해야 하며, 각급 신학교와 목회교육기관들은 신학적 연구와 교재, 예배의식 등을 개발하는데 힘써야 한다. 평화통일 기도주일은 앞으로도 8.15 직전주일에 통일이 되는 날까지 남과 북, 해외에서 공동으로 지켜질 것이며, 기도와 신앙고백운동의 장이 될 것이다.

(2) 남북 민간의 화해운동

화해의 사명을 가진 교회는 남북 민간의 뿌리 깊은 불신과 오해, 증오심을 제거하고 참된 신뢰와 이해와 사랑을 심는 화해운동에 앞장서야 한다. 반세기의 상처 깊은 분단과 적대관계는 민족의 가슴에 적대의식과 원수 상을 너무나 뿌리깊이 박아 놓아 화해가 쉽게 이루어지지 않고 있으며, 남북합의서가 정부 간에 만들어졌어도 불신과 비방과 증오심일 사라지지 않고 있다.

앞으로 전개될 교류와 협력, 남북의 만남과 행사도 화해를 이루는 데 가장 우선적인 목표를 두어야 한다. 정부나 언론의 대북 과장보도나 선전을 감시하며 비판하는 여론을 일으키는 것도 하나의 방안이 될 것이다.

(3) 인도적 삶의 회복운동

인도주의 원칙을 선언한 교회는 화해와 공생과 교류협력의 시대에 무엇보다 분단과 대결로 인해 빚어진 인간적인 고통과 상처를 치유하고 일그러지고 마비된 민족구성원들의 인도적 삶을 회복시키는 데 우선적인 노력을 기울여야 한다. 희년의 정신이 고통당하며 소외된 자를 돌보고 그들의 권익을 옹호하는 데 있다면, 분단의 희생자들인 이산가족, 사상범과 장기수, 국가보안법과 이에 상응하는 법들의 피해자와 피납자들 그리고 그들의 가족들을 돌보며, 상처를 치유하는 데 교회가 앞장서 노력해야 한다.

(4) 남북의 나눔과 더불어 사는 운동

민족의 대단결을 이루고 동질성을 회복하는 데는 신뢰와 교류가 필요하며, 이를 구체적으로 실현하는 길은 서로가 가진 것을 지적으로나, 물질적으로, 또한 정신적으로 함께 나누는 데 있다. 앞으로 함께 살며 서로 배우고 닮는 통일의 길을 모색해야 할 남과 북의 동포들은 지금부터 더불어 사는 일에 힘쓰고 고통을 분담하는 정신과 습성을 기르는 것이 중요하다. 장차에는 전 국민적인 나눔운동이 일어나야 하겠지만, 이러한 일에는 교회가 누구보다 먼저 나서서 섬기는 자세로 실천해야 한다. 서로 나누는 일은 조건이 없는 순수한 동포애를 바탕으로 해야 하고 그것을 통해 우리가 더불어 살아가는 데 대한 신뢰가 쌓여 가도록 해야 할 것이다.

(5) 남북선교와 하나의 민족교회 형성운동

남과 북의 교회는 한(조선)반도에서 정의와 평화를 이룩하는 하나님의 선교를 실천하기 위하여 선교 협력을 강화해야 하며, 이를 위해 가능하면 교단과 종파를 넘어서는 하나의 민족교회를 형성하도록 노력해야 한다. 물론 우리는 북조선 땅에 교회가 더 많이 세워지고 그리스도인의 수가 증가하기를 바라며 기도한다.

그러나 선교는 교회나 그리스도인의 수가 증가하는 것만을 의미하지 않으며, 바른 선교는 하나님의 나라가 이루어지는 데서 나타난다고 보기 때문에 우리는 남과 북이 모두 선교의 대상이 되어야 한다고 생각한다. 이것이 우리가 「북한선교」라는 용어를 자제하고, 「남북선교」나 「한(조선)반도선교」라고 호칭하고자 하는 이유이다. 이제 북조선에서의 선교 활동은 교파의 차이를 넘어서 연합적으로 이루어져야 하고, 북조선의 그리스도인들이 중심이 되어 추진되어야 하며, 남북 양측에 하나의 민족교회를 형성해 나가는 방향으로 발전되어야 한다.

하나님께서 한 민족 한 교회에 대한 우리의 기도와 소망을 이루어 주시고 축복을 내려 주시리라 믿는다.

1995년 8월 15일

한국기독교교회협의회

VI. 6.15 남북공동선언
(제1차 남북정상회담, 2000)

조국의 평화적 통일을 염원하는 온 겨레의 숭고한 뜻에 따라 대한민국 김대중 대통령과 조선민주주의인민공화국 김정일 국방위원장은 2000년 6월13일부터 6월15일까지 평양에서 역사적인 상봉을 하였으며 정상회담을 가졌다. 남북 정상들은 분단 역사상 처음으로 열린 이번 상봉과 회담이 서로 이해를 증진시키고 남북 관계를 발전시키며 평화통일을 실현하는 데 중대한 의의를 가진다고 평가하고 다음과 같이 선언한다.

1. 남과 북은 나라의 통일문제를 그 주인인 우리 민족끼리 서로 힘을 합쳐 자주적으로 해결해 나가기로 하였다.

2. 남과 북은 나라의 통일을 위한 남측의 연합제 안과 북측의 낮은 단계의 연방제 안이 서로 공통성이 있다고 인정하고 앞으로 이 방향에서 통일을 지향시켜 나가기로 하였다.

3. 남과 북은 올해 8.15에 즈음하여 흩어진 가족, 친척 방문단을 교환하며 비전향 장기수 문제를 해결하는 등 인도적 문제를 조속히 풀어 나가기로 하였다.

4. 남과 북은 경제협력을 통하여 민족경제를 균형적으로 발전시키고 사회, 문화, 체육, 보건, 환경 등 제반 분야의 협력과 교류를 활성화하여 서로의 신뢰를 다져나가기로 하였다.

5. 남과 북은 이상과 같은 합의사항을 조속히 실천에 옮기기 위하여 빠른 시일 안에 당국 사이의 대화를 개최하기로 하였다.

김대중 대통령은 김정일 국방위원장이 서울을 방문하도록 정중히 초청
하였으며 김정일 국방위원장은 앞으로 적절한 시기에 서울을 방문하기
로 하였다.

2000년 6월 15일

대한민국 대통령 김대중
조선민주주의인민공화국 국방위원장 김정일

VII. 남북 관계 발전과 평화번영 선언*
(10.4선언, 제2차 남북정상회담, 2007)

대한민국 노무현 대통령과 조선민주주의인민공화국 김정일 국방위원장 사이의 합의에 따라 노무현 대통령이 2007년 10월 2일부터 4일까지 평양을 방문하였다. 방문 기간 중 역사적인 상봉과 회담들이 있었다.

상봉과 회담에서는 6.15 공동선언의 정신을 재확인하고 남북 관계발전과 한반도 평화, 민족공동의 번영과 통일을 실현하는 데 따른 제반 문제들을 허심탄회하게 협의하였다.

쌍방은 우리 민족끼리 뜻과 힘을 합치면 민족번영의 시대, 자주통일의 새 시대를 열어 나갈 수 있다는 확신을 표명하면서 6.15 공동선언에 기초하여 남북 관계를 확대, 발전시켜 나가기 위하여 다음과 같이 선언한다.

1. 남과 북은 6.15 공동선언을 고수하고 적극 구현해 나간다. 남과 북은 우리민족끼리 정신에 따라 통일문제를 자주적으로 해결해 나가며 민족의 존엄과 이익을 중시하고 모든 것을 이에 지향시켜 나가기로 하였다. 남과 북은 6.15 공동선언을 변함없이 이행해 나가려는 의지를 반영하여 6월 15일을 기념하는 방안을 강구하기로 하였다.

2. 남과 북은 사상과 제도의 차이를 초월하여 남북 관계를 상호존중과 신뢰

---

* 2007년 10월 4일 발표 '10.4선언'이라고도 한다.

관계로 확고히 전환시켜 나가기로 하였다. 남과 북은 내부문제에 간섭하지 않으며 남북 관계 문제들을 화해와 협력, 통일에 부합되게 해결해 나가기로 하였다. 남과 북은 남북 관계를 통일 지향적으로 발전시켜 나가기 위하여 각기 법률적 · 제도적 장치들을 정비해 나가기로 하였다. 남과 북은 남북 관계 확대와 발전을 위한 문제들을 민족의 염원에 맞게 해결하기 위해 양측 의회 등 각 분야의 대화와 접촉을 적극 추진해 나가기로 하였다.

3. 남과 북은 군사적 적대관계를 종식시키고 한반도에서 긴장완화와 평화를 보장하기 위해 긴밀히 협력하기로 하였다. 남과 북은 서로 적대시하지 않고 군사적 긴장을 완화하며 분쟁문제들을 대화와 협상을 통하여 해결하기로 하였다. 남과 북은 한반도에서 어떤 전쟁도 반대하며 불가침의무를 확고히 준수하기로 하였다.

남과 북은 서해에서의 우발적 충돌방지를 위해 공동어로수역을 지정하고 이 수역을 평화수역으로 만들기 위한 방안과 각종 협력사업에 대한 군사적 보장조치 문제 등 군사적 신뢰구축조치를 협의하기 위하여 남측 국방부 장관과 북측 인민무력부 부장간 회담을 금년 11월 중에 평양에서 개최하기로 하였다.

4. 남과 북은 현 정전체제를 종식시키고 항구적인 평화체제를 구축해 나가야 한다는 데 인식을 같이하고 직접 관련된 3자 또는 4자 정상들이 한반도지역에서 만나 종전을 선언하는 문제를 추진하기 위해 협력해 나가기로 하였다. 남과 북은 한반도 핵문제 해결을 위해 6자 회담 '9.19공동성명'과 '2.13합의'가 순조롭게 이행되도록 공동으로 노력하기로 하였다.

5. 남과 북은 민족경제의 균형적 발전과 공동의 번영을 위해 경제협력사업을 공리공영과 유무상통의 원칙에서 적극 활성화하고 지속적으로 확대 발전시켜 나가기로 하였다. 남과 북은 경제협력을 위한 투자를 장려하고 기반시설 확충과 자원개발을 적극 추진하며 민족내부협력사업의 특수성에 맞게 각종 우대조건과 특혜를 우선적으로 부여하기로 하였다. 남과 북은 해주지역과 주변해역을 포괄하는 '서해평화협력특별지대'를 설치하고 공동어로구역과 평화수역 설정, 경제특구건설과 해주항 활용, 민간선박의 해주직항로 통과, 한강하구 공동이용 등을 적극 추진해 나가기로 하였다.

남과 북은 개성공업지구 1단계 건설을 빠른 시일 안에 완공하고 2단계 개발에 착수하며 문산-봉동 간 철도화물수송을 시작하고, 통행·통신·통관 문제를 비롯한 제반 제도적 보장조치들을 조속히 완비해 나가기로 하였다. 남과 북은 개성-신의주 철도와 개성-평양 고속도로를 공동으로 이용하기 위해 개보수 문제를 협의·추진해 가기로 하였다.

남과 북은 안변과 남포에 조선협력단지를 건설하며 농업, 보건의료, 환경보호 등 여러 분야에서의 협력사업을 진행해 나가기로 하였다. 남과 북은 남북 경제협력사업의 원활한 추진을 위해 현재의 '남북경제협력추진위원회'를 부총리급 '남북경제협력공동위원회'로 격상하기로 하였다.

6. 남과 북은 민족의 유구한 역사와 우수한 문화를 빛내기 위해 역사, 언어, 교육, 과학기술, 문화예술, 체육 등 사회문화 분야의 교류와 협력을 발전시켜 나가기로 하였다. 남과 북은 백두산 관광을 실시하며 이를 위해 백두산-서울 직항로를 개설하기로 하였다. 남과 북은 2008년 북경 올림픽경기대회에 남북

응원단이 경의선 열차를 처음으로 이용하여 참가하기로 하였다.

7. 남과 북은 인도주의 협력사업을 적극 추진해 나가기로 하였다. 남과 북은 흩어진 가족과 친척들의 상봉을 확대하며 영상 편지 교환사업을 추진하기로 하였다. 이를 위해 금강산면회소가 완공되는 데 따라 쌍방 대표를 상주시키고 흩어진 가족과 친척의 상봉을 상시적으로 진행하기로 하였다. 남과 북은 자연재해를 비롯하여 재난이 발생하는 경우 동포애와 인도주의, 상부상조의 원칙에 따라 적극 협력해 나가기로 하였다.

8. 남과 북은 국제무대에서 민족의 이익과 해외 동포들의 권리와 이익을 위한 협력을 강화해 나가기로 하였다. 남과 북은 이 선언의 이행을 위하여 남북총리회담을 개최하기로 하고, 제1차 회의를 금년 11월 중 서울에서 갖기로 하였다. 남과 북은 남북 관계 발전을 위해 정상들이 수시로 만나 현안 문제들을 협의하기로 하였다.

2007년 10월 4일

대한민국 대통령 노무현
조선민주주의인민공화국 국방위원장 김정일

VIII. 한반도의 평화와 번영, 통일을 위한 판문점 선언*
(제3차 남북정상회담. 2018. 4. 27.)

대한민국 문재인 대통령과 조선민주주의인민공화국 김정은 국무위원장은 평화와 번영, 통일을 염원하는 온 겨레의 한결같은 지향을 담아 한반도에서 역사적인 전환이 일어나고 있는 뜻깊은 시기에 2018년 4월 27일 판문점 평화의 집에서 남북정상회담을 진행하였다.

양 정상은 한반도에 더이상 전쟁은 없을 것이며 새로운 평화의 시대가 열리었음을 8천만 우리 겨레와 전 세계에 엄숙히 천명하였다.

양 정상은 냉전의 산물인 오랜 분단과 대결을 하루 빨리 종식시키고 민족적 화해와 평화번영의 새로운 시대를 과감하게 열어나가며 남북 관계를 보다 적극적으로 개선하고 발전시켜 나가야 한다는 확고한 의지를 담아 역사의 땅 판문점에서 다음과 같이 선언하였다.

1. 남과 북은 남북 관계의 전면적이며 획기적인 개선과 발전을 이룩함으로써 끊어진 민족의 혈맥을 잇고 공동번영과 자주통일의 미래를 앞당겨 나갈 것이다. 남북 관계를 개선하고 발전시키는 것은 온 겨레의 한결같은 소망이며 더이상 미룰 수 없는 시대의 절박한 요구이다.

① 남과 북은 우리 민족의 운명은 우리 스스로 결정한다는 민족 자주의

---

* 문재인·김정은 제1차 남북정상회담, 2018년 4월 27일 오후 5시 58분 남북정상회담을 통해 합의안을 마련하고 '한반도의 평화와 번영, 통일을 위한 판문점 선언'을 발표했다.

원칙을 확인하였으며 이미 채택된 남북 선언들과 모든 합의들을 철저히 이행함으로써 관계 개선과 발전의 전환적 국면을 열어나가기로 하였다.

② 남과 북은 고위급 회담을 비롯한 각 분야의 대화와 협상을 빠른 시일 안에 개최하여 정상회담에서 합의된 문제들을 실천하기 위한 적극적인 대책을 세워나가기로 하였다.

③ 남과 북은 당국 간 협의를 긴밀히 하고 민간교류와 협력을 원만히 보장하기 위하여 쌍방 당국자가 상주하는 남북공동연락사무소를 개성지역에 설치하기로 하였다.

④ 남과 북은 민족적 화해와 단합의 분위기를 고조시켜 나가기 위하여 각계각층의 다방면적인 협력과 교류 왕래와 접촉을 활성화하기로 하였다. 안으로는 6.15를 비롯하여 남과북에 다같이 의의가 있는 날들을 계기로 당국과 국회, 정당, 지방자치단체, 민간단체 등 각계각층이 참가하는 민족공동행사를 적극 추진하여 화해와 협력의 분위기를 고조시키며, 밖으로는 2018년 아시아경기대회를 비롯한 국제경기들에 공동으로 진출하여 민족의 슬기와 재능, 단합된 모습을 전 세계에 과시하기로 하였다.

⑤ 남과 북은 민족 분단으로 발생된 인도적 문제를 시급히 해결하기 위하여 노력하며, 남북 적십자회담을 개최하여 이산가족·친척상봉을 비롯한 제반 문제들을 협의 해결해 나가기로 하였다. 당면하여 오는 8.15를 계기로 이산가족·친척 상봉을 진행하기로 하였다.

⑥ 남과 북은 민족경제의 균형적 발전과 공동번영을 이룩하기 위하여 10.4 선언에서 합의된 사업들을 적극 추진해 나가며 1차적으로 동해선 및 경의선 철도와 도로들을 연결하고 현대화하여 활용하기 위한 실천적 대책들을 취해나가기로 하였다.

2. 남과 북은 한반도에서 첨예한 군사적 긴장상태를 완화하고 전쟁 위험을 실질적으로 해소하기 위하여 공동으로 노력해 나갈 것이다.

① 남과 북은 지상과 해상, 공중을 비롯한 모든 공간에서 군사적 긴장과 충돌의 근원으로 되는 상대방에 대한 일체의 적대행위를 전면 중지하기로 하였다. 당면하여 5월1일부터 군사분계선 일대에서 확성기 방송과 전단 살포를 비롯한 모든 적대 행위들을 중지하고 그 수단을 철폐하며 앞으로 비무장지대를 실질적인 평화지대로 만들어 나가기로 하였다.

② 남과 북은 서해 북방한계선 일대를 평화수역으로 만들어 우발적인 군사적 충돌을 방지하고 안전한 어로 활동을 보장하기 위한 실제적인 대책을 세워나가기로 하였다.

③ 남과 북은 상호협력과 교류, 왕래와 접촉이 활성화 되는 데 따른 여러 가지 군사적 보장대책을 취하기로 하였다. 남과 북은 쌍방 사이에 제기되는 군사적 문제를 지체 없이 협의 해결하기 위하여 국방부장관회담을 비롯한 군사당국자회담을 자주개최하며 5월 중에 먼저 장성급 군사회담을 열기로 하였다.

3. 남과 북은 한반도의 항구적이며 공고한 평화체제 구축을 위하여 적극 협력해 나갈 것이다. 한반도에서 비정상적인 현재의 정전상태를 종식시키고 확고한 평화체제를 수립하는 것은 더이상 미룰 수 없는 역사적 과제이다.

① 남과 북은 그 어떤 형태의 무력도 서로 사용하지 않을 데 대한 불가침 합의를 재확인하고 엄격히 준수해 나가기로 하였다.

② 남과 북은 군사적 긴장이 해소되고 서로의 군사적 신뢰가 실질적으로

구축되는 데 따라 단계적으로 군축을 실현해 나가기로 하였다.

③ 남과 북은 정전협정체결 65년이 되는 올해에 종전을 선언하고 정전협정을 평화협정으로 전환하며 항구적이고 공고한 평화체제 구축을 위한 남·북·미 3자 또는 남·북·미·중 4자회담 개최를 적극 추진해 나가기로 하였다.

④ 남과 북은 완전한 비핵화를 통해 핵 없는 한반도를 실현한다는 공동의 목표를 확인하였다.

남과 북은 북측이 취하고 있는 주동적인 조치들이 한반도 비핵화를 위해 대단히 의의 있고 중대한 조치라는데 인식을 같이 하고 앞으로 각기 자기의 책임과 역할을 다하기로 하였다. 남과 북은 한반도 비핵화를 위한 국제사회의 지지와 협력을 위해 적극 노력하기로 하였다.

양 정상은 정기적인 회담과 직통전화를 통하여 민족의 중대사를 수시로 진지하게 논의하고 신뢰를 굳건히 하며, 남북 관계의 지속적인 발전과 한반도의 평화와 번영, 통일을 향한 좋은 흐름을 더욱 확대해 나가기 위하여 함께 노력하기로 하였다.

당면하여 문재인 대통령은 올해 가을 평양을 방문하기로 하였다.

2018년 4월 27일

판 문 점

대한민국대통령 대통령 문재인
조선민주주의인민공화국 국무위원회 위원장 김정은

Ⅸ. 제4차 남북정상회담 발표문*
(제4차 남북정상회담, 2018. 5. 27)

존경하는 국민 여러분!

저는 어제 오후, 판문점 북측지역 통일각에서 김정은 국무위원장과 두 번째 남북정상회담을 가졌습니다. 지난 4월 27일 판문점 평화의 집에서 첫 회담을 한 후, 꼭 한 달 만입니다.

지난 회담에서 우리 두 정상은 필요하다면 언제 어디서든 격식 없이 만나 서로 머리를 맞대고 민족의 중대사를 논의하자고 약속한 바 있습니다. 김 위원장은 그제 오후, 일체의 형식 없이 만나고 싶다는 뜻을 전해왔고, 저는 흔쾌히 수락하였습니다.

오랫동안 저는 남북의 대립과 갈등을 극복하기 위한 방법으로 정상 간의 정례적인 만남과 직접 소통을 강조해왔고, 그 뜻은 4.27 판문점 선언에 고스란히 담겨 있습니다. 그런 의미에서 저는 지난 4월의 역사적인 판문점회담 못지 않게, 친구 간의 평범한 일상처럼 이루어진 이번 회담에 매우 큰 의미를 부여하고 싶습니다. 남북은 이렇게 만나야 한다는 것이 제 생각입니다.

국민 여러분!

우리 두 정상은 북미정상회담을 앞두고, 허심탄회한 대화를 나눴습니다.

---

* 문재인·김정은 제2차 남북정상회담

저는 지난주에 있었던 트럼프 미국 대통령과의 정상회담 결과를 설명하면서, 트럼프 대통령은 김 위원장이 완전한 비핵화를 결단하고 실천할 경우, 북한과의 적대관계 종식과 경제협력에 대한 확고한 의지가 있다는 점을 전달하였습니다. 특히 김 위원장과 트럼프 대통령 모두 북미정상회담의 성공을 진심으로 바라고 있는 만큼 양측이 직접적인 소통을 통해 오해를 불식시키고, 정상회담에서 합의해야 할 의제에 대해 실무협상을 통해 충분한 사전 대화가 필요하다는 점을 강조했습니다. 김 위원장도 이에 동의하였습니다.

김정은 위원장은 판문점 선언에 이어 다시 한 번 한반도의 완전한 비핵화 의지를 분명히 했으며, 북미정상회담의 성공을 통해 전쟁과 대립의 역사를 청산하고 평화와 번영을 위해 협력하겠다는 의사를 피력하였습니다. 우리 두 정상은 6.12 북미정상회담이 성공적으로 이뤄져야 하며, 한반도의 비핵화와 항구적인 평화체제를 위한 우리의 여정은 결코 중단될 수 없다는 점을 확인하고, 이를 위해 긴밀히 상호협력하기로 하였습니다.

또한 우리는 4.27 판문점 선언의 조속한 이행을 재확인했습니다. 이를 위해 남북 고위급 회담을 오는 6월 1일 개최하고, 군사적 긴장완화를 위한 군사당국자 회담과 이산가족 상봉을 위한 적십자 회담을 연이어 갖기로 합의하였습니다. 양 정상은 이번 회담이 필요에 따라 신속하고 격식 없이 개최된 것에 큰 의미가 있다고 평가하고, 앞으로도 필요한 경우 언제든지 서로 통신하거나 만나, 격의 없이 소통하기로 하였습니다.

존경하는 국민 여러분!
돌아보면 지난해까지 오랜 세월 우리는 늘 불안했습니다. 안보 불안과 공포가 경제와 외교에는 물론 국민의 일상적인 삶에까지 파고들었습니다. 우리의 정치를 낙후시켜 온 가장 큰 이유이기도 했습니다. 그러나 지금 우리는 역사의 물줄기를 바꾸고 있습니다. 평창 올림픽을 평화 올림픽으로 만들었고, 긴장과 대립의 상징이었던 판문점에 평화와 번영의 새로운 길을 내고 있습니다. 북한은 스스로 핵실험과 미사일 발사를 중단하고, 풍계리 핵실험장을 폐기하는 결단을 보여주었습니다.

이제 시작이지만, 그 시작은 과거에 있었던 또 하나의 시작이 아니라, 완전히 새로운 시작이 될 것입니다. 산의 정상이 보일 때부터 한 걸음 한 걸음이 더욱 힘들어지듯이 한반도의 완전한 비핵화와 완전한 평화에 이르는 길이 결코 순탄하지 않을 것입니다. 그러나 저는 대통령으로서 국민이 제게 부여한 모든 권한과 의무를 다해 그 길을 갈 것이고, 반드시 성공할 것입니다. 국민 여러분께서도 함께 해주시기 바랍니다.

감사합니다.

2018년 5월 27일

대한민국 대통령 문재인

X. 9.19 평양공동선언*
(제5차 남북정상회담. 2018)

대한민국 문재인 대통령과 조선민주주의인민공화국 김정은 국무위원장은 2018년 9월 18일부터 20일까지 평양에서 남북정상회담을 진행하였다.

양 정상은 역사적인 판문점선언 이후 남북 당국 간 긴밀한 대화와 소통, 다방면적 민간교류와 협력이 진행되고. 군사적 긴장완화를 위한 획기적인 조치들이 취해지는 등 훌륭한 성과들이 있었다고 평가하였다.

양 정상은 민족자주와 민족자결의 원칙을 재확인하고, 남북 관계를 민족적 화해와 협력, 확고한 평화와 공동번영을 위해 일관되고 지속적으로 발전시켜 나가기로 하였으며, 현재의 남북 관계 발전을 통일로 이어갈 것을 바라는 온 겨레의 지향과 여망을 정책적으로 실현하기 위하여 노력해 나가기로 하였다.

양 정상은 판문점선언을 철저히 이행하여 남북 관계를 새로운 높은 단계로 진전시켜 나가기 위한 제반 문제들과 실천적 대책들을 허심탄회하고 심도있게 논의하였으며, 이번 평양정상회담이 중요한 역사적 전기가 될 것이라는 데 인식을 같이 하고 다음과 같이 선언하였다.

1. 남과 북은 비무장지대를 비롯한 대치지역에서의 군사적 적대관계 종식을 한반도 전 지역에서의 실질적인 전쟁위험 제거와 근본적인 적대관계 해소

---

* 문재인·김정은 제3차 남북정상회담

로 이어나가기로 하였다.

① 남과 북은 이번 평양정상회담을 계기로 체결한 〈판문점선언 군사분야 이행합의서〉를 평양공동선언의 부속합의서로 채택하고 이를 철저히 준수하고 성실히 이행하며, 한반도를 항구적인 평화지대로 만들기 위한 실천적 조치들을 적극 취해나가기로 하였다.

② 남과 북은 남북군사공동위원회를 조속히 가동하여 군사분야 합의서의 이행실태를 점검하고 우발적 무력충돌 방지를 위한 상시적 소통과 긴밀한 협의를 진행하기로 하였다.

2. 남과 북은 상호호혜와 공리공영의 바탕위에서 교류와 협력을 더욱 증대시키고, 민족경제를 균형적으로 발전시키기 위한 실질적인 대책들을 강구해나가기로 하였다.

① 남과 북은 금년 내 동, 서해선 철도 및 도로 연결을 위한 착공식을 갖기로 하였다.

② 남과 북은 조건이 마련되는 데 따라 개성공단과 금강산관광 사업을 우선 정상화하고, 서해경제공동특구 및 동해관광공동특구를 조성하는 문제를 협의해나가기로 하였다.

③ 남과 북은 자연생태계의 보호 및 복원을 위한 남북 환경협력을 적극 추진하기로 하였으며, 우선적으로 현재 진행 중인 산림분야 협력의 실천적 성과를 위해 노력하기로 하였다.

④ 남과 북은 전염성 질병의 유입 및 확산 방지를 위한 긴급조치를 비롯한 방역 및 보건·의료 분야의 협력을 강화하기로 하였다.

3. 남과 북은 이산가족 문제를 근본적으로 해결하기 위한 인도적 협력을 더욱 강화해나가기로 하였다.

① 남과 북은 금강산 지역의 이산가족 상설면회소를 빠른 시일내 개소하기로 하였으며, 이를 위해 면회소 시설을 조속히 복구하기로 하였다.
② 남과 북은 적십자 회담을 통해 이산가족의 화상상봉과 영상편지 교환 문제를 우선적으로 해결해나가기로 하였다.

4. 남과 북은 화해와 단합의 분위기를 고조시키고 우리 민족의 기개를 내외에 과시하기 위해 다양한 분야의 협력과 교류를 적극 추진하기로 하였다.

① 남과 북은 문화 및 예술분야의 교류를 더욱 증진시켜 나가기로 하였으며, 우선적으로 10월 중에 평양예술단의 서울공연을 진행하기로 하였다.
② 남과 북은 2020년 하계올림픽경기대회를 비롯한 국제경기들에 공동으로 적극 진출하며, 2032년 하계올림픽의 남북공동개최를 유치하는 데 협력하기로 하였다.
③ 남과 북은 10.4 선언 11주년을 뜻깊게 기념하기 위한 행사들을 의의있게 개최하며, 3.1운동 100주년을 남북이 공동으로 기념하기로 하고, 그를 위한 실무적인 방안을 협의해나가기로 하였다.

5. 남과 북은 한반도를 핵무기와 핵위협이 없는 평화의 터전으로 만들어나가야 하며 이를 위해 필요한 실질적인 진전을 조속히 이루어나가야 한다는 데 인식을 같이 하였다.

① 북측은 동창리 엔진시험장과 미사일 발사대를 유관국 전문가들의 참관 하에 우선 영구적으로 폐기하기로 하였다.

② 북측은 미국이 6.12 북미공동성명의 정신에 따라 상응조치를 취하면 영변 핵시설의 영구적 폐기와 같은 추가적인 조치를 계속 취해나갈 용의가 있음을 표명하였다.

③ 남과 북은 한반도의 완전한 비핵화를 추진해나가는 과정에서 함께 긴밀히 협력해나가기로 하였다.

6. 김정은 국무위원장은 문재인 대통령의 초청에 따라 가까운 시일 내로 서울을 방문하기로 하였다.

2018년 9월 19일

대한민국 대통령 문재인

조선민주주의인민공화국 국무위원장 김정은

■ 참 고 문 헌

"대담. 통일 방안 집중연구: "연합제와 낮은 단계 연방제 공통성은 민족통일기구 결성", 「민족21」 통권 제51호(2005년 6월호), 28-35.

강만길 편, 『한국근대사상가선집 6: 趙素昻』, 서울: 한길사, 1982.

강만길, "조소앙과 삼균주의", 「사상」 제13호(1992. 6), 286-304.

_____, 『(통일지향)우리 민족해방운동사』, 서울: 역사비평사, 2000.

_____, 『통일. 그 바람에서 현실로』, 서울: 비봉출판사, 1995.

강문규, "민족통일과 평화에 대한 교회의 입장", 「기독교사상」(1988. 4), 174-180.

_____, "분단시대와 기독교: 분단시대와 한국교회의 사명", 「기독교사상」(1985. 1).

강원돈, "한반도 평화와 통일에 대한 평화윤리적 접근", 「한국기독교신학논총」 61집(2009), 107-128.

강원석, "신앙과 이데올로기 비판", 「기독교사상」(1983. 9); 고범서 편, 『이데올로기와 신학』, 서울: 범우사, 1983.

강인철, 『한국의 개신교와 반공주의』, 서울: 중심, 2006.

강인철·박명수, "대한민국 초대 정부의 기독교적 성격", 「한국기독교와역사」 제30호(2009).

강장석, "북한 체제붕괴 위기시 중국의 군사 개입가능성", 「신아세아」 13권 3호(2006. 가을), 23-49.

강정구, "주한미군의 反평화성과 反통일성", 「진보평론」 제9호(2001. 9), 153-176.

_____, "해방후 친일파 청산 좌절의 원인과 민족사적 교훈", 민족문제연구소편, 『한국 근현대사와 친일파 문제』, 서울: 아세아문화사, 2001.

강준영, "중국 개혁개방과 종교의 부활", 「중국학연구」 제24집(2003. 6), 309-338.

강정인·권도혁, "조소앙의 삼균주의의 재해석", 「한국정치학회보」 52/1(2018).

건대인문학연구원 통일인문학연구단 편, 『소통, 치유, 통합의 통일 인문학』, 서울: 선인, 2009.

경실련통일협회, 『통일을 준비하는 한국의 민간단체』, 서울: 경련통일협회, 1994.

고경호, "4.3 당시 도민 학살 막아낸 문상길 중위 조명 절실", 「제주일보」 2018.

12.10.

고승우, "'핵무기 없는 세계'와 '한반도 비핵화' 미 언론 보도 추종하는 국내 언론 모
         든 핵 위협 동시 제거 제기해야", 「민족21」 제104호(2009. 11), 110-113.

_____, "한반도의 핵무기", 「실천문학」 10호(1988. 6), 105-125.

_____, "금강산, 개성 관광은 재개돼야 한다 - 남북이 이룩한 과실, 중국이 가져가
         서야", 「미디어 오늘」 2010. 3. 19.

고재식, "이데올로기와 신앙", 「기독교사상」(1983. 6).

곽태환, "김정일 위원장은 주한미군 철수를 원하는가", 「통일한국」 제215호(2001.
         11), 16-18.

권영성, 『힙법학원론』, 서울: 법문사, 2002.

권은경, "통일비용 및 재원조달방안", 「국토」 통권 195호(1998. 1), 48-57.

권혁률, "기독교통일운동의 출발신호, 88년 통일선언", 「기독교사상」 제498호
         (2000. 6), 104-117.

금명기, "북한붕괴시 흡수통일 - 미국개입의 법적 근거와 개입배제대책", 「국제법
         학회논총」 제43권 제1호(1998. 6), 1-16.

기독교사상 편집부, 『한국교회와 이데올로기』, 서울: 대한기독교서회, 1983.

기독교학문연구회 엮음, 『민족통일과 한국기독교』, 서울: 한국기독학생회출판부,
         1994.

김갑식, "동북아 지역안보 패러다임과 북핵문제", 「통일문제연구」 제21권 2호
         (2009. 11), 1-42.

김경재, "분단시대 기독교와 민족운동", 강만길 외 공저, 『민족주의와 기독교』, 서울:
         민중사, 1981.

김광수, "6.25동란과 한국교회의 수난", 「기독공보」 1976. 6. 5.

_____, "기독교와 공산주의, 공산표주의 理論비판", 「기독공보」 1972. 6. 3.

_____, 『북한기독교 탐구사』, 서울: 한국교회사연구원, 1994.

김광식, "기독교 신앙과 이데올로기", 『신앙과 신학』 2(1988. 4), 61-82.

김근식, "김대중 정부의 햇볕정책: 회고와 전망", 「한국과국제정치」 Vol. 18, No.
         2(2002), 95-119.

김기승, "조소앙과 대한민국 정부수립", 「동양정치사상사」 8권 제1호(2009. 3),
         27-43.

_____, 『조소앙이 꿈꾼 세계』, 서울: 지영사, 2003.

김대중, "21세기 우리 정부의 바람직한 대북정책", 「오마이뉴스」 2009. 6. 19.

_____. 『김대중의 3단계 통일론』, 서울: 아태평화재단, 2000.

김대환, 『통일을 위한 민족주의 이념: 민족사의 새 지평』, 서울: 을유문화사, 1993.

김동춘, 『전쟁과 사회』, 서울: 돌베개, 2006.

김두현, "이명박 정부에서 민간통일운동의 진로", 「통일문제연구」 Vol. 29(2008), 67-90.

김득중, 『빨갱이의 탄생: 여순사건과 반공 국가의 형성』, 서울: 선인, 2009.

김명기, 『남북한 통일정책』, 서울: 국제문제연구소, 1995.

김명혁 편저, 『한국복음주의협의회 성명서 모음』, 서울: 기독교교문사, 1998.

김명혁, "크리스챤논단, 평화통일에 대한 복음주의 입장", 「크리스챤신문」 1988. 3. 19.

_____. 『통일과 선교』, 서울: 성광문화사, 1993.

김민배, "국가보안법·반공법과 한국인권 50년", 「역사비평」 46호(1999. 3), 41-56.

김병로, 『2007 통일의식조사』, 서울: 서울대학교 통일연구소, 2007.

김삼웅, 『리영희 평전』, 서울: 책으로 보는 세상, 2010.

김성보·이종석, 『북한의 역사』, 서울: 역사비평사, 2011.

김성재, "분단현실과 민족교육", 「기독교사상」 1985. 3.

_____. "통일이후 한국교회 교육의 전망과 과제", 「기독교사상」 259(1998. 6).

김성주, "한반도 비핵화와 평화체제 구축", 「한국정치외교사논총」 제28집 제2호(2007. 2), 167-197.

김수암, "부시행정부의 대북인권정책", 「한국정치외교사논총」 제27집 제2호(2006. 2), 345-372.

김수일, "통일과정에서 남북경제협력의 효과", 「국제지역학회 춘계학술대회 자료집」(2007), 399-418.

김승국, "6자회담과 한반도 비핵화: "비핵화·중립화·미군철수 로드맵으로 한반도 평화구축 이뤄야", 「민족21」 제52호(2005. 7), 36-41.

김애영, "남북교류에 있어서 종교의 역할과 전망", 「신학연구」 48(2006), 191-226.

김양선, 『한국기독교 해방십년사』, 서울: 대한예수교 장로회 종교교육부, 1956,

김연수·김경규, "북한 붕괴시 한국의 선택과 대응책", 「전략연구」 제46호(2009.

7), 147-186.

김영명, "1960년대 한국핵무기 배치 및 역할", 「아시아문화」 제13호(1997. 12). 385-410.

김영재, "노무현 정부 평화번영정책의 분석", 「국제정치연구」 Vol. 9, No. 1(2006), 77-101.

김영한. "개혁주의 평화통일신학". 「목회와 신학」(1993. 1).

김용복, "광복 50 주년과 민족희년", 「한국기독교신학논총」 12(1995), 5-12.

김용욱, "한반도의 연방제통일 실현방안에 관한 연구", 「사회과학연구」 제18권 겨울호(2008. 1), 1-22.

김용호, "조소앙과 삼균주의에 대한 재조명", 「한국정치연구」 Vol. 15, No. 1(2009), 49-64.

김인혁, "제1·2차 남북정상회담의 비교 분석", 「통일전략」 제7권 제3호(2007. 12), 179-220.

김인회, "국가보안법 위헌성에 대한 고찰 - 국가보안법의 반통일성을 중심으로", 「통일시론」 8호(2000. 10), 115-127.

김일영, "북한 붕괴 시 한국군의 역할 및 한계", 「국방연구」 Vol. 46, No. 2(2003), 137-176.

김재명, "미국의 핵위협과 삼중 잣대", 「민족21」 통권 제64호(2006. 70), 110-115.

김재준, "공산주의론", 『장공 김재준 저작전집 2』. 서울: 한국신학대학출판부, 1971.

김재철, "남북 교류·협력을 위한 이명박 정부의 전략적 선택", 「한국동북아논총」 Vol. 52(2009), 103-125.

김정기, "공산주의 종교론과 그 비판", 「신학지남」 제193호(1982. 3), 158-175.

김태우, "핵의 세계와 한반도비핵화의 허와 실", 「통일문제연구」 제3권 3호(1991. 9), 187-223.

김필재, "北 급변사태시, 한국배제 美단독개입의 위험성", 「프리존뉴스」 2008. 3. 27.

김학관, 『중국교회사』, 서울: 이레서원, 2005.

김학성, "국가보안법 폐지논쟁 소고", 「강원법학」 제19권(2004. 12), 23-42.

김학준, "1970년대의 통일논의", 「반외세의 통일논리」, 서울: 형성사, 1979.

_____. "分斷의 배경과 고정화과정", 『해방전후사의 인식 1』, 서울: 한길사, 1980.

_____, 『강대국관계와 한반도』, 서울: 을유문화사, 1983.

김형빈·김두남, "박근혜 정부 통일정책의 쟁점과 과제", 「통일전략」 16/3(2016.9).

김홍기, "역사신학의 빛에서 본 통일희년운동의 의식화교육 – 존 웨슬리를 중심으로", 『한국기독교신학논총』 11(1994).

김홍수, "한국교회의 통일운동의 역사에 대한 재검토", 「기사연 무크」 3(1988).

_____, "해방 직후 북한교회의 정치적 성격", 「한국기독교와 역사」 2(1992).

_____, "북한 기독교, 역사와 전망", 「신학과 현장」 17(2007), 29-51.

김희은, "남북한 여성들의 하나 됨을 위하여", 「한국기독교신학논총」 12(1995), 274-293.

나종만, "이명박 정부 대북정책의 문제와 과제", 「국제정치연구」 Vol. 11. No. 2 (2008), 1-19.

남궁영, "김대중 정부의 대북정책에 대한 비판적 해석: 남남갈등의 쟁점을 중심으로", 「국제정치연구」 Vol. 7. No. 2(2006), 25-43.

남기업, "통일 후 북한토지 '공공임대제도'가 적절", 「오마이뉴스」 2008. 12. 10.

남북나눔위원회 편, 『민족통일을 준비하는 그리스도인』, 서울: 두란노, 1995.

노경천, "통일이후, 북한 청소년에 대한 기독교교육적 접근", 「교회교육」 267 (1993. 3).

노정선, "한반도의 분단과 하나님 창조의 보전", 「한국기독교신학논총」 4(1988. 10), 127-140.

_____, "현대 이데올로기의 변천과 신학", 「신앙과 신학」 2(1988. 4), 83-105.

_____, 『통일신학을 향하여: 제3세계 기독교윤리』, 서울: 한울, 1988.

대한예수교장로회 총회출판국, 『헌법』, 서울: 대한예수교장로회 총회출판국, 1987.

대한예수교장로회총회 남북한선교협력위원회 북한문제연구소 편, 『북한기독교 총람(1885-1995)』, 서울: 우진사, 1995.

도진순, "2000년 6월 평양회담과 남북공동선언", 「역사비평」 52호(2000. 8), 67-93.

라미경·신진, "북한 붕괴시의 중국의 위기관리 외교정책", 「논문집」, Vol. 10 (1999), 133-148.

류길재, "북핵문제의 성격과 해결을 위한 전략 구상", 「한국과국제정치」 Vol. 25, No. 4(2009), 87-118.

류대영, 『한국 근현대사와 기독교』, 서울: 푸른역사, 2009.

맹용길, "한반도의 평화신학 정립", 「신앙과 신학」 6(1989. 10), 7-36.

문익환, 『통일은 어떻게 가능한가』, 서울: 학민사, 1984.

문장렬, "주한미군의 전략적 유연성과 한·미 군사협력 관계의 미래", 「전략연구」
　　제34호(2005. 7), 172-206.

문채규, "「국가보안법 폐지 후 형법보완론」의 구체적 내용에 대한 형법 이론적 분
　　석", 「법학연구」 제47권 제2호(2007. 2), 251-273.

민족문제연구소, 『한국 근현대사와 친일파 문제』, 서울: 아세아문화사, 2000.

민족통일연구원, 『統一論議의 變遷過程: 1945-1993』, 서울: 민족통일연구원,
　　1993.

박건영, "남북 관계 10대 현안 분석2: 한반도 비핵화의 해법", 「역사비평」 88호
　　(2009. 8), 89-99.

박광득, "노무현 정부와 북핵문제", 「통일전략」 제8권 제1호(2008. 4), 109-144.

박광수·변진흥·정순일, "남북종교교류의 역사적 전개과정연구 – 종단별 특성과
　　성과를 중심으로", 「종교연구」 37집(2004. 겨울), 127-159.

박광수, "북한의 종교정책변화와 남·북한 종교교류성찰", 「신종교연구」 제21집
　　(2009), 313-351.

박동윤, "통일논의의 변천과 현 단계", 「월간조선」 1981년 8월호.

박명림, "한국민주주의와 제3의 길: 민주주의, 사회적 시장경제 그리고 평화통일의
　　결합 – 조봉암 사례연구", 『죽산 조봉암 전집 6』, 서울: 세명서관, 1999,
　　109-118.

_____, 『한국 1950: 전쟁과 평화』, 서울: 나남, 2002.

박명철, "독일통일에 비추어본 우리의 통일", 「기독교사상」 제462호(1997. 6),
　　40-53.

박병호, 『統一 以後 國民統合方案 研究』, 서울: 민족통일연구원, 1994.

박순경, "기독교와 공산주의 이론과 현실", 「기독교사상」 제302호(1983. 8), 15-
　　56.

_____, 『민족통일과 기독교』, 서울: 한길사, 1986.

_____, 『통일신학의 미래』, 서울: 사계절, 1997.

_____, 『통일신학의 고통과 승리』, 서울: 한울, 1997.

_____, 『통일신학의 여정』, 서울: 한울, 1992.

_____, 『통일신학의 이해』, 서울: 한길사, 1992.

박승, "개혁적인 토지정책, 땅과 빈부격차 고리 끊으려 도입한 '토지공개념'",「한국일보」 2010. 3. 16.

박완신,『통일의 길목: 선교지 북한에 대한 바른 진단』, 서울: 엠마오, 1989.

박요셉, "[4.3이 드러낸 신앙①] 두 군인─ 9연대 중대장 문상길 중위와 소대장 채명신 소위".「뉴스앤조이」2018.06.01.

박원순.『국가보안법 연구 1 ─ 국가보안법변천사』, 서울: 역사비평사, 1989.

_____.『국가보안법 연구 2 ─ 국가보안법적용사』, 서울: 역사비평사, 1992.

_____.『국가보안법 연구 3 ─ 국가보안법폐지론』, 서울: 역사비평사, 1992.

박재순, "반전(反戰), 평화를 위한 신학적 성찰",「한국기독교신학논총」 26(2002. 10), 163-185.

박정란 · 강동완, "한반도 정세 변화와 북한선교",「한국기독교신학논총」 61집 (2009), 5-32.

박정용. "北韓 宗敎政策 變化에 關한 硏究", 경기대학교 정치전문대학원, 2003.

박정진. "민족희년의 선교적 의미",『한국기독교신학논총』 12(1995), 294-311.

박종석, "한국 기독교평화교육의 반성과 방향",「한국기독교신학논총」 24(2002. 4), 335-352.

박종천, "평화 통일과 희년에 관한 교회론적 반성과 전망",「교회와 세계」(1992), 10-11.

박종화, "88선언 ─ 의미, 발전적 실천방안, 한국교회의 실천의지",「기독교사상」제 474호(1998. 6), 31-42.

_____. "교회희년과 민족희년을 위한 신학적, 실천적 과제",「한국기독교신학논총」 12(1995), 25-44.

_____. "민족 통일의 성취와 통일신학의 정립",「한국기독교신학논총」 3(1988. 5), 113-154.

_____. "평화통일신학의 쟁점과 전망",「목회와 신학」 1993. 1.

박준영, "북한의 핵무기와 미사일 개발정책",「국제정치논총」제39집 1호(1999. 9), 213-235.

박태균. "8·15 직후 미군정의 관리충원과 친일파",「역사와 현실」 10(1993).

배경한, "三均主義와 三民主義",「중국근현대사연구」제15집(2002. 6), 1-16.

배성인, "남북 관계발전과 국가보안법 폐지",「진보평론」제21호(2004. 9), 177-203.

배종렬, "북한경제의 국제화와 신정부의 대북정책 정립방향", 「통일정책연구」제17권 제1호(2008. 6), 79-111.

법륜, 『새로운 백년- 가슴을 뛰게 하는 통일이야기』, 서울: 오마이북, 2012.

변동명, "제1공화국 초기의 국가보안법 제정과 개정", 「민주주의와 인권」제7권 1호 (2007. 4), 85-121.

변창구, "박근혜 정부의 대북정책", 「통일전략」 15/3(2015).

문재인, 『문재인의 한반도 정책』, 서울: 통일부, 2017.

서중석, "이승만과 북진통일 - 1950년대 극우반공독재의 해부", 「역사비평」 31호 (1995. 여름), 108-164.

_____, 『이승만과 제1공화국』, 서울: 역사비평사, 2012.

성경륭, "다시보는 자본주의 - 그 동태와 모순 자본주의와 민주주의의 변증법적 관계", 「사회비평」제6권(1991. 12), 120-170.

_____, "김대중-노무현 정부와 이명박 정부의 대북정책 추진전략 비교: 한반도 평화와 공동번영 정책의 전략, 성과, 미래과제", 「한국동북아논총」Vol. 48 (2008), 285-311.

손규태, "한반도의 평화신학을 위한 윤리학적 접근", 「신앙과 신학」6(1989. 10). 219-235.

손운산, "전쟁이야기에서 치유와 화해의 이야기로", 「기독교사상」제498호(2000. 6), 26-41.

_____, "치료, 용서 그리고 화해", 「한국기독교신학논총」35권(2004), 241-283.

_____, "치료와 공존: 분단과 통일시대 사이의 목회상담", 「신학사상」121집 (2003. 여름), 163-183.

_____, "상처입은 한반도적 자아유치를 위한 상담목회 1", 「기독교사상」제469호 (1998. 1), 63-78.

_____, "상처입은 한반도적 자아유치를 위한 상담목회 2", 「기독교사상」제470호 (1998. 2), 72-84.

송두율, 『통일의 논리를 찾아서』, 서울: 한겨레신문사, 1997.

신 진, "김대중 정부의 햇볕정책과 구조적 한계", 「국제정치학」43집 1호(2003), 295-316.

신동혁, "스탈린 종교정책, 1943-1948", 「슬라브학보」제24권 4호(2009. 12), 371-398.

신옥수, "통일신학의 어제와 오늘", 「한국기독교신학논총」 61집(2009), 55-84.

신우철, "건국강령(1941. 10. 28) 연구 - '조소앙 헌법사상'의 헌법사적 의미를 되
　　　새기며", 「중앙법학」 Vol. 10, No. 1(2008), 76-87.

안부섭, 『통일과 북한선교전략』, 서울: 베드로서원, 1991.

안승대, "통일교육의 세 가지 차원에 대한 탐색: 민족화해교육, 분단의식 극복교육,
　　　민주시민교육 - 프레이리 이론을 중심으로", 「한국교육」 제37권 제4호
　　　(2010) 25-46.

안종철, "미군정 참여 미국선교사 관련 인사들의 활동과 대한민국 정부수립". 「한국
　　　기독교와 역사」 제30호(2009.3).

양금희, "통일 독일의 기독교교육", 「교회교육」 283(2000. 9).

양승규, 국가보안법과 신앙인", 「사목」 제269호(2001. 6), 16-25.

양영권, "금강산 관광사업도 중국에 넘어가나", 「머니투데이」 2010. 3. 19.

양천수, "상호합법성의 측면에서 접근한 북한 인권 문제". 「공법학연구」 제8권 제2
　　　호(2007. 5), 211-234.

양호민외 공편, 『민주 통일론의 전개』, 서울: 형성사, 1983.

양홍모, "북한체제붕괴론", 「북한」 2007년 2월호.

연규홍, "한국교회의 민족통일 운동과 평화문제-민족통일과 평화에 대한 한국 기독
　　　교회의 선언(1988)을 중심으로", 「신학연구」 제41집(2000. 12), 425-
　　　443.

염규현, "MB정부, 인도적 지원과 북핵 연계 대북 민간 지원단체 고사 중", 「민족21」
　　　제104호(2009. 11), 98-101.

오수열, "김대중 정부의 대북정책과 금강산 사업평가", 「한국동북아논총」 Vol. 25,
　　　No. 1(2002), 129-146.

_____. "김대중 정부의 대북정책과 금강산사업의 평가", 「한국동북아논총」 Vol. 25
　　　(2002), 129-146.

와다 하루끼, 『한국전쟁』, 서울: 창조와 비판사, 2001.

우 정, "무신론과 북한의 종교관", 「북한」 138(1983. 6), 50-64.

우승지, "북한 인권문제 연구의 쟁점과 과제", 「국제정치논총」 제46집 3호(2006.
　　　9), 189-212.

유석성, "통일의 방안과 평화통일을 위한 교회의 역할", 「신학과선교」 20(1995).

유호열, 『남북 화해와 민족 통일』, 서울: 을유문화사, 2001.

윤응진, "기독교 평화통일 교육을 위한 이론정립의 방향 모색", 『한국기독교신학논총』 12(1995), 204-244.

윤정원, "북핵문제 경과일지", 「전략연구」 제45호(2009. 3), 163-198.

_____, "오바마 정부 출범 이후 북핵문제와 우리의 대응책", 「전략연구」 제46호 (2009. 7), 112-144.

윤황 · 김수민, "제2차 남북정상회담의 성과와 과제", 「통일전략」 제7권 제3호 (2007. 12), 293-348.

이강수, 『반민특위 연구』, 서울: 나남출판, 2003.

이광순, "통일과 북한 선교", 「장신논단」 13(1997).

이광재 · 이기종 · 정영태, "북한체제 붕괴시 정치적 외교적 대응방안", 「한국북방학회논집」 Vol. 6(2000), 171-216.

이규호, 마르크스주의의 종교비판 - 종교는 아편인가?", 「기독교사상」 제174호 (1972. 11), 23-34.

이기동, "노무현 정부와 이명박 정부의 대북 접근방식 비교", 「북한연구학회보」 Vol. 12, No. 2(2008), 269-288.

이덕주 · 조이제, 『한국그리스도인들의 신앙고백』, 서울: 한들, 2000.

이동훈, "중국 지역간 경제격차와 강택민 정권의 대응정책에 대한 연구", 고려대 대학원 석사학위논문, 2001.

이만열, "통일을 준비하는 기독인의 자세", 「복음과 상황」 1993. 7-8.

_____, "한국기독교 통일운동의 전개 과정", 남북나눔연구원 편, 『남북나눔총서 I - 민족통일을 준비하는 그리스도인』, 서울: 두란노, 1994.

_____, "한국기독교 통일운동의 전개과정", 남북나눔연구회 편, 『남북나눔총서 I - 민족통일을 준비하는 그리스도인』, 서울: 두란노, 1994.

_____, 『한국기독교와 민족통일운동』, 서울: 한국기독교역사연구소, 2001.

이명수, "북핵문제와 우리 정부의 대응 - 노무현, 이명박 정부의 북핵정책 비교연구", 「한국동북아논총」 Vol. 48(2008), 335-359.

이목훈, "노무현 정부에 대한 좌-우 이념논쟁의 성격 탐색", 「한국사회와 행정연구」 Vol. 16, No. 1(2005), 229-252.

이범진, "6.25 대량 학살 명분은 반공만능주의", 「뉴스파워」 2009. 6. 24.

이삼열, "핵무기 대한 세계교회협의회 입장", 「기독교사상」 제398호(1992. 2), 59-69.

이상린, "맑스의 무신론", 「한신논문집」 14(1997), 449-490

이성숙, "북-미-중 전략적 삼각관계와 제2차 북핵위기", 「국제정치논총」 제49집 5호(2009. 12), 129-148.

이성염, "신성한 구원자 - 무신론적 공산주의에 관한 교황 비오 11세의 회칙", 「경향잡지」 1350호(1980. 9), 46-48.

이승환, "군사정권시기의 민간통일론", 「통일시론」 4(1999. 11), 130-142.

이신건, "이데올로기와 민족희년의 과제 - 한국신학의 자본주의 이해와 통일비전", 「한국기독교신학논총」 12(1995), 137-171.

_____, 『칼 바르트와 이데올로기』, 서울: 성지출판사, 1989.

이신욱, "문재인정부의 통일정책과 경제통합", 「한국지방정부학회 학술대회 논문집」 2017/4(2017)

이용필·임혁백·양현철·신명순, 『남북한 통합론』, 서울: 인간사랑, 1992.

이재봉, 『두 눈으로 보는 북한』, 서울: 남북평화재단, 2008.

이재정, '남북 경제합의 다 버렸다, 그게 무슨 실용이냐', 「경향신문」 2008. 6. 12.

_____, "MB 실용외교 북한엔 왜 침묵하나", 「중앙일보」 2010. 3. 23.

이종각, "북한 교육 정책과 제도", 「초등우리교육」 제3호(1990. 5), 142-143.

이준구, "무상급식이 무슨 좌파 포퓰리즘?", 「뷰스앤뉴스」 2010. 3. 12.

_____, "이명박 정부의 2년", 「프레시안」 2010. 3. 1.

_____, "일본 북한인권법 통과의 의미와 전망", 「통일한국」 제271호(2006. 7), 66-69.

이창헌, "노무현 정부 대북정책의 성과와 평가", 「정치정보연구」 Vol. 11, No. 1(2008), 73-97.

이철기, "테러지원국 북한의 선택은", 「통일한국」 제214호(2001. 10), 19-21.

이춘근, "북핵 문제와 남북한 관계", 「전망전략논단」, Vol. 10(2009), 184-199.

이태경, "시장친화적 토지공개념, 反MB연대의 공통분모", 「프레시안」 2010. 3. 3.

이태영, "독일교회와 남북통일, 분단의 비교와 한반도 통일의 전망 - 한국과 독일을 중심으로", 「기독교사상」(1981. 6).

이해영, 북한의 통일정책 변천사", 「월간말」 25호(1988. 7), 26-31.

이현희, "대한민국 임시정부와 趙素昻의 業績", 「아시아문화」 제12호(1996. 9), 435-445.

이호재, "한국과 북한의 통일정책비교", 「아세아연구」 통권 71호(1984. 1), 13-28.

이홍구,『한민족공동체통일 방안의 이론적 기초와 정책방향 – 한민족공동체통일 방안의 정책기조와 실천방향』, 서울: 국토통일원. 1990.

이활웅. "통일의식과 통일 방안",「코리언 스트릿 저널」1988. 8. 11.

임성빈 엮음,『통합적 통일과 그리스도인들의 과제 I』, 서울: 장로회신학대학교출판부. 1999.

_____.『통합적 통일과 그리스도인들의 과제 II』, 서울: 예영, 2003.

임성빈. "'사람의 통일'을 위한 교회의 역할 – 남북한 문화통합을 중심으로",『한국기독교신학논총』19(2000), 229-252.

임영상. "현대 러시아사에 나타난 정교회의 변화(1988~1998): 사회적 역할",「슬라브학보」제15권 2호(2000. 12), 353-380.

임희모. "김정일 주체체제에 대한 선교학적 이해 – 하나님의 계약을 중심으로",『한국기독교신학논총』24(2002. 4), 353-376.

_____. "한국전쟁과 남북화해의 선교",「한국기독교신학논총」26(2002. 10), 317-346.

_____. "통일정책과 북한선교정책의 변천 연구",「선교와 신학」Vol. 15, No. 1 (2005), 41-70.

장석종. "러시아 정교회가 개신교 선교에 미치는 영향: 종교법 시행을 중심으로", 총신대학교 선교대학원. 2010.

장일조. "한국 기독교와 공산주의",「기독교사상」제221호(1976. 11), 14-23.

장종철. "한반도의 기독교 평화교육",『신앙과 신학』6(1989. 10), 187-218.

전상진・강지원・원진실, "통일에 대비한 한국의 통일비용 재원조달방안에 관한 논의",「한・독사회과학논총」제17권 제3호(2007. 12), 9-44.

정규섭. "북한의 통일정책",「한국정치외교사논총」第13輯(1995. 12), 717-746.

정대화, "북한의 통일정책사",「동향과 전망」제3호(1989. 3), 289-322.

정동규, "90년대 북한의 통일정책 변화를 어떻게 볼 것인가",「동향과 전망」제17호 (1992). 9, 82-103.

정성한,『한국기독교통일운동사』, 서울: 그리심, 2003.

정수복, "한국전쟁이 남북한 사회에 미친 이데올로기적 영향",「통일문제연구」제2권 2호(1990. 6), 112-143.

정영훈, "민족고유사상에서 도출된 통일민족주의－삼균주의와 신민족주의를 중심으로－",「단군학」40(2019).

정용대, "조소앙의 삼균주의와 민족통일노선", 「정신문화연구」 제27권 제4호 (2004. 12), 73-95.

정용섭, "한국교회 설교가 통일을 막는다", 「뉴스앤조이」 2007.8.10.

정용욱, "국보법 폐지와 북한인권법 제정의 시대정신", 「역사와현실」 제54권(2004. 12), 1-11.

정웅식, "2012년을 향해 손잡는 북한-중국-러시아", http://blog.ohmynews. com/wooksik/324837(2010. 3. 24)

정종훈, "분단시대 한국교회의 신학적 반성과 과제", 「한국기독교신학논총」 21(2001), 261-283.

_____, "한국전쟁 전후 민간인 학살과 과거 청산 운동", 『기독교사회운동 어떻게 할 것인가』, 서울: 한국장로교출판사, 2006, 76-94.

_____, "독일교회에 비추어 본 한국교회의 통일의 과제", 「제8회 기독교통일학회 학술포럼」(2009. 11. 14), 61-77.

정주신, "제2차 남북정상회담 이후의 남북 관계 전망", 「동북아연구」 Vol. 23, No. 1(2008), 43-66.

정학습, "일제하 해외 민족 운동의 左右 합작과 三均主義", 「사회와역사」 1권 (1986. 12) 159-203.

정행철, "북한 형법과 국가보안법의 비교", 「통일전략」 창간호(2001. 12), 399-430.

정희성, "남북한 여성의 치유적 선교를 위한 소고", 『한국기독교신학논총』 21 (2001)

제성호, "남측 聯合制와 북측의 '낮은 단계의 聯邦制' 比較", 「국제법학회논총」 第 46卷 第1號(2001. 4), 257-276.

제성호, "남측 聯合制와 북측의 '낮은 단계의 聯邦制' 比較", 「국제법학회논총」 제 46권 제1호(2001. 4), 267.

조은식, 『통일선교: 화해와 평화의 길』, 서울: 미션아카데미, 2007.

조한성, 『해방 후 3년』, 서울: 생각정원, 2015.

주도홍, "통일 독일에서 배우는 한국 교회의 통일 준비", 「역사신학논총」 7(2004).

_____, "한국복음주의 교회의 통일 인식", 「한국개혁신학」 20권(2006), 171-191.

주봉호, "남북 경협의 방황와 과제", 「동북아시아문화학회 13차 국제학술대회 발표 자료집」(2006. 11), 83-89.

_____, "이명박 정부 대북정책의 방향과 과제", 「국제정치연구」 Vol. 11, No. 2 (2008), 1-28.

_____, "조봉암과 진보당: 제3의 길", 「동아시아문화학회 2009년도 추계국제학술대회 자료집」 501-509.

주섭일, 『프랑스의 나치협력자 청산』, 서울: 사회와 연대, 2004.

주재용, "한국교회의 통일론", 「기독교사상」 1981. 6.

진희관, "통일편익은 통일 비용을 상쇄시킨다", 「통일한국」 1997년 7월호, 96-99.

차종순, 『기독교와 한반도 평화 정착』, 서울: 한들, 1998.

채구목, "한국통일을 위한 독일통일의 교훈", 「한국사회학」 제30집 겨울호(1996. 12), 841-871.

채수일, 『희년신학과 통일희년운동』, 서울: 한국신학연구소, 1995.

최용섭, "김대중 정부의 대북 화해협력정책에 대한 평가", 「한국과국제정치」 Vol. 18, No. 2(2002), 95-119.

최태육, "서북청년단과 기독교, 제주4.3과 기독교인이 돌아봐야 할 것", 「에큐메니안」 2018.03.19.,

통일부, 『대북정책 이렇게 해 왔습니다』, 서울: 통일부, 2010.

_____, 『통일백서』, 서울: 통일부 통일정책실, 2004.

통일신학동지회, 『통일과 민족교회의 신학』, 서울: 한울, 1990.

통일원, 『통일교육 기본방향』 서울: 통일원교육홍보국교육과, 1994.

편집부, "북한 핵 문제와 주한미군의 미래", 한국전략문제연구소 「정책토론」 제84차 결과보고서(2003. 7), 1-7.

편집부, "유엔 인권위원회 북한인권결의안(2005. 4. 11)", 「통일문제연구」 제17권 2호(2005. 11), 309-313.

편집실, "남북화해시대 주적의 좌표", 「통일한국」 제200호(2000. 8), 16-18.

하상식, "대북포용정책 10년의 성과와 한계", 「국제관계연구」 제14권 4호(2007), 31-61.

_____, "박근혜 정부 대북정책의 특징과 과제", 「대한정치학회보」 22/4(2014),

한시준, "대한민국임시정부와 삼균주의", 「사학지」(단국대학교) 9(2014),

한경직, "기독교와 공산주의", 『한경직 목사 설교전집』, 서울: 한경직목사 기념사업회, 2009.

_____, "북한선교에 대한 새로운 자세"(1972. 8. 1), 「기독공보」 1972. 8. 5.

한국기독교교회협의회 통일위원회, 『1980-2000년 한국교회 평화통일운동 자료
　　집』, 서울: 한국기독교교회협의회, 2000.
_____, 『2004년 KNCC 평화통일정책협의회 자료집』, 서울: 한국기독교교회협의
　　회, 2003.
_____, 『2006년 KNCC 평화통일정책협의회 자료집』, 서울: 한국기독교교회협의
　　회, 2005.
_____, 『2007년 KNCC 평화통일정책협의회 자료집』, 서울: 한국기독교교회협의
　　회, 2006.
_____, 『2008년 KNCC 평화통일정책협의회 자료집』, 서울: 한국기독교교회협의
　　회, 2007.
_____, 『남북교회의 만남과 평화통일신학』, 서울: 한국기독교교회협의회, 1990.
한국기독교사회문제연구원, "기독교인 통일의식조사", 「기독공보」 1994. 12. 17.
한국기독교역사연구소 북한교회사집필위원회, 『북한교회사』, 서울: 한국기독교역
　　사 연구소, 1996.
한국기독교총연합회 북한교회회재건위원회, 『북한교회재건백서』, 서울: 진리와 자
　　유, 1997.
한국기독교총연합회, "한국교회의 통일정책 선언문", 박완신 외 16인, 『한국교회 통
　　일정책 총서 1, 평화통일과 북한복음화』, 서울: 쿰란출판사, 1997.
한국복음주의협의회, "한국기독교교회협의회의 통일론에 대한 복음주의 입장"
　　(1988. 3. 30)
한국사회학회 편, 『민족통일과 사회통합』, 서울: 사회문화연구소, 1999.
한국신학연구소 학술부, "통일문제와 관련된 그리스도교계 문헌집성", 「신학사상」
　　71집(1990. 가을), 968-992.
한시준, "趙素昻의 民族問題에 대한 인식", 「한국근현대사연구」 제5집(1996. 12),
　　175-203.
_____, "趙素昻의 歷史意識", 「한국사연구」 제55호(1986. 12), 83-126.
한입섭, "국가보안법 폐지의 당위성과 절박성", 「창작과 비평」 78호(1992. 12),
　　255-264.
한호석, "북침작전 역습할 신종 전략무기들", 「통일뉴스」 2009. 10. 26.
허명섭, "한국전쟁과 한국교회 구조의 변화", 「한국기독교신학논총」 35(2004. 10),
　　155-177.

허문영, "한반도 비핵화와 평화체제 구축전략", 「통일연구원」 연구총서 07-08 (2007. 12), 1-302.

한완상, 『한반도는 아프다- 적대적 공생의 비극』, 서울: 한울, 2013.

허호익, 4·19혁명과 이스라엘 및 대한민국의 건국이념", 한남대 기독교문화연구소 편, 『국가기념주일설교』, 서울: 한들출판사, 2009.

_____, "민족통일에 대한 신학적 이해", 「연세신학회지」 제1집(1984. 4), 70-90.

_____, "대한민국 임시정부의 건국이념인 삼균주의와 통일한국의 이상", 「대전신학대보」 제80호(2000. 3. 30)

_____, "통일이 밥 먹여 주나? 그럴 수 있다", 「뉴스파워」 2013. 9. 25.

_____, "좌파든 우파든, 진보든 보수든 진실해야", 「목회자신문」 2003. 9. 24.

_____, "좌파와 우파를 넘어서 '모두가 잘 사는 사회', 「목회자신문」 2005. 7. 27.

_____, "천지인 신학의 성서적 신학적 근거 모색: 한국신학은 한국적이고 신학적인가?", 「문화와 신학」 3(2008), 11-40.

_____, 『야훼 하나님』(서울: 동연, 2014), 한반도 평화통일을 위한 한국교회의 과제, [8.16 통일대회 평화통일특강 영역별 워크샵자료집](2010. 8.

_____, "칼 바르트의 「로마서 강해」에 나타난 하나님의 변증법", 「신학과 문화」 제9집(2000. 12), 190-219.

_____, "한국기독교의 통일논의 역사와 통일의 실천적 과제", 「한국기독교신학논총」 61집(2009. 1), 85-106.

_____, 『신앙, 성서, 교회를 위한 기독교신학』, 서울: 동연, 2009.

_____, 『성서의 앞선 생각』, 서울: 한국장로교출판사, 1998.

_____, 『예수 그리스도 바로보기』, 서울: 한들, 2003.

호남신학대학교 편, 『기독교와 한반도 평화 정착』, 서울: 한들, 1998.

홍근수, "통일에 대한 신학적 조명", 「교회와 세계」 1987. 12.

홍석률, "이승만 정권의 북진통일론과 냉전외교정책", 「한국사연구」 제85호(1994. 6), 137-180.

_____, 『통일문제와 정치 사회적 갈등: 1953-1961』, 서울: 서울대학교출판부, 2003.

홍선희, 『趙素昻과 三均主義 연구』, 서울: 한길사, 1982.

홍성필, "국제인권에 비추어본 북한의 인권", 「저스티스」 98호(2007. 6), 223-247.

홍성현, "민족통일에 대한 교회의 반성과 과제", 「기독교사상」 1985. 6.

홍정근, "통일시대 교회를 위한 교재 개발의 방향", 「교회교육」 283(2000. 9).

홍진석, "독일 통일은 40년간의 분단 극복 노력 산물", 「통일한국」 제301호(2009. 1), 70-73.

황홍렬, 『한반도에서 평화 선교의 길과 신학』, 서울: 예영 B&P, 2008.

_____, "한반도에서 평화와 나눔을 위한 교회의 과제", 「평화와 선교 」 2집(2004. 11), 175-215.

Bentley, J./김쾌상 역, 『기독교와 마르크시즘』, 서울: 일월서각.

Cobb, J./김상일 역, 『존재구조의 비교연구 - 과정 신학의 기독교 이해』, 서울: 전망사, 1980.

Dannemann, U./이신건 역, 「칼 바르트의 정치신학」, 서울: 한국신학연구소, 1991.

Godsey John D./김희은 역, 『바르트 사상의 변화』, 서울: 대한기독교서회, 1981.

Gottwald, N. K./김상기 역, 『히브리 성서 I』, 서울: 한국신학연구소, 1987.

Kroeger, Wolfgang/강원돈 역, "그리스도교와 맑스주의의 대화 - 몇 가지 기본 문제들에 대한 검토", 「신학사상」 1987. 봄.

Lochmann, J. M., "마르크스주의자의 희망과 그리스도의 구원", 「기독교사상」 제182호(1973. 7), 127-134.

McGovern, A., "무신론은 맑스주의의 필수적일 요소인가?", 「신학사상」 60(1988. 3), 202-223.

Moltmann, J. "복음의 정치학적 해석학", 전경연 편, 「신학의 미래 II」, 서울: 보진제, 1973.

_____, "종교와 맑스주의", 「신학사상」 47(1984), 893-905.

Moltmann, J./김균진 역, "宗敎와 마르크스主義 - 구라파에 있어서의 그리스도敎와 마르크主義의 對話", 「신학사상」 47(1984년 겨울호), 895-905.

Parson, T., *The Social System*, New York: The Free Pr. 1951.

Smith, A./최호진·정호동 역, 『국부론』, 서울: 범우사, 1992.

Wolf, Eric R., *Peasants*, Englewood Cliffs, N. J.: Prentice-Hall, 1966.

Zernov, Nicolas/위거찬 역, 『러시아 정교회사』, 서울: 기독교문서선교회, 1991.

**통일을 위한
기독교 신학 〈개정증보판〉
— 통일 이후의 통일신학의 모색**

2010년 8월 17일 초판 1쇄 발행
2015년 3월 4일 초판 3쇄 발행
2019년 11월 1일 개정판 1쇄 발행

지은이 허호익
펴낸이 김영호
펴낸곳 도서출판 동연
등 록 제1-1383호(1992. 6. 12)
주 소 서울시 마포구 망원동 472-11
전 화 02_335_2630
전 송 02_335_2640
이메일 h-4321@daum.net, yh4321@gmail.com
블로그 https://blog.naver.com/dong-yeon-press

ISBN 978-89-6447-536-2 93200